망쪼든 세상 그래도 기리버서
— 농부 할배 천규석의 편지

천규석 지음

차례

제1부_자급, 생태 소농공동체 없이 미래인류 없다
007 생태적 삶과 생태관광
023 논습지를 살려야 늪습지도 산다
051 자영농공동체를 파괴하는 GMO농
063 자급·지속공동체를 위한 '소농민기본소득'

제2부_자급적 관점에서 본 헛소리들
089 칼날 아닌 쟁기가 평화의 적이라니?
109 산도 강도 사람도 절로 살게 두라
121 세습 부자(富子)에 곡학아세하는 생태학 교수
132 갯벌간척과 해외식량기지는 현대판 울타리치기
144 '이공계 뇌'가 사람을 살리고 있는가?
170 핵발전이 민주제도에 가깝다는 이공계 뇌

제3부_재생하는 전통-지키는 것 아닌 살리는 농본문화다

187 축제와 마을대동굿 삼형제 이야기
256 두레-소농연합—그 고차원적 회복을 위해
288 두레 공동체의 창조적 복원은 가능한가?
315 영산두레의 유래를 찾다가 죽전 둔전만 찾은 이야기
337 나무소싸움은 영산의 적전친경의례였다
352 마을연합의 대동의례—영산줄굿을 중심으로
381 토착적일수록 세계적이다
395 항시적 대동축제의 자치세상을 그리며

446 후기

제1부 자급, 생태 소농공동체 없이 미래인류 없다

생태주의 아닌 생태적 삶만이 지속가능한 삶이다.

생태적 삶과 생태관광

나는 우포늪을 특별히 사랑하지 않는다. 그래서 우포늪에서 그리 멀지 않은 같은 군내에 살지만 자발적으로 우포 관광을 간 적은 한 번도 없다. 우포늪이 세간에 알려지기 훨씬 전인 1960년 초였던가 나는 시위나 따라 다니던 대학생일 때, 외지에서 창녕읍으로 이사 온 동갑내기 친구가 그 나이에 참 올되게도 우포 주변에서 농지(논) 개간을 한다며 같이 가보자 길래 우포늪을 처음 따라 가 보았다. 그 한참 뒤인 80년대 초부터 이 땅에서 시작된 이른바 생태·생명운동에 비교적 일찍 합류한 덕택에 우포늪의 생태적 가치도 남보다 일찍 알고는 있었다. 하지만 그 뒤에 이 늪이 람사르의 등록 습지가 되고, 행정기관이 이를 계기로(보전을 핑계로) 관광지화 하자, 나는 일부러 우포를 멀리했다. 우포를 사람들로부터 멀리 그냥 두는 것이 우포를 지키는 최선이기 때문이다.

그렇다고 람사르 등록 이후 이 늪에 내가 한 번도 안 온 것은 아니고 볼일로 몇 번 왔다. 약 10여 년 전 창녕소재 환경운동단체의 강의 요청 때에 온 적이 있었다. 그 얼마 뒤 노무현 정권 때 한국예술문화진흥원 원장직을 맡은 김정헌 화가가 원장 임기가 끝나기 전에 이명박으로의 정권교체로 짤린 적이 있었다. 임기가 남았는데도 벼슬에서 짤린 허전한 마음을 달랠 심사에서였던지 예술인이 사는 마을탐방기를 쓴다고 내 고향과 가까운 우포에 온다며 거기서 보자고 해서 예의상 온 것까지 세 번쯤으로 기억한다.

  이 원고를 강의 초고로 쓰고 생태영성 음악제에서 이를 토대로 이야기를 하고 올 때까지는 나의 우포늪 방문 횟수가 앞에서 말한 세 번 밖에 생각나지 않았다. 그런데 음악제를 다녀온 뒤에야 이것 말고 두어 번 더 다녀온 것이 생각났다. 90년대 초 대구한살림 전신인 사단법인 〈공생농두레〉에서 그 회비로 새로운 마을 두레 운동을 위한 작은 두레 농지를 찾아 헤매고 있을 때다. 당시 영남대 교수로 공생농두레 회장을 맡고 있던 성삼경 선생이 보기에 딱했던지 우포늪가에 있는 자기 집안 선산과 그를 일부 개간한 농토가 있는데 나머지 산을 모두 개간해 두레 농지를 만들 수 있을지 가보자고 했다. 그래서 성삼경 회장, 김종철 《녹색평론》 발행·편집인, 필자가 함께 갔을 때 그 땅과 지척인 우포늪을 보고 오긴 했었다. 그러나 그 방문은 람사르 습지등록 훨씬 이전으로, 우포늪 방문이 아니고 그 옆에 있는 땅을 보기 위해서였고 또 그 땅도 성삼경 선생이 집안의 동의를 얻지 못해 구입 못했다. 그래서 그 방문을 깜박 잊었던 것 같다. 또 한번은 그 훨씬 뒤에 연도는 전혀 기억나지 않지만 우포늪가 소재의 어떤 환경단체의 행사와 한국문인협회 창녕지부에서 주최한 문학행사의 초청강사로 다녀온 적이 있었다. 아마 전자가 당국에서 우포늪을 람사르에 등록하고 관광지화한 이후에 내가 우포늪을 방문한 최초일 것이다. 그래서 올해(2017년)의 영성음악제 참가는 일곱 번째 우포 방문이 된다. 그러고 보니 적지 않은 방문이었지만, 모두가 타의반 자의반이었지 자발적은 아니었다.

나는 넓은 의미의 생태주의자이긴 해도 생태관광주의는 당연히 반대다. 내가 굳이 무슨 주의를 하나 선택해야 한다면 소농 자급자치 두레(연합)주의자가 되고 싶다. 그래서 우포늪가에서 환경운동단체나 시인, 화가, 음악가들이 벌이는 이른바 생태문화 활동에도 결코 호의적이지 않다. 우포늪을 람사르의 습지로 등록할 때도 찬성하지 않았다. 우포늪 자체의 생태계를 지키는 데는 얼마나 도움이 되었는지 모르지만, 그 관광지화의 부작용과 파급력은 오히려 역효과라고 생각하기 때문이다. 생태 우포늪에 사람이 많이 와서 보고 간다고 생태계가 살아나지 않는다. 오히려 그 생태 관광으로 석유를 비롯한 생태계의 유한자원만 태우고 소비해서 우포늪 자체까지의 생태 오염을 가속시킬 것이다. 진짜 생태 문화는 지속 가능한 자급자치적 소농 공동체 문화인데 비해 이런 생태 관광주의는 생태 소비문화요 생태 문화이데올로기일 뿐이다.

'귀하고 중한께 기리번 먹거리는 손수 가까 먹어야제'

위와 같은 이유로 노래운동가 우창수가 주도하는 생태영성음악회 강의초청에도 처음에는 완강히 거부했었다. 거부 이유는 또 있다. 나는 강의를 잘하는 강의꾼이 못 된다. 또 이런 쓴 소리 말고는 덕담으로 해줄 애깃거리가 내게 없었다. 게다가 보시다시피 나는 남 앞에 나서거나 무슨 약속을 하기에 여러모로 부담스러운 노인네이기 때문이다. 그러나 내 항복을 받지 않고 물러갈 기미가 전혀 없는 우창수의 고집을 당할 수 없었다. 그리고 대합 주매 마을 회관을 공짜로 빌려 산다는 이야기를 듣고 그만큼 현지 농민들의 신임을 받아 마을 토착화 되어가는 우창수의 우포늪가의 삶에 내 마음이 얼마큼 흔들렸다. 그래서 그때 보자고 반승락을 했었다. 그 반승락이 결국 지금 여기 오게 된 온승락이 되고만 것은 우창수가 찾아왔을 때 내게 주고 간 음반과 동시집 덕택이다. 『우포늪에는 맨발로 오세요』라는 송미령 시인의 시 제목을 빌려 우창수가 엮은 동시집의 동시 가운데에서도 「소야골 텃밭」이 또 한 번 내 마음을 흔들었다. 아래의 인용에서 보듯이 동시 「소야골 텃밭」의 소야골의 소재(所在)를 알아보려다가 만난 그 동시의 소재(素材)와 배경이 된 농부 송영욱의 글도 완전한 감동 그 자체다.

    그제부터 햇빛이 살푸시 나오더니 어제 오늘은 폭염의 하늘입니다. 그제 오전에 큰길 옆의 밭을 지나가다 홀로 감자를 캐고 계시던 할머니를 보았습니다. 차를 세우고 인사라도 드릴까하고 밭에 올라섰더니 할머니는 뭔가 혼자 계속 중얼거리고 있었습니다. "기리버서(그리워서) 심었더니… 기리버서 심은게 너무 많고…"
    "앞으론 기리버도 심지 말아야제"
    "기리번 건 돈으로 사면 안돼니께 심기는 심어야 하고."
    대체 무슨 말을 혼자 중얼거리시는지, 하고는 그냥 잠시 듣다가는 궁금하면 못참는 성미 그대로 물었습니다.
    "할머니 무슨 일 있으세요?"
    "아 감자가 기리버서 많이 심었더니 너무 많네"
    "감자가 그리워요?"
    "아 귀하고 중한께 기립지."
    "아 그럼 힘들여 심지 말고 조금 사서 드시지요?"
    "뭐라꼬? 그라몬 안돼제. 기리번 걸 사먹으면 되남? 기리번 건 가까서(가꾸어서) 지성으로 섬겨 챙겨 먹어야제."
    순간, 할머니의 그 말씀이 가슴을 찌르르 흔들어서 멍하니 서 있었습니다.
    ―농부 송영욱의 소야골숲속학교 블로그, 「그리운 얼굴로 돌아보라」

소야골 텃밭 바구니엔 무엇이 들었을까~
가지, 오이, 상추도 있지만
별들이 노래하는-
농부의 땀방울이 들어있지요.

소야골 텃밭 바구니에 무엇이 담겼을까
콩, 감자, 고구마도 있지만
그리워 심었다는-
우리 할매 마음이 담겨있지요.

소야골 텃밭 바구니 우리네 밥상도 있지만
귀하고 그리운 건 섬기고 심고 가꾸라는
여름지기 외로움이 있지요
우리 할매 꾸지람이 있지요

—「소야골 텃밭」

보시다시피 동시의 소재와 주제인 배경글이 더 시 같고 동시가 오히려 산문 같지 않은가? 하지만 가슴 섬뜩할만큼 생태적인 송영욱의 글에도 한 가지 아쉬움은 있다. 그것은 소야골 할머니의 '기리버서'를 그리워서로 오해한 것이다. 소야골의 할매는 단지 '그리워'서만이 아니라 그보다 더 엄청난 정서인 '기리버서' 감자를 비롯한 텃밭 농사를 손에서 놓지 못하고 죽는 날까지 짓고 있는 것이다.

진정한 예술가는 정서적 혁명가다

고은 시인은 보수적인 서정주 시인의 추천으로 등단했지만 군사정권

시절의 한때는 비판적, 저항적 시인이었다. 그랬던 그가 김대중 전 대통령의 방북에 수행했을 때 남북의 정상 가운데에 서서 셋이 함께 사진을 찍고 그 사진이 TV에 몇 차례나 방영된 적이 있었다. 내가 처음 이 영상을 보았을 때 그 얼굴이 어딘지 낯이 익다고 생각은 했었지만 그가 설마 시인 고은이라고는 상상도 못했다. 왜냐하면 그런 TV영상은 개인적 지지 여부와 별개로 현실 정치권력에 비판적으로 거리를 둬야 할 시인의 영상일 수는 없었기 때문이다.

예술가도 정부의 직책을 맡고 대통령 방북에 수행할 수 있다. 그 수행원들 모두 또는 일부와 단체사진도 찍을 수 있다. 그러나 이 영상은 그런 요식적인 촬영 영상이 아니라 본인의 요청이나 두 정상의 촬영에 의식적으로 끼어들어 찍은 사진으로 보인다. 이 같은 영상은 권력을 지지하더라도 비판적 지지밖에 할 수 없는 시인이 정치권력에 대한 투항이나 전폭적 지지로 오해받기에 딱 알맞다.

일부 사람들은 김대중의 집권을 이 땅 최초의 수평적 정권교체라고 한다. 그러나 김대중의 집권도 5·16주체 세력인 김종필과 이른바 DJP연합으로 가능했다. 그리고 보수정권이라는 김영삼 정부가 단죄한 5월 광주 참살의 최종책임자 전두환과 노태우를 명분은 동서화합이지만 사실은 지역편중 소수정파의 정권안정을 위해 정치적으로 사면함으로써 두고두고 환란을 자초한 정권이다. 이 정권이 다른 정권과 가시적으로 달랐던 것은 최초의 평양 방문과 남북정상회담뿐이다. 하지만 남북정상회담은 김영삼 전 대통령도 이미 계획했었는데 김일성 주석의 급서로 무산되었다. 김대중 전 대통령 후임인 노무현 전 대통령도 지금의 문재인 대통령도 남북회담을 성사시켰다. 그래서 그것이 별거 아니라거나 무의

미하다는 것은 아니다. 그렇지만 남북정상 회담을 주도 하는 그 어떤 진보정권도 여전히 비판 극복되어야 할 현실 정치권력일 뿐이다. 그런데 자기가 투표로 지지했다거나 상대적으로 진보적인 사람으로 정권이 바뀌었다고 일시에 비판을 접고 그 권력에 투항하는 감성을 진정한 시인의 예민한(비판적) 감성으로 보기 어렵다. 그때까지 나쁘지는 않았던 고은에 대한 내 감정은 그 영상을 계기로 소원해질 수밖에 없었다.

그는 지나치게 양산해내는 시와 시집으로 틀기만 하면 철철 쏟아지는 '수도꼭지'라는 별명까지 얻고 있다. 보통 사람들은 생산할 수 없는 그 어려운 시를 그렇게 시도 때도 없이 양산해내는 그를 한때는 부러워한 적이 있었다. 하지만 지나고 보니 무엇이든 양산은 역시 파괴적 물량주의일 뿐이었다. 영육을 함께 쏟아 붓는 창조적 희소가치는 아니었다. 수도꼭지가 물 부족과 물 오염을 불러오듯이 시의 양산도 시의 값싼 상품화와 물량화로 시를 오염시키고 시다운 시의 부족에 한몫할 것이다.

나는 "모든 진정한 시인(예술가)은 본질적으로 현실(체제)에 대해 비타협적으로 저항하는 정서적 혁명가"라고 생각한다. 시인, 예술가는 보통사람들보다 민감한 원초적 감성의 소유자다. 그래서 보통사람들이 느끼지 못하는 현실적 모순에도 민감할 수밖에 없다. 따라서 비타협적, 저항적, 변혁적이 될 수밖에 없다. 어떤 권력도 정도의 차이는 있겠지만, 현실체제 특히 권력체제는 자연적이고 원초적인 감성과는 모순관계를 이룬다. 그래서 예술가는 차선으로 지지했던 어떤 정파가 집권을 하더라도 그 모순에 다시 비판적이 되어야 한다.

나는 예술가도 지식인도 못 되지만 그렇게 살고자 노력하고 있다. 지난 대선 때는 민주당의 문재인 후보를 지지했지만 다 좋아서는 물론 아니다.

분단체제에 기생하는 광적인 보수정권을 극복하고 대체할 정권집단과 사람이 아직은 그밖에 없어서였다. 문재인 정권의 북한 비핵화를 통한 남북평화와 세계평화 실현 노력은 그 성패와 상관없이 끝까지 지지한다. 그러나 이에 못지않게 아니 이보다 더 먼저 해야 할 과제는 남한사회의 정치경제민주화와 지속 가능한 자급공동체화다. 그런 의미에서 종래의 성장제일주의 대신 이 정부의 소득분배정책도 부분적, 비판적으로 지지한다.

하지만 지속 가능한 자급을 포함한 진정한 민중 삶의 민주화는 정치의 민주화, 곧 권력의 자치화 없이는 불가능하다. 진짜 민주주의는 다수당 대의원들에 의한 다수결 폭력주의가 아니다. 소수의 사람, 사람뿐만 아니라 모든 생명, 그 생명을 '살아있게' 지원해주는 지구와 우주 등이 동등하게 존중받고 생태적으로 다양하게 공생하는 평등 자치 사회가 진짜 민주주의다.

그 정치 제도적 첫걸음이 정당별 득표수율에 따라 의석수를 배분하여 소수 계층을 대변하는 정파도 그를 지지하는 사람 수만큼 대표를 선출하게 하는 100% 전국구 비례대표제다. 민주당도 소수의 야당일 때는 비록 독일과 같은 절충식 지역연동이지만 이 비례대표제에 우호적이었고, 정책 공약화했었다. 그런데 집권을 하고 상대적 다수당이 되고 보니 마음이 변한 것 같다. 이처럼 권력이란 조석으로 변하는 건망증 병자다. 어떤 정파도 만년집권 다수당으로 남을 수 없다는 것을 설마 모르지는 않을 터이다. 그런데도 하는 꼴을 보니 민주당도 상대적 다수당은 몰라도 재집권은 어려울 것 같다. 이처럼 어떤 권력도 권력은 반드시 비판 극복되어야 할 생태적 자급자치 민주주의에 대한 모순이다. 그런데도 자기가 지지

했다고 더 두고 보자며 현실권력에 침묵하거나 계속 지지하는 예술가와 지식인은 여지없는 어용이지 진짜는 아니다.

'진정한 시인은 심오한 생태론자다'

나는 앞에서 우포늪을 이번까지 모두 일곱 번째 방문했다고 했다. 그런데 그중에서 1960년인가의 최초 방문과 90년대 초의 두레 농장 물색 때의 방문을 빼고는 모두 문인, 환경운동가, 화가, 음악가들이 주최하는 생태문화예술 행사 때문에 방문했었다. 이 늪가에는 음악인, 문인, 화가 등 소수의 예술가들이 살고 있다. 예술가들이 우포늪을 좋아하며 이를 소재로 창작활동을 하거나 이 늪가에서 문화행사를 자주 벌이는 데는 무슨 이유가 있을 것이다. 가장 상식적인 이유는 이곳이 생태관광지니까 사람을 모으는 데 유리하기 때문일 것이다. 그러나 이것뿐이라면 예술가에 대한 모독은 아닐지라도 실례는 될 것이다.

《녹색평론》은 이 잡지의 시 원고모집 광고에 시인을 이렇게 표현하고 있다. "모든 진정한 시인은 본질적으로 가장 심오한 생태론자"라고. 남달리 민감한 감성으로 생명의 본성에도 예민하다 보니 당연히 심오한 생태론자가 될 수밖에 없을 것이다. 시는, 모든 예술은 생태 자체인 자연과 그 배후의 제신들, 즉 진실과 진리와의 소통과 화해를 위한 때묻지 않은 인간의 원초적 감성 체험의 언어화 또는 형상화이다. 자연과 신과의 소통과 화해를 원활히 하자면 언제나 인간의 원초감성과 모순관계인 현실의 권력체제와는 불화할 수밖에 없고, 따라서 이 현실모순을 전도 또는 전복시켜야 한다. 현실체제의 모순에 대한 저항과 전복은 자연생태의 질서-신의 질서로 돌아가 그와 화해하기 위한 수단인 것이다. 다시 말해 시인·예술가의 현실에 대한 정서적 저항은 생태질서, 원생질서와의 소통과 화해를 위한 전제조건, 또는 통과의례와 같다. 진정한 시인이라면 반생명적인(지속 불가능한) 산업주의와 그에 토대한 국가가 사라지고 진정한 생태공동체연합이 실현될 때까지 비판하고 저항해야 한다. 그러므로 내가 시인을 '현실에 대한 정서적 혁명가'로, 《녹색평론》이 '심오한 생태론자'로 다르게 표현하긴 했지만 그 의미와 귀결점은 동일하지 않을까?

어쨌든 생태적 민감성과 현실적 저항 감성 없이 시인, 예술가는 될 수 없다. 그런 감성을 타고나지도 연마하지도 못해 나는 일찍이 시인되기를 포기했었다. 하지만 자칭, 타칭의 모든 시인, 예술가들이 모두 생태적이고 저항적인 민감한 감성의 소유자는 아닌 것 같다. 우포늪가에 모여든 예술가라고 예외일 수는 없을 것이다.

토착어의 표준어화도 중앙집권적 폭력이다

앞에 인용한 송영욱의 「그리운 얼굴로 돌아보라」는 누구에게나 매우 서정적인 문장으로 보일 것이다. 그렇다. 이 글은 서정적인 동시에 가장 생태적이고 저항적이다. 할머니가 감자를 "기리버서 많이 심었더니 너무 많네"라고 하자 송영욱은 무심중에 "아 그럼 힘들여 심지 말고 조금 사서 드시지요?"라고 한다. 이에 대한 할머니의 반응은 추상과 같다. "뭐라꼬

그라믄 안돼제, 기리번 걸 사먹으면 되남? 기리번 건 가까서(가꾸어서) 지성으로 섬겨 챙겨 먹어야제" 할머니의 이 말씀에 송영욱이 왜 가슴이 찌르르해서 더 이상의 할 말을 잃고 멍하니 서 있었을까?

기리번 건 손수 가까서 먹어야 된다는 할머니의 감성은 다름 아닌 본래적(원초적) 자급자치주의다. 이보다 더 생태적이고 저항적인 감성과 사상이 어디에 또 있을까? 내가 주문처럼 되풀이하는 실천적 자급자치 소농두레를 통한 불복종주의가 바로 이것이다. 송영욱의 심오한 생태주의는 바로 이것을 놓치지 않고 형상화한 데 있다.

그렇지만 이글에도 진정한 생태주의라면 피해야 했을 옥의 티를 남겼다. 그것은 할머니가 "기리버서(그리워서) 심었더니… 기리버서 심은게 너무 많고…"에서 '기리버서'를 그리워서라고 송영욱이 자기식으로 오역(?)을 한 것이다. 앞에서도 말했지만 '기리버서'에는 '그리워서'가 감당할 수 없는 엄청난 정서가 있다. '그리워서'의 우리 지방어는 '기러버서'이지 '기리버서'가 아니다. 그렇다고 서울말 그리워서와 우리 지방말 기러버서가 같은 뉘앙스인 것도 아니다. '기리버서'의 기본형 '기립다'는 사전에 안 나오는 지방토착어다. '기럽다'와는 또 다른 의미의 토착어다. 이 지역의 내 나이쯤의 사람에게는 느낌은 강렬하게 오지만 다른 말로 표현하기는 어려운 말이다. 그래서 사투리 사전을 찾아보니 부사로 쓰일 때는 "①남기거나 빠진 것 없이 모두 ②행동이나 상태의 정도가 한도에 이르렀음을 나타내는 말"이다. 명사로 쓰일 때는 "①남거나 빠진 것 없는 모든 것 ②더할 나위없는 최상의 것"으로 쓰인다고 한다.

하지만 우리가 잘 알고 흔히 쓰는 '그리다'는 동사는 "어떤 사람이나 대상을 사랑하는 마음이나 애틋한 감정을 가지고 간절히 생각하거나 바라고 보고 싶어 하는 것"이다. 이와 비슷한 말 형태인 '기리다'는 동사로 "①좋은 점이나 잘하는 일을 추어서 말하다. ②찬사를 드리다, 칭찬을 하다"는 뜻이다.

이로 보아 이 지역 토착어의 '기리버서'는 '그립다'나 '기리다'와는 물론 '기렇다'와도 다른 뜻의 말이다. 굳이 연관을 짓자면 이 세 말을 포함한 '더할 나위없는 최상이라서'의 의미가 아닐까? 송영욱이 '기리버서'라는 말을 제대로 못 알아들으니까 할머니 자신이 답답해서 이렇게 스스로 규정해주고 있는데 왜 서툰 번역을 했을까? 소야골 할머니는 "귀하고 중한께 기립지"라고 했고, '귀하고 중하기'가 최상이라 '지성으로 가까서 먹는 것'이고, '지성으로 챙겨먹는 것'이 기리번 것이라고 하지 않았는가? 할머니 말씀에 따르면 "귀하고 중한 것, 지성으로 섬겨야 할 것, 꼭 챙겨야 할 것, 손수 가까먹어야 할 것" 등이 기리번 것이다. 하긴 자기가 먹고 사는 것보다 귀하고 중한 게 세상 어디에 있나? 귀하고 중하니까 기리버서 손수 지성으로 가까서 섬기며 먹어야 되는 것 아닌가?

그러므로 송영욱은 '기리버서'를 그리워서로 오역하는 대신 기리버서로 그대로 적어두거나 굳이 자기 의견을 내고 싶으면 각주나 미주 처리하는 것이 좋았겠다. 그러나 이미 고인이 된 송영욱의 글은 고칠 수가 없으니 그냥 두고 우리가 알아서 읽을 수밖에 없다. 그 대신 살아있는 사람 우창수의 동시 「소야골 텃밭」은 이렇게 바꾸는 것이 좋겠다. 2연의 3행 "그리워서 심었다는-"은 "기리버서 심었다는"으로, 3연의 2행 "귀하고 그리운 건 섬기며 심고 가꾸라는" 구절 중의 '그리운 건'은 '중한 건'으로 꼭 바꾸었으면 한다.

진정한 생태주의는 자연발생적인 다양한 생명현상을 있는 그대로 존중하고, 반지속적·인위적·반생명적인 것에는 불복종하는 자급자치주의여야 한다. 자연발생적 자급자치적인 이른바 방언을 표준어로 바꾸는 것은 생태적 사람이 할 일은 결코 아니다. 그 또한 반생명적·서울중심적 중앙집권주의로 생명을 획일화하는 잔인한 폭력에 지나지 않는다. 생태적 감수성이 남달라야 할 예술가들도 이런 실수를 하는데, 생태를 상업화하는 생태주의자와 이에 동조하는 관료와 정치가들이야 오죽 하겠는가?

지구종말을 재촉하는 산업혁명 정상배들

정치꾼들이 특히 안철수가 4차산업혁명이 자기 전유물이고 마치 인류 모두의 희망이나 구원을 위한 자신의 시혜인 듯이 떠벌리고 다닌다. 하지만 사실은 4차산업혁명 시대는 자동화된 식물과 식품공장만 남고 '기리 버서' 심고 가꾸는 자급 소농민은 물론 모든 소생산자와 서비스 업자가 사라지는 시대다. 첨단기술을 통한 자원 고갈과 생태 파괴로 호모사피엔스를 멸종시키는 시대가 될 것이다. 대자본이 장악하고 있는 중앙집권적 첨단기술에 살아남을 자원은 없다. 모든 생명은 공학화되고 그로인해 인문학은 침몰하는 시대가 될 것이다. 그것은 이미 유전자 편집조작으로 대표되는 생명공학, 생물과 무생물을 부분적으로 결합하는 사이보그 공학, 독립적인 진화가 가능한 컴퓨터 프로그램과 컴퓨터 바이러스의 비유기물 공학과 인공지능 기술 등으로 현실화되고 있다.

그런 세상은 첨단기술을 장악하고 있는 대자본과 그에 복무하는 소수 기술자들 5% 이내만 영원히 죽지 않는 '호모데우스'(유발 하라리, 『호모대우스』, 김영사, 2017년)가 될 것이고 나머지 95%의 호모사피엔스는 할 일 없는 잉여인간으로 도태 멸종되는 사회라고 한다. 5%의 호모데우스도 천연자원은 고갈되고 온난화의 열탕에 주검의 쓰레기로 뒤덮힌 지구를 버리고 다른 행성을 찾아 떠나지 않으면 안 될 세상일 것이다.

이 같은 종말론적 인류의 멸종을 얼마간이라도 유예시키기 위한 길은 어디에 있을까? 우포늪가에 몰려 주변농지를 계속 파괴하며 우포늪만 지키고 산다거나 우포늪 같은 생태 보전지를 찾아 관광 다닌다고 생태를 살릴 수 없다. 오히려 생태파괴에 일조한다. 그래서 이런 이데올로기를 생태주의라고 한다. 인류지속을 위해 필요한 것은 생태주의가 아니라 생태적 삶이다.

가속되고 있는 인류종말을 유예시킬 유일하고도 구체적인 생태적 삶의 모형은 인류역사의 경험에 비추어 소농자급자치두레(연합)의 삶밖에 없다. 그런 삶이 구체적으로 어떤 삶이냐 하면 앞에서 본, 송영욱이 그린 동네 할머니의 '기리번' 삶이다. 근대화 이전의 우리 농촌마을공동체의 삶이다. 이렇게 말하면 그 지긋지긋한, 치떨리게 가난하던 그 농사 중심의 삶이 무슨 미래 삶의 대안이라고, 그 시절로 되돌아 가자느냐고 지레 코웃음을 칠 것이다.

그때의 가난한 농촌공동체로 돌아가자는 것이 아니다. 역사는 반복된다지만, 그것은 큰 흐름을 뜻하는 것이고 우리의 구체적이고 일상적인 삶은 다행인지 불행인지 되돌리고자 해도 되돌릴 수가 절대 없다. 하지만 아끼고 아껴서 고루 가난하게 함께 살던 그 시절의 미덕을 되살리지 않고 자손대대로 오래 살아남을 다른 길은 결코 없다. 예컨대 곳간(지구)에 쌀(자원)을 천석쯤 쌓아둔 부자가 있는데 그것만을 '먹방'식으로 조리해서 배터지도록 먹고 흥청망청 다 써 버리는 그 부자가 자식 대까지 오래 살 것인지? 아니면 싸놓은 것은 열섬뿐이지만 나누어 먹고 해마다 다시 쌀농사 지어 자급하는 소농의 삶이 오래갈 것인지 생각해보자. 산업사회든 첨단기술의 정보사회든 공업기술사회는 자원을 한번 쓰고 나면 버리는 죽임의 쓰레기 사회이다. 오로지 소농 자급공동체만이 쓰레기 아닌 유기물의 땅을 통한 순환재생으로 지속이 가능한 삶의 사회다.

다시 '기리번' 자급자치소농두레(연합)

물론 소농 자급시대의 궁핍은 물려받아 되풀이할 유산이 아니고 극복해야 할 과제다. 그 시절 궁핍의 첫째 원인은 지배계급의 땅과 그 수확물에 대한 지속적 수탈과 독점 때문이었다. 둘째가 가뭄, 홍수 등 천재지변에 대응할 수리시설 등을 수탈로 인한 궁핍 때문에 농민공동체 스스로 운영할 수 없었기 때문이다.

수리시설도 소농 공동체가 스스로 해야지 국가의 동원으로 하면 국가주의의 수탈 도구가 된다. 이미 5천 년 이전부터 비옥한 초승달 지역과 이집트의 고왕국이 주도하여 나일 강가 등에 초보적 수리시설을 했지만, 그것은 그 시대 민중을 위해서가 아니라 전제왕국을 위해서였다. 우리나라는 일제 강점기에 개간과 수리시설을 많이 했는데 그 역시 이 땅의 농민을 위해서가 아니라 일제가 자기 나라로 식량의 수탈을 많이 해 가기 위해서였다. 수리시설과 같은 작은 토목공사에 특별한 기술이나 자본은 없어도 된다. 그래서 삼국시대에도 김제의 벽골제를 막았고, 고려시대·

조선시대에도 못(저수지)막고, 얕은 연안바다 막는 등 소규모 간척사업도 꾸준히 해 왔다.

지금까지는 신, 국가, 민족, 근대화 등 허구적 이데올로기의 탈을 쓴 소수 관료지배자와 자본이 기술개발로 민중을 속여 먹는 시대였다. 그러나 속아서 그들이 원하는 대로 끌려다녔던 민중들이 저 지난해 촛불혁명처럼 깨닫고 뭉치기만 하면 못할 일은 없다. 그러나 그 촛불도 4차산업혁명 따위로 모두가 5%의 호모데우스가 되기를 바라는 허망한 꿈을 위해서라면 그 또한 촛불자원만 낭비하는 물거품으로 꺼지고 말 것이다. 촛불과 등불밖에 켤 수 없던 가난한 시대가 아니라 촛불과 등불을 의도적으로 일상화하는 불복종 자급의 생태적 삶을 회복해야 한다. 그것은 수탈 없고 지배 없는 제대로 된 자급자치평등 소농두레 연합 세상이라야만 가능하다.

이런 세상을 만들기만 하면 옛 두레가 그랬던 것처럼 스스로 작은 못을 막는 것 등의 수리시설과 자발적 생산, 분배로 민생문제 따위를 스스로 해결 못 할 리 없다. 수탈 없는 자급자치와 생태적 평등의 소농공동체사회에 설사 나쁜 기술을 민주적으로 통제함에 따른 결핍적 가난은 있을지라도 계급적이고 박탈적인 궁핍은 없을 것이다. 생태적 지속에 필요한 것은 본질적으로 죽임인 거대 기술이 아니고 생태적 감수성과 그 실천으로서의 생태적 삶이다.

이 글은 2017년 9월 6~7일 우포늪가에서 행한 〈여섯 번째 생태·영성음악제〉와 2018년 9월 8~9일에 일곱 번째로 하는 같은 음악제 때에 쓴 〈살림의 말씀〉 강의 원고다. 이를 일부 삭제, 수정하여 《녹색평론》 2019년 3~4월호에 실은 뒤 다시 보완했다.

논습지를 살려야 늪습지도 산다

초청 명분의 창녕 우포늪 방문은 여러 차례 있었는데도 나는 용건이 있는 특정 장소 외의 우포 탐방만은 일부러 멀리했다. 우포늪을 에워싼 농지와 생태 핑계의 생태파괴의 역상(逆狀)과 그 뒤에 있는 사람이나 조직과의 대면을 피하고 싶어서였다. 하지만 피한다고 피해지지 않을 만큼 우포 핑계의 생태파괴는 이미 정도를 넘었다. 이 정도에서 그칠 것 같지도 않다. 이쯤 되면 누군가 이래서는 안 된다고 하는 사람이 한 사람이라도 나왔어야 한다. 그러기를 기다렸지만 아직 아무도 없다. 조만간에 그럴 낌새도 보이지 않는다. 이미 세계체제화 되다시피 한 생태관광의 광기를 멈출 수는 없을 것이다. 하지만 아닌 것은 아니라는 말이라도 해주고 그 대안을 제시해주는 것이 생태에 빚지고 살다 갈 사람의 도리다. 그럴 사람이 아무도 없다면 나라도 그렇게 하는 것이 이 세상 떠나기 전에 갚아야 할 최소한의 책무라는 생각이 이 글을 쓰게 했다.

우포늪을 람사르에 등록한 이후, 이의 보존 명목의 관광지화를 위해 당국이 전용한 농지면적은 얼마나 될까? 군 당국에 정보 청구를 통해 알 수밖에 없는데, 알아야 면장을 하듯이 정보공개 청구도 뭘 알아야 정확하게 청구할 수 있다. 우포를 의도적으로 멀리했던 내가 우포늪가에서 본 시설물들은 각종 행사에 초청받아 갔을 때 스치며 본 유어세진마을 쪽의 〈우포생태공원〉 시설과 대합 주매마을 쪽의 〈우포생태체험장〉뿐이었다.(이 시설 명칭도 이 글을 쓰기 위한 정보공개를 받고서야 알았다) 그래서 지역 활동을 열정적으로 하고 있는 한 젊은 후배에게 이 두 시설의 농지전용면적과 건설비 등을 군 당국에서 좀 알아달라는 부탁을 했다.

2019년 8월 말경에 처음 받아본 그 정보는 우포 산밖들 논을 늪지화한 복원늪과 생태체험장 조성사업현황 자료뿐이었다. 모르는 내가 봐도 여기에는 제일 먼저 한 사업인 넓은 주차장과 잔디밭 등이 있는 생태공원과 세진마을에서 대대들로 가는 우포늪가의 농로를 분리 이전한 농로신설사업, 생태체험장 등의 농지전용면적과 사업비 등이 빠져있었다. 이에 대한 정보를 다시 부탁, 청구해 받은 때가 2019년 9월 추석 직후다. 뭔가 미진하고 찜찜한 구석이 많았지만 더 이상의 부탁은 너무 미안해서 이것만을 근거로 이 글의 초고를 일단 작성해 두었다.

그런데 그 바로 뒤에 앞서 말한 젊은 후배로부터 〈우포잠자리나라 운영현황〉이라는 자료를 뜻밖에 추가로 얻게 되었다. 이전까지 나는 대합주매 생태체험장 쪽의 이 잠자리 우화시설인 〈잠자리나라〉와 숙박시설인 〈우포생태촌〉 등은 생태체험장에 포함된 시설이고, 유어세진 쪽의 따오기 사육시설도 생태공원에 포함된 시설인 줄 알았다. 그런데 그것들은 별도 사업시설이었다. 그래서 빠뜨린 이 우포생태촌과 따오기 사육장까지의 정보공개를 다시 요구해 받은 때가 2019년 10월초였다. 그래서 이 원고는 여러 곡절과 담당공무원을 포함해서 많은 사람들의 불편한 도움으로 탄생했다. 네 차례의 정보공개 청구로 받은 자료지만, 그럼에도 여전히 뭔가 아쉽고 미진하게 느껴진다. 그렇지만 더 이상 확인해

보기가 미안했고 알아볼 방법도 없었다. 그래서 이 자료에만 근거한 우포 늪 관광시설 사업에 들어간 농지면적과 사업비는 다음과 같다.

늪 생태상품화를 위해 파괴하는 주변 농경지

우포생태관광 명목의 첫 사업인 〈우포생태공원 조성사업〉은 2004년 8월의 주민공청회로부터 시작, 2008년 6월 행위 승인 허가를 받았다고 한다. 이 사업에 전용된 농지면적은 48,927㎡이고 사업비는 11억 4천 2백만 원이다. 이 생태공원 안에는 람사르환경재단 사무실도 공원조성 뒤에 창녕군이 건립해 제공했는데 그 건설사업비가 별도로 11억 4천 172만원이었다.

2011년 9월부터 2012년도까지의 사업인 세진마을에서 대대들까지의 〈우포늪 탐방객 분리도로 개설사업〉은 도로 길이 1,066m, 폭 6m로 총 사업비 14억으로 공개하고 있으나 이는 상식적으로 납득이 안 가는 정보다. 우선 사업명이 잘못된 것 같다. 이 사업은 세진마을에서 대대들로 가는 우포늪가의 오래 전부터의 농로를 탐방객과 철새 등에 방해가 된다는 이유로 가파른 산지 생태계를 두 토막으로 가르며 신설해서 이전 대체시킨 새 농로 개설 사업이다. 이를테면 기존 농로를 우포늪 탐방 전용도로로 독점하기 위한 우포늪 우회 농로 신설사업이다. 그런데도 이와 반대로 〈우포늪 탐방객 분리도로 개설사업(세진~대대구간)〉으로 헷갈리기 쉽게 이름을 붙인 것이다.

그리고 다른 사업에서는 공개한 도로신설에 전용된 토지면적을 밝히지 않고, 도로 길이 1,066m와 폭 6m만 공개한 사실도 비상식적이다. 이를 토대로 도로전용 토지면적을 계산하면 6,396㎡ 밖에 안 된다. 그러나 도로를 만드는 데는 도로 폭과 길이만큼의 토지만 도로용지로 전용되는 것이 아니다. 도로를 만들자면 기본적으로 축대 쌓기와 배수로는 필수적이다. 평지도 그럴진대 하물며 대부분 가파른 산지일 경우 도로에 따른 이 부대면적까지 포함한 그 총 부지면적은 순도로면적보다 오히려 몇 배가 될 수도 있다. 그런데 이렇게 들어간 총면적의 정보는 의도적은 아니겠지만 누락시키고 있다.

2012년에서 2015년까지의 〈우포생태촌〉이란 숙박시설의 건설에는 농지13,746㎡에 53억 4천 1백만 원의 건설사업비가 들어갔다.

2016년에 개장한 〈우포늪 생태체험장 조성사업〉에 소요된 부지면적은 89,400㎡이고 총비용은 1백 9억 5천만 원이라고 한다. 공개 받은 정보에 의하면 2만 5천여 평의 농민 농경지와 6,410㎡의 용도 미상의 국유지를 전용한 이 땅의 중요시설은 전시(관리)동, 수생식물단지, 유실수원, 매점, 야생화원, 어린이놀이터, 쉼터, 주차장 등이다.

2017년 11월에 완료한 〈우포산밖늪 복원습지사업〉은 따오기 서식처 확장 등의 명목으로 논을 늪지로 전용한 사업이다. 여기에는 이제까지의 우포늪사업 중 가장 많은 192,250㎡의 농지전용과 138억 8천 3백여만 원의 비용이 들어갔다고 한다. 이 사업 명칭 또한 〈우포산밖들(논) 늪지 전용사업〉으로 했으면 보다 명료하지 않았을까?

2008년에 시작해서 2016에 완공했다는 유어세진의 〈따오기 복원센터〉사업에는 농경지 29,552㎡을 포함 46억 6천 2백만 원의 건설사업비가 들어갔다. 그리고 조류 전염병 등에 대처하기 위해 같은 군 장마면

신구에 〈따오기 분산센터〉를 2016년에 건설했는데 여기도 11,270㎡의 농지를 포함 사업비 15억을 들였다. 따오기 사육현황은 유어세진 〈따오기 복원센터〉에 182마리, 〈따오기 분산센터〉에 174마리, 방사 40마리로 모두 396마리를 사육한다. 2019년도의 운영비는 7억 원이다.

2011년부터 2018년까지 8년간의 사업인 〈우포잠자리나라〉 건설에는 농지면적 39,484㎡를 포함해서 우포늪 관광사업 시설 중 가장 많은 174억 원이 들어갔다. 이 사업은 2019년도 운영사업 예산만도 19억 6천 6백만 원이나 된다.

위와 같은 우포늪 관광개발사업에 들어간 전체 토지면적은 최소 431,025㎡이고 총사업비는 574억 1천 9백 72만 원이 된다. 평수로 환산하면 약 13만 384평 정도의 토지전용은 갖은 구실로 국가나 각 지방자치단체에서 전국적으로 파괴하는 농지면적에 비하면 별것 아니라고 말할 수도 있다. 하지만 자급소농의 전통시대라면 145가구 이상의 생계에 해당하는 광활한 생명줄이다. 574억 원을 넘는 그 비용 또한 아무리 화폐가치가 떨어지는 인플레시대라 하지만 우리 같은 서민으로서는 호명조차 쉽지 않은 천문학적 액수다. 점입가경이란 말이 떠오른다. 우포늪가의 농지전용은 사업 단계마다 가속되고, 당연히 사업비용도 가파르게 증가한다.

생태감수성을 잃어버린 생태주의

우포늪 주변농지의 파괴는 이 정도에서 멈추어야 한다. 2019년의 따오기 방사를 위해 이미 192,250㎡의 논을 2017년에 늪지화 시켰는데도 낭설이기를 바라지만 유어면 대대들의 일부를 다시 더 늪지화해야 한다는 소문이 우포늪가에서 흘러나오고 있다. 투기용으로 땅을 사둔 부재지주와 수지 안 맞는 농사에 지친 일부 농민들은 원하는 바겠지만, 그런다고 환경에 민감한 철새 따오기가 우포늪의 텃새로 돌아올 수 없다. 아무리 논을 늪으로 전용해서 우포늪 면적을 넓혀봐야 하늘을 나는 새들에게는 잠시 머물다 갈 한 조각의 습지에 지나지 않는다. 그 늪에 유출입하는 물도 이미 죽어버린 낙동강 물과 제초제 등으로 오염된 논물이다. 온 들판은 비료와 제초제 농약으로 칠갑되어 있고, 온 개울과 강은 공장폐수와 생활하수로 썩어가고, 온 하늘은 비행기와 자동차의 배기가스와 각종 공장 매연의 미세먼지로 우리의 숨통을 막아오는데 따오기가 살아남을 수 있겠는가? 따오기가 아니라 우리가 살아남기 위해서도 가속 중인 생태파괴행위를 전면 중지는 못해도 최소화시켜야 한다.

그러기 위해서 우리는 먼저 잃어버린 생태감수성을 되살려서 잘못된 우리의 생태관부터 바로 잡아야 한다. 위의 관광 개발사업 중 두 번째인 〈우포늪 탐방객 분리도로 개설사업〉에 들어간 비용은 14억 원으로 그리 큰 액수의 사업비는 아니다. 하지만, 당국과 그 주변의 생태주의자와 심지어 농민들까지 모두가 하나같이 생태적 감수성을 잃고 있다는 증상을 가장 상징적·복합적으로 드러낸 사업이 바로 이 사업이다.

첫째 아득한 옛날부터 토착마을 농민들이 다님으로써 만들어진 우포늪가의 농로인데 그 농사 덕택에 도래하는 철새와 탐방객에게 방해가 된다고 이를 격리시킨 이 사업은 농사와 농민에 대한 노골적인 배타와 천시 관념의 상징이다. 굴러온 돌이 박힌 돌 뽑아내는 전형적인 경우다. 생태계는 다양한 상생의 균형이 본질이다. 그런데 1만 년 이상의 토착

농민들이 만들어 놓은 농삿길을 철새들과 우포 관광객의 편의를 이유로 산지를 자르고 깎아 가장 반생태적인 포장길을 새로 만들어서 따돌린 그 생태 관광 우선주의는 누구를 위한 생태주의인가?

두 번째는 물론 주민공청회와 환경영향평가 등 요식적인 법 절차는 다 거쳤다지만, 멀쩡한 산허리를 토막내 길을 내는 것도 우포늪 관광으로 정당화하는 그 생태 관광주의다. 우포늪만 생태계고 그 옆의 산과 들은 피를 흘리다 죽어도 되는 비생태계 또는 반생태계라도 된다는 말인가? 우포늪을 제대로 살리고 보존하는 길은 그 주변의 생태계도 제대로 살리고 보존하는 길밖에 없다.

세 번째는 늪 보존보다 더 생태적인 논습지를 보존하는 농사를 반생태적으로 보는 그 전도된 가치관의 문제다. 생태를 한마디로 정의하기는 쉽지 않다. 무리해서 압축하자면 생명의 지속적 재생산성과 균형 잡힌 다양성이 생태의 근본이다. 전통적인 농사와 논이 이에 배치되는 반생태적 존재인가?

따오기 사육(飼育)만으로 따오기를 복원할 수 없다

우포 따오기 사육의 발단은 2008년 한중정상회담 때 중국 정상이 한국 정상에게 선물로 준 따오기 한 쌍에 있다고 한다. 돌이켜보면 그 뉴스를 접했을 때 내게 처음 떠오른 궁금증은 중국 정상의 저의였다. 따오기는 알다시피 가축 아닌 야생조류다. 중국의 일부 청정지역에서는 보존인지 복원 때문인지 야생으로 서식하고 있다지만, 이 땅에서는 완전히 사라지고 없다. 따오기 생태계의 파괴 탓이다. 그런데도 이걸 선물로 주는 것은 새장 속에 가둔 채 가축으로 사육하라기보다 우리 땅에도 복원을 시도해 보라는 저의(?)에서가 아닐까?

그래서 환경단체가 그 복원 쪽을 선택한 것은 일단은 환영받을 일이다. 그리고 그 복원지역을 람사르 등록으로 명성을 얻은 창녕 우포늪 습지로 선택한 것도 일단은 합리적이다.

그렇다면 따오기의 인공사육을 통한 번식과 동시에 우포늪가의 따오기 생태계 복원도 신속히 병행시켰어야만 했다. 그러나 그 복원 뉴스를 전한 지 10여 년이 지난 지금 인공사육과 번식으로 따오기의 개체 수는 크게 늘렸다지만 앞에서 본 대로 주변 논습지의 생태계는 살리는 대신 오히려 생태 관광시설 핑계로 광범위하고도 지속적으로 파괴해 왔다.

물에 잠겨있는 우포늪만 람사르에 등록해서 지킨다고 우포늪의 생태계가 되살아나는 것은 아니다. 늪 주변 농경지를 관광시설로 전용하며 따오기, 잠자리 등 사라진 동물을 인위적으로 사육 방사한다고 생태계가 저절로 살아나는 것도 아니다.

따오기의 먹거리는 우포늪이 아니라 논이나 개울 등 얕은 물속에 사는 어패류나 습한 땅에 사는 개구리, 지렁이 등이다. 왜 이 따오기 먹거리가 사라졌거나 오염되었나? 지겹도록 되풀이하지만 논밭은 제초제를 비롯한 비료와 농약으로 오염되고, 개울과 강물은 그 논물에다 공장폐수와 생활하수까지 더해져 어패류 등이 거의 멸종되었기 때문이다. 따오기의 복원을 진정으로 원한다면 이렇게 오염으로 죽은 논물, 개울물, 강물부터 먼저 살려야 한다. 그렇게 되면 따오기뿐 아니라 날개 달린 날짐승들은 오지 말래도 스스로 날아 찾아올 것이다. 이게 복원이다. 이것을 모르는 사람은 없을 것이다.

 죽어버린 물을 되살리고 또 그 속에서 서식하던 어패류를 되살리는 일은 물론 쉬운 일은 아니다. 그렇다고 따오기 생태계에는 눈감고 중국 따오기 개체만 들여와서 우포늪가에다 따오기 그물망 집을 짓고 가둔다. 역시 외국에서 수입한 오염된 곡물 사료로 기른 미꾸라지를 사료로 하여 기르는 따오기 시설은 복원 센터가 아니라 분명한 따오기 사육장 또는 사육동물원이다. 명백한 따오기 사육을 따오기 복원으로 부르는 것은 우포늪 관광화를 위한 상술일 뿐 진정한 생태적 지속적 복원과는 정말 거리가 멀다.

 그것은 이미 그 사육 결과가 사실로 확인해주고 있다. 사육따오기 396마리 중 40마리를 2019년 5월에 방사했다고 한다. 방사(放飼)란 가축을 가두거나 붙들어 매어두지 않고 놓아서 먹이는 것이다. 유목민들은 초지를 찾아 소나 양, 말 등을 방사했고, 전통적 정착 농민들은 똥개나 날개가 퇴화된 닭이나 오리 등을 방사했다. 새삼스럽게 모두 알고 있는 낱말풀이를 한 것은 검색 지식들이 너무 함부로 말을 조작하고 장사 속으로 왜곡, 남용하기 때문이다. 따오기의 방사와 복원은 전혀 다른 개념이다.

 따오기 방사는 그물망 집 밖의 논에다 양식 미꾸라지 사료를 풀어놓고 사육장 밖의 창공을 나르며 먹이를 스스로 찾아먹게 하는 등 야생에 적응시키는 일종의 야생화(野生化)훈련 과정이다. 그런데 이 과정을 위해 방사된 40마리 중 4마리가 이미 폐사했다. 나머지 일부도 고령과 함안 등지의 인접 군 지역에까지 진출해 센터의 방사장으로 회귀하지 않고 있다고 한다.

 따오기 복원주의자들은 우포늪이 생태적이라서 따오기 복원이 가능하다는 가설 아래 이 막대한 국민 세금사업을 벌였을 것이다. 하지만 대표적인 오염수인 낙동강 물과 직결된 우포늪에 가시연꽃 등 태고적 수생식물과 붕어, 잉어, 미꾸라지, 가물치, 자라 등 몇 종의 민물어종이 살아남아있다고 이를 살아있는 원시 생태계로 생각했다면 참으로 편리한 착각이다. 그것들은 상당한 오염에 내성과 적응력이 생긴 새로운 생태계이지 원생의 생태계는 결코 아니다. 설사 따오기의 먹잇감인 그런 어패류가 우포늪에 다수 살아남았다 해도 그들은 늪의 깊은 물속에 서식하므로 따오기의 먹잇감이 될 수 없다.

그래서 방사장의 논물에다 양식 미꾸라지를 아무리 많이 제공해줘도 본래 야생인 따오기에게 역시 그것만으로는 식상할 것이다. 그물망 속 사육으로 퇴화됐던 날갯짓을 비롯한 따오기의 야성이 방사로 서서히 회복되자 다른 맛있는 먹이와 생존터를 찾아 거기(고령과 함안)까지 날아갔을 것이다. 하지만 거기에도 생태적 오염이 덜한 일부 숲속이 아니면 먹잇감은 없을 것이고 설사 어렵게 찾아낼 수 있는 먹잇감이 있다해도 심하게 오염된 먹이일 것이다. 이것을 한 번도 아니고 계속 먹다보면 환경에 민감한 조류인 따오기의 결과는 보나마나 일 것이다. 그래서 특히 날개 달린 짐승의 방사와 복원은 전 생태계의 균형 잡힌 복원 없이는 절대 불가능한 환상일 뿐이다.

사육은 동물보호 아닌 동물학대다

〈우포잠자리나라〉의 사업목적도 무엇인지 알아보기 어려웠다. 그 명칭으로 보아 잠자리의 산란에서부터 부화, 유충, 열 번 이상의 우화(羽化) 과정, 자란 잠자리까지의 잠자리의 전 생애 과정과 비록 그물망 속일지라도 다 자란 잠자리 떼가 어지럽게 나르는 축소된 옛 우포늪을 상상했었다. 하지만 보지도 않고 이 글을 쓰기가 무엇해 〈잠자리나라〉를 참관해 보았지만 그런 기대와는 거리가 멀었다.

원래 성충 잠자리 공간으로 그물망을 쳐서 만든 듯한 인공습지에는 잠자리는 한 마리도 날지 않고 거미줄이 쳐져있을 만큼 방치된 상태였다. 시설의 2층 일부에는 무슨 이유에서인지 깜깜한 암실에 우화 중인 잠자리 유충과 함께 잠자리와 상관없는(아마 잠자리와 적대적 생태계인) 다종의 민물고기류와 자라, 수입 뱀 등 파충류들을 독안에 가두어 사육하고 있었다. 한마디로 이름에 값하는 주제도 기획도 찾아보기 어려운 잠자리 없는 잠자리나라였다.

그 운영현황의 '향후계획'에 의하면 〈우포늪 주변관광활성화〉와 곤충 사업에 관심 있는 농가들의 체험장과 판매장에 그 목적이 있는 듯이 보였다. 〈대포잠자리 멸종위기야생동물 복원〉도 향후계획의 하나인데 그러나 〈우포잠자리나라〉식의 사업은 따오기 사육과 같이 야생동물 복원이라 말할 수는 없다. 그런 잠자리나라 아무리 많이 세워봐야 우포늪이나 우리의 들과 산천에 잠자리는 복원되지 않는다.

동물원에서 관광 영리나 교육목적으로 동물사육을 하고 있는 것도 동물보호 아닌 동물학대가 분명하다. 하지만 그래도 그것은 분명한 목적으로 합의된 기정사실이다. 그런 관점에서 보면 우포 생태를 빙자해 우포 주변에다 새나 곤충 등의 만만한 동물들을 골라 동물원을 지어 관광 수입을 올리고자 하는 심정은 이해한다. 그러나 우포 생태복원을 핑계로 동물을 사육하는 것은 우포 생태를 살리는 길이 아니고 우포를 죽이는 길이다. 우포늪 생태 장사가 잘 돼서 지금과 같은 식으로 우포늪가의 모든 농지를 전용해 같은 군 부곡면 일대가 온천관광지화 된 것처럼 관광도시가 된다고 가정해보자. 그 우포에 지금만큼의 수생식물과 민물어패류가 살 수 있고, 철새와 텃새들이 살아남을 수 있겠는가?

사람을 위한 생태계라고 생태계를 빙자해 생태계를 모두 상품화해 버리면 생태계는 사라질 것이고 마침내 사람도 사라지고 말 것이다. 거듭 말하지만 복원은 방사나 사육이 아니다. 우포늪뿐만 아니라 모든 농경지나 산천에서도 따오기와 잠자리가 저절로 생겨나게 하는 것이 진정한 복원이다. 그렇게 하지 않고 현재와 같은 100% 인공적 사육은 복원 아닌 명백한 동물학대다. 창녕군이 동물학대라는 비난에도 불구하고 사업수익 목적이 아니고 어린이 학습용으로 계속 투자할 재정적 여력이 있다면 할 말이 없다. 그렇지 않고 사업수익이 목적이라면 지금까지의 막대한 투자금에 연연하지 말고 지금 당장 그 사업은 중단해야 한다. 그러지 않고 진정으로 그 복원에 목적이 있다면 다시 복원의 원칙으로 돌아가는 발상의 대전환이 필요하다.

사람들은 자신의 기호에 맞추어 동식물들의 품종을 기형적으로 개량한다. 심지어 성형까지 한 애완견과 고양이를 자신의 방안에 가두어 사육하면서 동물보호나 동물사랑으로 강변한다. 이런 사람들일수록 인간이 개를 사육한 원래의 목적대로 방사한 똥개를 잡아먹는 자연스런 행위를 동물을 학대하는 야만인으로 폄훼(貶毁)한다. 그런데 개를 잡아먹는 대신 애완용으로 기르기만 해온 지금까지 불과 몇 십 년 동안의 문명인들의 사육행위 결과는 어떻게 되고 있는가? 주무르고 쓰다듬다 싫증나거나 병이 나면 무책임하게 길거리에 내버린 수많은 유기 애완견과 고양이들로 이 땅은 이런 동물의 천국이 되어간다. 다른 동물에 비해 개체 수가 기형적으로 많다는 뜻에서 비유적으로 천국이지 사실은 그들의 지옥이 되었다. 사람 포함 특정 동물의 천국은 자신들뿐만 아니라 나머지의 다른 동물이나 식물에게는 생지옥이 될 수 있다. 애완싸움개들은 사람을 심심찮게 물어뜯어 뉴스거리로 등장한다. 그런데 이런 문제 유기 애완동물의 뒷처리도 국민세금으로 한다. 개를 좋아해서 애완으로 기를 자유가 있다면 그걸 싫어해서 배척할 자유도 똑같이 있다. 그런데 동물사육을 반대하는 사람들의 세금까지 유기 애완동물의 뒤처리에 쓴다면 그건 도덕적, 법률적으로 부당하다.

굶주리다 못해 온 식구가 자살하는 사람들이 아직도 많은 세상이다. 잡아먹지도 못할 애완동물에게 값비싼 고급사료를 수입해 먹여 개체 수를 일방적으로 늘여가다 싫증 나면 유기하는 동물사육은 분명히 지속 불가능한 반생태적이고 반도덕적인 행위다. "주위를 둘러보면 고양이나 개와 더불어 살고 싶어하는 사람들이 많기는 하지만, 이것은 동물의 세계에 존재하는 다양한 종(種)들을 구원하는 데 별로 도움이 되지 않는 태도다" 이 말은 내 말이 아니고 고생물 학자이자 프랑크푸르트대학 교수인 프리데만 슈렝크와 그의 공동편집자 슈테파니 뮐러가 함께 쓴 『선사시대 101가지 이야기』(배진아 역, 플래닛 미디어, 2007년) 책에 나오는 말이다. 이 양반들이 점잖은 학자들이라서 이런 부드러운 표현을 쓰고 있지만, 과도한 인공사육은 동물과 식물 다양성을 파괴하는 생태계에 대한 폭력일 뿐이다.

맹목적 기술 개발로 먹이사슬 생태계의 최정점에 선 일부 인간은 지금

배가 너무 부르다. 그래서 값비싼 사료로 먹지도 않을 애완동물을 기르다 유기하는 낭비를 넘어선 파괴를 동물사랑이라고 한다. 그 대가로 인간은 동물 천적 대신 스스로 파괴한 생태계 천적인 기후위기와 미지의 바이러스의 보복으로 인간종의 자멸을 자초하게 될 것이다. 생물에게든 무생물에게든 지나친 인간의 개입은 생태계의 파멸을 부른다.

인류에게 단 한 번만 주어진 기적의 지구생태계

사람들은 사람의 손이 가지 않은 순수자연 상태를 생태적이라고 한다. 맞는 말이지만 그러나 그런 생태계는 이 지구상에 없다. 원시 생태계도 원시인들의 수렵이나 채집에 알맞도록 불을 지르거나 간벌로 변형시켜 왔다고 한다. 지금은 인간에 의한 지나친 탄소 증가로 인한 온난화가 히말라야의 빙암도 남북극의 빙산도 녹이고 있다. 아마존의 열대우림도 시베리아의 한대원시림도 탄소먼지로 병들어가고, 인간의 남벌로 사라지는 중이다. 어차피 인간의 손길로부터 완전히 떨어져서 온전하게 살아남을 생태계는 없다. 생태계란 말도 인간이 지었고 또 인간을 위해서 있다. 두말할 필요도 없이 여기서의 인간은 특정 개인이나 집단의 인간도, 현생의 인간도 아닌 미래세대까지 포함한 보편적 인간, 다시 말해 인류보편을 뜻한다.

문제는 생태계에 대한 인간의 지나친 개입, 다시 말해 생태적·자생적 복원이 불가능한 파괴적 개입이다. 인간도 생태계의 다른 생물 이상으로 창조적 개입, 유익한 개입을 하며 살아왔다. 적어도 근대 이전, 산업사회

이전까지는 그랬다. 그런데 지금의 산업적 개입은 두 번 다시 주어질 수 없는, 하나밖에 다시없는 지구생태계에 대한 전면적이고 파괴적인 개입이라는 절박한 문제가 있다.

지구 생태계야말로 적어도 우리 인간에게는 두 번 다시 주어질 수 없는 생명 중의 생명, 어머니 생명이다. 우리가 죽은 화석연료로 부르는 석유와 천연가스 등의 지하자원도 함부로 태워 없애도 되는 지구 생태계의 일부에 그치지 않고 지구 생명을 살리는 데 없어서 안 되는 살아있는 심장쯤이 아닐까? 우리가 그것을 채굴해서 태우는 만큼 이 지구는 심한 열병으로 죽어가기 때문이다. 하긴 그 역시 화석이 되기 이전에는 살아있던 유기체들이었다. 더구나 그것이 그 얼마나 기나긴 세월 동안 그 얼마나 위태위태한 고비고비를 넘고 넘어 생성되었는가를 생각하면 더욱 우리가 이렇게 함부로 파괴해도 되는가 하는 두려움을 떨칠 수 없다.

오늘날의 인간들이 습관적으로 낭비·파괴하고 있는 석유와 천연가스는 해조류와 박테리아, 플랑크톤 등의 미생물들이 분해, 해체되는 양보다 생성되는 양이 훨씬 많아 살아있는 채로 다량으로 퇴적되어야 하는, 쉽지 않은 기회로부터 출발한다. 그 다음에 강물 등이 바다로 유입될 때 실려 온 유기물이 많이 섞인 차진 흙이 플랑크톤 등의 살아있는 퇴적 유기물을 신속하게 덮어야 한다. 그래야 높은 온도와 압력으로 화학 반응을 일으키고 그 결과 액체탄화수소 형태가 만들어진다고 한다. 그리고 이 액체탄화수소가 함유된 원래의 그 퇴적암반(母巖)에 지속적으로 압력이 가해지면 비로소 제대로 된 형태의 석유가 그 암반에서 빠져나와 석회석이나 사암 등 주변의 투유성(透油性) 암석으로 흡수된다. 그러나 이 저류암(貯留巖)으로 불리는 암석에 함유된 석유는 농도가 매우 낮아 경제성이 전혀 없다.

　지금 우리의 생명줄이 된 석유는 이 저류암에 함유된 석유가 아니고 이른바 '기름 덫(oil trap)'에 대량 매장된 화석연료다. 이런 기름 덫은 점토나 소금덩어리처럼 기름이 침투할 수 없는 퇴적물이 석유를 함유한 저류암의 위쪽과 중심부를 완전히 덮어버릴 때 비로소 만들어진다. 이렇게 돼서 석유는 그 덫에 갇힌다. 물론 이런 일련의 과정은 지각구조 활동을 통해 이루어진다. 그러나 문제는 또 이렇게 갇힌 석유도 우리가 알 수 없는 또 다른 지각구조 활동이 일어나면 다시 파괴되어 버린다는 데 있다.

　그러니까 바다 속에 살아있는 유기물들이 잉여로 생성되고 퇴적된다고 모두 석유가 되는 것은 결코 아니다. 앞에서 본대로 석유는 플랑크톤 등의 유기물 성장에 유리한 조건형성, 이것의 신속한 매장, 매장된 암석 안에서 이루어지는 화학적 변화, 안정된 기름 덫에 갇히는 일련의 특수과정을 기나긴 세월 동안 거듭 통과해야 되는 우연과 기적의 산물이다.(『선사시대 101가지 이야기』, 167-169쪽 참조) 요컨대 석유는 자연이 부린 변덕의 산물이자, 수백만 년의 세월이 만들어낸, 인간에게 두 번 다시 주어질 수 없는 행운의 선물이자 저주의 부적이다.

　우리는 이것을 죽은 화석연료로 부르며 아무 부채의식 없이 낭비·파괴하고 있지만, 그것은 원래 살아있는 생명이었고, 지금도 살아있는 지구생명체의 일부다. 지금의 지구온난화 위기는 이 같은 기적의 연속으로 주어진 지구 생태계의 심장을 멋대로 도려내서 죽임의 불장난질로 불태워 이산화탄소를 만들어내는 불효자식 인간에게 지구 어머니가 내리는 준엄한 엄벌이자 보복이다. 이 보복으로부터 벗어날 수 있는, 지금 이곳에서 당장 구체적으로 실천가능한 길은 어디에서 찾을 수 있을까?

동물을 기르는 '사육' 대신 '곡식을 가꾸어야 한다'

재생 불가능한 생태계인 화석자원의 파괴에 따른 대가가 죽임의 기후 위기라면, 재생과 지속 가능한 인간 살림의 생태적 실천에는 무엇이 있을까? 자연생태 상태에서의 인간은 원시인의 처지를 벗어날 수 없었고, 또 더 이상의 생존과 생식이 불가능했다. 그래서 인간이 찾아낸 유일한 지속 생존의 길이 식물을 가꾸는 농사였다. 그 농사로 인간은 1만 년 이상의 이른바 문명·문화사회를 지속적으로 일구어왔다.

물론 지금의 비료와 제초제 농약의 칠갑으로 짓는 산업 농업과 그것을 사료로 하는 축산업은 지속적 재생산과 순환을 훼손하는 농사 아닌 파괴적 산업이다. 이 산업 농업의 문제에 초점을 맞추다보면 농경지를 다시 늪지나 산림으로 바꾸는 것이 생태적이라는 주장에 정당성이 전혀 없지는 않다. 그러나 그런 식이라면 근대의 산업문명은 물론 전통적인 농사문화까지 모두 포기하고 지구상의 희귀종이었던 원시인의 시대로 다시 돌아가지 않으면 안 된다. 따오기 생태계를 위해 농경지를 늪지로 다시 바꾸자는 주장의 극단은 지금의 우리에게 천렵과 수렵과 채집의 원시인으로 되돌아가라는 극단적 주장과 다르지 않다. 하지만 역사는 되풀이될지언정 설사 우리가 원한다 해도 과거의 원시인의 생활로 되돌아 갈 수는 없다. 수렵채집으로는 몇 백만에서 많아야 몇 천만의 인구생존밖에 가능하지 않는 지구 생태계가 70억이 넘는 인구를 부양할 수는 없다.

지금 인류의 당면과제는 따오기 등의 복원이 아니다. 한겨울에도 꽃이 피고 자연 진화(鎭火)가 되지 않는 산불과 살인적인 폭염 등 기후위기다. 화석연료의 낭비, 파괴의 결과인 삼한사진(三寒四塵)의 숨 막히는 미세먼지 등 환경재앙에 따른 온 생명의 위기다. 이 위기의 주범은 말할 것도 없이 쓰지도 않고 버리는 시장 공업적 과잉생산과 축산업에 그치지 않고 먹지도 않는 애완동물을 과다 사육하는 인간 자신이다. 동물을 사육하는 축산업은 시장 공업적 농업생산을 전제한 또 하나의 시장상품 생산이기 때문에 공업생산보다 오히려 더 심각한 파괴생산이다.

그 구체적이고 상징적인 예를 곡물생산과 동물사육(축산)에 소비되는 물 에너지 사용량의 비교에서 볼 수 있다. 세계적 물소비량의 비율은 생활용수 10%, 공업용수 20%, 나머지 70%가 농업용수에 소비된다고 한다. 이 농업용수에는 물을 가장 많이 소비하는 축산업(사육)이 포함되어 있다. 상품이 생산에서 소비자의 손에 들어가기까지 투입되는 물의 소비량을 나타내는 개념을 가상수(假想水)라고 한다. 이 개념에 따르면 무논에서 가꾸는 쌀 1kg 생산에는 2천 5백L, 밭 작물인 감자에는 130L의 물이 들어가는데 비해 쇠고기 1kg에는 무려 1만 5천 5백L, 돼지고기에는 5천 5백L의 물이 사용된다고 한다. 쇠고기덮밥 한 그릇에는 약 2천L 정도의 물이 필요하다는 계산도 있다.

인간의 자멸을 재촉하는 인위적 기후위기를 중지시키는 길은 모든 공업적 생산과 공업적 사육을 즉각 중지하고 식물(특히 곡식)의 '생산' 아닌 '가꾸기'로 전면적으로 삶의 방식을 전환하는 것이다. 야채는 말 그대로 야생에서 도움을 받을 수 있지만, 곡식은 가꾸지 않고는 야생에서 바로 구할 수가 없다. 산업적·시장적인 '곡물' 생산에는 많은 석유와 자본이 들어간다. 하지만 자급적인 '곡식'을 가꾸는 데는 자본 이전의 땅만 되찾으면 그것들 없이도 얼마든지 가능하다.

'가꾸다(栽培)'의 사전풀이는 작물이 '잘 자라도록 보살피거나 매만지다' 또는 '심고 북을 돋운다'는 뜻이다. 자급적 곡식재배에 필요한 것은 씨앗을 심고 잡초를 흙으로 북을 돋우어 묻어주는 등 사람의 지성스런 '품'만 있으면 된다. 원래의 농사는 여성들의 섬세한 손품으로 식물을 가꾸었던—생명을 낳는 행위였지, 남자들이 사냥한 동물의 사육—소비행위가 아니었다.

우리는 농축산부라는 행정부의 명칭에 길들여져서 축산도 농사의 한 부분인 것처럼 잘못 인식하고 있다. 하지만 이처럼 농사와 사육(축산)은 처음부터 달랐다. 현대의 농업이 상품화를 위해 식물을 '기르고' 축산업이 동물을 '기른다(사육)'는 점에서는 공통이다. 그러나 원래의 농사는 땅, 물, 공기, 태양열과 빛 등의 무기물로 유기물인 '식물을 가꾸는 더하기 생산'인데 비해 동물사육은 특히 오늘의 축산업은 1차 생산인 농산물을 원료(사료)로 소비자인 '동물을 사육하는 빼내기 생산'이란 점에서는 전혀 다르다. 이 점에서 축산은 농사보다는 상공업에 훨씬 가깝다. 따라서 식물을 손으로 가꾸는 소농을 오히려 죽이고 대신 지속 불가능한 원료 투입에 의존하는 공업적 기업농과 축산업만 주로 지원하는 농축산부는 없애는 것이 최선이다. 그 기득권 때문에 해체가 불가능하다면 차라리 농림부와 축산부로 분리시키는 것이 그나마 자체 합리성이라도 있다.

논습지가 늪습지보다 더 생태적이다

생태계도 결국은 사람을 위한 사람의 생태계라고 했다. 우포 1,278,285 ㎡, 목포 530,284㎡, 사지포 364,731㎡, 쪽지벌 139,626㎡ 등 기존의 우포늪과 새로 논을 늪지화한 산밖늪 192,250㎡까지 모두 합친 우포 전체면적 2,505,176㎡(757,812평)에서 사람이 이용 가능한 생산적 가치는 얼마나 될까? 이따금 날아드는 철새들과 태고의 신비를 간직한 수생식물은 관상적, 심미적, 생태적 가치는 높을지라도 실용적 가치는 거의 없다. 사람의 생계에 직접 도움을 주는 우포늪의 생산성은 붕어와 잉어 정도로 알고 있다. 그런데 이것으로 생계를 유지하는 주민들은 소수일 것이다. 늪의 오염이 전혀 없던 전통시대에도 주민들의 생업은 농사가 주업이고 우포늪의 물고기 잡이는 소수 농가구의 부업에 불과했다.

그러나 논은 늪보다 비교할 수 없을 만큼 생산성이 높은 제2의 생태계다. 생산성만 높고 지속이 불가능한 공업적 생산성은 생태적이 아닌 파괴적 또는 마이너스적 생산성이다. 그런데 논은 그 높은 생산성에도 불구하고 그것이 지속이 가능했기 때문에 제2의 생태계가 되는 것이다.

주먹구구식으로 아주 단순화시켜 논의 생태성을 계산해보자. 비료농약에 의존하는 요즘의 관행농으로 하면 논 200평 1마지기 당 쌀이 80kg들이로 세 가마 가까이 나온다. 여기다 이모작이 가능한 논에서는 요즘 주로 마늘, 양파 등의 환금작물을 심지만, 보리나 밀을 심을 경우 80kg들이 두 가마 이상의 곡물생산을 낸다. 장기적 지속이 불가능한 요즘의 비료, 농약농 대신 전통적 유기농으로 해도 쌀은 두 가마 정도, 이모작인 보리나 밀은 1가마 이상으로 생산된다. 게다가 수심이 늪만큼 깊지 못해 단위 면적당 서식량은 다소 적지만, 잉어, 붕어, 미꾸라지 등의 늪과 거의 비슷한 종류의 수생 민물고기들을 품고 있었다.

이처럼 논은 늪이 생산할 수 없는 주곡을 대량생산하면서도 늪과 비교할 수 없는 광활한 면적으로 늪의 생태적 역할도 동시에 하고 있는 거대한 습지다. 늪만 습지가 아니다. 반생태적 거대 인공댐과 달리 논은 수심이 얕고 규격이 적게 분할되어 오히려 생태적인 작은 인공습지들의 집합이다.

논댐의 가장 큰 생태성은 토양유실의 방지다. 경사진 산지와 밭은 비가 올 때마다 겉흙이 조금씩 씻겨 내리거나 때로 크고 작은 사태로 이어진다. 그런데 이런 비탈밭이나 산자락도 계단식으로 논을 만들면 토양유실을 거의 완벽하게 방지한다. 논의 지면은 경사가 아니고 수평이기 때문에 그리고 논두렁으로 물을 막아놓고 있기 때문에 비가 와도 논바닥 흙이 씻겨 내리지 않는다. 논바닥에 떨어진 빗물이 물꼬까지 찬 뒤의 빗물만 물꼬를 통해 넘쳐서 인접한 도랑이나 논 옆에 개설한 수로를 통해 흘러가기 때문이다. 이미 관광지가 된 남해의 계단식 논이나 남중국이나 동남아시아 산간의 가파른 계단식 논들이 그 살아있는 증거다. 물론 논도 가끔은 폭우가 쏟아질 때 빗물이 물꼬로 다 빠지지 못해 논두렁을 넘쳐서 논둑을 허무는 사태로 토양유실이 될 때도 있다. 하지만 이것은 상시적이 아니고 예외적이다.

논습지의 또 다른 생태성은 지하수위를 일정하게 유지해주는 역할이다. 봄부터 가을까지 논에 물이 담겨 있는 동안은 그 물이 서서히 지하로 스며들어 일정한 지하수위를 유지시켜 주는 것이다. 또 하나 작지만 무시 못할 논물의 역할은 삼복염천의 한낮 더위를 그 많은 논들의 수증기 증발로 조금이라도 낮춰주는 온난화 방지 역할이다.

위에서 말한 생태적 역할만으로도 돈으로 환산하면 곡류생산성에 뒤지지 않는다며 한때 농업학자들이 그 수치를 경쟁적으로 제시하며 이를 입증한 적이 있었다. 하지만 생태적 가치는 돈으로 계산하기 어려운 생명가치다.

늪습지는 가질 수 없고 논습지만 가진 독보적이고 탁월한 생태적 가치는 벼 재배 때의 논물 자체가 천연비료를 생산하는 생명의 산실이라는 것이다. 수심이 깊은 늪지와 달리 논물은 수심이 매우 얕다. 그래서 봄부터 가을까지 태양열을 받고 있는 논물 온도는 공기나 지표 온도보다야 낮지만 상당한 고온일 수밖에 없다. 높은 온도의 이 논물은 공기 중의 질소를 걸러먹고 사는 여러 미생물들의 천국이 됨으로써 그 미생물이 먹고 남는 논물 속의 질소화합물과 수명을 다한 미생물들이 동시에 작물에게 천연거름으로 제공된다. 전통시대에 이모작이 불가능한 일모작의 저습답에서는 짚을 다 거둬가고 인공적 퇴비를 하나도 투입하지 못하는 경우도 있었다. 그리고도 해마다 두 가마 가까운 일정한 쌀 생산을 지속적으로 내준 것은 기적이 아니라 스스로 비료를 만드는 논물의 생태과학성 때문이었다. 인류생명의 젖줄이자 보고인 논을 살리고 지켜야 한다. 우리가 잃어버린 생태적 감수성도 이 같은 농경의 생태 과학적 감수성으로부터 하나하나 되살려가야 한다.

우포늪과 따오기를 살리려면

마산에서 대구로 가는 구마 고속도로를 타고 가다 창녕 나들목을 지난 직후 서편의 대지면 쪽 도로가에는 오래전부터 영농조합 법인인 듯한 건물벽에 '우포늪 가시연꽃쌀'이란 상표가 내 눈길을 끌어 왔었다. 아마 우포늪이 람사르에 습지로 등록되어 그 명성이 알려지자 그 무렵 이를 상표화한 것 같았다. '우포늪 가시연꽃쌀'이라면 먼저 늪이라는 생태계 보고를 떠올리고 일반시중 쌀과 다른 생태적 쌀, 다시 말해 청정 이미지의 쌀을 연상시킨다. 그래서 일찍부터 유기농 관련 일을 해온 나로서는 이 상호를 무심하게 보아 넘길 수가 없었다. 왜냐하면 그 영농조합 법인이 우포늪 인근에 있는 것 말고 실지로 생태적인 농법, 다시 말해 유기농으로 쌀을 생산하는 기미가 전혀 보이지 않았기 때문이다. 그렇다면 이건 본의가 어떠하든 간에 다름 지역과 다르지 않는 관행적 농법으로 지은 쌀을 단지 우포늪 인근에서 지었다고 우포의 청정 이미지를 빌어 청정 생태적인 쌀인 양 그 이미지를 상품화하는 것이 된다.

당시 내가 관여하는 유기농단체가 그 판매를 책임질 수 있었다면 실제로 우포늪 가시연꽃 이미지에 맞는 유기농 청정 쌀 단지를 만들자는 제안을 하고 싶었다. 그렇게 하는 것이 우리가 하고 있던 유기농 시장의 혼란스런 질서를 하나라도 바로잡는 길이였기 때문이다. 그러나 내가 책임자였던 유기농 직거래 단체는 이를 다 소비할 수 없는 지역의 작은 조직이었고, 서울 등의 연대조직 역시 이미 계약된 생산자가 있었다.

우포늪과 관련된 생태적 이미지를 상표로 써도 마음 편안하고 떳떳한 쌀을 생산하려면, 철새 따오기뿐 아니라 수많은 텃새들과 사람이 지속적으로 공존하는 그런 생태 세상을 진정으로 바라는 사람이라면, 먼저 해야 할 일이 있다. 농지의 관광시설화와 타용도 전용화에 들어갔고 앞으로 그 관광자원화에 계속 들어갈 그 막대한 투기 재정으로 근대 산업주의와 투기자본으로부터 농지를 살려내는 길이다. 구체적으로 말하면 우포 주변 농지로부터 시작하여 창녕군의 전체 농경지를 사라진 전통농사, 요즘 말로 유기농 단지로 확대해 가는 길이다. 우포늪 주변 농지를 지금처럼 화학자본과 투기자본에 내맡겨두면 우포 생태계도 죽는다. 우포늪을 이대로 두고 그 이미지만을 상품화하는 것 역시 우포늪을 죽이는 길이다. 이 땅의 모든 농경지가 모두 오염으로 죽어가는데 우포 주변의 일부 농지만의 늪지화와 관광시설화로 따오기를 결코 불러올 수 없다. 최소한 창녕군 일원의 농경지를 따오기 시절의 잉어, 붕어새끼와 우렁이가 득시글거리는 논으로 되돌린 뒤에야 그 이미지 상품화와 따오기 방사와 복원가능성을 생각할 수 있을 것이다.

전통 유기농 논농사에서 가장 큰 제초 문제는 요즘에는 우리 생태계에 별다른 영향을 끼치지 않고서도 논풀만 깨끗이 제거해주는 열대산 우렁이로 간단하게 해결가능하다. 기웃거리거나 머뭇거리는 사람의 행동을 빗대어 〈황새 고딩이 잡아먹기〉라는 우리 고장의 옛 속담처럼 창녕군 일원의 우렁이 유기농 단지화는 얕은 물속의 어패류를 잡아 먹고사는 다리와 부리가 긴 텃새와 철새들의 낙원이 될 것이다.

우포 창녕의 온 들의 논을 국제적 생태성지화 하자

물론 창녕군 일원의 논농사의 유기화만으로 지금의 논을 미꾸라지와 우렁이와 붕어, 잉어의 새끼 등이 득시글거리던 옛날과 같은 논습지로 되돌릴 수는 없을 것이다. 모든 강들이 인공적 준설과 수많은 보로 물고기가 올라오는 길을 막고 있다. 강물 또한 옛 강물이 아니라 온갖 오폐수로 심하게 오염되어 민물어패류의 개체 수는 비교할 수 없이 줄어들었고 생존 자체가 위협받고 있다.

중장비로 강바닥의 암반까지 뜯어낸 파괴적 준설과 수많은 보로 죽은 거대 인공저수지가 된 강을 살리는 데는 많은 세금이 필요하고, 무엇보다 이 토목사업들과 관계있는 기득권자들의 저항이 너무 시끄럽다. 공장과 생활폐수를 완전히 없애는 일은 근대 문명의 전면적 폐기를 전제하는 난제 중의 난제이므로 지금 수준의 정치로서는 불가능하다.

그러나 벼논 농사의 유기화는 벼 일모작일 경우 제 논의 벼짚을 소 사료 대신 제 논에 돌려주고 제초제 대신 우렁이만 돈 주고 사 넣으면 된다. 관행농의 고리를 끊고 도입한 벼 유기농은 땅과 물과 민물의 어패류만 살리는 게 아니다. 지금 이 나라에는 나라간 무역협약으로 우리 쌀이 남아도 쌀을 의무적으로 수입해야 하기 때문에 막대한 보관비를 들이며 쌀이 남아 창고에서 썩고 있다. 양곡자급율 20% 정도밖에 안 되면서도 쌀과 일부 농산물이 남아 썩는 기막힌 결핍적 과잉생산 시대다. 낭비적, 파괴적인 외부 투입을 없애는 벼농사의 유기화는 다가올 식량위기에 대처할 쌀 생산 기반을 고스란히 살리면서도 국내산 쌀 생산량을 낮게 조절함으로써 오히려 쌀값을 안정적으로 보장하는 일석다조(一石多鳥)가 될 것이다.

그래서 이미 많은 지역에서 개인적으로 또는 생협 등이 생산공동체 단위에서 벼논 유기재배를 하고 있다. 그러나 이 글의 초고를 쓸 때까지만도 아직 군이 직접 나서서 군 단위에서 대규모 유기농 단지화하는 곳은 없었던 줄 안다. 그런데 이 초고를 쓴 얼마 뒤 2019년 9월 중순인가

충북 괴산군에서 그렇게 하기로 했다는 뉴스를 전했다. 선수를 놓쳐 약간 아쉽기도 하지만 오히려 유기농화는 많은 곳에서 동시에 많이 할수록 좋은 일이다.

창녕군은 이미 세계적 명성을 얻고 있는 우포늪과, 같은 군내 영산면의 장자늪과 번개늪, 장마면의 마구늪 등 유독 늪지가 많은 지역이다. 이 같은 지역 특색을 살린 브랜드로 창녕군 일원을 벼 유기농 단지화하는 데는 다른 어떤 지역보다 유리할 것이다.

문제는 이 유기농 단지화사업의 주체인데, 군 전체를 유기농 벼 단지화할 역량이 있는 기존 영농단체는 아직 없다. 창녕군이 직접 나서는 수밖에 없다. 군청 산하에 그런 사업을 전담할 사업단, 우포늪 생태체험장의 관리운영을 맡긴 창녕군 시설공단처럼 '창녕군 유기농사업단'을 만들어 맡기면 된다. 가장 큰 난제는 유기쌀의 적정 값으로의 판매보장인데 이를 위해서는 군수가 직접 나서 서울특별시나 서울의 몇 개 이상의 자치구와 자매결연 등을 맺는 방법을 찾아야 한다. 도시에 있는 자치행정 단체의 협조만 얻을 수 있고, 〈우포늪 따오기 복원 쌀 판매장〉을 요소마다 열어 이 쌀 상표의 판매에 나선다면 결코 불가능할 리 없을 것이다.

만일 이것을 성공시키기만 한다면 창녕군이 지금의 우포늪 관광지화로 유치하는 관광객 수와 비교할 수 없는, 국내외에서 뜻있는 관광객들이 찾아오는 국제적 유기농 단지의 메카(성지)가 되지 말란 법도 없을 것이다. 생태 장사만 해도, 우포늪만의 생태적 상품화를 위해 주변의 농지를 계속 전용하거나 따오기와 잠자리의 사육 등으로 돈만 계속 까먹는 하수(下手)보다는 창녕군의 모든 농경지를 유기농 생태성지화하는 통 큰 결단이 오히려 더 잘되게 할 것이다.

[부기]

위의 원고를 쓴(2019년 10월) 한참 뒤인 12월 29일 KBS 다큐멘터리 〈따오기 우포늪 날다〉의 재방영을 우연히 보았다. 이 방송에 따르면 방사 따오기 40마리 중 폐사 따오기는 모두 6마리이고 5마리가 추적 불가라고 한다. 그중 3마리는 살쾡이 등의 천적에 의해 잡아먹히고, 2마리는 사고사, 한 마리가 원인 미상이라고 한다. 원인 미상의 한 마리 따오기의 폐사원인은 오염이 심한 먹이를 잘못 먹었거나 아니면 먹을 게 모자라서 영양실조로 병사한 것이 아닐까? 행방을 알 수 없는 5마리 역시 먹이 부족으로 인한 영양실조사일 가능성이 높다. 먹이 오염이나 부족으로 인한 따오기 폐사는 즉사일 수 없으므로 시간을 두고 세밀한 관찰이 필요할 것이다.

아니나 다를까, 이 [부기]를 쓰는 현재(2020년 1월 21일) 방사 따오기 40마리 중 폐사 및 추적 불가능한 따오기는 20마리로 급증했고 생존 따오기는 우포늪가에 주로 남은 20마리라고 한다. 겨울철에 접어들자 우포 방사장을 벗어난 따오기에게는 먹잇감이 더욱 희귀해진 탓일 것이다.

방송은 따오기 복원 사례로 중국의 양연과 일본이 니가타현 사도의 따오기를 비춰주었다. 중국의 양연은 원래부터 환경파괴가 심하지 않은 오지라서 그 보전과 복원이 비교적 용이했던 것 같다. 우리와 거의 비슷한 농업환경으로 사라진 따오기를 현재 370마리 정도 야생으로 복원한 일본 사도의 사례는 이미 내가 앞의 글에서 주장한 지극히 상식적인 복원 조건과 같았다.

일본의 사도 지역은 전통적 무비료, 무농약의 친환경농법으로 이미 유네스코의 세계농업문화유산에 등재될 정도로 세계적 명소라고 한다. 이 지역 농민들은 얕은 물속 어패류를 먹는 육식 조류인 따오기를 위해 벼 외에 이모작은 하지 않고 겨울에도 논에 물을 대서 따오기의 먹이가 서식하게 한다. 심지어 농로는 물론 길가의 풀도 제초제 대신에 인력으로 제초한다. 특히 유의할 것은 따오기서식을 위해 유기농이나 일모작으로 손해 보는 사도 농민에게는 따오기 쌀 보상제를 통해 국가와 지방자치체가 제도적 지원을 아끼지 않고 있다는 것이다. 한마디로 일본의 전 국민이 마음을 합쳐 아름다운 따오기의 비상과 공존하는 심미적, 정서적 생태계를 만들어서 따오기에게도 그 공간 일부를 양도한 결과라는 것이다.

세상에 공짜 점심은 없다. 〈따오기 복원센터〉의 사육 따오기도 앞으로 계속 방사할 수밖에 없을 것이다. 타 지역으로 멀리 날아가는 따오기는 어쩔 수 없다 치자. 그러나 우포늪가나 창녕군 내에 서식하는 따오기의 일부라도 그 생존을 보존시키기 위해서는 우포늪을 빌미로 그 복원을 시도한 원죄가 있는 창녕군만이라도 시급히 유기농으로 전환, 논을 살리는 길 외에 다른 지름길은 없다.

≪녹색평론≫, 2020년 3~4월호에 게재한 뒤에 많은 부분을 보충했다.

자영농공동체를 파괴하는 GMO농

비료와 기계 중심의 산업농 지지자들은 그 식량증산으로 기아 문제를 해결했다고 자화자찬하지만 그건 일부만 맞고 일부는 거짓이다. 그게 전부 사실이라면 아프리카와 동남아시아 등은 물론 지구상의 모든 기아 문제가 깨끗이 해결됐어야 한다. 그런데 기아 문제는 여전히 재생산되고 있다. 산업농은 기아 문제의 해소 대신 수많은 전통소농을 석유, 비료, 농약, 기계를 소유한 자본에 예속시켰고, 마침내 소농 소멸로 농업을 자본에 독점시키는 전략이 되었다. 그 독점 전략은 여기서 끝나지 않는다. 산업농으로 식량이 남아 썩는 식량대국 미국이 이에 만족하지 않고 또다시 유전자조작(GMO) 농산물의 대국이 되고 있다.

마지막 공용인 씨앗까지 독점하는 GMO기업

농사의 가장 농사다운 특성은 소농들의 자가(자연)채종을 통한 지속적 재생산이다. 그리고 소농을 중심으로 하는 소생산자들의 연합에 의한 자급 자치 공동체는 자본의 독점적 시장 지배로부터 벗어나는 해방의 오솔길이자 민주주의를 지키는 마지막 보루가 된다. 또 그래서 화학 기계농을 통한 자본의 소농 압살 시도에도 불구하고 유기농 운동 등으로 일부 소농의 자본 불복종운동이 사그라들지 않는다. 이마저 용납하지 않는 자본이 유전자 조작이란 첨단기술로 농작물의 씨앗까지 특허화하여 농업에 마지막으로 남은 신의 영역(생식영역)까지 완벽하게 독점하려는 전략이 GMO농업이다. 산업농으로 식량문제를 해결했다면 왜 또 무엇 때문에 GMO농업을 다시 개발하는가? 비료, 기계농으로 해결 못한 기아 문제는 GMO농으로도 결코 해결할 수 없다. 그것은 대량생산의 기술문제가 아니라 분배정치 아니 자급자치의 문제다. 그럼에도 화학비료와 기계적 산업농에 이어 안정성의 검증 없는 GMO농산물을 자본이 일방적으로 개발, 생산하는 것은 농작물의 씨앗까지 포함한 완벽한 공용(共用)의 독점 외에 그 어떤 명분도 없다.

아시다시피 유전자 조작 농산물의 꽃가루는 바람이나 매개충에 의해 일반농산물이나 유기농산물 포장에 날아와 교잡해서 농사를 망친다. 그것은 이 농장 생산자의 잘못이 아닌데도 유기농 품질인증에서 제외된다. 유전자 조작기업의 농민에 대한 횡포가 이 정도에서 그친다면 오히려 양반축에 속할 것이다. 1988년 캐나다 서스캐치원 지역의 대농(600헥타르 경작) 퍼시 슈마이저의 유채밭에서 몬산토 직원이 자기 회사의 GMO 유채를 발견했다며 문제해결을 위한 협상을 요구해 왔다. GMO 유채씨앗을 구입하거나 도용한 적이 없이 자가 채종으로 재배한 퍼시 슈마이저는 이를 거부했다. 그러자 몬산토 캐나다는 퍼시 슈마이저가 모르게 불법적으로 그의 밭에서 채취한 유채 샘플에서 90%의 GMO가 나왔다고 언론에 공포하고 법원에 제소했다. 2000년 6월에 시작한 이 재판은 2001년 3월

29일에 결심 판결을 했는데, 주심인 앤드류 메케이 판사는 다음과 같이 참으로 경악할 판결을 내렸다.

"이웃한 경작지로부터 바람에 실려 온 씨앗이나 곤충, 새, 혹은 바람이 옮겨온 꽃가루에 의해서 본인의 의도와는 관계없이 밭에서 GMO가 자라는 일이 발생할 수도 있다. 그러나 어떤 경우에도 이미 특허 취득한 유전자 혹은 이러한 유전자가 들어 있는 종자나 식물을 사용할 권리는 가질 수 없다. 이것은 원고의 동의 없이 원고의 발명품을 사용하는 행위와 같기 때문이다." 이 어처구니없는 궤변으로 내린 판결 결과 퍼시 슈마이저가 몬산토에 지불해야 할 피해보상금은 경작지 1에이커당 15달러로 총 1만 5,450 캐나다 달러에 달했다. 이에 그치지 않고 소송비용까지 물어야 했다.(마리-모니크 로뱅, 이선혜 옮김, 『몬산토-죽음을 생산하는 기업』, 도서출판 이레, 2009년, 343-346쪽 참조)

이런 황당한 씨앗 독점, 생명 독점이 법의 이름으로 보호되는 세상은 말세다. 하지만 이에 고무된 생명공학 자본은 농업과 생명의 완벽한 독점을 위해 70억 인류를 대상으로 GMO 농산물의 인체 실험을 강행하고 있다. GMO 세계 1위 수입국인 대한민국 국민이 그 인체 실험의 대표적 마모트(marmotte)가 되고 있다.

참 없어 보이는 당국의 GMO농 개발논리

2016년 6월 21일(화요일) 오후 10시에 KBS 1TV의 〈시사기획 창〉은 「식탁 위 GMO 알고 먹읍시다」를 방영했다. 언제나 그랬지만 KBS는 박근혜 정권 이후 더욱 충성스런 시녀로 전락해서 국민으로부터 외면당하는 국영방송이다. 그래서 안 보려다 혹시나 하고 보았다. 특별히 새로운 사실을 고발한 것은 아니지만 GMO를 둘러싼 이 땅의 딱한 현실을 나름대로 스케치했다. 그리고 그 원료표시제라도 실시해야 된다는 소비자들의 여론을 전달하고자 했던 나름의 의미 있는 기획이었다. 그 방송의 요지는 다음과 같다.

GMO농산물 생산과 유통에 찬성하는 대한민국 농민은 아무도 없다. 농민의 고통은 수입 때문이든 소비 축소 때문이든 농산물이 지천으로 남아 그 값싼 가격이 문제지 수확량의 문제가 아니기 때문이다. 아니 수확량이 많은 다수확품종이 나올수록 농민은 손해 보고 농민의 멸종이 가속되는 시장 세상이다. 이런 농민들의 항의에 대해 GMO농산물 개발당국자(농업진흥청)의 변명은 너무나 구차했다. "(기후)환경 변화에 대처하고 식량수급을 위한 국가정책을 고려해서 GMO개발이 불가피하다"는 것이다.

모든 농산물의 완전한 수입개방으로 국내 식량자급 생산기반을 구조적으로 해체시킨 당국이다. 그래서 우리의 주곡이었던 쌀까지 수입하여 그 보관비용을 천문학적으로 들이며 썩히는 식량 과잉의 나라가 되었다. 이런 나라에서 제초제에 강한 다수확품종이라는 것 외에 종의 정체성이나 생명의 다양성과 안전성을 철저히 부정하는 GMO농산물이 국가 식량수급정책이라니? 이런 구차하기 짝이 없는 변명보다 차라리 농촌진흥청 이용범 연구정책국장의 말이 솔직했다.

"세계적으로 대부분의 국가가 GMO연구에 박차를 가하고 있습니다. 특히 유럽이나 미국이 주도하고 있는데요. 세계시장의 75% 특허를 거기서 가지고 있습니다. GMO 1종이 10년이 걸려야 나오는 것들이거든요. 지금 당장 필요하다고 할 때는 상당히 늦어진 거고 우리가 안 하는 대신에 다른 나라도 안 하고 있으면 사실 우리도 포기할 수 있죠. 그런데 다른 나라가 다 할 수 있는 상황에서 대한민국만 우리가 기술로 먹고 사는 나라인데 대한민국만 그걸 안한다고 할 때 그게 바람직한 것인가요?"

GMO농 기술은 살림 아닌 죽임의 기술이다

솔직은 하되 사실 관계는 크게 잘못 말하고 있다. GMO의 주도국은 몬산토 정권이라 할 미국이지 유럽은 아니다. 유럽은 철저한 GMO 표시제 등을 통해 오히려 심하게 규제한다. 다른 나라는 다 하는데 우리만 안 할 수 없다고 했는데 이 또한 사실과 다르다. 지구상에 있는 200개 넘는 나라 중 GMO 개발, 재배 허용국은 고작 28개국이고 그 중에서 사실상의 주도국은 미국, 브라질, 아르헨티나 등 3개국이다. 설사 모든 나라가 다 한다고 치자. 그런다고 남은 쌀자루 지고 이른 시장을 이미 다녀왔는데 나는 똥장군이라도 지고 파장에라도 따라나서겠다는 꼴인가?

대한민국이 기술로 먹고 산다고 했는데 GMO 기술은 때늦은 뒷북기술이고, 죽임의 기술이지 먹고 사는 기술이 아니다. GMO 식품은 세상에서 가장 강력한 항생제초제 성분이자 1급 발암물질인 글리포세이트를 뒤집어 씌워 키운 독약식품이다. 모든 생명을 다 죽이는 독성에도 홀로 죽지 않고 오히려 다수확을 낸다는 괴물이 GMO 농산물이다. 이 독약의 종착지가 어디인가? 게다가 자연선택과 공진화 대신 종이 다른 아니 식물과 동물로 자연교접이 전혀 불가능한 다른 생명들의 유전자를 인간이 어거지로 조작한 괴물식품이 GMO다. 이걸 먹고 그 자리에서 당장 피를 토하고 죽지 않는다고 안전이 검증된 식품인가? 괴물을 먹으면 괴물이 된다. 사람은 선대들에 의해 검증된 사람의 음식을 먹어야 산다.

　기술도 기술 나름이지 자연(신)의 질서를 근본적으로 파괴하는 이 생명공학기술은 아무래도 인간이 제 분수를 넘어도 너무 넘은 죽임의 기술이지 먹고 사는 기술은 결코 아니다. 생물 멸종의 단초가 될지 모를 GMO 농산물이다. 지금 당장에도 소농에게는 생사가 걸린 문제이고, 소비자에게는 생명 안전에 관한 문제다. 그런 GMO에 대해 소비자들이 안전성 여부는 두고 보더라도 자기들이 먹는 식품 원료가 GMO인지 아닌지를 알고자 그 표시제를 강력히 요구하고 있다. 우리는 연간 식용과 사료용을 합쳐 1천만 톤, 그 중에 식용만 240만 톤의 GMO 곡물을 수입한다. 1인당 소비량 43.3kg의 식용 GMO 수입 1위국의 국가로서 GMO 표시제는 반드시 해야 할 너무도 당연한 의무다. 방송제작자가 이 시민들의 요구를 당국자에게 질문하자 식약처 담당과장의 답변은 이랬다.

　"표시제를 실시하려면 포장지를 전면 교체해야 되는 그런 비용과 그 다음에 자기들 나름대로의 원료구입비라든지 아니면 관리비라든지 이런 데 들어가는 비용이 생길 수도 있습니다. 또 하나는 이 제품들에 대해서 GMO 없는 식품만 쓰겠다고 했을 때는 원재료의 가격이 아무래도 상승하면서 이런 것에 따라서 소비자물가에도 어느 정도 영향이 미치지 않을까 생각되고요. 그 다음에 전반적으로 봤을 때 모든 사람들이 GMO에 대해서 관심이 큰 거 아니지 않습니까?"

식품의약안전처는 『이공계 뇌로 산다』(완웨이강, 강은혜 옮김, 더 숲, 2016년)의 저자 완웨이강 식으로 말하면 이공계 뇌로 구성한 대한민국의 식품 안전을 책임진 한 부처다. 그런데 이 부처는 사람 생명의 안전을 두고 의학적, 생물학적으로 트레이드나 오프하는 것이 아니라 이처럼 광범위한 정치적, 경제적, 문화적 요컨대 인문적 판단을 하고 있다. 대부분의 국민들이 GMO에 대해 관심이 없으니까 그러니까 모르는 게 약인데 표시제로 그 안정성 불신과 가격 인상 등의 평지풍파를 자초할 필요가 있느냐는 반문이다. 그러니까 안전성에 문제없다는 주관적 (아전인수식) 판단 아래 '모르는 게 약'이라는 속임수 판매전략을 그대로 용인하겠다는 고백이다. 이건 아무래도 식품의약안전처가 아니라 몬산토나 그 싸구려 GMO 원료를 쓰는 식품기업의 영업과장이나 홍보과장의 말로 들린다. 이 말은 기분 나쁜 말이지만, 우리의 경각심을 다시 일깨우는 말이다. 속이고자 하는 자 당할 자 없다지만, 어쨌든 모르면 당한다. 가만히 있으면 죽는다는 사실에 대한 경각심을.

쌀이 남는데 독약 들이붓는 웬 GMO 쌀인가?

이 방송의 압권은 아무래도 농촌진흥청의 GMO 시험재배포가 있는 전북 완주군 정농마을의 농민 홍순철 씨의 항변이다. 정농마을은 친환경 유기농을 재배하는 마을이라고 한다. 노무현 정권 때 지방분권 프로젝트에 따라 전북 전주시와 완주군의 혁신도시로 이사한 농진청이 하필 농민이 만든 유기농 마을에다 GMO 시범재배포를 설치하자 그는 이렇게 항변했다.

"화학비료 안 쓰지, 논에 제초제도 농약도 하나도 안 쓰고 우렁이농사 지어서 지금 먹(고사)는데 그것도 쌀이 남잖아. 그런데 뭘 더 농산물 빼먹겠다고 그런 짓 하느냐고? 그나마 멀리서 하면 모르지만 마을하고 20~30m 밖에 안 되는 데서 그걸 하겠다고? 그러니 사람 죽일 노릇이지. 자기들은 안 먹나? 처음에는 농진청이 들어온다니까 우리한테 도움이 될 줄 알고 좋아했죠. 시작은 농사일에 도움이 되겠다 했지. 그런데 이리 될 줄 몰랐죠. 이렇게 될 줄 알았으면 처음부터 우리가 반대를 했지. 배신감 들죠. 진짜 배신감이죠."

그렇다. 이름은 농촌진흥청인데 내용은 농촌 농민 죽이는 기관이 대한민국 농진청이다. 한때는 비료, 농약 대리점으로 농촌을 화학자본에 예속시켰다. 이제는 막대한 세금으로 농민과 농산물 소비자의 생명은 물론 농작물의 씨종자까지 독점하는 유전자조작 산업의 선구자 몬산토의 적자를 자청하고 나섰다. GMO 기술은 살림의 농업을 죽이는 데 그치지 않고 만 생명을 공멸시키는 죽임의 공학기술일 뿐이다.

이렇게 거듭 되풀이되는 일련의 '죽임의 굿판'에서 살판을 찾아내기 위한 실천적 대응이 다름 아닌 진정한 유기농 협동운동이다. 물론 전통유기농은 힘든 농사다. 내가 20대까지 지어봐서 아는데 지금 내 나이로서는 감당하기 어려운 일이다.(그래서 전통 두레의 정년은 55세였다.) 다시 그 시절로 되돌려준다 해도 개인적으로는 솔직히 피하고 싶은 농사다. 전통유기농에서 가장 힘든 벼논 인력 제초는 요즘 벼유기농이 발견한 풀 먹는 우렁이로 대체 가능하다. 하지만 밭작물의 비닐피복제초는 지속 불가능한 농법이다. 그래도 지속가능한 전통유기농을 회복시켜야 하고 그러기 위해 소농생산자들의 두레(협동)로 비닐 대신 지속가능한 피복제초 방법을 연구하는 수밖에 다른 대안이 없다.

 진정한 유기농은 비료와 농약에 이어 유전자조작 기술까지 독점한 다국적 초거대자본의 농업 독점에 저항하는 소농들의 자급 자주농업이다. 유기농 공동체는 더 많은 사람들이 농촌에서 농사만으로도 인간답게 사는 소농두레(연합)을 통해 그 자본으로부터 정치, 경제, 문화적으로 독립하고자 하는 자급자치 해방선언이자 실천이다.

전통농에도 문제는 있지만 다른 대안은 없다

 인간 한 명이 농사 대신 최소한의 환경파괴도 하지 않고 자연을 상대적으로 순수하게(?) 그대로 보존하는 수렵·채집 생활을 할 경우 얼마의 땅을 필요로 하는지에 대한 통계는 내가 갖고 있지 않다. 그러나 "유목으로 생계를 꾸릴 경우 5인 가족 가구당 아무리 적게 잡아도 100헥타르(300,000평)이상의 땅이 필요하다고 한다. 이에 비해 농경으로 살 경우는 현대적 비료·농약·기계 등 자본집약농 아닌 전통적 조방농경(전형적 유기농)으로 하더라도 이모작이 가능한 논은 약 30아르(900평) 필요하고, 일모작의 저습답일 경우에도 그 두 배인 약 60아르(1천 8백 평)면 된다."(천규석, 『유목주의는 침략주의다』, 실천문학사, 2006년, 247쪽)

 농경보다 유목은 약 166배의 땅이 더 필요한 셈이다. 그렇다면 자연 상태의 수렵·채집으로는 이보다 더 많은 땅이 필요했으면 했지 결코 적을 리 없다. 그래서 농경(Culture)이야말로 곧 인류 문화와 문명의 시작이고 '농업혁명'이 혁명의 원조였던 것이다. 그러나 '농업혁명'도 소수의 지배자에게는 더할 수 없는 축복이었지만 정작 농사짓는 농민에게는 재앙이었다. 죽어라고 일했지만 농민의 식단은 수렵 채집에 비해 형편없이 빈약했고, 건강도 나빠졌다. 잉여농산물은 특권을 가진 소수에게 독점되었고 이것을 농민의 압제에 사용했다. 그래서 『사피엔스』의 저자 유발 하라리는 농업혁명은 역사적 사기였고 덫이라고 했다. 인류가 밀을 길들인 게 아니라 밀이 인간을 꼼짝 못하게 길들였다고 했다. 농업의 잉여를 통해 제국을 출현시키고 교역을 확대했으며 돈이나 국가, 종교, 신, 평등·자유 같은 상상의 질서로 인간을 자발적으로 협력화시켜 쉽게 통제했다고 지적했다.

마을 정착과 농업이 국가를 탄생시킨 게 아니고 수렵·채집의 도시와 국가가 관개농업 등을 창안했다며 그 반대를 주장하는 가라타니 고진 같은 사상가도 있다. 하지만 아직도 하라리의 주장이 학계의 주류다. 농민에게 재앙이 된 농업혁명은 폭발적 인구 증가의 재앙도 자초했다. 농업혁명 전후기인 기원전 1만 년경 지구에는 5백만 내지 8백만 명의 방랑하는 수렵 채집인이 살고 있었다고 추정한다. 그러나 기원후 1세기(농업시작 1만여 년 뒤)가 되자 수렵 채집인은 1~2백만 명밖에 남지 않았고 같은 시기 농민들의 숫자는 2억 5천만 명으로 전자를 압도했다.

백 년도 안돼 GMO농에게 자리를 넘긴 비료농

그런데 완웨이강은 축복이자 재앙인 인구폭발도 전통 유기농이 아니라 순전히 비료농 덕택이라고 한다. 독일에서 최초의 비료공장이 설립된 때는 1913년이라고 하나 그 비료가 서구에 대중화된 때는 1950년대부터다. 우리의 경우는 1956년 충주비료와 1961년 나주비료공장 설립을 시작으로 진해·여수 등에 비료공장이 증설되는 1960년대 말 이후부터 대중화되었다. 비료가 없던 20세기 초의 20억 인구가 2016년 현재 73억으로 3.6배나 늘어난 것은 사실이다. 좀 더 정확히 말하면 비료농이 대중화된 것은 인구가 25억이던 1950년대인 20세기 중반부터이고 그로부터 반세기 이상 흐른 지금 인구가 73억이라면 비료농 이후의 인구 증가는 약 3배다. 하지만 이것을 전부 비료농 덕택이라고 할 수 있을까?

식량의 증가량에 비해 인구증가율이 훨씬 높기 때문에 강력한 산아제한이 필요하다는 맬더스의 『인구론』(1789년)의 우려대로 비료농 이전의 전통농 시절에도 인구는 꾸준히 폭증해 왔다. 기원후 100년의 2억 5천만에서 19세기 초 10억, 20세기 초 20억, 20세기 중반 25억씩으로 꾸준히 증가해 왔다. 그러나 20세기 중반 이후 60~70년 동안에 갑자기 73억으로 약 3배 가까이 폭발적으로 인구가 증가한 이유 중에는 물론 비료농도 큰 역할을 했을 것이다. 그러나 의술의 역할도 그에 못지않았을 것이다. 전통 유기농 시대에는 기아로 죽는 아이들보다 집단감염으로 죽는 아이들이 더 많았다.

수렵 채집과 전통농의 인구 부양에 한계가 있듯이 비료농에도 한계가 분명히 있을 것이다. 전통농은 무엇보다 수렵 채집시대 말기의 500만 내지 800만의 인구를 비록 1만여 년 긴 세월 동안이 걸리긴 했으나 비료농의 보편화 이전인 1950년에 25억까지 무려 312배나 폭증시켰다. 하지만 비료농은 전통농으로도 증가 가능한 인구수의 50% 이상을 더 증가시키지 못할 것이다. 비료농으로 인한 한시적 식량 증가는 전통농보다 평균

50% 이상을 넘길 수가 없는 명백한 한계가 있기 때문이다. GMO농의 등장이 그 하나의 증거다. 그러나 지난 역사가 보여주듯 적어도 전통농은 많은 어려운 문제 유발에도 불구하고 1만 년 이상 인류 문화를 지속가능하게 한 유일한 재생산 방법임을 부인할 수 없다. 비료농과 GMO농이 과연 1만 년의 인류 문화를 담보해 줄 수 있을까? 식량문제를 해결했다는 비료농은 채 백 년이 안돼 이미 GMO농에게 그 자리를 뺏기고 있지 않는가?

2016년 7월

자급·지속공동체를 위한 '소농민기본소득'

나는 소농마을두레의 창조적 복원을 그리는 애농주의자다. 그래서 사회복지도 국가복지보다 자급자족의 마을두레 복지를 지지한다. 그런 내게 《녹색평론》 2009년 9~10월호(108호)에 실린 세키 히로노의 「삶을 위한 경제—왜 기본소득보장과 신용사회가 필요한가」에서 최초로 접한 기본소득제는 당황스러웠다. 이후 간헐적으로 《녹색평론》이 소개하고 있는 기본소득제에 관한 글을 계속 접하면서 내가 그리던 마을공동체의 자급복지의 관점에서 이 제도를 어떻게 해석하고 수용해야 할지 난감했다. 일을 하든 놀든, 부자든 가난뱅이든, 늙은이 어린이 가리지 않고 모든 사람들에게 똑같은 액수의 기본생계비를 보장해 주자는 것이 기본소득제다. 그렇다면 기본소득은 세금을 걷어가는 국가를 전제한 보편복지다. 동시에 세금을 낼 수 있는 산업자본주의를 전제한 국가주의 시혜복지다.

이에 비해 두레복지는 해당연령의 남성은 의무적으로 농사일을 해야 받는 농사중심 마을두레의 자급자조 복지다. 하지만 해당연령의 남성이 없는 가구도 두레 혜택을 똑같이 받는다는 점에서는 이 또한 마을단위의 보편복지다. 기본소득복지는 아직 실현된 적이 없이 일부에서 실험 중인 미래복지고 마을두레의 자급자조복지는 오래전에 사라진 과거복지다. 사라지고 없는 과거의 두레복지의 재실현도 과거에 없었던 완전한 보편복지인 미래의 기본소득 복지도 그 실현은 쉽지 않은 복지다.

동네북이 되고 있는 늙은 세대

아직 갈 길을 정하지 못하고 있던 내가 《녹색평론》 131호에서 「모두에게 존엄과 자유를 - 기본소득 왜 필요한가」라는 긴 권두좌담을 읽었다. 이 좌담 기사 역시 처음부터 거부감 없이 읽힌 것은 아니었다. 몇 번인가 발길을 돌리고 싶을 만큼 큰 걸림돌을 돌고 넘어야 끝까지 읽을 수 있었다. 초장에 평지풍파를 자초한 걸림돌은 늙은이를 왜곡하고 배제하는 듯한 곽노안 교수(서울시립대)의 첫 발언이었다. 나는 자신이 꼰대로 밀려나서 꼰대에 대한 왜곡이나 배제에는 매우 민감하게 반응한다.

요즘에는 언론과 당국이 심심하면 가만히 있는 노인네들을 불러내 동네북 삼아 두들기며 빨리 죽어달라는 고령화 사회 타령이다. 몇 해 전에는 《조선일보》가 전북 임실에는 다른 농촌보다 더 높은 비율의 노인들이 사는데, 이들이 자급과 절약으로 소비를 안 한다. 그래서 임실 지역 경제가 마이너스 성장을 하고 있다는 식으로 노인을 경제성장의 적인 양 공격하는 특집기사를 실은 적이 있었다.

그러나 자급과 절약은 60년대까지도 우리 사회의 미덕이었다. 공멸을 원하지 않는 한 그것은 모든 지구인들이 앞으로도 변함없이 지켜가야 할 만고불변의 미덕이 아닐까? 자본의 미덕인 쓰도 않고 버리는 상품소비와 맹목적 경제성장이야말로 만 생명을 파멸로 몰고 가는 인간 최고의 악덕이다. 이 땅의 경제 성장주의는 박정희의 쿠데타 이후에 자급농촌공동체의 식민지화를 토대로 등판시킨 지속불가능한 허구적이고 한시적인 신화다. 생태와 지속의 기본인 소농공동체의 자급 없이 지속가능한 건강사회도, 경제성장, 자치민주주의도 없다. 과거의 대공항도, 지금의 성장정체도, 미래의 기후위기와 지속불가능한 삶도 자급소농공동체의 소멸과 무관하지 않다. 이런 요지로 그 신문기사에 대한 반론 글을 내 단행본에 실은 적이 있었다. 이것을 계기로 주로 교수들이 모여 설립한 사단법인 한국자치학회가 서울 프레스센터에서 개최한 2008년 정기학술대회에 발제자로 참가하는 영광을 누린 적이 있었다.

《조선일보》뿐 아니라 중립 진보로 자처하는 신문들도 상품생산과 소비대신 자급의 기본인 소농과 절약으로 사는 노인은 성장과 시장경제의 적이라고 심심하면 지면에 불러내 두들긴다. 곧 저도 늙은 세대가 될 젊은 세대들은 늙은 세대가 젊은 세대를 수탈하는 세대수탈자라고 두들긴다. 그러나 젊은 사람들과 국가와 언론들의 고령화 사회 타령과 세대수탈론에도 불구하고 아직은 젊은이에 비해 노인은 역시 나약하고 서러운 소수다.

늙은이의 기준을 60세 이상으로 잡아도 그 비율은 16%에 지나지 않는다. 늙고 젊은 기준을 몇 살로 잡느냐에 따라 그 비율도 크게 달라지겠지만, 보험 상품의 선전대로 지금이 100세 시대라면 해당 세대로서는 억울하겠지만 그 절반을 잘라 50세 이상을 늙은이에 포함시켜도 그 비율은 31% 밖에 안 된다. 21%를 차지하는 0세부터 19세까지는 의사표현의 능력이 부족한 미성년 세대라서 빼고 20대부터 40대까지의 한창 젊은 인구의 비중만도 46.6%로 50세 이상의 31%에 비해 훨씬 많다. 젊은이의 숫자는 상대적으로 많지만, 관료나 각종 사회집단의 리더들이 50대 이상의 늙은이가 많아서 늙은 세대 수탈론이 나왔다면 그 또한 구차한 변명에 지나지 않는다. 힘없는 늙은 세대보다 힘센 젊은 세대가 훨씬 더 많은 이 땅에서 늙은 세대가 하자는 대로 질질 끌려간다면 그건 젊은 세대의 무능함 탓이지 어째서 소수의 늙은 세대 탓인가?

늙은이가 땅값 집값 올린 세대수탈자라니?

"애빈 말이 삐꿈 잘 탄다"는 내 고향 지방의 속담이 있다. 몸이 쇠약할수록 감정은 예민해진다는 뜻일 게다. 하긴 동년배나 자신의 앞뒤 세대가 하나둘 죽어감으로써 소수로 남은 노인네들은 별것 아닌 차별과 변화에도 마음을 크게 상한다. 가을의 지는 낙엽을 자신과 동일시하고, 눈 내리는 겨울밤, 꽃피는 봄은 물론 심지어 한 여름의 짙은 숲 그늘 속에서도 가버린 날과 사람들이 울컥 그립고 스스로 서러운 감상에 빠진다. 그래서 이 글은 그런 노인병의 자치를 위한 일종의 살풀이가 될 것이다. 먼저 곽노안의 세대수탈 발언부터 풀어본다.

"그리고 1990년대 중후반부터 신자유주의가 극한으로 치달으면서, 물론 신자유주의는 그전부터 있었습니다만, 나타난 특이한 현상중 하나가 젊은 세대들에게 희망이 없어지고 —땅값이 올라서건 집값이 올라서건 아니면 사회복지 축소로 인해서건 늙은 세대들이 어린세대를 수탈한다고 할까요—"

기본소득 얘기를 하는데 왜 초장부터 굳이 우석훈의 '88만원 세대'의 연장 아니면 아류처럼 들리는 '세대수탈론'으로 세대 갈등을 다시 부추겨야 했을까? 혹시 결과적으로는 공약(空約)이 되어가고 있는 '기초노령연금' 선거공약에 홀려 박근혜를 대통령으로 당선시킨 주책없는 늙은 세대들에 대한 조건반사적 반감이 그런 표현으로 나타난 것일까?

하긴 노인네의 대부분이 더 보수적이고 따라서 박정희에 이어 그 딸 박근혜까지의 열렬한 지지자인 것은 사실이다. 역설적이게도 가난한 농촌노인네들이 더 그렇다. 따라서 박근혜를 지지한 보수적인 늙은 세대라고 모두 투기지역에 땅과 서울 강남지역에 집을 가진 수탈세대는 아니다. 부동산 값에 거품을 만들고 복지를 축소하는 주체는 늙은 세대 일반이 아니고 군사 독재와 앞에서 인용한 곽노안 자신의 지적대로 신자유주의를 주도하는 자본과 그것을 권력과 제도로 뒷바쳐 주는 정치가와 젊은 관료들의 개발, 성장을 위한 투기 정책 탓이다. 한마디로 성장 자본주의 탓이다. 자본주의를 하는 한 투기를 막을 수 없다. 이런 자본주의 정책에 혜택을 본 사람은 물론 지금의 늙은 세대지만 그러나 이들은 소수다. 박정희 개발독재에 가장 큰 희생을 치르며 수탈을 당한 세대 또한 지금의 젊은 세대가 아니라 과거 군사독재시대하의 젊은 세대(지금의 노인들)가 아닌가? 수탈계급인 자본가와 그 관료들의 은유가 늙은 구세대라면 모르되 노인 세대 일반을 수탈세대라면 그건 어불성설이다. 그러지 않아도 당국자들과 언론들이 심심하면 젊은 세대들에게 복지세금 부담을 가중시키는 고령화사회 타령의 되풀이로 죽을 희망 말고는 매사가 슬프고 후회스러운 늙은이들에게 거듭 상처를 주는 세대수탈론은 이번으로 끝냈으면 좋겠다.

역설적이지만 지금 우리가 기본소득제 도입을 논할 수 있는 물질적 토대도, 이미 과거지사가 되고 있지만 지금 노인들의 희생과 땀으로 이룬 이 파괴적인 산업주의의 고속성장경제 덕택은 아닐까? 우연의 일치인지는 몰라도 기본소득제를 주장하는 사람들도 모두 선진국 또는 경제적 여유가 있는 나라 사람들이었다. 미국의 알라스카주나 스위스처럼 그 실험을 통해 실현 가능성에 한발 다가서고 있는 나라도 매우 잘사는 부국이다.

젊음 그 자체가 희망 아닌가?

설사 수탈세대의 다수가 늙은 세대라 해도, 그 수탈의 목적이 자산가의 변칙증여나 상속들이 말하고 있듯이 자신뿐 아니라 그 자식을 위한 수탈이 대부분이다. 고향에 약간의 농경지와 대구에 단독주택 하나를 가진 나도 유산계급에 속한다면 이건 어쩔 수 없이 수용하겠다. 하지만 나더러 세대수탈자의 일원이라고 한다면 그건 받아들일 수 없다. 그것은 이 나이까지 제주도 관광여행도 한번 안 가볼 만큼 가능한 시장 수탈을 피하면서 혹사라 할 만큼 나 자신의 몸과 마음으로 노동을 다하고서도 소비를 아끼고 아낀 결과이지 젊은 세대를 수탈한 결과가 아니기 때문이다. 그러나 내 아이들은 나보다는 훨씬 나은 조건들을 누리고 있다. 잘 먹이지는 못했지만 굶주리게 하지는 않았고, 하고 싶은 것도 다는 아니지만 대충은 흉내내고 살고 있다. 하지만 그들이 내 자식이라는 위안 말고 내가 자식들로부터 받은 것이라고는 거의 없다. 오히려 나로부터 받는 물질적 도움이 없이는 못 사는 문제의 자식 놈도 있다. 예부터 부모 등골 빼먹는 자식 놈이라 하지 않았던가?

나처럼 가진 것이 조금 있는 늙은이들도 죽을 때까지 계속 일할 수밖에 없는 것은 죽을 때 가져가기 위해서가 아니다. 자기실현과 그 결과물을 자식 놈들에게 빼앗기기 위해서인데 그런 아버지들을 수탈세대라니? 수탈은 보다 강한 자가 약한 자를, 보다 많이 가진 자가 덜 가진 자의 노동이나 재화를 뺏는 것이 아닌가? 그렇다면 늙은 사람의 힘이 강한가, 젊은 사람이 강한가? 자고로 자식 이기는 부모 없다지 않은가? 물론 가진 것은 살아온 세월이 길다보니 지금은 당연히 늙은 세대가 많이 가졌지만, 그렇다고 그게 늙은이들만의 것은 아니다. 왜냐면 늙은 사람들이 가진 모든 것은 머지않아 젊은 아들 세대들에게 증여 또는 상속으로 뺏길 수밖에 없는 약자니까.

그러므로 세대수탈이란 전에도 없었고 후에도 있을 수 없다. 오로지 더 강하고 이미 더 가진 자가 자기 자신과 자기 자식에게 주기 위해 자기보다 약한 계급으로부터 빼앗아 가는 계급수탈이 있을 뿐임은 교수인 곽노안 자신이 더 잘 알 것이다. 이래도 늙은이 일반을 수탈세대라고 한다면, 내가 알기로는 국영기업이나 대기업의 임원에는 못 미치겠지만, 아직 젊은 나이에 국민 평균소득 보다는 훨씬 많은 고액 연봉과 퇴직 뒤에는 수탈의 상징인 막대한 국가세금의 보조로 고액연금을 받는 곽노안 자신이 속한 대학 교수들은 무슨 계급, 무슨 세대에 속하는지 되묻지 않을 수 없다.

거듭 말하거니와 집값과 땅값을 올려 지금의 젊은 세대들로부터 기회와 희망을 빼앗아 가고 있는 실체는 늙은 아버지 세대가 아니다. 이 좌담에서도 지적하고 있는 대로다. 노동력과 시장상품화 경제에 토대한 이른바 고도성장이라는 허구적 신화로 그 종말을 재촉하고 있는 자본주의와 신자유주의의 토목 투기 경제 탓이다. 첨단기술혁명과 IT혁명 등을 통한 인간노동력의 축소와 자원화 된 공용 환경의 독점적 파괴의 결과다. 이런 기술과 제도를 앞장서 개발하거나 적극적으로 뒤받치고 있는 국가 탓이다.

희망은 어느 시대나 그 시대를 사는 젊은이들이 만들어 가는 기회로, 쟁취하는 것이지 누가 주고 뺏는 물질은 아니다. 그러므로 늙은 세대가 집값과 땅값을 올려 젊은이들의 희망을 뺏어 갔다는 생각이야말로 개발 국가주의적 고도성장에 대한 미련과 향수로부터 아직 벗어나지 못하고 있다는 자기 고백처럼 들린다. 왜냐하면 집값 땅값 올려 젊은 세대를 착취하고 있다는 늙은 세대들의 희망 역시 자식에게 돌아갈 수밖에 없는 집 사고 땅 사는 것이었으니까.

중소기업의 취업이나 농민, 창업, 소상인 등의 자영업으로 사는 것은 물론 쉬운 일은 아니지만 요즘 젊은이들은 모두 외면한다. 고액연봉의 대기업 머슴살이와 의사, 약사, 변호사, 대학 교수 등의 국가체제가 보장해주는 안정된 전문직이 아니면 취업으로 생각하지 않는다. 이처럼 비자급적, 비주체적, 물량주의적 젊은이들을 양산한 책임의 대부분은 물론 늙은 세대들에게 있다. 그렇다고 아버지 세대들이 못 다 먹고 못 다 쓰고 당한 수탈로 성장시켜 놓은 이 산업물량주의에 안주하여 늙은 세대 탓이나 되풀이 하는 것이 젊은 세대들의 할 일은 아니다. 젊은이들이 늙은이를 탓하는 사이에 늙은이를 닮아가고 그래서 순식간에 스스로도 늙은이가 되고 만다. 어느 해 대선 때든가 정동영은 '60세 이상 꼰대들은 투표장에 나올 필요가 없다'는 막말로 소수지만 자신이 속한 당을 지지하던 보수 노인은 한나라당으로, 나머지 노인들은 민노당으로 죄다 내쫓았다. 그런 말한 정동영 자신도 벌써 60세를 훨씬 넘겼다.

  생물학적 나이만 젊다고 청춘은 아니다. 지금의 꼰대들도 젊은 시절인 60년대의 4 · 19혁명과 6 · 3 굴욕한일회담 반대와 박정희 퇴진운동, 70년대의 민청학련운동, 80년대의 민주화대행진 등을 경험한 한때의 젊은 세대들이었다. 진정한 청춘이라면 촛불이나 그게 안통하면 짱돌이라도 들고 정의사회든, 민주화든, 사회복지든, 기본소득이든 싸워서 희망을 쟁취해야 한다. 젊은 세대의 미덕과 희망은 저항과 창조에 있다. 복지나 기본소득으로 주어지는 선물이 아니라 스스로 만들어 가는 쟁취에 있다. 아니 젊음 그 자체가 희망이 아니던가?

기본소득 곧 생태주의인가

  곽노안은 지구와 그 생태계 등 자연뿐만 아니라 선대들이 남긴 사회적, 지적 유산을 만생명에게 균등하게 주어진 선물이라고 보았다. 그런데 그 선물을 소수 자본가와 국가가 대부분 독점하고 있다. 그 독점을 세금으로 회수하여 그 일부를 모든 국민들에게 균등하게 기본소득으로 되돌려 주는 것이 당연하다고 했다. 그의 기본소득에 대한 이 윤리학과 철학은 매우 타당한 듯 보이지만 그러나 인간 중심적인 한계가 있다. 사회적, 지적 유산은 인류사 이래 만인들이 함께 축적했으니 만인공유이거나 만인에게 균등하게 주어져야 할 선물이라고 치자. 그러나 지구와 자연생태계를 인간에게 주어진 선물이라고 한다면 그건 인간 중심주의다. 그런 인간 중심주의는 지구(땅)와 생태계를 즉 인간외의 자연생명을 타자화, 대상화, 자원화하고 그 개발, 파괴를 정당화 할 수 있다.

생태적 관점에서 말하면 지구가 인간과 다른 생명들에게 주어진 선물이 아니라 거꾸로 만생명이야 말로 땅이 준 선물, 지구가 준 선물이다. 땅을 포함한 자연이 인간과 생명에게 주어진 선물이 되려면 인간생명이 먼저 나고 땅과 자연이 뒤에 주어져야 가능하다. 그러나 인간은 자연이 생긴 훨씬 뒤에 그 자연을 모태로 해서 태어났기 때문에 인간이 자연의 선물이지 그 반대일 수 없다. 모든 생명은 땅(지구)의 자식이다. 일찍이 아메리카 인디언들이 통찰한대로 땅은 그에 속한 공기, 물, 식물, 동물, 인간 등 모든 생명들의 어버이다. 자연을 인간에게 균등하게 주어진 선물로 보고 그것의 균등한 소유 회복이 기본소득이라는 관점은 자연과 인간을 분리하는 일종의 이원론이다. 자연을 인간의 어버이로 모시고 자연과 인간을 한 생명으로 보는 일원론적 생태주의와의 차이는 사람에 따라 그게 그거라거나 사소하게 볼 수도 있다. 그러나 자연을 인간에게 주어진 선물로 전제한 기본소득의 논리와 원리는 자연을 대상화함으로, 결코 생태주의라 할 수 없다. 일찍부터 생태주의를 내세운 《녹색평론》에서 하는 좌담회니까 생태주의와 결부시키고 있지만, 적어도 아직까지는 기본소득론이 생태주의를 내면화하고 있다고는 보기 어렵다.

좌담 참가자들이 하나같이 사회의 정의와 평화, 그리고 생태 문제를 동시에 해결하는 데 기본소득 이상의 다른 대안은 없다고 입을 모은다. 그러나 사회정의와 평화는 몰라도 그 재원 마련과 이행과정을 추측할 때 기본소득이 생태주의를 바로 실현시킬 것 같지는 않다. 예컨대 그 재원확보를 위해 내세운 생태세야말로 혹시 생태계 파괴를 정당화 시켜줄 생태면죄부가 되지 않을까? 화학공장에다 생태세 중과세하면 혹시 바이오공장으로 바꿀지는 몰라도 공장을 논 농사짓는 농장으로 만들리는 없지 않는가? 생태세 아무리 많이 내놓아도 핵발전소가 방사능 안 남기는 태양광이나 풍력발전소가 되는 건 아니지 않는가?

기업의 공유화도 마찬가지다. 재벌 대신 지역공동체나 근로자가 공유한 스마트폰과 자동차 공장을 해체하고 거기다 설사 식물공장을 다시 짓는다 해도 그것이 기업이고 대량생산의 공장인 이상 생산독점, 생명독점을 포기할 수는 없을 것이다. 도시에서 놀아도 같은 기본소득 받는데 굳이 돈 안 되고 힘든 농사지으러 갈 사람이 얼마나 더 늘겠는가? 부자들이 고작 기본소득정도로 더 창의적 기업 도전을 시도할 리도 없을 것 같고 더구나 기업의 본질인 개발, 성장, 파괴를 중단하고 생태적으로 바꾼다는 보장을 받아낼 수는 없지 않을까? 기본소득까지는 아니지만 복지천국으로 알려진 북구가 그 살아있는 증거다.

모든 것의 공유화와 함께 가겠다는 기본소득 좌담

진보주의자라는 사람들은 기본소득이 소유관계는 그대로 두고 분배에만 집착한다고 이를 반대하는 모양인데 이 기본소득 좌담으로 볼 때 이건 정말 답답한 오해다. 옛 민노당의 부유세 복지주의야말로 지속적 세금 징수를 위해 부자들의 소유관계는 그대로 존중해주고, 그들의 세금으로 분배만 키우자는 전형적 유소유분배론이 아니었던가. 그런데도 나는 그게 가능하기만 하다면 그 제도 도입에도 반대하지 않았다.

그러나 기본소득 좌담은 진보주의자들의 우려와는 반대로 내가 보기에 너무 많은 '소유 관계의 변화까지 포괄'하겠다고 해서 그 실현 가능성을 더 어렵게 한다. 좌담 참가자들은 이미 기업에 생태세 신설을, 토지에는 토지세 증세를 제안해 놓고 있다. 그런데도 여기에 그치지 않고 기업을 연, 기금 등으로 공유화해 그 이익을 기본소득 기금으로 돌린다는 것이다. 토지 또한 토지세의 증세에 그치지 않고 공유화해서 그 임대수입으로 기본소득의 재원으로 쓰겠다는 것이다. 그러나 왜, 생태세와 토지세를 받아 기본소득 재원에 쓰는 기업과 토지를 또 공유화까지 해서 같은 재원에 써야 하는지 이해하기 어렵다. 생태세나 토지세만으로는 모자라 그것을 공유화하여 그 수입까지 재원으로 보태 쓰겠다는 것인지 아니면 세금은 폐지하고 공유이익만을 쓰겠다는 것인지 혼란과 불안만 더 준다. 기존의 토지세 중 특히 농지세의 경우, 수지 안 맞는 농사에 개발투기정책으로 땅값만 올린 결과 증세대신 기존의 세율로 묶어두고서도 해마다 당국에서 높혀 가는 공시지가에 따른 사실상의 증세만으로도 농민들은 매우 부담스러워한다. 모든 토지까지 공유화해서 그 임대수입으로 기본소득을 주겠다면 그게 무엇을 위한 기본소득이 될까? 봉건영주와 국가의 지대 수탈로 기본소득 주겠다는 것과 어떻게 다르고 사회주의국가의 전국민배급제와 무엇이 다를까?

그 유명한 이스라엘의 기브츠나 중국의 인민공사들이 소유한 공유지들이 다른 나라 농지의 소유 관계에 영향을 줄 만큼의 성과를 낸 것 같지는 않다. 공유와 국유화는 매우 다른 형태의 소유관계라지만 둘다 개인의 사유는 아니지 않는가? 특히 가까운 북한의 집단농장이 식량자급에 크게 실패한 교훈이 생생한데도 설마 모든 농지까지 공유화해서 집단농장화 하자는 애기는 아닐 것이다.

기업의 생태세 신설과 현행 농지세도 당사자들에게는 매우 큰 부담이다. 이에 그치지 않고 이들의 공유화까지는 나가도 너무 나간 평지풍파가 아닐까? 그런데 기본소득을 위한 공유화 논의는 여기서 끝나지 않는다. 한국은행이 발행하는 화폐주조에서 그 제작비를 뺀 막대한 주조차익과 은행의 공유화로 얻을 그 막대한 수입을 기본소득 재원으로 쓰고자 한다. 또 미국은 해마다 발생하는 자국의 막대한 무역적자 약 6,000억 달러를 기축통화인 자기달러로 찍어 메꾸고 그 손해를 다른 달러 사용국에 전가한다. 이 기축통화를 미국달러 대신 유엔 화폐로 찍어 공유함으로써 60억 세계인에게 1인당 100달러의 기본소득을 나누어주자는 기발한 제안도 있다. 그리고 국내 재벌들이 거의 독차지하는 환차익을 세금으로 징수하는 것보다는 환차익공유법의 제정으로 아예 환수하여 기본소득에 쓰자고도 했다. 하지만 이치상으로는 백만번 타당하다 해도 이게 우리국가 단위의 문제만도 아니고 세계 전체의 이해가 얽히고설킨 세계체제 문제인데 과연 실현가능한 기획일까?

모두 공유화된 사회에 왜 기본소득이 필요한가?

기본소득에는 막대한 재원이 필요하다. 좌담회는 위에서 보았듯이 기왕의 복지기금과 연금 수입금, 투기세, 불로소득세 등 증세, 생태세의 신설과 그리고 각종 사기업과 토지의 공유화 등을 그 재원 확보 방법으로 제안하고 있다. 납세자로부터 조세 저항 없이 세금을 더 걷어내자면 개인이든 기업이든 그만한 이권을 보장해주지 않으면 안 된다. 기본소득이 납세자에게 줄 수 있는 가시적 이익은 기본소득금뿐이다. 내는 세금보다 받는 기본소득이 더 많은 사람들이 설사 90% 이상 압도적으로 많다 해도 대부분의 세금을 부담해야할 극소수가 현실에서 힘이 매우 세다는 데 문제가 있다. 전두환이 수뢰추징금 2,205억 원을 지금까지 겨우 절반까지만 내고 나머지는 내지 않고 버티고 있다. 그래서 당국이 이른바 전두환법 제정과 가택수색, 자금추적 등의 소동을 일으키고 있는 사실이 그 증거다.

증세와 별도로 기왕의 막대한 국민연금기금으로 국내 모든 대기업의 주식을 사서 대기업의 부당경영을 견제하고 그 수익을 기본소득 재원으로 삼자는 발상 자체는 나쁘지 않다. 그러나 그 또한 기업의 본질인 개발, 성장, 파괴를 인정하는 한에서나 가능하다. 기왕의 복지예산과 각종 연금 등을 기본소득 재원으로 전환하는데도 문제는 많다. 좌담의 지적처럼 현재 고액연금 수령자의 결사적 저항이 가장 큰 문제다. 이 기금 역시 기업 등에 투자하여 이익을 내야 하고, 돈 장사를 해야 하는 점도 문제다.

기본소득재원 마련을 위해 연기금 돈 장사하고, 토지와 은행을 공유화하여 그 임대료와 수익금을 기본소득에 쓰자는 취지에 동의한다 해도 그 주장의 모순 자체가 없어지는 것은 아니다. 현실 사회주의조차 실패하고 폐업한 이 마당에 모든 토지와 은행, 기업의 공유화가 과연 가능한 일일까? 아래에서 보듯이 곽노안에 의하면 공유화는 국유화는 물론 공공화도 다르다고 했다. 설사 그런 공유화가 가능해도 그게 국유가 아니면 지역(마을)이든 이해공동체(조합, 지방자치단체)든 어쨌든 그 주인이 있어야 한다. 그렇다면 그 공유물로 이익을 남길 것인지 자급으로 만족할 것인지를 그 주인이 결정하게 해야 한다. 또 이익을 내더라도 자신들의 필요에 쓸 것인지 아니면 기본소득에 쓸 것인지의 결정도 그 주인의 몫이다. 그런데도 기본소득이 곧 선이기 때문에 그 공유화 이익을 무조건 기본소득에 써야 한다고 미리 결정한 공유화는 전형적 국가주의다. 이것은 공유화라기보다 오히려 국유화가 아닐까? 모든 재산이 공유화된 세상이라면 그것을 소유한 집단이 그 이익을 공평하게 나누어 가지면 되지 그것을 정부가 모두 세금으로 독점해서 다시 제 주인들에게 나누어 주는, 제 보리 주고 제 떡 사먹게 하는 식의 번거로운 기본소득제가 왜 굳이 더 필요한가?

공유화의 개념

한 좌담 참가자가 '기본소득 논리는 공유화(share)에 가깝다는 거죠' (곽노완)라고 할 만큼 공유화는 기본소득제 좌담에서 핵심적 화두가 되고 있다. 그렇다면 공유화란 공공화와 국유화와는 어떻게 다른 것일까? 곽노완은 이 좌담에서 자신이 국유화는 물론 공공화라는 말도 안 쓰고 공유화의 개념만 골라 쓰는 이유를 설명하고 있는데, 이를 내 방식으로 요약하면 이렇다. 공공화는 표면적으로는 사유화의 반대개념인 것처럼 쓰이지만, 실질적으로는 국유화처럼 임자가 아무도 없기 때문에 먼저 본 힘센 놈이 혼자 독차지하기 쉽다. 극단적으로 악용할 경우, 1인 또는 1가족 중심의 독점이 될 가능성이 많다. 전통시대의 왕족이나 개발독재자나 군부독재자, 현실 사회주의 권력자들이 바로 이것을 입증하고 있다. 이와 달리 공유화는 소유와 이용면에서 모든 구성원들이 N분의 1의 똑같은 개인지분을 인정함으로써 기관이나 단체의 지도자도 그 이상의 몫을 주장할 수 없다는 뜻인 것 같다.

그러나 식민지 근대화의 전력이 화려한 일본이나 서구에서는 일찍부터 위와 같은 몫 개념의 법적 공유지가 있었는지 모르지만 이 땅에는 같은 개념의 공유지는 없었던 것 같다. 왕족이나 귀족과 지주들이 점유한 국유지나 사유지 개념의 소유는 일찍부터 있었던 같고 면적도 크게 확대되고 있었다. 그러나 그 밖의 이름 없는 민중들이 공동으로 이용하던 땅은 공유지라기보다 누구의 소유지도 아닌 말 그대로 임자 없는 무주공지(無主空地)였다. 저 땅이나 이 땅이나 민중에게 땅은 소유의 대상이 아니라 자신들의 어버이이거나, 지신(地神) 또는 지모신(地母神)으로 외경의 대상이었다. 그래서 그 공용지에는 마을수호신인 산신이나 장승신을 모시는 것으로 그 외경심을 표현했다.

공용에서 총유지로

마을의 이런 공용지를 일제 이후부터는 일본말 그대로 '입회지(立會地)'라고 불렀다고 한다. 1908년 '산림법' 제정 이후 이 입회지를 주민들이 법적으로 소유하고자 하면 그 마을 대표자 개인 이름의 대리소유로만 소유가 가능했다. 그런데 1917년 일제가 시작한 임야조사사업 이후부터는 입회지를 신고하면 임야대장에 반드시 행정 동리장 소유재산으로 등재하도록 규정했다. 행정동리장에게 귀속시킨 이 공용재산은 지금의 민법에서 말하는 '총유재산'으로 주민들이 분할 소유할 수 없다. '총유'란 법인이 아닌 단체의 소유로, 구성원의 소유지분을 인정하지 않는다. 소유, 관리·처분권과 사용수익권이 분리되어 있는데 전자는 구성원 총체가 행사하는 반면 후자(사용수익권)만 각 구성원이 분점하는 형태다. 민법은 단체의 구성원 자격만 얻으면 총유재산의 사용권을 분점 할 수 있지만, 그 소유와 관리·처분권은 역시 구성원 전체의 결의에 따르도록 규정하고 있다. 그러나 마을의 이 총유지는 일제 때 이미 마을공동체 구성원들의 동의도 없이 법적 소유 명의자인 행정동리장으로부터 면유지, 군유지, 국유지 등의 이름으로 각급 기관들이 거의 대부분을 빼앗아 이른바 공공화시켰다.

물론 그때 이 총유지의 모두를 빼앗긴 것은 아니다. 1960년대 말부터 시작된 새마을운동의 직전까지도 마을에 따라 동답이란 이름으로 약간의 총유지는 남아있었다. 그런 총유지를 명색은 해방된 조국(?)에서 농촌 근대화를 위한 새마을 운동에 써야 한다면서 당국이 마을 이장에게 매각을 종용했다. 마을 이장들은 마을구성원들의 총의는 물어보지도 않고 이른바 '부락유지'들 몇명끼리의 의사를 동네 구성원들 전체의 의사인 듯 그 총유지를 팔아 서낭당 헐고 마을길 넓히는 새마을운동의 '자원'으로 썼다. 그런 뜻에서도 근대화와 새마을운동은 자급적 마을공동체의 도시식민지화, 산업자원화, 시장화를 위한 명백한 공동체마을 파괴 운동이다. 착각하기 쉽게 지은 이름처럼 새로운 마을 살리기를 위한 '새마을운동'은 결코 아니었다.

이로 미루어 이 땅에는 법적으로도 실제적으로도 N분의 1의 지분을 인정하는 공유지는 처음부터 없었던 것 같다. 마을사람 자신들에 의해 '동답, 동산'으로 불리고 일제 이후 학계에서는 일본말 그대로 '입회지'로 불렀고, 지금의 민법에서는 '총유지'라 부르며 분점이용권은 있으나 소유지분은 없는 임자 없는 공용지가 아득한 옛날부터 있었을 뿐이다. 하긴 법 없이 사는 어머니 땅의 자식들이 그 품속에 기대어 사는 은총이면 충분했지 그것을 소유하고 더구나 파는 데까지 동의할 리 없다. 소유제도는 많이 가진 자가 덜 가진 자의 것을 빼앗아 집중시키는 제도다. 그래서 마을의 공용지는 모두 가진 자의 것이 되고 만 것이다. 물론 두 사람 이상 여러 사람들이 N분의 1씩 소유·이용권을 갖는 등기소유제도는 있다. 하지만 이것은 공동명의의 사유지이고 공유지는 아니다.

자급공동체의 관점으로 현재의 문제를 가차 없이 해체시키고 있는 지적 저격수 이반 일리치도 코몬스(Commons)의 중세기 영어 뜻이 '공용'이었다며 공유 대신 그렇게 부르고 있다. 《녹색평론》 131호의 이반 일리치와 다마노이 요시로와의 대담에서는 같은 Commons를 일본식으로 '立會地'로 번역했는데 『과거의 거울에 비추어』에는 일리치 스스로의 해명에 따라 '공용'으로 번역하고 있다. 이로보아 서양에서도 근대에 와서 법적 개념으로서의 N분의 1몫의 공유지는 있는지 모르지만 중세에는 우리처럼 공용지 밖에 없었던 것 같다. 중세의 게르만적 공동체의 토지소유형태 중 하나인 공유지도 사실은 우리와 같이 법적으로 특정 소유자가 없는 무주공지(無主空地)로 구성원 개인에게는 그 사용수익권만 있던 공용지 개념이었다.

공용환경을 파괴하는 근대화 식민주의

마을공동체 시절에는 우리의 집들도 대문이건 사립문이건 항상 열려 있었기 때문에 사적인 공간이 아니었다. 심지어 방조차 이웃에게는 늘 개방되어 있었고 잠자리에 들기 직전에 사립문을 닫는 늦은 밤 이후 아침까지만 사적 공간이 되었다. 그러나 그 방의 문지방 바로 밖의 길은 여러 사람들이 다용도로 자유롭게 이용하던 말 그대로 공용이었다.

여기에 자동차와 함께 경찰이 나타나자 사람들이 함께 썼던 공용길은 자동차 소유자의 독점길이 되고 국가가 관리하는 도로자원이 된다. 누구나 동등하게 향유했던 '고요함' 속에서 서로 얼굴을 맞대고 하던 대화들은 마을에 확성기가 등장하자 그 사용자에게 독점되고 공용인 '정적'도 파괴된다. 지역의 공용물이던 다양한 토착 언어는 활자와 방송매체들에 의해 획일화되고 점차 개인이나 국가의 독점 자원이 된다. 간디의 오두막처럼 손수 지은 토착적 삶과 정주 공간인 집까지도 가구 등의 생활용품과 상품화된 '노동자들을 밤새 보관하는' 건축업자의 근대식 '수납창고'로 주택산업의 자원이 된다. 모든 공용 환경들이 이처럼 끊임없이 자원화, 사유화, 시장화, 국유화되면서 철저하게 파괴되고 있다. (이반 일리치, 『과거의 거울에 비추어』, 느린걸음, 2013년 참조)

근대적 산업자원화로 인한 생태계의 전면적 붕괴는 자급적 삶의 전면 붕괴로 직결된다. 일리치에 의하면 서브시스턴스나 문화라는 것은 일본에서 말하는 입회지 같은 공용지와 각 지역에서 다양한 형태의 성별(gender)이 있는 노동과 자연환경 등의 상호보완적인 결합이다. 따라서 생태운동이나 환경운동 등의 시민운동들이 지켜야 할 것은 자원이 아니라 자급을 위한 공용지라는 것이다. 환경은 자원이 아니라 공용이기 때문이다. (일리치와 요시로의 대담, 《녹색평론》 131호) 흔히 공용지 파괴는 산업혁명으로 다량의 양모 소비가 필요해진 영주와 부자들에 의한 땅의 울타리 치기(엔클로저)로만 이해되고 있다. 그러나 일리치에게 땅의 엔클로저는 공용파괴의 시작의 일부일 뿐이다. 이와 동시에 등장한 근대화 식민지주의야말로 모든 자연생태계와 토착문화 등의 공용물을 남김없이 자원화함으로써 전 지구를 엔클로저하고 파괴하는 주범이 된 것이다.

하긴 공용의 사적 자원화의 현실은 이반 일리치처럼 시적 형상화 또는 개념화해서 그 의미와 문제를 증폭시키는 재주가 없어서 그렇지 우리에게도 그것은 매일매일 부딪치는 현실이다. 우리 고향 땅에서는 70년대까지도 동네 길은 삶터이자 왁자한 아이들 놀이터이자 문화장터였다. 그러나 지금은 길이란 길은 모두 포장되었고 면 소재지 정도의 길은 자동차만 빼곡히 들어찬 주차장으로 점유당했다. 이따금 그 사이를 위태롭게 비집고 바쁘게 다니는 것도 역시 자동차뿐이다. 어쩌다 가는 길을 묻고자 해도 사람은 보이지 않는다. 그 많은 자동차 밑을 제집 삼아 음식물쓰레기의 포식으로 개체수를 급속하게 늘여가는 살찐 유기 고양이들의 울음소리가 이따금 골목의 정막을 깰 뿐이다. 사람 대신 마주치는 그 고양이들은 비만증으로 뒤뚱거리며 사람을 피해 슬금슬금 자동차 밑으로 몸을 숨긴다.

왁자하게 그 많던 아이들은 다 어디가고 정적 감도는 골목길들은 어쩌다 자동차의 천국(?)이 되고, 유기 고양이들의 소굴이 되었나? 새마을운동과 근대화 덕택에 이렇게 모두 잘살게 되었다고 입에 거품을 물고 박정희를 칭송하다가 그 딸에게까지 거의 몰표를 찍어 대통령에 당선시 킨 우리 동네다. 그런데 무엇이 겁나서 아이는 안 낳거나 한 둘만 낳아 성냥갑 주택이나 무슨 학원과 학교라는 '근대의 수납창고'에 가두고 사육해야 하나?

공용환경 회복을 위한 소농민기본소득부터

문전옥답은 말할 것도 없고 공용 환경이던 동네 야산들도 거의 모두 거대한 중장비로 파쇄시켜 온난화가스, 미세먼지, 발암매연 내뿜는 식품공장, 넥슨 타이어공장, 제재소, 축사, 다세대주택 등의 토지자원으로 사유화시켰다. 음식물과 공기와 물 등도 공동체의 깨끗한 공용 환경이 아니라 오염된 기업적, 국가적 자원이 되어 우리의 건강과 일상의 나날을 위협하고 있다. 그렇다고 옛날이 다 좋았다고 낭만화 할 수는 없다. 설사 그런 게 있다 해도 그리로 되돌아갈 수 없는 것이 과거다. 그러나 옛날에 좋았던 것을 찾아 재구성할 수는 있고 그것을 창조적으로 계승하기 위해 역사를 공부한다. 그래서 나는 대부분의 대지(大地)와 일부농지는 마을 '공용'이었고, 다수 농지의 소규모적 사유화에 토대한 소농두레 중심의 자급공동체 연합주의자가 될 수밖에 없었다. 그것만이 지속가능하다고 믿었기 때문이다. 그래서 복지도 국가복지 대신 자급자조적 두레마을공동체의 자급복지주의자가 될 수밖에 없었다. 그런 나를 기본소득의 비판적 지지자로 만든 것은 ≪녹색평론≫에서 읽은 이반 일리치의 대담과 기본소득 좌담 글이 내게 준 공용에 대한 이해와 그 인식의 전환 덕택이다.

　지속가능한 자급문화공동체의 재구성을 위해서는 일리치, 마리아 미스, 반다나시바, 간디 등의 자급주의자들의 권유대로 원래 공용이었던 자연환경을 원상으로 돌리고 회복해야 한다. 그러나 현 단계에서 자본과 국가에 독점된 공용 환경의 전면적 회복은 난망해 보인다. 그런데 자본과 국가가 뺏아 독점 파괴한 공용자연을 전면 환수하여 자급공동체를 재구성하는 것은 불가능하지만 그 독점자본의 일부라도 돌려받아 최소의 공용환경을 살려가는 기본소득제는 실현가능성이 전혀 없지는 않아 보인다.

　물론 시늉만 내는 기본소득이 아니고 제 이름 값하는 기본소득제의 도입은 쉬울 리가 결코 없다. 하지만 이것마저 외면하고 이대로 가다가는 어떤 지경에 다다를 것인가? 화석연료 남용과 각종 산업과 생활시설에서 쉬지 않고 내뿜는 매연과 유독가스에 의한 급속한 기온 상승으로 북극의 빙산이 무서운 비명을 지르며 급속도로 녹아내리고 있다. 그 결과 빙산 속에 들어 있던 황토먼지로 바닷물이 벌겋게 변하고 있는 모습을 최근에 JTBC의 탐사보도도 생생하게 보여주고 있다. 또 하나의 숨 막히는 생존위기로 최근에 급증을 보이는 미세먼지도 이 북극의 빙산과 깊은 관련이 있다. 빙산의 소멸에 따른 기온의 급상승이 편서풍까지 소멸시켜 미세먼지를 우주공간으로 분산시킬 수 없는 것도 그 중요 이유라고 한다. 남극 역시 빙산과 함께 그 명물 펭귄이 지난 50년 동안 절반으로 줄어 7만 마리 정도가 남았다니까 그 멸종도 시간문제다.

　이 같은 기후급변을 중지시켜서 지구 위의 뭇 생명들이 숨 쉬고 살아남으려면 어떻게 해야 할까? 이제까지 인간들이 살 길이라고 미친 듯이 달려온 길-모든 생산과 경제성장과 사회진보라는 이름의 모든 인간 영위를 즉각 중단시키는 길뿐이다. 자본과 정치의 세뇌 탓이지만 지금 이 땅 사람들의 한결같은 주문이자 중독이 된 '경제'와 미치광이처럼 싸돌아댕기지 않고는 한시도 못사는 오늘의 '여행'에서 대중들이 스스로 이를 벗어날 수는 절대 없다. 그렇다고 모두 미치광이로 떠돌다 객지에서 몰살당할 수는 없지 않나? 이미 태어난 생명들, 특히 이 지경까지 만든 인간들은 스스로 책임지고 다른 살 길을 찾아내야 한다.

그 길은 기온을 상승시키는 독가스와 미세먼지 등 생명종말적인 생태환경의 파괴없이 소농두레가 주도했던 지속가능한 전통농사(유기농)를 중심생업으로 되살리는 길밖에 없다. 그러나 이 길은 되돌아갈 수 없는 이미 과거에 걸어왔던 길이다. 다시 말해 과거의 지속가능한 소농두레는 스스로 자생했지만 그런 자생소농두레는 두 번 다시 오지 않는다는 뜻이다. 그래서 미래의 지속가능공동체는 인위적이고 의도적으로 되살리지 않고는 불가능하다. 이를 되살리는 그 구체적 방법 중 하나가 농민기본소득제라는 것이다.

기본소득제는 말 그대로 기본생활이 될 만큼의 소득이 주어져야 그 실효성이 있다. 그러나 온 국민에게 그런 기본소득을 보장하는 것은 그 막대한 재정도 문제지만, 그 재정을 부담할 국민동의가 더 불가능하다. 그래서 인간 삶의 지속을 위해 피할 수없는 선택인 지속가능한 소농을 부분적으로나마 다시 살리는 소농기본소득부터 먼저 하자는 것이다.

사실 모든 국민에게 나아가 세계시민에게 다 주는 기본소득은 이미 지금 코앞에 닥치고 있는 기후급변으로 인한 인류공멸을 아무도 자신의 죽음으로 실감 못하듯이, 그 평등성의 면역효과 때문에 안 주고 안 받는 것과 같아진다. 또 그렇게 모두에게 다주려면 그만큼 많은 세금수탈 핑계를 정당화해주고, 따라서 현재의 세금체제-산업시장체제를 오히려 정당화하고 강화해주는 엉뚱한 결과로 돌아갈 것이다. 그래서 불가능한 꿈인 온 국민기본소득제보다 가능한 현실인 선별적 소농민기본소득제부터 먼저 시작해야 한다. 또 그래야만 소수의 젊은이들이나마 지속가능한 소농공동체의 '되살림'(재생)에 관심을 갖게 하는 촉매제가 될 것이다. 만일 농민기본소득을 받으려고 모두 소농민으로 귀농하면 그보다 바람직한 일도 없을 것이다. 그렇게 되면 모든 사람들이 모두 똑같이 받는 보편적 기본소득의 전면적 실현인 동시에 기본소득제 같은 세금 복지 없이 파괴적이고 지속불가능한 근대문명 대신 자급으로 순환지속이 가능한 농본사회가 마침내 실현될 것이기 때문이다.

이마저 이 핑계 저 핑계로 미루기만하다가는 가속적으로 숨통을 조여오는 기후위기와 미세먼지와 핵발전과 핵무기 사고로 어느 순간에 파국이 닥치고 나면 이미 때는 늦으리. 설사 돈과 기술로 만든 현대판 방주를 가진 소수가 용케 살아남는다 해도 그의 갈 곳은 다른 행성이 아니라 수탈할 농촌도 노예로 부릴 사람도 없는 텅 빈 폐허 지구 위의 원시공동체사회 밖에 다른 선택은 없을 것이다. 이미 천문학적 혈세로 탐사한 우주 어디에 인간이 이주해 살 제2의 지구는 없었기 때문이다. 따라서 자위와 전쟁 억제 미명의 핵무기와 경제성과 저탄소 청정에너지 미명의 핵발전과 함께 우주탐사의 이름으로 천문학적 에너지를 낭비하며 우주조차 오염 파괴하는 그 대국민 사기극들도 이제는 걷어 치워야 할 때다.

2013년 7~8월호 ≪녹색평론≫의 기본소득 권두좌담을 읽고 그 소감을 그때 바로 적어둔 글인데 최근에 와서 그 일부를 수정했다.

제2부 자급적 관점에서 본 헛소리들

자급, 불복종 없이(개인적, 집단적) 구원, 해방 없다.

칼날 아닌 쟁기가 평화의 적이라니?

지난 2월 23일(2013년) 토요일판 《경향신문》 '책과 삶'의 첫 지면에 『채식의 배신』(리어 키스, 김희정 역, 부키, 2013년)이란 책을 전면으로 소개했다. 그 기사 내용으로 볼 때 이 책은 '채식의 배신'이라기보다는 '농업의 배신'이라고 할 만큼 농업을 전면 공격하기 위한 선전포고로 읽혔다. 책을 팔리게 하는 글쓰기의 첫째가 특정 다수에게 감성적으로 아부하는 것이라고 한다. 이 책도 다수 육식주의자들의 육식으로 인한 건강에 대한 불안감과 초과영양 소비에 따르는 도덕적 부담을 동시에 덜어주기 위한, 요즘 유행하는 힐링 서적의 일종이다. 그리고 이 책은 아직 주류는 아니지만 또 하나의 유행을 만들어가는 채식주의, 1일 1식주의, 생태농업주의자들에 대한 전면적 공격으로, 그 공격대상자들까지 독자로 만드는 교묘한 상업주의까지 갖추고 있다. 나를 포함해 내 주변의 몇 사람들도 이 책의 궤변적(?) 문제제기에 승복할 수 없기 때문에 오히려 이 책을 사기도 했다.

읽어보니 저자 리어 키스는 자신도 몸담았던 채식주의 진영뿐 아니라 농업에 대해서도 적대감을 넘어 증오감까지 품고 있다. 그의 책에 의하면 그는 20년 간 정치적 채식주의자로 살며 잘못된 가공 채식으로 건강을 잃고 중국계 미국인 기공사의 조언으로 채식에서 육식으로 개종한 사람이다. 개종 뒤에 처음 사 먹은 참치통조림 맛에서 느낀 그 건생감(健生感)은 그의 몸을 떨게 할 정도였다고 한다. 그 참치통조림은 어디서 왔는가? 그가 지금 누리고 있는 육식생활의 토대는 어디에 있는가, 모두가 농업문명사회에 토대하고 있다. 농업사회의 잉여로 축적된 자본과 그 기술 그리고 양식 사료가 없었다면 참치 등을 통조림해서 먹을 수가 없다. 그런데도 어찌하여 그가 농업에 대한 적대감을 넘어 증오심을 그토록 심하게 키워가고 있는지 나는 이해할 수 없었다.

물론 농업에도 문제는 있다. 아니 현대의 농업에는 문제가 참 많다. 석유와 대형기계와 화학농약에 지나치게 의존하는 현대농업은 자원의 한계로 무엇보다 지속 자체가 불가능하다. 비료와 농약 등 화학물질의 과다 투입으로 토양과 물과 환경파괴도 심각하다. 저자의 지적대로 카길, 콘티넨탈, 콘애그라, 몬산토 등의 거대 다국적기업에 농업 생산과 유통이 음모적으로 독점되어, 사람 살리는 식량이 사람 죽이는 무기가 되고 있는 것도 사실이다.

농업은 생산적 파괴다

그러나 농업이라고 다 같은 농업은 아닌데 이 책의 저자는 농업 모두에 대해 무차별적으로 공격하고, 심지어 저주를 퍼붓고 있다. 산업화 이전의 전통 자급농업은 1만 년 이상 지속적으로 인류 번성에 기여했다. 지혜롭게 대처하면 영원히 지속 가능한 자급농이었다. 공격과 저주를 받아야 할 농업은 주로 16세기 이후부터 시작된 수탈·축적 목적의, 커피, 설탕, 면화 중 하나의 작물을 식민지 지역에 연작하는 국제분업적 세계상품 농업이다. 단작과 함께 사람도 식민화·노예화시키는, 다시 말해 가축 대신 사람을 사역동물화하는 산업농업이다. 식품이라기보다 값싼 사료 생산으로 사람을 사육하기 위해 화학물질, 기계와 유전자조작 등으로 생태계를 총공격하여 지속생산이 불가능한 거대기업들의 식민지적·반생명적(GMO 등) 독점 농업이다.

이처럼 그 성격에 큰 차이가 있는 전통 자급농과 사육을 위한 산업농의 개념상 혼란을 피하기 위해 나는 다음부터 전자를 '농사'로, 후자를 '농업'으로 부르기로 한다. 내가 젊은 시절까지도 농민은 '농사애비'로, 농업은 그냥 '농사'로 불렀기 때문이다. 물론 전통 자급농사라고 문제가 전혀 없는 것은 아니다. 리어 키스가 누누이 곱씹고 있듯이 전통 농사든 현대의 산업농업이든 그 쟁기질에 정도의 차이는 있겠지만 농토의 거죽(表土)이 상실 또는 파괴되는 것은 사실이다. 그러나 전통적 농사는 현대농업에 의한 화학적·기계적 대량파괴와는 전혀 다르다. 전통 농사시대의 쟁기질에 의한 표토 파괴는 파괴이되 그냥 파괴가 아니라 창조적 파괴다. 비탈밭의 경작지에서는 많은 비가 오면 그때마다 흙이 조금씩 깎여 나간다. 그러나 수경논 재배는 오히려 표토의 유실을 방지한다. 비탈밭에서 조금씩 깎여 나간 표토도 달나라나 별나라로 이주를 간 것이 아니다. 좀 굵은 알갱이의 모래는 개울이나 강변에서 모래톱이 되어 집짓는 골재가 되거나 비옥한 농경지를 새로 만든다. 빗물에 씻겨가는 보드라운 흙도 어디 멀리 사라지는 것도 아니고 연안 바닷가에까지 실려가 저 풍요로운 생명의 보고인 갯벌을 만든다.

그러므로 현대농업의 화학·기계적 파괴가 아닌 전통 농사시대 쟁기질에 의한 물리적 표토 파괴는 파괴 아닌 창조적 생산인 것이다. 전통자급농사도 원시림의 화전 개간 등으로 그 속에 깃든 많은 생명을 파괴한 것은 사실이다. 그 대신 작물의 확대재생산을 통해 수많은 사람들이 먹고 살 수 있는 사람 중심의 새로운 생태계를 다시 만들어왔다. 그래서 전통적 농경은 창조적 파괴지 산업농이나 공업문명처럼 지속 불가능한 종말론적 파괴는 결코 아니었다.

지속가능한 유기비료와 농사도 있다

리어 키스는 지속가능한 비료와 농업은 없다고 단언한다(47-48쪽). 과연 그런가? 그는 채식에서 육식으로 전향하고서도 2년여 동안이나 자기가 20년 간 함께했던 채식주의자들의 온라인 게시판을 자주 찾았다. 거기서 사람뿐만 아니라 동물끼리도 서로 죽이지 못하게 세렝게티 한가운데에 담을 세워 포식 동물과 피식 동물을 갈라놓아야 한다는 주장을 보았다고 한다. 그런데 이 게시판에 들어온 사람 중에, 육식동물인 우리 집 개도 고양이도 풀을 먹는다며 육식동물도 초식으로 살 수 있다고 '개 풀 뜯어먹는 소리'를 하는 동조자들은 많았다고 했다. 그런데 그것이 미친 계획이라고 반박하는 사람은 자신밖에 없었단다.

그의 주장에 따르면 초식동물의 분리로 피식자가 사라진 담장 속의 숲은 육식동물의 죽음만으로 끝나지 않는다. 초식동물이 풀을 뜯어먹지 않은 숲은 "다년생 식물이 우거져 뿌리 근처 성장점에 그늘을 드리운다.

습한 지역에서는 박테리아와 생물학적인 반응으로 벌어지는 부패 과정이 존재하지만, 세렝게티처럼 메마른 환경에서는 물리적 부패(풍화작용)와 화학적 부패(산화작용)만 진행될 확률이 높다. 이런 곳에서는 초식동물, 즉 반추동물이 섬유소를 소화하고 그 영양소를 대소변 형태로 방출함으로써 흙의 생물학적 기능을 거의 대신해낸다. 그러나 반추동물이 사라지면 죽은 식물, 시든 식물이 너무 많이 쌓여 살아있는 식물의 성장을 방해하고 결국 모두 다 죽기 시작한다. 그렇게 식물이 없어져 땅이 드러나면 바람, 햇빛, 비에 노출되어 무기질이 씻겨 나가면서 흙의 생명이 파괴된다. 동물을 살리려는 노력이 오히려 모든 것을 죽이는 결과를 가져오는 것이다."(25-27쪽)

그러나 위와 같은 리어 키스의 주장에는 여러 가지 오류가 있다. 우선 식물의 마른 낙엽과 줄기, 가지와 몸체 등에 박테리아도 못 살아 풍화작용과 산화작용밖에 부패, 분해 작용이 일어나지 않을 만큼 건조한 지역에서는, 식물과 초식동물과 육식동물의 공존은 고사하고 식물 자체의 생존도 불가능하다. 그렇게 건조한 지역이라면 풀 외에 물도 먹어야 사는 초식동물이 살 수도 없고 설사 다른 지역에서 온 초식동물들이 풀을 먹고 아무리 많은 똥오줌을 배설해 놓아도 그 역시 수분과 박테리아의 부재로 발효가 불가능하다. 동물의 똥도 식물 섬유질처럼 적당한 습도에서 사는 박테리아가 분해를 해줘야 식물이 흡수할 수 있다는 사실도 간과하고 있다. 그리고 식물의 낙엽과 섬유질이 분해되지 못하고 과도하게 쌓인 수림에 일년생 초본의 번식은 억제되지만, 다른 이유 없이 그것만으로 다년생 목본까지 수목 전부가 죽어 파괴된다는 주장도 사실이 아니다.

그래서 초식동물이 풀을 먹어줘야 숲이 산다는 리어 키스의 주장은 사실이 아니다. 초식동물이 없어도 오늘날 우리의 야산지대처럼 숲은 얼마든지 번창한다. 초식동물이 풀을 먹어줘야 숲이 산다는 말은 그만큼 식물이 자가소비 이상의 잉여를 남기는 생산자라는 사실의 반증일 뿐이다. 동시에 그것은 식물 자신의 잉여생산으로 지속가능한 비료 생산이 가능하고 식물을 기르는 농사 역시 잉여생산이 가능하므로 잘만 관리하면 지속이 가능하다는 반증이다. 한번 뿌리박으면 일생을 거기서 마쳐야 하는 식물은 삶의 조건에 따라 이동하는 동물보다 적응력이 크다. 땅 위에 섬유질이 두껍게 쌓여있다 해도 식물 씨앗은 웬만하면 그것을 뚫고 발아해 자란다. 속에서 발효 중이라서 아침 같은 때면 김이 무럭무럭 나는 뜨거운 두엄더미 위에서도 풀씨는 싹터 자란다.

식물은 무기물로 에너지를 합성하는 생산자다

별도의 유기물이 추가되지 않아도 시멘트 틈, 바위틈, 인간에 의해 심하게 파괴된 불모의 땅에서도 세월이 지나면서 틈이 생기고 햇살과 습도만 적당하면 식물은 자라기 시작한다. 몇 해 전 2m가 넘는 우리집 시멘트 담장 위의 틈새에 웬 참오동나무 씨앗이 싹터 자라고 있었다. 이웃이나 근처에 참오동나무가 보이지 않고 그 작은 씨앗의 발아도 쉽지 않은데 어디서 그 씨앗이 날아와 하필 담벼락 꼭대기에 싹터 자라는 것이 참 신기하기도 했다. 가능하면 불필요하게 생명을 죽이지 않으려고(사실은 그 조건에서 저절로 말라 죽을 줄 알고) 그냥 두었다. 그러나 이듬해에는 너무도 왕성하게 커 올라 담장 벽을 크게 갈라놓으면서 무너지기 직전에 이르게 했다. 하는 수 없이 톱으로 잘랐는데 며칠 지나지 않아 뿌리 쪽에서 다시 몇 개의 줄기를 뻗어 올리는 생명의 저력을 몇 차례 과시했다.

농사는 식물 속에 내재된 이런 강인한 생명력과 그 잉여를 사람이 연장하고 확대재생산하는 성업(聖業)이다. 내가 어린 시절(청년시절까지도)에는 초가지붕을 이는 데나 소먹이, 일용 도구(소쿠리, 멍석, 가마니 등)들을 제작하는 용도로 쓰기 위해 볏짚을 논밭에 바로 퇴비로 넣지 않았다. 볏짚을 다 걷어낸 일모작 논에는 이듬해 모내기를 앞둔 5월쯤에 인근의 들과 산에 무성하게 돋아나는 풀이나 버드나무, 참나무, 칡덩굴 잎 등 활엽수 잎을 대신 훑어 넣는다. 그리고 소쟁기로 갈아 그것을 흙으로 묻어두면 금방 썩기 때문에 써레질을 하고 모를 옮긴다. 너무 바쁘거나 나뭇잎 퇴비가 없으면 맹물에 논을 갈고 써레질하여 모를 옮긴다. 그래도 벼는 해마다 안정된 수확을 내어준다.

이모작 논이나 밭에서는 가을에 보리갈이 할 때, 들과 산의 야초와 산초 그리고 짚 외의 여러 농업부산물과 가축 똥오줌 등으로 집에서 만든 퇴비를 한 번 넣는 것으로 이모작이 가능했다. 보리를 벨 때 보리 대궁을 좀 높게 베서 그 껄(그루터기)을 유기물 퇴비로 남긴다. 이모작 논일 경우는 이것을 갈아엎어 썩힌 뒤 벼를 옮긴다. 밭의 경우는 보리 그루터기를 그냥 둔 채 그 속에다 팥, 콩, 면화, 참깨, 수수, 조, 메밀 등의 씨앗을 뿌리고 놀골(보리가 심기지 않은 빈 이랑)을 쟁기로 갈아 그루터기를 덮어주는 껄갈이를 해두면 작물은 발아하고 생육한다. 보리 그루터기는 시간을 두고 썩으면서 그 작물의 밑거름이 된다. 이처럼 작물은 자기가 생산한 유기물의 일부 환입이나 환입이 전혀 없어도 지속적인 재생산이 가능하다.

공짜가 없는 세상에 작물 중 일부 유기물만의 부분 환입만으로도 지속적 생산이 가능한 이유는 콩과 식물이 공기 중의 질소를 고정하여 자급하고 다른 작물에게도 남겨주는 덕택도 있을 것이다. 그러나 식물은 자신이나 동물의 유기물이 분해된 땅속의 무기물만으로 자라는 것이 아니다. 햇빛과 햇볕, 공기와 수분 등의 지원을 받아 이른바 광합성(탄소동화작용)으로 유기물을 합성 생산한다. 햇빛과 공기와 물은 인위적 공격과 파괴만 없다면 거의 무한으로 순환·재생하는 에너지다. 이 덕택에 식물은 자기가 필요로 하는 것보다 많은 여분의 에너지를 만들 수 있고, 그것으로 동물들을 먹여 살린다. 그래서 식물은 소비자 아닌 생산자, 곧 창조자인 것이다. 작물들이 사람들에게 증여할 수 있는 이런 잉여의 한계를 혹시 넘겨 지속적 수확이 불가능할 때 전통 농부들은 전작, 윤작, 혼작, 간작, 휴경 등의 지혜를 동원하여 그 지속성을 담보해왔던 것이다.

지속 불가능한 인간 영위는 농사가 아니라 육식이다

수렵·채집시대 인구 규모 정도로 한꺼번에 인종 대청소를 하지 않고 지금 이 상태의 인구로 리어 키스의 주장처럼 인류가 모두 육식으로 개종하면 어떻게 될까? 지금의 공장식 축산을 몇 배로 확대재생산하는 수밖에 다른 길은 없다. 아니 그전에 축산에 필요한 사료곡물 생산을 지금보다 10배 이상 늘려야 한다. 그래서 공장식 축산은 리어 키스가 혐오를 넘어 저주하는 농업, 일년생 초본 작물의 공장식 단작과 연작의 확대재생산을 전제하지 않으면 안 된다. 그러므로 육식은 화석연료에 의존하지 않으면 안 되는 현대농업보다 더 지속 불가능한 파괴적 농업을 전제한 산업축산에 의존해야 한다.

    그런데도 저자는 원주민들이 1만 년 이상 지속시켜온 모든 농사까지 지속 불가능한 파괴라고 단언한다. 그 대신 육식을 위한 방목 축산만이 지구를 구하는 지속 가능한 식생활인 것처럼 온갖 궤변을 동원하고 있다. 그 중에서 그가 내놓은 대안이란 게 지속 가능한 현지 음식을 먹자는 캠페인의 선구자인 샐러틴이 경영하는 버지니아주 폴리페이스 농장이다. 10에이커(12,242평)의 이 농장에서 1년 간 사육한 동물의 수확량은 다음과 같다고 한다. 달걀 3,000개(하루걸러 한 알씩 낳는다 해도 최소 암탉 17마리의 상시 사육 필요), 구이용 영계 1,000마리, 찜닭용 암탉 80마리, 쇠고기 2,000파운드(907kg 소 4마리 이상), 돼지고기 2,500파운드(1,134kg 23마리 이상), 칠면조 100마리, 토끼 50마리다. 이상의 수확에 닭 사료에만 약간의 곡물이 보조로 들어가고, 그 외 동물은 모두 풀을 먹고 컸다고 한다. 이렇게 생산된 육류의 총 열량은 '무려 680만 50kcal'나 된다. 이는 한 사람이 1년에 필요로 하는 73만kcal(2,000×365)로 환산하면 9명에게 양질의 필수 단백질과 지방을 공급하여 건강한 삶을 살 수 있게 하는 열량이라고 주장한다(175-177쪽 참조).

    그는 이 농장에서 어떻게 그 많은 동물들의 사료를 생산할 수 있는지에 대한 근거는 밝히지 않고, 다만 산출된 동물 수확량만 나열했다. 닭을 키운 곡물사료를 외부에서 들여왔는지 자신의 농장에서 재배했는지도 밝히지 않고 있다. 만일 그 사료가 외부에서 온 것이라면 그 달걀과 닭을 이 농장의 생산물이라 할 수 없다. 더구나 농사를 그토록 증오하는 그가 닭의 사료에 농사 안 짓고는 나올 수 없는 곡물사료를 여기서만 용인하는 것은 자기모순 아닌가? 사람은 고기만 먹고 살 수 없다. 그 고기와 함께 먹는 야채의 양도 적지 않을 텐데 이를 뺀 고기만의 열량 계산으로 건강한 삶 운운하는 것도 무의미하다. 무엇보다 내가 가진 농장 면적의 갑절 정도의 그 초지 면적에 외부 의존 없이 그같이 많은 가축의 혼합 방사(放飼)가 가능하다는 주장을 믿기 어렵다. 대서양 기후의 폴리페이스 농장이 어떤 곳인지 나는 살아보지 못해 알 수 없지만, 우리나라의 늦봄과 초가을처럼 식물 생장의 최적 조건이 일 년 열두 달 내내 지속된다 해도 의심은 그대로다.

쟁기보다 더 파괴적인 동물의 발톱들

닭은 땅 위의 메뚜기와 개구리, 뱀 등은 물론, 땅을 무자비하게 할퀴는 발 갈퀴질로 흙 속 지렁이, 굼벵이 등의 곤충들까지 포획하여 날카로운 부리로 쪼아 꿀꺽 삼킨다. 결코 초식동물이라 할 수 없는 중간 덩치의 새가 닭이란 놈이다. 덩치는 크지 않아도 이 닭의 날카로운 발 갈퀴질에 남아나는 전답이나 작물은 없다. 그래서 주로 풀과 곡식만으로 차려지던 전통시대 밥상에서 이따금 달걀 단백질의 맛이라도 보기 위해 한두 마리 집에서 방사하던 닭도 전답에 주는 이 피해 때문에 이웃 간 불화의 원인이 되기도 했었다. 이런 닭을 1000마리 이상 방사로 기르자면 그 정도 면적의 농장에서 남아 날 초지가 없을 것이다. 케이지나 닭집에 가두어 길렀다면 막대한 양의 곡물사료가 필요하다. 농사 안 짓고 곡물사료는 어디서 오는가?

여기다 연간 큰 소 4마리 이상 분의 고기를 얻자면 송아지에서 최소

2~3년이 걸리므로 큰 소 4마리 외에 그 2~3배 숫자의 새끼 송아지를 동시에 길러야 한다. 이에 그치지 않고 해마다 돼지 23마리 소비를 위한 그 2~3배의 새끼 돼지, 칠면조 100마리와 그 2~3배 새끼에다 토끼 50마리와 그 새끼까지 혼합 방사하는, 사실상의 수렵 또는 목축 생활로 9명이나 되는 사람들의 건강한 식생활이 과연 그 면적의 땅에서 가능할까? 이렇게 많은 동물 개체가 득실거리는 '가축농장'에 남아날 초지와 표토는 아마 없을 것이다. 닭뿐만 아니라 그 많은 동물의 발굽이, 축력으로 먹을 것을 재생산하는 쟁기보다 식물과 땅을 덜 파괴한다는 증거는 어디에도 없다. 만일 사람들이 쟁기를 쓰는 농경으로 먹을 것을 확대재생산 하지 않았다면 동물들과 사람들의 발길과 그 먹이로 지금보다 훨씬 더 많은 원생 생태계와 야생식물이 파괴되었을 것이다. 어쩌면 아무것도 먹을 게 없어 이미 인류가 사라지고 없는 다른 동물의 세상이 되었을 것이다.

농사는 생산이고 축산은 소비다

식생활 양식에 따라 사람이 살 수 있는 땅의 면적은 얼마일까? 1㎢(약 247에이커=302,328평)의 땅에 살 수 있는 인간 수는 지리학자 K. 버츠의 계산에 의하면, 홍적세의 수렵·채집인은 0.01명, 홍적세 후기에서 충적세 전기(약 1만 년 전)에는 0.05명, 초기 농사시대에는 10명이다. 농업경제학자 E. 보스러프는 이와 달리 농경시대를 다음과 같이 구분해 제시했는데, 초기 농경 때에는 1㎢당 0~4명, 화전농사에서는 4~6명, 일모작의 농경과 목축에서는 64~256명, 집약농업에서는 256명이라고 했다.(『自給을 다시 생각한다』, 녹색평론사, 2010년, 65쪽).

위의 계산에 준하면 수렵·채집이나 순 목축으로는 10에이커(약 0.04 km²)의 폴리페이스 농장은 한 사람이 살기에도 어림없이 좁은 면적이고, 초기 농사시대에도 한 사람이 살기에(0~0.4명) 크게 모자라는 면적이다. 그런데 1km²의 고작 25분의 1밖에 안되는 10에이커에서 곡물사료 등 외부 의존 없는 방목으로 사실상의 수렵인이나 목축인으로 9명이나 살 수 있다니? 소련과학원을 거쳐 당시에 이스라엘대학 교수였던 하자노프(『유목사회의 구조』, 지식산업사, 2004년)에 의하면, 양 한 마리가 필요로 하는 목초지 면적은 중동 초원지역이라면 약 1헥타르지만 사막지대에선 3~10헥타르가 필요하다고 한다. 그 농장이 중동 초원지역과 같은 비옥한 조건이라 해도 이 면적(10에이커)의 땅에서는 양 4마리 정도밖에 기를 수 없다.

목축과 농경이 모두 가능한 지역에서 목축 대신 농경을 하면 얼마의 인구를 먹여 살릴 수 있을까? 리어 키스가 예를 든 폴리페이스 농장과 같은 면적에서 축산 대신 농경으로 사람의 먹을거리를 생산한다면 몇 명의 식구 부양이 가능할까? 이 나라 농협의 통계에 의하면 1990년부터 2000년까지 11년 간의 10아르(약 300평)당 연평균 곡물생산량은 쌀 391 kg, 이모작인 밀이 345.7kg이다. 이 생산량을 10에이커(12,242평)로 계산하면 쌀이 1만 5,914kg, 밀은 1만 4,078kg이 생산된다. 이를 열량으로 환산하면 쌀 582만 4,524kcal이고, 밀이 492만 7,300kcal로 그 합계는 1,075만 1,824kcal이다. 이를 1인이 1년간 필요로 하는 73만kcal로 나누면 14명으로, 리어 키스의 주장대로 같은 면적에 가축 사육을 통한 9명 생존이 사실이라 해도, 그보다 5명이나 더 많은 사람을 부양할 수 있다.

그러나 이건 서양식 열량 계산에 근거한 부양 가능 사람 수이고 열량 수치 따위는 전혀 모르고 따라서 그와 관계없이 등 따시고 배부르면 별 문제없이 잘 살았던 원주민들의 곡물채식으로는 몇 명이 살 수 있는 생산량일까? 모든 농민들이 곡채식만으로 살았던 내 젊은 시절의 경험에 의하면 큰 사발에 고봉밥을 먹던 장정 식량(주식 원료)이 1달에 20~30kg 내외(대두 1~2말)였다. 앞에서 말한 10에이커에서 1년간 생산된 쌀과 밀의 무게 합계는 2만 9,992kg으로, 이는 장정 83명의 연간 식량이 된다. 밥과 함께 먹어야 하는 야채를 리어 키스의 폴리페이스 농장처럼 외부에 의존한다면 무려 83명이 살 수 있는 농경과 리어 키스의 주장이 사실이라 해도 9명밖에 못 사는 목축 중 어느 쪽이 생태적·경제적일까? 물론 위의 곡물생산량은 석유로 짓는 지속 불가능한 현대 집약농업의 산물이다. 지속 가능한 전통 농사법으로 되돌리면 이 생산량의 3분의 1 정도가 줄 것이다. 설사 지속 가능한 부분 환입 농사에 의해 그 생산량이 지금의 2분의 1밖에 안 된다 해도 10에이커에서 연간 장정 41명이 배불리 먹고 살 수 있다. 이 같은 농경을 버리고, 고작 양 4마리밖에 기를 수 없는 동물사역을 통한 육식으로 앞으로의 인류사를 어떻게 전망할 수 있겠는가?

채식보다 육식이 생명을 덜 죽인다는 반농주의자

그는 채식주의자가 동물 생명의 죽임을 최소화한다면서도 사실은 동물과 똑같은 감각과 감정을 가진 식물 생명을 육식의 경우보다 더 많이 죽이는 기만과 배신을 한다며 이렇게 질타한다. "죽이는 것이 문제인가? 풀을 먹고 자란 소 한 마리의 생명을 희생하면 내가 1년을 살 수 있다. 그러나 식물의 '아이'를 먹는 비건 식사 한 끼에는 산 채 끓이거나 으깬 쌀, 아몬드, 콩 등 수백 개의 생명이 죽음을 맞아야 한다. 이 식물의 아이들은 왜 죽어도 되는가?"(40-41쪽)

이 책의 문장구성(논리)은 처음부터 끝까지 이런 식이다. 얼핏 보면 틀림없이 그럴듯한 말로 들린다. 그러나 조금만 시각과 생각을 굴려보면 완전한 엉터리다. 이 책 저자 소개에는 1964년생의 '작가이자 농사꾼이며 급진적인 환경운동가이자 페미니스트'라고 쓰여 있다. 그렇다면 나보다는 훨씬 젊어 머리 회전도 훨씬 빠를 터인데 왜 이리 어린애보다 더 유치한 억지를 부리고 있는가?

채식에서 개종한 육식주의자가 과연 소 한 마리의 고기만으로 1년을 살 수 있는지는 그 자신의 문제니까 그냥 넘어가자. 그러나 그는 왜 채식주의자들이 먹는 수많은 식물 '아이'들의 생명만 보고, 자기자신의 식량인 소가 사람보다 몇 곱절로 훨씬 더 먹는 수많은 식물과 그 '아이'들의 생명은 외면하는가? 소는 덩치도 사람보다 훨씬 크고 힘도 세기 때문에 먹는 양도 사람보다 대략 10곱절 이상 더 많을 수밖에 없다. 그런데도 사람들이 먹는 자연식이나 인공적 농산물의 생명에 대해서는 그렇게 아파하면서 소가 먹는 그 많은 자연산 식물과 인공적 곡물과 그를 둘러싼 생태계의 수많은 생명들의 죽음들은 어찌하여 외면하는가? 사람이 안 먹거나 못 먹는 동물의 먹이 식물들은 생명이 아닌 폐기물이라도 된다는 것인가? 이런 차별적이고 모순된 생명관이야말로 어설픈 생명평등주의자가 빠지는 함정이고 치명적인 한계다. 생명에는 차별도 불필요한 잉여도 쓰레기도 없다. 모든 생명에는 상호의존적인 평등성과 완결성, 일자성이 있다.

곡물사료로 동물공장에서 뻥튀기는 산업축산의 소와는 달리 풀밭에 방목하는 소는 최소 2~3년이 지나야 성우가 된다. 그의 말대로 소 한 마리로 1년 식량이 된다 해도 사람보다 1회당 17곱절이나 식물의 아이들의 생명을 더 먹는 소를 3~4마리 정도 계속 길러야 1년에 한 마리씩 잡아먹을 수 있다. 이런데도 육식주의자가 생명의 평등을 말할 자격이 있는가? 이야말로 소 등 짐승들이 먹는 자연의 풀은 무한하고 공짜라는 산업(공업)주의자들의 관념론이지, 땅에 발 딛고 생명을 직접 기르는 농부의 심성으로 바라본 실천론은 결코 아니다. 그러므로 그의 소개에서 '농사꾼'이란 이력은 의심스럽다. 자급을 말하면서도 농사와 소농까지 매도·부인하고 대신 방목 육식을 미화 옹호하는 그는 농사꾼이 아니라 반농주의자요 유목주의자일 뿐이다.

소농과 기업 임원의 세계관이 같다는 궤변

맺음말에서 '그나마 효과 있는 개인적 해결 세 가지'로 "첫째, 가능하면 아이를 낳지 말자. 둘째, 차를 더 이상 몰지 말자. 셋째, 자기가 먹을 음식을 직접 기르자."는 제언은 비록 실천은 매우 어려운 일이지만 이 책의 주장 중에서는 가장 그럴듯한 대목이다. 한결같이 농업을 부정해 온 그도 이 대목에서 자기가 먹을 것을 직접 기르자며 자급농은 인정하고 있으니까. 그런데 이 말에 뒤이어 느닷없이 영국의 인류학자 휴 브로디의 다음 구절을 인용하여 소농을 또 걸고넘어지며, '직접 길러 먹자'는 스스로의 주장도 다시 뒤집는다. "농업과 전쟁의 이러한 복합체 내에서 농장과 도시, 국민국가, 식민지 확장 등의 개념이 내부적 응집성을 가지고 성장한다. 소농과 21세기 기업 임원은 세계관이나 일상적인 생각, 걱정 등의 면에서 공통점이 많다. 기업 임원이 소농보다 지배하고 착취하고 번성하는 과정을 훨씬 더 효과적으로 수행할 수 있지만, 둘의 지적 장치, 사고의 범주, 내재하는 관심사는 거의 동일하다. 둘은 같은 언어를 사용한다. 신분의 격차가 크기는 하지만 사실 동업을 해도 무방할 정도다."(425-426쪽)

이 인용문과 함께 그 앞뒤 문맥을 아무리 곱씹어 봐도 왜 소농이 기업의 임원과 신분격차가 큰데도 동일한 사고와 언어를 사용하는 동업자인지 이해할 수 없다. 그가 말하는 소농이란 수백 수천 헥타르를 경작하는 기업농에 비해 상대적으로 적은 수십 수백 헥타르를 경작하는 미국식 가족농을 지칭하는 것 같다. 혹시 미국식 소농이 엄격한 의미에서 자급농이 아니고 자급 규모를 넘는 생산물을 시장에 내다 파는 상업농이란 점에서 기업의 임원과 동일시한 것일까? 하지만 정확한 소농 개념은 미국식 대규모 경작의 가족농이 아니라 가족 자급규모의 아시아적 전통 소농을 뜻한다. 하긴 자급농이라 해도 공장에서 규격품을 계획한 수량만큼 찍어내는 공산품과는 달리 농사는 그 생산 환경에 따라 생산량은 크게 달라진다. 생명 자체를 기르는 농사이기 때문에 같은 사람이 같은 면적의 땅에 같은 작물을 심고, 같은 양의 일을 해도 기후조건 등에 따라 그때마다 그 산출이 달라진다. 자급하고 남거나 모자라기 중 하나이지, 딱 맞는 자급은 있을 수 없다. 그래서 자급하고 남는 농산물이 상당히 있고 그것을 상품화해도 그것은 축적하는 기업의 잉여와는 근본적으로 다르다. 지역 시장에 내다 팔아 자기 농사로 거둘 수 없는 먹거리나 생필품을 구입하고, 가정과 자녀의 공과금 등을 납부하는 데 쓰는 식량의 잉여는 잉여가 아니라 최소한의 생활 자급이다.

그런데도 다국적기업이나 가족 기업농도 아니고 아무리 상업농이라 해도 자급농의 범위를 조금 벗어난 소농까지 기업 임원과 같은 성장주의 수탈자와 동일시하다니? 지속 불가능한 기업농은 당연히 극복되어야겠지만 그렇다고 이런 소농까지 없다면 곡채식보다 10배 이상의 식물에너지를 낭비하는 리어 키스 자신과 같은 육식주의자는 물론이고, 먹거리 자급이 불가능한 도시에 사는 그 많은 잡식 및 채식주의자들은 누가 먹여 살릴 것인가? 콩고기 햄버거 따위의 지나친 가공식으로 건강을 잃고 채식에 실패했다면 그 패인이나 조근조근 따져서 반성해볼 일이다. 그런데 또 하나의 지속 가능한 생태계를 만들어 인류를 폭발적인 번영으로 이끈 농사와 소농까지 기업 임원과 함께 묶어 공격하다니? 이것은 종로에서 뺨 맞고 과천쯤까지 도망쳐서 종주먹 흔드는 채식 실패자의 비겁한 추태가 아닐까?

쟁기가 가장 무서운 파괴 도구라는 개종 육식주의자

채식을 비판하는 책이 왜 이토록 소농까지 포함한 농사 전반에 대한 부정과 공격으로 일관하고 있는지 나는 이 책을 다 읽고도 여전히 이해하기 어려웠다. 그는 "문명의 역사에서 칼날보다 쟁기의 날이 훨씬 더 많은 파괴를 가져왔다"(75쪽)는 이스라엘 학자 다니엘 힐렐의 인용에 뒤이어, 농경 대신 양을 치며 농경학을 가르친다는 한 교수의 "쟁기를 흙에 대는 순간 흙은 퇴화하기 시작한다."는 말을 또 인용하며, 이 말을 듣고 '소름이 돋았다'고 할 만큼 쟁기의 파괴성에만 병적인 반응을 되풀이하고 있다.

『세상을 구하려면』이라는 이 책의 맺음말에서까지 스톨의 '쟁기야말로 세상에서 가장 무서운 파괴 도구'라는 말을 다시 인용하며 이런 결론을 내린다. "1만 년 동안 문명의 6대 중심지는 우리의 유일한 보금자리에 대해 전쟁을 벌여왔고, 전쟁무기는 대부분의 경우 도끼와 쟁기였다. 도끼와 쟁기는 도구가 아니라 무기다. 보상과 수리는 불가능하다. 이 무기를 내려놓을 때까지 평화는 불가능하다."(392쪽)

자급적 전통 소농들이 쟁기로 파괴한 것은 그 땅의 개간 때 다년생 수목과 그 아래 깃드는 소수의 산짐승, 들짐승뿐이지 그 밖에 있어야 할 생명은 거의 다 그대로 살린다. 지렁이도 살리고 굼벵이도 살리고 박테리아도 살린다. 밭곡식과 야채나 목초가 자라기에 적당하지 않은 저습지 벼논이라면 미꾸라지, 방게, 붕어, 잉어, 뱀 개구리, 각종 수생식물과 미생물 등도 살릴 만큼 다 살린다. 특히 먹이가 부족한 들새와 겨울 철새들에게는 추수기에 떨어트린 알곡 이삭으로 먹이까지 제공해준다. 전통 소농은 이같이 동물들도 살릴 만큼 살리면서 자연 상태의 수렵·채집보다 몇 십 곱절 인류를 부양할 수 있는 지속적인 생태농사의 주역이다. 이런 소농을 현대의 기업 농업이나 기업인과 동렬에 놓고 생태계 파괴의 공범으로 매도하는 것은 아무래도 납득하기 어려운 궤변이다.

자급혁명이 필요하다

　농사가 불화(不和)의 원천이고, 도끼는 모르되 농경의 기본도구인 쟁기까지 이 불화의 무기라는 말은 금시초문이다. '칼날을 녹여 보습을'이라고 외친 농민혁명의 구호처럼 쟁기야말로 평화의 상징이 아니던가? 설사 문명의 상징인 도끼와 쟁기가 일부의 땅과 야생식물을 파괴하는 무기가 된다하더라도 그것마저 거부하면 자기가 먹을 음식을 직접 기르자는 키스 자신의 제안도 자급농사가 아니라 구석기시대의 수렵·채집이 될 수밖에 없다. 신석기의 농경시대보다 구석기시대가 지속 가능한 평화를 위해 설사 더 바람직한 삶의 방식이라 해도 그것은 이 문명의 종말 뒤에나 어쩔 수 없이 다시 맞게 될 운명일지언정 인위적 반본이 가능한 가치는 아니다.

　물론 지금의 자본집약적 기계, 화학적 산업농에 기초한 풍요가 진정한 풍요일 리 없다. 미래를 앞당겨서 갉아먹는 죽임의 풍요다. 육체노동과 동물의 사역 대신 값싼 석유에너지로 기계를 부리며 한시적으로 값싼 풍요에 휩쓸리는 현대인은 스스로 해방된 주인으로 착각하고 있다. 하지만 그럴수록 자급과 멀어짐으로써 스스로 기계의 노예, 자본에 사육·사역되는 사람가축이 되어간다. 사람이 가축 아닌 사람으로 살자면 힘들어도 자급을 회복해야 한다.

　수렵·채집의 구석기식 자급은 인위적 반복이 불가능하지만, 산업농업을 자급소농으로 수정하는 기초적 자급혁명은 자치적 인간 본성의 회복과 평화적 시장 불복종만으로도 가능할 것이다. 불완전하고 힘들어서 싫어도 농사를 짓는 자급 말고 평화적이고 지속가능한 다른 삶은 없으니까. 물론 여기서의 자급은 먹거리뿐만 아니라 문화적·정신적 자급까지 포함한 삶 전체의 공동체적 자급이다.

≪녹색평론≫ 2013년 7~8월호에 실린 원고를 보충한 글이다.

산도 강도 사람도 절로 살게 두라

「한승수 "박정희는 山, 이 대통령은 江 살린다."」(≪조선일보≫, 2009년 5월 23일, A6면). 이 제목의 기사를 보던 내게 제일 먼저 떠오른 생각은 "흥, 이런 낯 뜨거운 거짓말도 뻔뻔스럽게 할 줄 알아야 장관에서 총리까지 20년이 넘는 세월 동안 계속 높은 벼슬살이를 해 먹을 수 있구나"였다.

박정희 정권 때부터 우리 산에 숲이 우거지기 시작한 것은 사실이다. 박정희 전 대통령이 산림녹화와 식수정책을 펴고 식목일이나 무슨 국가기관의 준공식과 개관식에 기념식수라는 이름으로 손수 나무 심는 시늉을 사진으로 찍어 낸 적은 더러 있다. 정권 초기의 식목정책에 따라 아카시아나 현사시나무 등의 번식력 강한 외래 수종의 조림으로 일부 야산지역의 수종을 갱신한 것도 사실이다. 하지만 그 많은 산의 나무를 그가 혼자 다 심고 가꾼 것은 아니다. 그렇다고 국민이 다 심고 가꾼 것도 물론 아니다. 산이 절로 우거진 것이다.

물론 이렇게 된 계기는 60년대부터 각 가정 및 기관들의 난방과 취사 및 산업 연료가 산의 나무에서 지하의 석탄을 거쳐 석유로 바뀐 데 있다. 편리하고 값이 싸지기 시작했던 지하연료로 지상의 연료가 대체되자 사람들의 발길이 산으로부터 점차 멀어지고 마침내 끊어졌다. 마침내 박정희의 '입산금지' 정책이 성공한 것이다. 사람의 발길과 개입만 없다면 자연은 자신의 무서운 복원력으로 자기 치유와 자기 회복을 스스로 한다.

우리가 원시림으로 알고 있는 아마존의 숲들조차 원주민들이 불을 놓아 초지를 만들거나 자신이 필요로 하는 유실수를 조림하는 등 인간 개입과 인공조림이 몇 차례나 되풀이 있었다고 한다. 그럼에도 낮은 인구밀도와 원시적 화전농법에 따라 원주민이 주거지를 다른 곳으로 이동해 간 사이에 땅과 숲이 가진 자기 복원력으로 원시림을 다시 회복시켜 갔다. 이런 밀림지대 아닌 우리 땅도 마찬가지다. 산골은 물론 들 가운데 있는 논밭도 3년만 묵히면 쑥대밭과 억새밭으로 돌아가고 어디서 어떻게 씨앗이 날라 왔는지 관목과 수목까지 나타나서 원래의 미개간지 상태로 되돌아간다. 물론 이것도 땅을(산지나 경작지의 상태의) 땅으로 그냥 두었을 때 이야기다. 지금처럼 아스팔트와 시멘트로 도배한 도로와 도시는 틈새를 뚫고 나무와 풀이 부분적으로 자랄 수는 있지만 절대로 원상으로 복원되지는 않는다.

산이 스스로 녹화될 수 있도록 사람을 산에 안 가게 석탄, 석유를 값싸게 쓰게 하고 그리 되도록 경제개발을 해서 잘 살게 한 지도자가 박정희 전 대통령이 아니냐고 할 수도 있다. 물론 그걸 공로로 친다면 그런 공로가 전혀 없다고는 할 수 없다. 그러나 타인과 자연에 대한 배려 없이 거의 강제적으로 무조건 밀어붙인 박정희 식의 '잘 살아 보세'를 진정으로 잘 사는 것으로 나는 절대 동의하지 않는다. 설사 그렇다 해도 그게 어째서 박정희만의 공로인가? 박정희 혼자 일하고 돈 벌어서 대한민국 국민 모두에게 골고루 나누어줘서 무연탄 사고 석유 산 것은 아니지 않는가?

설사 박정희의 강압적인 근대화 정책에 국민이 솔선수범으로 따랐거나 마지못해 그에 따랐건 간에 어쨌든 박정희의 그 정책에 따라 일하고 돈을 벌고 세금을 바친 사람은 국민 자신들이다. 그렇다면 산림녹화든 근대화든 박정희의 정책에 따라 준 국민 각자가 고생한 덕택이지 박정희만의 덕택은 아니지 않는가?

이 땅 '청산화'의 이면에는 수많은 다른 생명파괴가 있다

그러나 우리 산의 녹화를 두고 그게 누구의 덕택인가에 대한 시비만으로 끝낸다면 '산림녹화는 곧 선'이라는 선입견을 전제해야 한다. 산림녹화는 과연 무조건 선인가? '푸른 우리 강산'에서 시선을 잠시 밖의 세계로 돌려보자. 가장 먼저 마주치는 문제는 우리 숲의 울창과 우리 삶의 편의를 위해 수만 년 간에 축적돼 온 남의 바다와 땅속의 석탄, 석유를 크게 탕진하고 파괴했다는 사실이다. 또 그 땅속의 석탄, 석유를 태운 그만큼 내뿜는 이산화탄소로 지구 오탁과 온난화로 기후위기에 크게 일조했다는 사실도 피해갈 수 없다.

우리 강산을 푸르게 만들면서 치른 대가가 이것만은 아니다. 우리가 이 땅에서 주로 자라는 소나무 목재를 안 써서 우리 산이 울창해지는 만큼 열대우림과 시베리아 등의 한대 원시림이 수없이 파괴된 것이다. 우리 강산이 푸르게 되는 동안 우리가 얼마나 많은 수입 목재를 낭비하다 못해 파괴해 왔는지를 나는 통계가 아닌 우리 주변 환경의 급속한 변화로써 체감하고 있다. 내가 태어나 사는 마을은 70호 정도의 보통 농촌마을이다. 이 마을의 문전옥답의 전체 면적이 모두 얼마인지는 미처 셈해보지 못했지만(아마 10만 평은 넘을 것이다) 어쨌든 이 마을의 앞들과 옆들에는 이전에는 하나도 없었던 대형 목재소가 1990년대 이후 7개나 줄줄이 생겨 이 들을 거의 잠식해 가고 있다.

산을 푸르게 했다고 들을 포함한 모든 파괴가 정당화될 수는 없다. 우리 산들이 푸르러지는 동안 또 얼마나 개발 가능한(?) 다른 우리 산들을 파괴하여 그 흙과 석재로 얼마나 많은 들판들을 매립하고 포장했는지는 헤아리기도 어렵다. 2008년 한 해 동안에 사라진 우리의 논밭만도 여의도 면적(90만 평)의 77갑절인 2만 3천 헥타르(6,900만 평)였다고 한다. 사라진 산림면적도 사라진 농토면적보다 결코 적지 않을 것이다. 2006년 8천 901헥타르, 2007년 1만 544헥타르, 이명박의 이른바 녹색성장 정책 이후인 2008년 7월부터 2009년 7월까지 1년 간에 타 용도로 전용된 산림면적은 1만 5천 96헥타르로 지난 2년 간보다 무려 1.5배에서 2배 가까이 폭증했다.

우리 강산을 푸르게 해준 석유 채굴이나 산림 벌채를 위해 석유와 목재 기업들이 그 땅의 원주민들과 수많은 생명들에게 어떤 만행을 저질러 왔는지도 우리는 개발과 돈에 취해 거의 관심을 준 바 없다. 석탄, 석유를 채굴하는 그 땅도 사람을 비롯한 수많은 생명들이 깃들어 사는 생명의 땅이다.

원주민과 토착 생명을 공격하는 석유기업들

영국-네덜란드 국적의 로열더치셸은 세계적인 에너지 대기업이다.

이 기업은 나이지리아의 니제르델타 지역에서 1957년부터 지금까지 석유를 채굴해 왔다. 그로 인해 긴 세월 동안 그 지역에서 얼마나 많은 환경오염과 생명 파괴가 자행돼 왔는지 우리에게 알려진 바는 없다. 그런데 1993년에는 40일 간이나 원유를 누출시켜 그 주변 땅을 황무지화 시키는 대형 사고를 터트렸다고 한다. 이 지역에 사는 원주민인 오고니족의 환경운동가 켄 사로-위와가 이에 항의하는 채굴 중단 캠페인을 벌였다. 나이지리아 군부 독재정권은 오고니족 원주민 5명과 함께 사로-위와를 체포해 처형하고 원주민을 탄압했다. 이에 대해 유족들은 미국법인 '외국인 불법행위 배상청구법'에 따라 뉴욕 맨허튼의 연방법원에 셸을 상대로 배상청구권을 제기했다. 공룡 석유회사를 상대로 한 14년 간의 법정 공방 끝에 셸로부터 일부 책임을 인정하는 합의를 이끌어 냄으로써 최근에 비로소 우리에게 그 사건이 알려진 것이다. 미국의 엑슨모빌은 인도네시아의 아체주에서 정부군의 원주민 탄압을 지원했다가 2006년 아체주민들에 의해 제소 당했다. 에콰도르 북부 누에바로하의 인디오들은 미국 세브론 텍사코의 원유 찌꺼기 배출로 밀림이 오염돼 암 환자가 급증했다며 1993년부터 소송 중이다. 콜롬비아의 우와족 인디오족들은 미국 옥시덴탈 석유의 밀림 파괴에 수 차례나 '집단자살'의 선언으로 맞서고 있다. 캘리포니아 석유회사 유노칼은 1990년대 버마에서 송유관을 만들 때 인신매매된 노예들을 동원한 사실이 알려지자 거액의 배상에 합의한 바 있다.(≪경향신문≫, 2009년 6월 10일)

위 사건들은 그 지역의 사람이 저항하거나 죽거나 무엇을 크게 잃거나 얻어냄으로써 다른 지역사람들과 언론의 관심을 받아 세상에 알려진 것이다. 이 같은 대형사고가 없는 지역이나 원주민들이 없는 시베리아 동토 등에서 기업들이 저지르는 생명 공격의 만행은 언론과 사람의 관심 밖이라서 우리에게 거의 알려지지 않는다.

한승수처럼 국민은 안 보고 높은 대통령만 보이는 정치적 지식인은 다국적 기업들에 대한 원주민들의 이 같은 저항과 우리 강산이 푸르게 된 것과 무슨 상관이냐고 딱 잡아뗄 것이다. 그러나 아무리 부인해도 우리가 이처럼 석유나 수입목재를 펑펑 쓰며 얻어낸 우리 산의 녹화도 언제 누군가가 어떤 방식으로든 그 대가를 치른 결과다. 인생의 양지쪽만 골라 딛는 한승수가, 여생이 얼마 남지 않은 우리가 치르지 않으면 한승수의 후손들이라도 반드시 그 대가를 치러야 할 업보지 세상에 공짜는 없다.

박정희를 배우려면 제대로 배워라

한승수가 박정희 전 대통령이 산을 살렸다고 한 말은 맞는 말은 아니지만 어쨌든 그 집권 기간에 산이 우거진 것은 사실이다. 그러나 이명박의 꼼수 대운하 개발을 '강 살리기'라며 박정희 전 대통령 시절의 산림녹화에 대비한 것은 지나친 곡학아세다. 이건 한승수 총리가 박정희 성공신화에 이명박의 4대강 정책을 대비시켜 이것을 합리화하고 효과를 증폭시키려는 너무 유치한 수준의 아부용 거짓말이다. 앞에서 말한 대로 박정희는 삽이나 굴삭기로 산을 살린 것이 아니다. 땔나무 대신 석탄, 석유의 대체 사용을 통해 산에 사람이 접근하는 것을 근원적으로 막고 대신 수입목재 사용으로 산을 살려낸 것이다. 그러나 이명박의 강 살리기 방식은 이와 정반대다.

이명박의 꼼수 대운하 개발 야욕을 '4대강 살리기'라고 하는 것으로 보아 우리 강을 이미 죽은 것으로 전제했는데 왜 강이 죽었는가? 한승수 식으로 말하면 박정희가 근대화(공업화)로 산을 살리는 대신 강을 죽였다고 할 수 있다. 박정희의 산업화 독재정책이 순환 재생적인 농업사회를 비순환적인 산업사회로 만들어서 강을 죽인 것이다. 다시 말해 박정희의 산업화 정책에 따른 산업과 생활폐수와 각종 유독성 쓰레기로 강을 죽인 것이다. 그러나 박정희가 석유의존 산업화 정책을 독재적으로 밀어 붙인 부산물로 우리 산이 푸르게 살아나긴 했지만 산을 혼자 살린 것이 아닌 것처럼 강도 혼자 죽인 것은 아니다. 국민도 방조 내지 공모해서 죽였다.

　우리는 상수도라는 이름으로 약 2천만에 가까운 대한민국 가구의 안방까지 실개천 하나씩을 끌어들여 물을 낭비·파괴하고 있다. 그게 왜 방안 실개천이고 물의 낭비·파괴냐고? 집집마다 상수원과 연결된 그 수도꼭지를 사람들이 참 많은 시간 동안 열어 두고 물을 하수구로 계속 흘려 낭비하기 때문이다. 음식 재료를 씻거나 설거지를 할 때 대부분의 가정이 수돗물을 개수대에 받아쓰지 않고 개울처럼 흘려보내면서 쓴다. 그래야 위생적이고 문화인이라면서 속옷도 하루 입고 빨아 조지고, 하루 최소 한 번 이상 심지어 두 번씩 식구대로 샤워라는 것을 즐긴다. 똥 한 덩어리, 오줌 한 번 싸놓고 한 양동이의 물로 풀어 강물을 더럽힌다. 요컨대 인간의 개입, 인간의 간섭, 인간의 공격과 파괴 행위가 강을 죽인 것이다. 그렇다면 강 살리기 방법도 자명해진다. 박정희의 목재 수입을 통한 '입산금지' 산림녹화 방법처럼 물은 모두 수입해다 쓰는 대신 산업화의 전면 폐기로 산업폐수와 생활하수를 없애고 강으로부터 인간과 그 쓰레기를 격리시키는 '입강금지' 정책을 쓰면 강은 금방 되살아날 것이다.

보막이는 강을 제물로 바친 토건마피아의 축제였다

그런데 이명박 대통령과 그 지지자들만 그것을 모른 척 하고 대형 굴삭기와 크레인을 동원하여 강의 존재 자체를 공격하는 인간의 '강 파괴'를 '강 살리기'라 우겼다. 온갖 인간의 간섭으로 죽어가는 강물을 이 정도나마 살려주던 강변과 강바닥의 모래와 수초들, 거기에 깃든 각종 미생물들과 민물고기의 씨종자까지 깨끗이 걷어내는 것을 '강 살리기'라 한다. 대신 거기다 시멘트를 들이부어 방천을 쌓고 수십 개의 거대한 콘크리트 보로 강을 토막토막 절단하여 물을 가두어 죽이는 비상식적인 행위를 '강 살리기'라며 국민을 조롱한다. 그러나 이것이 강 살리기가 아니고 강 죽이기인 것은 자신들도 잘 알고 있다. 국민에게 민망하고 부끄러운 짓인 줄도 알긴 안다. 처음에는 낙동강과 한강을 연결하는 한반도 대운하 계획으로 발표했다가 국민의 저항에 부딪히자 '강 살리기'로 축소 변경했다. 모든 사업내용을 처음 발표할 때는 축소 내지 은폐시켜 발표했다가 점차 규모를 키워 다시 분리 발표했다. 그런 식으로 국민의 관심을 분산시키고 충격에 내성을 키우며 저항감을 무디게 하려는 꼼수까지 동원했다.

4대강의 보는 처음 발표 때는 4개였다가 다음에는 16개로 4배나 늘려 발표했다. 그것도 사실은 20개로 4개를 숨긴 사실이 뒤늦게 드러났다. 이 20개의 보 중 무려 10개가 낙동강에 집중되어 있는 것도 이 사업의 종착지가 어디인지 명백해진다. 보 높이도 처음에는 1~2m에서 낙동강에는 대운하 때의 5~10m 보다 높은 10m 안팎으로 발표했다. 준설대상도 처음에는 강 측면과 주변으로 애매하게 발표했다가 다음에는 대운하 계획 때의 200m보다 훨씬 넓은 300~500m로 고쳐 발표했다.(≪조선일보≫, 2009년, 6월 24일 A5면) 모든 내용과 수치가 강 살리기와는 정반대로 대운하를 능가하는데 한강과 낙동강을 터널로 연결하지 않는다고 강이 사는가? 총 사업비도 처음 13조 8천여만 원에서 본 사업비만 16조 9천여만 원으로 늘어났고, 지류 정비 사업비까지 합쳐 22조 2천여만 원이고 그 연계사업비까지는 30조 원 이상으로 계속 늘어나고 있다. 그러나 이것도 발표용 빈말이고 공사를 하는 중에 그 몇 배로 사업비가 늘어나지 않는다면 그건 대한민국의 국책사업이 아닐 것이다.

 강 죽이기 전쟁은 이 정도에서 끝나는 것도 아니다. 20개 이상의 시멘트보 외에 또 161개의 낙차공을 만든다는 것이다. 낙차공은 대형 준설로 생긴 본류와 본류 또는 본류와 지류 간의 높낮이 차이를 보완해서 연결시켜 주기 위한 높이 2m 정도, 길이는 수백 미터에 이르는 거대한 계단식 콘크리트 구조물이라고 한다. 만일 이것까지 그대로 시공할 경우 이 낙차공 92개가 집중되는 낙동강은 이미 강이 아니다. 그래서 "수천 년 자연하천으로 존재해 온 낙동강이 거대한 인공하천으로 변할 것"이라는 환경단체의 강력한 저항을 자초하고 있다.(≪조선일보≫, 2009년, 6월 23일, A12면) 환경시민단체가 결코 억지를 쓰는 것이 아니다. 국무총리실 산하 한국환경정책평가연구원(KEI)도 '낙동강에 설치하는 보와 준설사업은 환경 피해가 크므로 그 규모를 최소화해야 한다'는 의견을 환경부에 전달했다고 한다. 오죽하면 밉보이면 당장 목이 달아나는 국책연구기관원들까지 4대강 살리기의 핵심 이슈인 보설치와 강바닥 준설에 대해 사실상 반대 입장을 표명했겠는가.(≪조선일보≫, 2009년 6월 29일, A12면)

해체가 다시 대선공약이 될 명박보

이처럼 4대강 살리기에 대한 안팎의 의혹과 반대 여론이 높아가자 이명박 대통령이 6월 29일에 한 정기 라디오 연설에서 대운하는 임기 내 할 계획이 없다고 밝혔다. 대신 4대강 살리기는 강행하겠다는 의사를 재확인했다. 그러나 터널로 낙동강과 한강을 연결하지 않고 이름만 '대운하 사업'에서 '4대강 살리기사업'으로 바꾼다고 그보다 더 많은 사업비를 투입하는 토목공사가 강 살림이 되겠는가. 생태경제적인 면에서는 대운하보다 더 파괴적이었으면 파괴적이었지, 나을 것은 아무것도 없다. 또 자기 임기 내 대운하를 안 하겠다는 말은 무슨 뜻인가? 한나라당이 재집권하거나 정권을 연장시켜서라도 다음 대통령 임기에서는 기어이 대운하를 완성하겠다는 뜻인가?

"바다로 흘러가야 하는 물이 막힌 보에 고이는 순간 썩는다는 자연의 진리는 삼척동자도 다 안다. 설마 일국의 대통령이 된 내가 그것을 모를 리 있나? 그렇지만 이미 한 번 내 놓은 대운하 공약을 반대한다고 거둬들인 것만도 자존심 상하는 일이다. 대통령 된 김에 토건회사 사장 시절에 못해 보았던 초대형 공사를 한판 벌여 지금까지 기업하고 정치하며 신세진 빚도 갚고 생색도 내고 싶다. 내가 해본 결과 가장 수지맞고 자신 있는 것은 토목공사다. 기업도시, 신도시, 행정수도 이전 등 웬만한 토목공사들은 전 정권들이 다 해먹고 남은 것은 강 토목공사뿐이다. 그러나 국민들이 그렇게 반대하면 이것도 앞으로 두고 좀 더 신중하게 재검토해 보겠다." 이렇게 실토하고 국민의 양해를 기다린다면 그 솔직성과 진정성에 소수 국민의 동정이라도 받을 수 있을 것이다. 그런데 이것을 강 살리기와 부족 수자원 확보라는 거짓말과 궤변으로 밀어 붙였다. 그러니까 한승수 같은 영혼 없는 관료와 정치인 그리고 직접 이해관계가 있는 토목업자들이 모여들어 이를 적극옹호 지지한다. 이렇게 되면 대통령으로서는 물론 인간적으로도 회복할 수 없는 실패의 수렁에 점점 깊이 빠져 들게 될 것이다.

서울시장 시절에 청계천 복원 때도 수많은 반대와 장애를 딛고 복원하여 결과적으로 재미 좀 보았다고 4대강의 준설과 보막이도 같은 결과를 기대한다면 큰 오산이다. 청계천의 인공 복원은 4대강 보막이에 비해 우선 규모면에서 소꿉장난이다. 무엇보다 청계천 복원은 전기로 강물을 끌어올리는 반생태적인 인공하천임에도 불구하고 거대하고 흉측한 시멘트 구조물인 청계고가도 등을 철거하고 대신 내를 만들어 물을 흘려보내는 자연의 순리에 따르는 순천의 길이다. 그러나 4대강 사업은 지나친 산업화와 인간의 개입으로 물이 오염되긴 했으나 아직은 자연 형태의 강에 대형 시멘트 보로 대형 인공호수를 수십 개 만들어 물을 가두어 죽이는 역천의 길이다. 전자가 살림의 길이라면 후자는 죽임의 길인 것이다.

4대강 당국의 주장처럼 상류 지역의 유지 수량 확대로 그 부영양화는 희석시킬 수 있다 치자. 상류 지역의 유지수 확대로 오염농도를 희석시킬 수 있다고 해서 대형 시멘트 보를 아무리 막아도 강물이 오염 안 된다든가, 이미 생성된 오염물질의 총량이 줄었다고 말할 수는 없지 않는가? 이미 낙동강 하구둑 하나만으로도 민물장어의 씨를 말리는 등의 생태적 단절이나 이변이 속출하고 있다. 그런데도 하구둑보다 더 반생태적인 20개 이상의 대형 보막이 공사를 강 살리기라니?

이래서 이 강 죽임의 거대한 콘크리트 구조물들은 머지않아 이명박과 정반대로 이것을 철거하고 자연 하천으로 복원을 공약하는 대통령 후보를 반드시 만들어 낼 것이다. 하지만 자연스런 생명의 강을 죽여 인공하천을 만들고 다시 부수어 자연천을 만드는 정치권력의 농간에 얼마나 많은 자연생명이 죽어가고 얼마나 많은 국민 혈세가 낭비 착복될 것인가? 생각하면 가슴이 답답하고 저려온다. 산도 강도 사람도 절로 살게 둘 자급, 자치, 자율의 그날은 언제 올 것인가?

≪녹색평론≫ 2009년 9~10월호

세습 부자(富子)에 곡학아세하는 생태학 교수

　최재천이 꽤 유명한 교수라는 소문은 어디서 들은 것 같다. 그가 왜 유명해졌고 그가 쓰는 글 끝에 꼬리표로 달고 있는 '행동생태학'이 무엇 하는 학문인지는 내가 미처 알아보지 못했다. 그런데 2009년 4월 21일 ≪조선일보≫ A34면에 「최재천의 자연과 문화(3) - 연해주 농장」이란 글을 읽고 그가 어떤 사람인지는 대충 알겠는데 유명해진 이유는 더욱 짐작하기 어려웠다. 물론 원고지 10매도 안 되는 짧은 글 하나만 읽고 사람을 제대로 판단할 수는 없다. 그러나 '하나를 보면 열을 안다'는 우리 속담처럼 그 짧은 글 속에도 그 사람의 인격이 어느 정도는 드러나서 대충을 짐작하게는 한다. 내 관심의 대상이 된 그 글의 내용은 이렇다.

　현대중공업이 연해주에 서울 여의도 면적의 33배나 되는 9천 9백 헥타르(2천 970만 평)를 인수했다. 2012년까지 5만 헥타르로 확장하여 연간 6만 톤의 콩과 옥수수를 생산할 계획이라는 4월 15일자 신문보도 내용을 먼저 소개했다. 이어서 배나 기계를 만드는 중공업 회사가 '홀연 농업으로 영역을 확대하는' 현대중공업의 '경영진의 혜안에 큰 박수를 보낸다'고 했다. "이렇게 한 기업에 대놓고 노골적인 찬사를 보내는 까닭은 조만간 불어 닥칠 세계적인 식량 위기 때문이다." 그러고는 이 사실을 우리에게 확신시키기 위해 자기가 쓰고 있는 책 이름이 『FEW』라는 것과 그 내용을 약술한다. "자원전문가들은 앞으로 가장 부족해질 자원으로 식량(Food), 에너지(Energy), 물(Water)을 꼽는다. 이 세 영어 단어의 머리글자를 한데 엮으면 '부족하다' 혹은 '거의 없다'라는 뜻인 'Few'가 된다"고 했다.

그는 학교에서 우리나라를 농업국으로 배웠고, 또 그렇게 알고 있었는데 어쩌다가 쌀과 달걀 정도만 자급하며 식량 자급률이 세계 최하위로 떨어진 이 나라 형편을 안타까워한다. 특히 농산물은 해외 교역에서 예외조항으로 인정되어 자국 수요를 위해서는 식량을 두고도 수출을 금지할 수도 있다. 이 같이 앞으로 강화될 식량자원 국가주의에 대처하기 위해서도 현대중공업의 선택은 탁월하고 박수를 받아 마땅하다. 연해주농장은 고 정주영 현대회장의 소떼몰이 방북으로 또 한 번 유명해진 서산의 간척농장과 그 규모도 비슷하다고. 그래서 "북녘 동포를 찾아가던 소떼의 상징성을 연해주로부터 기대해본다"로 마무리 지으며 현대가의 대를 이은 국내외의 농장 개척에 무한한 신뢰를 걸고 있다.

앞선 기업들의 해외농장진출에는 왜 침묵했나?

이 글을 철없는 젊은이들이나 이름 없는 필부가 썼다면 "세습 부자에 '대를 이은 충신'이 남한에도 있구나!" 했거나 "떡 줄 놈의 생각은 물어보지도 않고 김칫국부터 마신다."며 그냥 넘어 갔을 것이다. 그러나 이 글은 교수가 그것도 유명 생태학 교수가 거의 노골적인 인간 차별의식을 드러내며 쓴 글이기에 그냥 넘기기가 어려웠다. 곡학아세 자체가 원래 힘센 자에게 들러붙어 약한 자를 차별하는 주로 중간계층 지식인들의 몹쓸 인간 심성에 바탕한 것이긴 하다. 그러나 이 글은 그런 간접적인 인간 차별이 아니라 바로 노골적이며 직접적으로 인간 차별을 하고 있다.

머지않아 식량을 비롯한 에너지, 물 등의 3대 자원 위기가 오리라는 예측은 자원전문가나 그 방면의 학자가 아니더라도 오래전부터 누구나 다 알고 있는 상식이다. 오늘의 지나친 에너지 낭비와 자본 독점적인 물량생산 구조와 지속(재생)불가능한 파괴주의 때문에 내일을 걱정하는 사람이라면 누구나 거의 직감적으로(본능적으로) 예견하고 있는 사실이다. 시골에서 농사짓는 노인들도 입버릇처럼 말한다. "이렇게 쓰도 않고 버리는 세상이 안 망하고 베길까?" 환경운동이나 특히 농민운동과 지역 먹거리 운동을 해온 사람들은 오래전부터 이를 자신들의 과제로 받아들이고 있었다. 그래서 당국의 외면과 심지어 적대적 탄압에도 불구하고 문제의 심각성을 부각하며 그 해결을 위한 나름의 대안을 제시하고 힘들게 실천해 왔다. 지금은 후회투성이지만 내가 해온 농민운동과 유기농산물 직거래 생협운동도 그 하나였다. 그러나 최재천은 이런 사람들의 진짜 선구적 혜안에는 함구로 일관했다.

하긴 이들(환경·농민운동가, 생태운동가들)보다 이 식량위기를 더 앞서 예견했던 사람들은 아마 그것을 이미 돈벌이의 수단으로 삼고 있는 다국적 농기업인들일 것이다. 그래서 특히 몬산토에 이어 바이엘, 신젠타, 켐차이나, 다우와 듀퐁 등 농약, 비료, 독가스 등을 생산하던 대화학기업들이 일찍부터 온 세계의 작물씨앗의 독점과 그 유전자 조작 등으로 세계 농업생산과 가공, 유통을 독점적으로 구조조정하며 그것을 꾸준히 더 강화해 왔다. 국제 투기자본들도 오래전부터 속속 농업생산과 유통에 합류하고 있다. 그런데 늦어도 한참 뒤늦게 이 길에 합류한 현대중공업 임원들(이 아니라 사실은 정몽준을 지칭했겠지)이 무슨 혜안을 가졌다니?

재벌기업은 아니지만 현대중공업보다 훨씬 먼저 해외 농장개발에 나선 우리 국적의 기업들도 여럿 있다. 유니베라(구 남양알로에)는 1988년 미국 텍사스주에 알로에 농장을 만든 뒤 멕시코 탐피코에 이어 2008년에는 중국 하이난성 등지에 총 1,523헥타르의 해외농장을 운영하고 있다. 풀무원도 1990년대부터 중국 지린성과 헤이룽장성에 각각 1,850헥타르와 800헥타르의 농장을 경영하며 두부, 콩나물콩 생산용 콩 재배를 주로 해왔다. 정변으로 무산 위기에 처해 있긴 하지만 대우로지스틱스도 2008년 마다가스카르의 서부와 동부에 각각 100만 헥타르와 30만 헥타르의 농지 임차로 옥수수와 팜유 생산을 추진해온 바 있다.

같은 말도 말하는 사람에 따라 진위로 결정된다

환경, 생태, 농민운동을 하는 사람들은 물론 일찍이 해외농장 개척에 뛰어든 기업에서 같은 주장이나 실천을 할 때 최재천은 아무 말도 없었다. 그런데 정주영과 정몽준 부자의 현대가의 행위에만 왜 의미를 부여하는가? '대놓고 노골적인 찬사를 보내는 까닭'은 과연 그의 말대로 '조만간 불어닥칠 세계적인 식량위기' 때문일까? 그렇다면 같은 이유 때문에 같은 말과 실천을 먼저 한 사람이나 기업보다 훨씬 뒤에 한 현대중공업에게

만 왜 '혜안'을 가졌다고 의미 부여를 하고 찬사를 보내는가? 그건 둘 중에 하나다. 현대가와 무슨 이해관계가 있거나 아니면 약자에 무심하고 강자에 아부하는 차별의식의 무의식적 반영일 것이다.

사람들은 같은 말을 들어도 말하는 사람의 사회적 위치나 재력에 따라 전혀 다르게 받아들인다. 사회적 위치가 높거나 경제적 소유가 많은 자의 말은 거짓도 진실로 받아들이고 반대 위치의 사람은 똑같은 진실을 말해도 믿지 않는다. 한때 대구 한살림 조합원으로도 가입했던 한 여성소비자 단체 운동가가 자기 부부의 키가 작아 유전적으로 자기네 아들의 키도 작을 것을 염려했다. 그래서 다섯 살배기 그 아들의 키를 조금이라도 더 키우기 위해 서울 한살림에서 고기를 사다 먹이고 있다고 했다. 고기는 반드시 먹어야 한다고 강력하게 주장을 했었다.

그래서 내가 "영양과 키는 관계가 크지만, 고기(육식)와 키는 무관하다. 세상에서 덩치가 제일(?) 큰 동물은 코끼리고, 힘이 쎈 동물은 소고, 키가 제일 큰 동물은 기린인데 이들은 모두 초식성이다. 고기 먹는 호랑이류는 성질은 매우 사납지만, 덩치와 힘, 키에서는 풀먹는 소보다 한참 뒷전이다. 키와 음식 관계에서 이보다 더 객관적이고 과학적인 증거가 어디 있는지 한 번 대보라"고 했다. 그러나 그 여성 운동가는 내가 제시한 이 증거를 완강히 부인했다. 사람은 동물과는 다르다는 것이다. 물론 사람도 동물이긴 하지만 다른 동물과는 다른 점이 많다. 그래서 기린도 코끼리도 소도 아니고 사람인 것이다. 이들 동물과 달리 잡식성인 것도 다르다. 그렇다고 그게 내가 예시해준 키와 육식의 무관성을 부정할 수 있는 과학적 증거가 되는 것은 아니다.

그랬던 그 여성 운동가가 나도 함께 참가한(쌀 개방을 앞두고 우리 쌀 지키기를 위한 대구, 경북 범시민단체) 합동 저녁식사 모임에서 내 바로 면전에서 이런 내용의 발언을 했다. "나도 이전까지는 고기를 먹어 줘야 충분한 영양을 취할 수 있어 건강에도 좋고 키도 크는 줄 알았다. 그런데 여기 참석하신 ○○○의사 선생님이 채식이 오히려 건강에 좋다고 몸소 실천하신다는 말씀을 들었다. 그 말씀을 듣고 나도 지금 채식으로 바꾸고 있는 중"이라 했다.

모르는 사람들이 무심코 들으면 채식예찬론 같았지만 나에게는 참을 수 없는 인간 차별과 모욕이었다. 같은 말을 해도 농민이고 지역 먹거리 직거래 운동가인 내가 먼저 했을 때는 인정할 수 없다고 완강하게 반대했었다. 그런데 의사라는 한국 사회의 기득권자가 하면 진실이 되었던 것이다. 명색이 시민 운동하는 사람들이 같은 진실을 먼저 말해 준 사람을 면전에 두고서도 마치 없는 사람처럼 무시했다. 그리고 같은 말을 훨씬 뒤에 해줬지만 그 말 한 사람의 직업이 의사라는 것밖에 별로 다른 것이 없는데도 그 말만 옳다고 공개적으로 손들어 주는 인간 차별을 한다. 이런 사람들이 TV 등에 출연하여 장애인 인권, 여성 인권, 이주여성 노동자 인권, 소비자 주권 등을 거론하고 있다. 하긴 이런 이중적 인간 차별 의식은 보통 서민들에게는 거의 없는데 말로는 차별 반대하는 지식인들이나 무슨 운동가들에게 오히려 더 많이 나타나고 있는 것 같다.

일부 지식인들이나 사회운동가들에게 정주영의 현대 그룹은 타도 대상은 아니었는지 몰라도 해체와 개혁의 대상이었던 것은 분명하다. 그런 정주영 회장이 서산 간척지 농장에서 기르던 소 1,001마리를 두 차례에 나누어 몰고 휴전선을 넘어 방북했다. 그러자 지금까지 현대그룹과 정주영의 서산 간척에 대해 매우 비판적이고 부정적이었던 이른바 진보적

지식인들조차 태도가 돌변했다. 약속이나 한 듯 그의 소떼 방북이 남북교류의 물꼬를 튼 영웅적 통일실천인 양 칭송 일변도로 돌아갔다. 지금까지 전면적 비판의 대상이었던 재벌의 부분적 행동이 어쩌다 자신의 일부 생각과 일치한다는 이유로 그에 대한 비판을 하루아침에 접고 오히려 영웅으로 찬사를 바칠 수 있는가? 이러한 이중성은 결국 사람에 대한 평가나 호불호가 자신의 이해관계에 근거하고 있다는 반증이다.

소떼방북은 현대그룹 보호와 북한시장 선점용이었다

과연 정주영은 남쪽의 일부 통일 운동가들과 같은 생각으로 소떼몰이 방북을 했을까? 갈라진 형제 동포끼리 하나 되는 그런 순수한 의미의 교류와 통일을 바라고 그런 이벤트를 연출했을까? 정주영을 일관되게 반대하는 사람들의 얘기는 접어두고 그와 한때 사상적, 정치적 동지이기도 했던 김동길 연세대 명예교수의 얘기를 한 번 들어보자.

김동길은 정주영과 통일국민당을 함께 만들고 1992년 대선에 출마를 권유받았다가 정주영에게 후보를 양보했다고 한다. 김동길의 말로는 14대 총선에서 통일국민당이 생각보다 약진하자 정주영 회장의 마음이 바뀌어 자신더러 당신은 나이가 젊으니까 다음 기회에 출마하고 이번에는 정주영 자기에게 대통령 후보를 양보하라 해서 그랬다고 한다. 이렇게 출마한 대선 패배 이후의 정주영이 남북교류 사업 등 친 DJ 행보로 기댄 것은 보수층 표를 잠식해간 정주영의 괘씸죄에 대한 YS의 정치 보복과 탄압으로부터 자신과 현대그룹을 지키기 위해서라고 한다. "정 회장이 북한에 1차로 500마리 2차로 501마리의 소를 끌고 가고 금강산 관광을 한 것은 통일이라는 큰 꿈이 있어서가 아니었어요. 현대가 살아남아야 했기 때문이죠. 김정일에 돈 퍼주는 버릇은 그때부터 생긴 겁니다."(≪조선일보≫, 2009년 6월 20~21일, why B2면) 김동길의 말이다.

일방은 저 세상으로 가고 일방만 남아 하는 말을 액면 그대로는 믿을 수 없지만 시사하는 바는 없지 않다. 소떼 방북 이벤트의 이유가 물론 이것만은 아닐 것이다. 가난이 싫어 일찍이 떠나버린 고향에 여생이 길지 않은 노인이 죽기 전에 금의환향해보고 싶은 인간적 본능도 작용했을 것이다. 세계시장을 무대로 했던 그가 자신의 고향이자 아직 미개지로 남은 북한 시장을 선점하기 위한 사업가로서의 '혜안'도 가세했을 것이다.

서산 간척농장에서 기른 소떼를 현대그룹을 지키기 위한 사욕에서가 아니고 최재천의 기대대로 민족과 국가의 통일과 미래를 위해 몰고 갔다고 치자. 그렇다고 헤일 수 없는 갯벌 생명을 죽이고 천수만 인근 지역의 농어민과 그 공동체에 말할 수 없는 고통을 전가한 독점적 간척사업의 과오가 덜어지는 것은 아니다. 정몽준 현대중공업의 연해주 농장의 상징성을 미화해 보기 전에 현대건설의 서산 간척으로 그 지역 생태계와 주민에게 전가한 수많은 문제들 중에 몇 가지 문제라도 먼저 짚어보자.

간척은 이 땅에서도 조선시대 이전인 고려시대부터 소규모지만 계속 진행돼 왔다. 그러나 그때는 대형 기계장비 없이 순전한 인력으로 간척이 쉬운 소규모 간석지에서 진행됐기 때문에 생태적 문제는 크지 않았던 것으로 보인다. 그때나 지금이나 간척의 명분은 농토 조성이었다. 똥개 눈에는 똥만 보인다고 당대 세력가들의 눈에는 썰물 때 드러나는 광활한 갯벌을 보고 저것을 내 농토로 만들었으면 하는 욕심을 가졌을 것이다. 그러나 여기에 생명을 건 연안의 어민들은 그것이 농토 이상의 가치 있는 소중한 해전(海田)이었다.

간척은 생태경제적으로는 밥 팔아 똥 사먹는 바보짓이다

나는 갯가에 산 적도, 남들처럼 갯벌 체험이나 일부러 구경을 가본 적도 없다. 부화뇌동을 싫어하는 천성 탓이기도 하지만 나는 아무리 척박해도 내게 주어진 땅에 붙박이로 살며 가능한 그것으로 자급하는 삶을 최고 가치로 보는 지상자급자치주의자(地上自給自治主義者)다. 그런 내가 보기에도 땅 위의 농사는 땅을 갈아야 하고 거름을 넣고 씨앗을 뿌리고 김매서 가꾸고 수확하는 등 수많은 노력을 다 해도 고작 한 철 아니면 두 철 수확뿐이다.

그런데 갯벌농사는 땅 위 농사와 같은 수고로움과 계절과 관계 없이 썰물 때 물만 빠져 나가면 호미 들고 나가 수확하기만 하면 된다. 물론 발이 수렁 속 깊이 빠져 들기도 하고 뻘이 엉겨 붙어 걸음조차 옮기기 쉽지 않는 그 갯벌 수확 노동이 결코 만만하다고 생각한 적은 없다. 그래도 갯벌 농사가 육지 농사처럼 농약, 비료 등의 생태파괴적인 자재와 노동의 지속적 투입 없이도 농사보다 훨씬 많은 생산을 올린다는 것쯤은 생명의 씨앗을 뿌리고 기르는 사람이라면 누구나 직감적으로 느낄 수가 있다.

최근 수산학자들의 연구는 이 느낌을 과학적으로 증명해주고 있다.

"영국의 수산학자들은 천해(淺海) 양식장과 목장의 단위 면적당 단백질 생산량을 비교할 때 목우는 약 1/15~1/20, 양돈은 약 1/5~1/7, 양계는 약 1/2~1/3 정도로 천해 양식업보다 목장의 생산성이 훨씬 낮다고 주장한다. 유사한 주장은 한국의 수산학계에서도 나오고 있는데 연해의 생산성은 농경지의 그것보다 3배를 넘는다는 것이다."(최영준 외 2인, 「천수만 지역의 어업 환경과 어촌-간척과 그 영향을 중심으로」, 『성곡논총』 제27집 2호, 1996년, 924쪽) 갯벌의 생산성은 이 같은 식용 해산물의 수확에만 그치지 않는다. 그것은 수서생물의 무진장한 영양 공급원이고 연안 수질을 정화해주는 거대한 자연 필터다. 폭풍이나 해일이 올 때는 천연 방파제와 방조제 역할을 하며 침식된 흙의 퇴적으로 토양의 바다 유입을 막아준다.

그러므로 간석지 매립은 간석지의 헤아릴 수 없이 큰 생명 가치를 일거에 부인한다. 그럼에도 현대건설은 개발로 사라져 가는 농지를 보전하고 확장해야 한다는 당시의 사회적 대의명분과 풍조에 편승하여 매립 허가를 1979년 당국으로부터 쉽게 따냈다. 그리고 1981년부터 95년까지 15년 간에 걸쳐 6,470억 원의 사업비로 적돌만과 천수만지역의 약 1만 5천 409헥타르(4,620여만 평)의 갯벌을 막아 4,174헥타르(1천 250만 평)에 총 20억 867톤의 물을 저수할 수 있는 두 개의 담수호와 1만 1천 39헥타르(3천 311만 평)의 농경지를 조성했다. 이른바 서산 A, B지구의 간척인 것이다.

이로 인해 아예 사라진 어장 면적과 피해를 많이 입은 주변 생태계에 끼친 오염, 파괴 등의 막대한 손실에 관한 정확한 통계는 내가 아직까지 찾아내지 못했다. 그러나 간척으로 생계에 타격을 입은 총 세대수는 1만여 호이고 간척 지구 인근에서 살다 생의 터전을 뺏긴 어민만도 5,700여 가구라고 한다. 물론 주민만 타격을 입은 것은 아니다. 주민들은 천수만 매립으로 생의 터전을 잃고 몇 푼의 보상이라도 받아 새로운 삶의 터전으로 옮겨갈 수 있었다. 그러나 사람보다 몇 천만 배로 많은 갯 생명들은 생의 터전과 함께 자기 생명 자체를 매립 당했다. 생명과 생태계의 관점에서는 도저히 수지 안 맞고 이해할 수도 없는 인간의 폭력 행위다. 경상도 속담으로 '밥 팔아 똥 사먹는' 이 짓을 왜 기업과 국가들은 악착스럽게 되풀이 강행하고 있을까?

2009년 10월

갯벌간척과 해외식량기지는 현대판 울타리치기

갯벌과 바다는 공유 수면으로 개인이 소유하지 못한다. 그래서 이런 자원은 그 물 속에서 생선을 잡거나 갯벌에서 조개, 낙지, 굴, 바지락들을 잡아먹고 사는 인근 주민들의 사실상 공용과 공유였다. 자고로 힘 있는 자는 약자들이 함께하는 이 공용과 공유를 그냥 두고 보지 못한다. 어쨌든 자신의 사유로 만들지 않고는 못 견딘다. 그러나 아직은 물 위에다 땅 위처럼 말뚝을 박고 경계선을 그어 사유화하는 법은 없는 것 같다. 그래서 그것을 사유화하자면 무슨 법을 새로 만들어 합법적으로 말뚝을 박고 경계를 그어 울타리를 칠 수밖에 없다. 그러나 간척사업은 설사 규모가 작은 것이라도 결코 만만한 일이 아니다. 인력이나 자본이 집중적으로 들어간다. 그래서 그것은 자고로 왕실이나 양반 귀족, 자본가, 국가 등 당대의 힘 있는 지배계급이나 지배기구의 독점 사업이 되었다.

한마디로 간척은 당대 권력이 공유 수면을 독점적으로 사유화하는데 더 없이 좋은 최적의 수단이었다. 서산 천수만의 간척도 그 연안에서 대대로 살아온 원주민들에게는 보상 몇 푼으로 재갈을 물리고 법의 보호 아래 바다를 매립 독점적으로 사유화한 현대건설의 한국판 울타리치기였다. 자본과 이해를 함께하는 당국은 천수만 간척을 허가한 1979년부터 방조제 안에 포함될 지역에서 굴과 바지락 등의 양식을 하던 주민들에게 3년마다 갱신하던 양식장의 어업권 허가를 내주지 않았다. 현대건설로 하여금 그 보상을 축소 또는 회피시키기 위해서였다. 양식장 외의 보상은 간척지와의 거리 등에 의해 가구당 A급 지역은 300만 원 정도, B급 지역은 150~200만 원 정도, C급은 80만 원 정도의 껌값이었다. 한 사람이 갯벌에서 한철 동안에 벌어들일 수 있는 수입도 안 되는 돈을 영구보상금으로 지급했다고 한다.

이렇게 간척지를 독점한 현대건설은 간척 당시 어장을 뺏기고 어업피해를 직접 입은 인근 주민들과의 간척지 분배 약속과 요구를 계속 묵살해 왔다. 그러다가 IMF 이후 모든 기업들이 재정적 어려움을 겪게 되자 현대건설도 2001년부터 분배 약속을 한 연고자와 일반 농민에게 농지를 매각하기 시작했다. 간척 당시 인근 지역에 거주했던 어민 5천 700가구가 우선 분양 대상자였다. 분양 전체 면적은 4천 623만 5천m^2(1천 400만 평)로 가구당 4천 950m^2(1천 500평)이다. 주민들은 원래의 풍요로운 자기 어장을 빼앗기고, 소금에 절은 척박한 농지를 자기 돈 주고 다시 산 꼴이다. 도시인에게도 300평 이하의 텃밭 농지를 소유할 수 있는 내용이 담긴 2003년의 농지법 개정으로 분할 매각했다. 그래서 지금은 간척 농지의 약 70%를 매각하고 국가에 기부 채납한 부지를 제외하면 현대가 그때까지 가지고 있던 농지는 약 600여만 평으로 알려져 있다.

농지 확장 명목 간척은 땅 투기가 목적이었다

그런데 2005년에 현대건설은 노무현 정권의 지방기업도시 개발정책에 편승하여 서산시에 속한 자신의 농지 175만 평에 골프장과 숙박 시설 등의 건설을 내용으로 하는 특구개발(MOU)계획을 서산시에 제출하여, 그 합의를 전격적으로 받아냈다. 그러자 또 현대 건설은 천수만 B지구 중 행정 구역상 태안에 속한 현대건설 소유 농지 442여만 평에도 역시 골프장과 숙박 시설 등을 지어 기업도시(?)화 하겠다는 제안서를 태안군에 내었다. 이 제안을 받은 태안군도 즉시 정부에 기업도시 계획을 신청하여 당국의 허가를 얻어냈다. 힘 있는 자들에 의해 사적으로 독점된 땅은 기회만 있으면 일확천금의 땅 투기를 위해 용도변경 된다. 이처럼 많은 사람들과 지역 공동체와 생태계에 되돌릴 수 없는 고통을 전가하며 농지조성목적의 간척사업으로 현대건설에 독점된 토지는 이 같은 용도변경을 통해 큰 차익을 남기고 매각되었다. 나머지도 기업 보존과 북한시장 선점을 위한 소떼의 목장 등으로 전용되거나 투기를 위한 용도변경의 대상이 되고 있다. 그런데도 최재천은 그 2세가 또 다시 시도하는 식량확보 핑계의 해외 농지 원정개발에까지 대를 이은 선행이라며 아낌없는 찬사를 바친다.

최재천 교수는 정말로 정몽준의 현대중공업이 다가오는 식량위기와 자원 국가주의의 시대에 우리 국민의 미래 식량자원의 안전한 확보를 위해 연해주 땅을 계약했다고 믿고 있을까? 아니면 기업들의 그 속셈을 다 알고는 있지만 1세는 몰라도 2세라도 이른바 기업의 사회적 사명에서 멀어지지 않도록 하기 위한 견제용 덕담으로 그래본 것일까?

돈 목적의 기업도 돈을 더 벌기 위해 번 돈의 일부를 사회에 환원하기도 한다. 그러나 자선사업 목적의 기업은 이미 기업이 아니고 사회사업단체다. 국가도 말로는 국가안보와 함께 국민의 식량안보를 앞세운다. 그래서 기업이나 식량국가주의가 정말로 기아에 시달리는 자국 국민을 위한 정책인 줄 대다수 국민은 이해하고 있는데 그 순진성 위에서 국가주의와 제국주의는 존립·팽창한다. 미국은 건국 초부터 대량의 식량 생산과 수출을 하는 대표적인 농업대국이자 식량국가주의 나라다. 세계를 주름잡는 대 농기업의 대부분의 국적도 미국이다. 그런데도 미국 국민 1천만 명 이상이, 수출하고도 남아 외국에 무상 원조까지 주는 자국의 식량에 접근할 수 없어 굶주리다 못해 영양실조로 죽어가고 있다. 식량국가주의는 자국기업의 식량 독점을 통해 다른 국가를 종속시키기 위한 식민주의이지 자국민 모두를 위한 자급 정책은 결코 아니다.

간척과 해외농업기지로 식량위기 극복 못한다

땅에 농사를 짓는 것보다 기회가 있으면 그것을 전용하여 다른 용도로 쓰거나 되파는 짓이 훨씬 잘 사는 투기 시장자본주의 시대에 우리는 살고 있다. 제한된 토지에 인구는 당분간 계속 늘어날 것이다. 설사 인구 억제 정책으로 미래에도 인구 대비 땅이 남아돌지라도 자본주의는 지금처럼 땅을 농지보다 다른 용도로 전용할 투기상품으로 독점할 것이다. 그것의 독점적 소유와 생산과 유통이 지속되는 한 기아는 지구 위에서 영원히 사라지지 않을 것이다.

서산의 간석지도 농지조성 핑계의 간척으로 독점하고서는 다른 용도로 전용하여 판매했다. 연해주 농장도 정말로 세계시장의 식량값이 폭등하는 식량위기가 닥치면 독점적으로 생산한 그 식량을 세계시장에 제값다 받고 팔면 큰 돈이 될 것이다. 그것을 누가 막을 사람도 법도 없다. 사회주의 국가도 아닌데 한 개인 재벌이 같은 국적을 가졌다고 그가 해외에서 생산한 식량을 당시의 국제시장 가격 이하로 국가가 매입하여 비상시에 대비해 비축해 둘 수는 없을 것이다. 설마 현대중공업이 연해주 땅 계약 때 대한민국 정부에다 그런 계약서를 미리 써 주거나 약속을 했을 리도 만무다. 설사 그런 약속을 했다 해도 그것으로 손해가 난다면 무슨 핑계를 찾아내서 파기하면 그만이다.

기업만 못 믿을 것은 아니고 국가라는 것도 전혀 믿을 것이 못 된다. 2008년부터 마다가스카르에서 대우로지스틱스가 추진해온 초대형 농지개발사업도 무산될 위기라고 앞에서도 말했다. 정변으로 집권한 다른 정치세력이 앞 정권 시절의 농지 임대계약의 무효화를 선언했기 때문이다. 우리나라에서도 김대중 노무현 정권이 남북 간에 한 약속도 이명박으로 정권이 바뀌자 그것을 파기함으로써 남북 갈등과 남남 갈등까지 일으키고 있다. 우리 기업의 해외 식량기지 개발 사업이 이미 진출해 있는 중국과 소련, 미국, 멕시코 등은 과연 믿어도 될 나라인가? 정변 같은 국가 변란이 없다 해도 지금의 식량위기가 식량전쟁으로 번지는 그 날에도 그 계약을 끝까지 존중해 지켜줄 나라가 정말 있을까? 그렇지 않아도 해외 농업기지 개발사업은 이미 안팎의 많은 비판과 도전에 직면하고 있다. 영국의 파이낸셜 타임즈는 한국이 식량 안보를 위해 대우로지스틱스를 앞세워 130만 헥타르의 마다가스카르 땅을 99년간 무료로 임대한 사실을 "탐욕스런 신식민주의"(≪경향신문≫, 2009년 3월 20일)로 매도 공격했다.

주로 신흥공업국이나 오일 달러로 신흥부국을 이룬 나라들에 한해서 이긴 하지만 해외 식량기지 개발은 하나의 세계적 추세를 이루고 있다. 그것도 주로 한 많은 식민지의 땅 아프리카 대륙에 집중되고 있다. 이집트, 수단, 에티오피아, 케냐, 탄자니아, 모잠비크, 잠비아, 앙골라, 카메룬, 콩고민주공화국, 나이지리아, 말리 등 주로 아프리카의 식량 부족 국가들이 그 대상이 되고 있다. 아시아에서도 파키스탄, 라오스, 캄보디아, 필리핀 등 빈국과 식량 부족국들이 땅을 빌려주거나 팔고 있다. 2006년 이후 이런 빈국들이 외국에 땅을 팔거나 장기 임대한 농지는 약 15~20 km^2로 남한 면적 약 10만km^2의 1.5~2배에 달한다. 신흥 공업국으로 해외 농지사냥에 나선 나라는 중국과 한국인데 특히 중국은 광활한 자기 국토를 두고도 콩고민주공화국과의 계약에 이어 잠비아, 모잠비크, 탄자니아, 카메룬 등 여러 나라와 농지 거래 협상을 진행 중이다. 산유국으로 아프리카 등지에 해외 농지 사냥에 남 먼저 나선 나라는 사우디아라비아, 아랍에미리트연합, 쿠웨이트 등이다.

해외 식량기지는 원주민과 지역파괴의 신식민주의이다

요즘의 식량기지 건설 사업은 과거와 다른 점이 많다. 첫째는 민간기업보다 관 주도가 많다. 둘째는 거래되는 농지 규모가 크다. 세 번째, 상업성이 높은 작물보다 필수 식용작물이 중심 작목이 된다. 이런 점들을 들어 요즘 관주도의 해외 식량기지 개발은 미래 식량자원 국가주의의 대안으로 미화, 포장되기 쉽다. 그러나 이런 해외 식량기지 개발사업에는 문제점이 너무 많다. 외국에 식량기지를 제공하는 나라들은 거의 모두 지금 현재도 식량위기를 겪고 있는 빈국들이다. 우선 자국의 식량이 모자라 국민생명 안보가 위협받고 있는데도 외국이 식량생산을 해 가도록 도와주거나 팔짱만 끼고 구경만 해야 하는가 하는 윤리적 문제가 있다. 또 하나는 해외 농업기지 대상 지역이 임차 당사국들의 치외법권 지대가 될 수도 있다는 점이다. 그래서 토지와 수확물의 소유권을 둘러싼 국가 간의 갈등이나 농업 종사자들의 인권문제 등이 복합적으로 발생할 것이다.

자크 디오프(Diouf) 유엔식량농업기구(FAO) 사무총장도 이 점을 우려한다. 특히 최근의 불공정한 식량기지 협상은 "생산국의 식량 안보와 주권을 위협하고 농업 노동자들의 근로조건을 열악하게 할 것"이라며 이를 조장하는 해외 식량기지 개발사업을 "신식민주의"로 비난했다.(「해외 식량기지 건설은 신식민지주의」, ≪경향신문≫, 2008년 8월 21일) 식량국가주의 시대의 식량위기에 대처한다는 명분의 해외 식량기지 개발사업은 자칫 국가 간의 식량전쟁으로 비화되고 새로운 국제 갈등의 불씨가 될 가능성이 너무 많다.

해외 식량기지 개발사업은 주로 현지인과의 마찰을 피한다는 명분으로 황무지나 원시 산림 지역 등지에서 진행된다. 그러나 황무지나 원시림 지역이라 해도 그곳과 연고를 가진 원주민들이 살고 있다. 설사 원주민이 직접 살고 있지 않다 해도 그 땅의 간접적 덕택으로 살고 있는 주민들이 있고 수많은 동식물과 미생물들도 있다. 그 땅이 소재하고 있는 국가가 다른 국가나 기업과 계약으로 개발권과 사용권을 주고받지만, 그 땅은 엄밀히 말해 어느 국가나 개인의 소유도 아니고 그런 계약의 당사자도 아니다. 그곳은 선주해 사는 원주민이나 원주민이 없다 해도 다른 수많은 생명들의 공유다. 더 엄밀히 말하면 땅은 뭇 생명들의 공유라기보다 그 뭇 생명을 잉태하고 길러내는 어머니 생명 그 자체다. 인간의 탐욕스런 개발로 죽어가는 어머니 땅의 생명의 고통을 우리 인간은 느끼지 못하지만 그 대가는 어떤 식으로든 인간이 치르지 않으면 안 된다.

해외 식량기지는 원주민들의 저항을 불러올 것이다

원주민들과 자본 및 국가 간의 직접 충돌은 석유탐사와 대규모 농업 생산기지 등이 이루어지고 있는 여러 곳에서 오래 전부터 지속되고 있다. 페루 북부의 아마존 유역 원주민들은 2009년 4월 외국기업들이 이 지역에 진출해 석유 시추, 채광, 벌목, 대규모 농경 등에 참여할 수 있도록 한 개발법의 철폐를 요구하는 시위를 벌였다. 강경 진압에 나선 정부와의 충돌에서 시위대와 경찰관 등 최소 50명 이상이 숨지면서 지구의 허파로 불리는 아마존 열대우림 지역이 피로 얼룩져 가고 있다고 한다. 페루는 아마존 원시림을 파괴하는 각종 개발 결과 경제 성장률은 남미 최고를 기록하고 있다. 하지만 유감스럽게도 그 성장에 접근할 수 없는 가난한 주민들이 인구의 40%나 된다고 한다. 페루 국민의 절반이 원주민인 계추아족인데 이들 대부분이 개발로 이득을 보기보다 원시림 파괴로 오히려 삶의 터전조차 빼앗기고 도시 빈민가의 나락으로 굴러 떨어져 가고 있다.(「페루 원주민 '아마존 저항' 유혈사태」, ≪경향신문≫, 2009년 6월 8일)

이런 저항이 지금 세계 도처에서 전개되고 있는 대규모 해외 식량기지 개발지역으로 번지지 말란 법은 없다. 석유는 막대한 이권과 채굴, 그 소비로 인한 지구 환경 파괴로 인해 수많은 문제를 일으킨다. 그러나 석유는 없다 해도 불편할 뿐 사람이 사는데 치명적은 아니다. 그러나 식량은 사람이 당장 먹지 않으면 죽는, 석유보다 훨씬 더 절박하고 민감한 민생 관련 문제다. 그래서 중동의 산유국들이 동남아시아 쌀 곡창지대 국가의 농지와 자국의 원유를 맞바꾸자는 제안을 하기도 한다. 그러나 중동의 식량 자급율 20%보다는 높지만 동남아 농업국 역시 식량이 전체적으로는 모자라기 때문에 이것을 수용하기는 어려울 것으로 보인다. 이 같은 민감성 때문에 세계 대자본들과 대국들이 식량 독점에 모두 군침을 돋운다. 그래서 식량 제국주의와 국가주의가 득세하지만, 해외 식량기지 개발과 식량국가주의로는 절대로 세계의 식량위기를 극복할 수 없다. 현대중공업뿐만 아니라 이 나라 대기업 모두가 해외 식량기지 개발에 나서고 대한민국 정부가 아프리카 땅을 송두리째 다 산다고 해도 그것으로 앞으로의 식량위기를 해결할 수 없다.

그런 독점이 가속되는 만큼 아프리카 등지에서 굶주리는 원주민들의 저항도 더 늘어날 것이다. 어느 나라 국민도 선택된 소수 외에 다수의 서민대중이 그 독점에 동등한 일원으로 접근하는 것은 영원히 불가능할 것이다. 지금도 30개국 이상의 빈국들이 식량이 모자라 굶주리다 못해 폭동 직전에 몰려 있는 것은 식량의 절대량이 모자라서가 아니다. 토지와 식량 독점을 통한 낭비와 파괴, 분배 구조의 왜곡 때문이다. 우리가 값싼 중국 농산물을 수입해다 먹는 것보다 쓰레기로 버리는 것이 많은 만큼 어느 땅의 주민들은 그만큼 굶주리고 있다. 세계에서 가장 저질 쓰레기 농산물 원료를 모아 만든 값싼 외주식품을 소비하는 세계의 모든 서민들도 건강과 자급과 자치민주주의를 지키기 위한 전선을 가다듬을 것이다.

식량위기와 세계평화의 대안은 지역자급뿐이다

현재와 미래의 식량위기의 대안은 생각에 생각을 거듭하고, 묻고 또 거듭 물어봐도 기업과 국가의 선심이 아니라 개인적, 지역공동체적 자급뿐이다. 쿠바는 16세기 콜럼버스 침략 이후 최근까지 사탕수수 플랜테이션 농업에 의존하는 식량종속국이었다. 소련 붕괴로 석유와 식량수입이 끊기고 설탕의 교역이 중단되자 지체 없이 지역순환적 유기농과 도시텃밭 정책을 도입했다. 이를 통해 만든 2만 9천 개 이상의 도시농장과 텃밭에서 3백 20만 톤의 식량을 추가로 생산하는 자급주의로 식량위기를 극복했다.

그래서 한때는 이 땅의 유기농 건달들이 쿠바의 도시 유기농 텃밭 관광을 유행시킨 적이 있다. 그러나 앞에서도 말했지만 쿠바는 16세기 콜럼버스 침략 때부터 사탕수수 플랜테이션의 단작 농업지역으로 구조 조정 당한 이후 소련과의 의존적 교류가 중단된 최근에 와서야 순환적인 유기농으로 전환 중인 지역이다. 그런데 최근(70년대)까지 유기농 전통을 이어왔던 이 땅에서 굳이 유기농 텃밭 견학 핑계로 쿠바 관광에 줄줄이 따라 나서는 것은 진정한 유기농 생태주의자의 모습은 아닌 것 같다.

정작 배워야 할 것은 쿠바 지도자들의 농본사상과 인민들의 자급적 농심인데 과문 탓인지 나는 그 많은 이 땅 유기농 건달들의 쿠바 방문기에서 이에 대한 기록을 접한 적은 없었다. 그도 그럴 것이 무슨 사상이나 사람의 마음은 며칠간의 주마간산식의 관광으로 볼 수 있는 것이 아니다. 그러므로 특정국가의 성공 사례나 최재천처럼 대기업에 의한 식량위기 극복이란 환상적 기대보다 먼저 자신의 삶에 대한 반성적 성찰과 특히 우리의 뿌리인 전통 농촌공동체를 각별히 주목할 필요가 있을 것이다. 우리가 국가와 기업에 대한 환상을 접고 우리의 뿌리인 전통 농촌공동체를 주목하고 지원해야 할 이유는 많다. 우리가 값이 좀 비싸도 우리 농산물을 먹을 이유는 애국주의 때문이 아니다. 신자유주의 미명의 다국적 자본독재로부터 우리의 생명 주권을 담보해주고 자급자치 민주주의를 지켜줄 마지막 보루는 자급적인 농촌마을 공동체 밖에 없기 때문이다. 우리도 고유가시대, 더 나아가 석유 없는 시대를 대비해 텃밭과 지역자급주의로 돌아가야 한다.

우리 농산물 값이 부담스런 도시 서민들이라면 쿠바처럼 도시 농업을 통한 자급으로 해결할 수 있다. 집안의 화분에는 꽃 대신 채소를 가꾸고 정원에는 정원수 대신 유실수, 오이, 고추, 호박, 토마토 등을 심자. 이것으로도 모자라면 국가에 빼앗긴 서울광장, 청계광장, 광화문광장의 잔디와 시멘트를 걷어내자. 그래도 모자라면 날마다 넓히고 새로 만들어 가는 자동차도로의 아스팔트를 걷어내자. 밀알 하나를 심어 수많은 생명을 재생산하는 텃밭 농사를 통해 자급과 자치의 공동체로 진화해가야 한다. 우리가 시장식품이 값싸다고 시장이 주는 대로 받아먹다 보면 우리는 시장과 국가의 노예에서 영원히 벗어나지 못할 것이다. 그러나 우리가 텃밭으로 시작해서 자급 범위를 넓히는 만큼 시장과 국가의 예속으로부터 벗어날 수 있을 것이다. 개인적 자급과 함께 지역적, 공동체적 자급률을 높여갈 때만이 우리는 정치라는 타치 대신 스스로 다스리는 자치를 쟁취해 갈 것이다. 개인적 공동체적 자급만이 우리를 진정으로 자유롭게 할 것이고 다른 사람들이나 공동체들과의 평화롭고 아름다운 공생도 담보해줄 것이다.

산과 강물 등 자연은 사람의 일방적 공격이나 간섭만 없다면 절로 되살아난다. 자연만 아니라 사람도 마찬가지다. 누구의 간섭 없이 스스로 자급과 자치로 사는 삶, 자발적으로 사는 삶, 사람뿐만 아니라 자연과 더불어 절로 사는 삶이 가장 값지고 아름답고 인간다운 삶인 것이다.

2009년 10월

'이공계 뇌'가 사람을 살리고 있는가?

≪경향신문≫ 2016년 4월 2일(토요일)의 ≪책과삶≫에 「인문계적 사고보다 이공계사고가 우월(?)… 문송합니다(문과라서 죄송합니다)」라는 제목의 서평이 실렸다. 『이공계의 뇌로 산다』(완웨이강, 강은혜 옮김, 더숲, 2016년)는 책의 서평이다. 서평대로라면 인문계를 폄훼, 왜곡하고 유기농업을 거듭 부정하는 매우 편파적인 책이다.

하긴 현재의 상업주의 유기농에는 문제가 많다. 그것으로 먹고 사는 나 자신도 스스로 비판적이다. 그러나 모든 유기농업이 비료농보다 생산력이 낮다는 잘못된 정보를 금과옥조로 전제한 유기농에 대한 상투적 비난은 들을 때마다 기분이 언짢다. 이 서평이 더 기분을 잡친 것은 서평기자의 줏대 없는 논평이다. "실제로 중국에서는 장쩌민, 후진타오, 시진핑 같은 이공계 출신들이 최고 권력자의 자리를 계속 잡고 있다. 한국도 최근 '알파고' 신드롬의 여파인지 3개 여야 주요정당 모두 이공계 출신을 총선비례대표 후보 1번에 배치했다.(그리고 보니 박근혜대통령도 이공계 출신이다.)" 유기농이 곧 저생산력이라는 상투적인 주장에 대한 의문의 제기 없이 요즘의 이공계 대세론에 아부하는 듯한 논평만 덧붙인 서평이었다.

중국의 정치지도자들이 인문계가 아니고 이공계 출신이기 때문에 죽을 중국인민을 되살리기라도 했다는 말인가? 박정희 이후 전두환, 노태우, 이명박, 박근혜 등 비인문계 출신의 전현직 대통령은 물론 아직은 대통령 지망생에 불과한 안철수 등의 비인문계 출신들이 연출해 온 폭압, 개발, 불통, 지역분할, 비과학적 감성정치를 보고서도 그런 서평이 가능한가?

전에 없던 빈부 양극화 등 수많은 내부 문제의 산적에도 불구하고 최근 중국과 한국이 이공계 출신 지배자들의 정권 기간 동안에 물량 경제의 총량이 확대된 것은 사실이다. 그러나 그것은 등소평 등 개혁·개방주의자들이 자본주의적 시장 개방을 추종한 경제정책 덕택(?)이다. 그 이공계출신 지배자들이 무슨 신기술로 신제품을 만들어 인민에게 공짜로 베풀어준 덕택은 아니지 않은가? 그들의 물량 성장 우선주의인 자본주의 정치의 영향이지 그들의 이공기술 영향은 아니지 않는가? 그리고 총선 때마다 이른바 전문 분야 인사를 비례대표로 내세운 한국정치가 무엇을 조금이라고 바꾼 적이 있는가? 그들의 전문 분야가 과연 공평무사한 공익으로 정강정책에 제대로 반영된 적이 있긴 한가? 마치 그렇게 할 것처럼 국민에게 보여주기식 구색맞춤용이 아닌가?

사실은 이공계의 뇌와 기술과학으로 사람이 사는 게 아니라 기술우선주의 정치와 그 성장주의 경제정책이 이공계를 살리는 것이 아닌가? 그 한 가지 예로 외견상으로는 15세기까지 동방의 제국들에 비하면 문화적, 학문적, 기술적으로도 황량한 변방이었던 서유럽이 16세기 들어 동방을 제치고 세계 제국으로 대체되는 데서 찾을 수 있다. 눈 없는 곳에 문명 없다는 말이 있다. 지하자원 외에 결코 호의적이지 않는 황량한 서유럽

환경에서 사람이 살아남을 길은 지하자원을 소재로 한 장사가 아니면 남의 것을 뺏는 침략이다. 그럴려면 남이 안 가진 이기(利器)를 가져야 한다. 일찍부터 도시 중심의 수공업 등의 교역으로 자본주의의 맹아를 싹틔워 온 서유럽이 이를 밑천으로 과학기술에 한발 앞서 투자하고 이를 무기로 침략주의, 식민주의가 된 것이다. 요컨대 이공계의 과학기술이 사람을 살리는 것이 아니라 자본이 돈을 벌자고 과학기술을 먹여 살린 것이다. 그래서 이공계는 자신을 먹여 살리는 그 자본에 충성으로 복무한다.

기업의 기술자 양성소로 전락한 대학들

요즘의 기업은 이공계 대학 출신의 기술자를 선호한다. 그래서 그 기업에 취업이 잘되는 이공계가 인문계 출신보다 물질적으로 잘 산다는 뜻에서 『이공계의 뇌로 산다』고 책이름을 붙였다면 대체로 맞는 말이다. 기업은 자연과 생명들을 대량파괴해서 돈을 버는 곳이니까 그런 기술자가 많이 필요할 것이다. 그렇다면 그 기술자를 필요로 하는 기업 스스로가 자기 돈으로 기술자 양성소를 만들거나 취업 훈련으로 기술자를 양성하는 것이, 다시 말해 수익자 부담원칙이 맞다. 전통적으로 기술자 양성은 기술현장에서 도제교육을 통해 그렇게 스스로 자급했다. 그런데 자본주의체제 이후 그것을 정부가 대신 떠맡기 시작했다. 일찍부터 자본과 결혼한 국가가 마땅히 자본이 스스로 해야 할 일을 자청해서 세금으로 대행하고 있다. 그래도 이전에는 그것을 직업훈련소나 아니면 중고등학교과정에서 해결했었다. 일부 선진국들에서는 그 제도를 지금까지 유지하고 있다. 우리도 한때는 그랬다.

　대학은 기술자 양성소가 아니다. 취업준비소도 아니다. 본래의 대학은 인문주의적 교양과 기초과학을 연마하는 인격수련장이었다. 지금은 모두 없애버린 옛날의 문리대(文理大)와 같이 교양수련이나 순수과학의 연구기관이었다. 지금까지의 우리 대학들은 특히 인문계 대학은 주로 수요자의 주머니 돈에 의존하고 일부만 국가 세금이나 대학재단의 보조로 운영한다. 인문계 교육 수요자 자신도 졸업 뒤의 취업이 상대적으로 어렵다는 현실은 잘 알고 있다. 그런데도 제 돈 내고 스스로 인문계 공부 하겠다는데 대학과 정부가 굳이 기업의 요구에 부응하여 그 인문계를 없애고 대신 국민세금으로 공업기술계를 증원하고 집중적으로 지원하는 대학구조 조정을 자청하고 나섰다.

　2017년도부터 인문과학 2,500명, 자연과학 1,150명, 예체능계 779명, 합계 4,429명의 순수과학과 예체능계 정원을 줄이고 딱 그만큼의 공학기술계열만을 증원하겠다고 한다. 이 구조 조정을 추종하는 대형 대학 9개교에는 년간 150억, 소형 대학 12개교에는 50억씩 2016년부터 2018년까지 3년간 최대 6,000억 원을 지원한다고 한다. 이공계가 대세는 대세인가보다. 하지만 요즘의 취업난이 기초과학과 예체능계 대학 출신의 과잉 탓이기 때문인가? 이 계열 출신들이 취업 못했다고 정부의 공무원이라도 시켜달라는 시위를 한 적이라도 있었는가? 취업을 하든 못하든 본인이 원하는 공부는 스스로 하게 해야지 왜 국민으로부터 위탁받은 권력이 국민의 의견은 묻지도 않고 국민의 돈으로 기업의 이익만 알아서 챙겨주는가?

파장(罷場)를 재촉하는 기술시장주의

완웨이강의 말처럼 대체로 이공계는 수치 계산이 가능한 목전의 이해 득실을 우선시한다. 그래서 보수적이고 체제순응적일 수밖에 없다. 이런 이공계보다 본질적으로 체제비판적이고, 미적, 보편적, 도덕적 동기에 따라 행동하는 예체능계와 순수과학계의 양산이 두려워서인가? 이공계의 뇌가 자본종속적 체제순응적인 기술과학을 의미한다면 나는 그게 사람을 살리는 게 아니라 그 반대로 모든 생명을 죽음으로 몰아가는 주범으로 알고 있다. 토목기계 기술은 이명박의 '4대강 살리기'로 실증했듯이 온 산천과 강·바다를 계속 파괴한다. 화학 기술은 산업쓰레기와 농약, 미세먼지 등으로 땅과 물·공기를 오염시켜 죽인다. 그 쓰레기 폐기와 폐로 뒤에도 방사능물질 폐기만은 영원히 불가능한 핵무기와 핵발전소를 만든 물리학 기술은 인류의 미래에 어두운 그림자를 드리우고 있는 죽음의 기술이다. '공용을 사적으로 자원화'하여 제한된 부존자원을 탕진하고 그 결과 기후위기로 생태계를 전면적으로 붕괴시키는 주범도 이공계 기술이다.

이공계의 뇌로 인한 죽음의 기술행진이 이 정도에서 멈춘다면 그래도 일말의 희망이라도 남길 수 있겠다. 실존적 인간 삶을 부정하는 절망적 기술은 인공지능(AI) 기술이다. 2016년 3월 9일 한국의 바둑고수 이세돌과 인공지능 '알파고'의 바둑대결을 전후해 인공지능을 둘러싼 설왕설래들이 지금도 계속 중이다. 내가 보는 신문도 그 무렵부터 한 달 이상 거의 매일 그 인공지능 기사를 빠트리지 않았다. 사람마다 하는 이야기는 조금씩 달랐지만 대체적으로 그로 인한 기대와 희망보다 두려운 그림자를 드리우는 글들이었다. 그러나 인문학이 근거 없는 주장만 내세운다는 비난이 두려워서는 아니겠지만, 그 많은 기사들 중에 인공지능 기술의 본질을 한마디로 속시원하게 지적해 주는 글은 없었다. 자본에 철저히 종속된 인공지능 기술이 설마 인간의 고된 노동을 해방하는 지점에서 발걸음을 멈출 리 있겠는가? 돈만 된다면 인간의 모든 영역을, 아니 인간 자체를 대체시킬 것이다. 인문주의적 통제를 벗어난 거대자본과 그 국가에 의해 질주하는 기술공학의 종착지는 지금까지 기술행태가 보여준 그대로 죽임의 행진일 수밖에 없을 것이다.

현재까지의 경험에 의하면 자본주의 시장만큼 빠른 물량 확대와 기술개발의 지름길은 없다. 그러나 제 아무리 네안데르탈인과 매머드의 복제를 공언하며 자신들의 영생을 위해 입신(入神)의 경지로 질주하는 자본의 첨단기술도 절대 할 수 없는 게 하나 있다. 하나뿐인 지구의 복제다. 그러고 보면 자본주의 기술시장만큼 빠른 패망의 지름길도 없을 것이다. 때 이르게 글로벌화된 성시(盛市)야말로 그만큼 글로벌한 파장(罷場)를 동반하는 것이 시장의 법칙이니까.

키메라의 천국으로 가는 기술만능주의

『사피엔스』(유발 하라리, 조현욱 옮김, 김영사, 2016년)의 저자도 이 책 한국어 번역판 서문에 "유전공학, 인공지능, 그리고 나노기술을 이용해 천국을 건설할 수도 있고 지옥을 만들 수도 있다. 현명한 선택을 한다면 그 혜택은 무한할 것이지만, 어리석은 선택을 한다면 인류의 멸종이라는 비용을 치르게 될 수 있다"고 했다. 하지만 이 선택도 자본이 하는데 과연 현명한 선택으로 기술천국이 가능할까? 그에 의하면 자본과 국가 이전에 지구상의 모든 인류가 당면한 필요로 스스로 선택하여 시작한 농업혁명조차 결과적으로 사기라고 했다. 하물며 극소수 자본가들에 의해 진행 중인 산업과 과학혁명의 기술 선택이 천국을 만들 수 있을까? 천국은커녕 지금까지 모든 생명을 멸종으로 몰아가고 있는 게 다름 아닌 과학기술이 아니었던가?

젊은 시절에 나는 소 쟁기질로도 논밭을 갈아보았다. 서양기자들의 표현으로 사람은 걸어가며 기계로 땅을 간다고 보병트랙터로 부른 경운기도 오래 사용해본 적이 있다. 지금의 나는 그 보병트랙터도 버리고 기계에 타고 땅 가는 기병트랙터를 쓰는 3세대 경운기술의 동시 수혜자다. 그러나 무논에서 소와 씨름하며 뻘투성이가 되던 그 쟁기질 시절보다 경운기와 기병트랙터를 몰면서 내가 더 행복을 느낀 적은 결코 한 번도 없었다. 소를 유지하고 부릴 기력이 다해 그리고 남처럼 효율성을 위해 하는 수 없이 경운기를 썼을 뿐이다. 지금의 트랙터는 걷지도 않고 그것을 타고 땅을 갈기 때문에 늙어서 팔다리와 허리가 심하게 아픈 나도 땅을 갈 수 있게 작업강도는 훨씬 낮추면서 효율은 극대화시켰지만 그 작업환경은 오히려 열악해졌다. 엔진의 고속회전으로 하는 트랙터 땅갈이는 보기와는 달리 불편한 노동이다. 귀청 찢어지는 소음과 온몸에 쥐가 나는 심한 기계 진동과 경유가 타는 역겨운 악취로 소쟁기질과는 질적으로 다른 심리적·육체적 고통을 안겨준다. 나 같은 쇠약한 늙은이는 한나절만 해도 일주일 이상의 몸살을 동반해야 하는 것이 트랙터 경운이다.

다만 소 쟁기질로는 열흘 이상 해야 할 갈이면적을 하루에 다 해치우는 그 노동력 절약 효율이 들판에서 소와 경운기를 차례로 사라지게 했던 것이다. 그래서 그 기계기술에 의한 상대적으로 큰 규모의 농사가 그때보다 우리를 얼마나 더 잘 살리고 있는가? 그때는 부족해도 자급으로 자족했던 시절이었다. 그러나 지금은 그때보다 열 배 이상 많은 면적의 농사를 기계로 짓는데도 그야말로 먹고사는 것 말고는 그 고가의 농기계를 포함한 모든 상품을 시장에서 구입하지 않으면 안 된다. 기술의 '근원적 독점'이 강요하는 상대적 빈곤에 시달려야 한다. 그때보다는 훨씬 많은 소비로 잘 사는 것은 분명(?)한 것 같은데 상대적 가난과 공동체로부터의 박탈감은 더 아프게 느껴지기만 한다. 결과적으로 지금의 농업기술로 얻은 것은 비료·농약·기계에 의한 농지의 대량파괴, 그 기계들의 구입 때문에 농가들이 지고 있는 만성적인 부채, 지속가능한 자급소농두레의 해체밖에 남은 게 없다. 기술천국은 언감생심이고 행복과도 먼 당신이었다.

『사피엔스』에서도 한편에서 기술에 대한 인간의 현명한 선택을 주문하고 있지만, 저자인 하라리 자신도 그 선택을 믿지 않는 쪽으로 책의 방향은 흘러가고 있다. 그에 의하면 지난 40억 년 전 생명체 시작 이후부터 계속된 자연선택(신의 선택)은 7만여 년 전 인간끼리 말로 소통을 시작한 인지혁명 이후 인간의 집단협력에 의한 기술개발로 서서히 균열이 가기 시작했다. 그러나 그동안 인간의 자연에 대한 기술개입은 최근의 첨단기술적인 지적 설계로의 완벽한 대체에 비하면 아무것도 아니다. 지금 인간의 지적 설계 수준은 첫째 생명공학, 둘째 사이보그공학, 셋째 유기물공학 기술 등으로 초고속적으로 진행 중이다. 현대의 거대물신인 자본에 포획된 이 기술은 사실상 인문적 선택과 반성적 정지를 결코 허용하지 않는다. 그래서 자본가는 위와 같은 자신의 기술로 영원히 죽지 않는 신이 되고자 한다. 여기서 도태된 대다수의 호모 사피엔스는 이 지구상에서 머지않아 자취를 감추게 될 것이고 마침내 신들의 천국이 될 것이라는 전망이 『사피엔스』의 결론이다.

최근의 유전자공학 기술은 생쥐의 등에 소의 연골조직 유전자를 조작하여 인간의 귀 모양을 만들었다. 캘리포니아 대학에서는 인간과 돼지의 유전자 조작으로 돼지의 자궁에다 인간에 이식할 췌장을 만드는 연구를 하고 있다고 한다. 이런 식으로 인간이 신처럼 영생하는 천국은 인간의 천국이라기보다 인간도 짐승도 아닌 반인반수의 괴물이 생태계를 지배하는 키메라의 천국이 아닐까?

유기농에 대한 '이공계 뇌'의 오해

위와 같은 기술 불신의 인문서적과는 반대로 기술낙관주의, 기술낭만주의를 펼치는 책이 『이공계의 뇌로 산다』는 책이다. 기분 좋은 일을 일부러 찾아나서도 찾기 어려운 이 나이에 굳이 기분 나쁜 이 책을 돈 주고 사서 기분 더 잡칠 생각은 없었다. 그냥 넘어가자고 했다. 그런데 그 나쁜 기분은 오래 갔다. 그 책에는 신문 서평이 소개한 것 말고 정말 이공계의 뇌로 사람을 살릴 길이 있는지? 그리고 나의 밥줄이자 평생의 고민거리이기도 한 유기농을 부정하는 그 책에 서평이 빠트린 유기농 부정의 타당한 과학적 근거가 있는지? 등의 궁금증도 영 가시지 않았다. 가만히 있는 것은 죽는 것이다. 사는 날까지 살기 위해서도 뭔가 해야 한다. 부당한 일이 있으면 부당하다고 소리라도 질러야 숨이 멎지 않을 것이다.

그래서 결국 직접 읽어보게 됐지만 역시나 그 독후감은 허전감이었다. 무엇엔가 속았다, 돈·시간 등이 아깝다는 본전 생각나는 자기계발서류의 베스트셀러였다. 서평과 다른 특별한 내용도 없었다. 서평의 인용문이 원문을 축약한 인용이라는 것만 확인했다. 그래서 그 책과 저자에 대한 정확한 이해로부터 이야기를 시작하기 위해 문제의 문장들을 원문 그대로 인용하기로 한다.

① "무엇을 취하고 버릴 것인가의 상황에 딱 들어맞는 영어 단어가 있다. 바로 트레이드 오프(trade off)다. 눈앞에 놓인 두 가지를 모두 가질 수 없다면 이것을 희생(off)해서 저것을 얻어(trade)와야 한다. 트레이드 오프는 바로 이공계 사고의 출발점이다. 인문계 사람들은 이처럼 한참 가격흥정을 벌이는 거래에 대해서는 딱히 의견이 없다. 아름답지도 추하지도 않고 찬양하거나 경멸할 가치도 없기 때문이다."(『이공계의 뇌로 산다』, 20쪽)

② "인문계 사람들은 행위의 아름다움을 이용해 다른 사람을 설득하려고 한다. …(중략)… 이렇게 이론적 지식은 뒷전이고 행위 자체만 따지는 태도는 경악스러울 따름이다."(같은 책, 22쪽)

③ "인문계 사람들은 100% 천연이라는 점에서 유기농업은 완벽하다고 여기는 반면 원자력은 두려운 것이라 생각한다. 이는 적절한 비교가 아니지만 그들은 자신의 목소리가 많은 사람들의 감정을 움직여 그들이 말하는 '상식'대로 행동하기를 바란다. 자칭 민심을 대표한다고 해도 실상은 트레이드 오프를 거치지 않는 원시적 민심을 대표할 뿐이다."(같은 책, 24쪽)

④ "근거 없는 주장을 따르는 것보다 과학적으로 증명된 주장을 따르는 것이 낫다. 다음 네 가지 사항은 많은 사람들이 원하는 것이다. (1)순수 천연방식으로 재배하는 유기농업 (2)환경보호 (3)산아제한 폐지 (4)모든 사람에게 풍족한 의식주 제공. 그런데 이 네 가지는 동시에 이룰 수 없고 반드시 한 가지 이상을 포기해야 한다. 예를 들어 유기농 제품에는 농약잔류량이 적지만, 유기농업은 생산량이 낮아서 같은 양의 식량을 생산하는데 비료농업보다 훨씬 많은 물과 토지를 소모한다. (미주14 생략) 결과적으로는 유기농업이 환경을

파괴하게 된다. 낮은 생산량은 치명적인 결함이다. 비료농업시대가 오지 않았다면 인류는 그 많은 인구를 먹여 살리지 못했을 것이다. 이런 상황에서는 사람들이 아무리 유기농업을 부르짖어도 소용없다."(같은 책, 25쪽)

사람이 짓는 유기농사를 100% 천연이고 완벽하다고 주장하는 '인문계 뇌'는 아무도 없다. 어쨌든 인류는 그의 희망대로 유기농 대신 비료농을 선택했다. 그 결과는 그의 주장과 달리 인용문 ④의 (1)과 (2)를 잃었고, 얻은 것은 (3) (4), 그것도 가난한 후진국을 배제하고 중·선진국만의 풍족한 의식주 제공 하나뿐이다. 환경을 더 파괴한다는 유기농을 포기했지만(세계의 유기농 유통시장은 최대인 덴마크가 8% 정도이고 세계적으로는 정확한 통계가 불가능하지만 아마 평균 3%가 안 될 것이다.) 환경파괴는 남북극의 전면적 해빙에까지 다다랐다. 산아제한 정책은 폐지하기를 원하기는커녕 잘 사는 국민일수록 자발적 제한으로 인구를 급감소시켜 저성장 후진국으로의 전락을 우려하는 아우성들이 높다.

비료농으로 식량 해결했는데 산아제한은 왜?

비료농이 정말로 많은 인구를 다 먹여 살릴 수 있다면 마땅히 산아제한도 깨끗이 사라지게 했어야 한다. 그런데 역설적이게도 비료농법을 일찍 도입한 산업선진국일수록, 그 비료농의 의존도가 높아갈수록 산아제한은 국가적 강제에서 개인적 자발로 더 극단화되고 있다.

산아제한을 상대적으로 덜 했던 시대는 전통 농업시대가 아니었던가? 농업시대 말기 세대인 나는 어릴 때 잃은 한 누이까지 포함하면 8남매였다. 그 때는 12남매의 이웃도 있었고 유아 때의 질병으로 절반쯤 아이를 잃은 집도 4~5남매가 오히려 적은 편이었다. 전통 농업시대가 가난과 부실영양의 대명사였던 것은 비료가 없었기 때문인가? 생산력보다 인구의 과잉증가 탓이고, 지배자들의 일방적 수탈 탓이고, 자연재해 탓이 더 컸었다. 요즘의 유례없는 산아제한에도 불구하고 일부 국가에서 한시적으로밖에 누릴 수 없는 풍요라면, 하는 김에 산아제한을 더 극대화시켜 비료농 대신 차라리 수렵채집농으로 되돌아가는 선택이 더 현명한 선택이 아닐까? 인류학자들의 연구는 한결같이 모든 인류가 가장 건강하고 풍족한 음식을 골고루 평등하게 먹은 때가 수렵채집시대뿐이라고 하지 않는가?

어쨌든 유례없는 산아제한시대임에도 불구하고 아직 지구 인구는 늘고 있다. 국지적이고 한시적이지만 이 시대가 유례없이 풍요로운 것도 사실이다. 그렇다고 이게 모두 비료농 덕택인가? 농사는 비료만으로 증산되는 게 아니다. 전통농의 소출은 지력, 강우량, 기후 등 자연적 요인의 의존이 상대적으로 컸다. 그러나 현대농의 증산은 경작, 제초, 수확, 운송, 시장 분배 등에서 인간노동의 한계를 대체한 기계와 제초제 등 인공적 요인이 결정한다. 그렇다면 이 시대의 풍요는 비료 외에 아니 비료조차 그 생산동력이 되고 원료가 되기도 하는 석유(농)덕택이다. 그래서 이 시대의 풍요는 석유매장량만큼 한시적이고 국지적일 수밖에 없다.

그리고 보면 정작 고차원적 '트레이드 오프' 없이 이론보다 행동에 맹목인 사람은 인문계 사고자가 아니라 네 가지 중 일부 산업선진국의 풍요 밖에 다른 세 가지를 잃은 비료농을 선택한 이공계 사고자인 저자 자신이 아닌가? 완웨이강 수준의 취사선택을 안 하는 인문계 사고자는 아무도 없다. 계열을 가릴 것 없이 누구나 다 한다.

유기농의 가치는 보신주의보다 생태적 지속에 있다

⑤ "어떤 사람은 이렇게 말할 수도 있다. '내가 내 돈 주고 유기농식품 사먹겠다는데 상관없지 않나요?' 물론 괜찮다. 하지만 2012년 스탠포드대학교 연구팀이 지난 수십 년 간 200여 개 연구결과를 종합해 『내과학회지』에 발표한 보고서에 따르면 유기농식품이라고 해서 일반식품보다 건강에 유익한 건 아니라고 한다."(같은 책, 25쪽)
⑥ "미국의 데이터는 한 사람이 암에 걸릴 기본적인 확률을 보여준다. 일부 암의 경우 환경 때문에 발병할 수 있지만 원인을 설명할 수 없는 암도 있다. 아무리 건강한 생활을 영위해도 유기농 음식만 먹는다고 해도 환경이 아무리 깨끗하다 해도 각종 방사능을 멀리한다 해도 우리가 암으로 죽을 확률은 약 20%라는 말이다. 과학자들도 이유는 모르지만 사실이 그렇다."(101쪽)

이 사람은 정말 책상이나 실험실에서 하는 자기 전공인 물리학 외는 삶의 현장을 너무 모르는 것 같다. 유기농을 오로지 안전하고 건강한 식품생산업과 그 유통으로만 이해하고 있는 것이다. 스탠포드대학의 유기농 건강 관련 실험결과가 사실인지도 의심스럽지만, 사실이라 해도 유기농이 일반식품보다 건강에 못하다는 실험결과는 아니지 않는가? 진정한 유기농은 건강식품적인 가치만을 위해 하는 것이 아니다. 완웨이강의 보신주의보다 두고두고 이야기해도 끝나지 않을 다음의 가치들 때문에 해야 한다. 그 중 하나가 생태적 또는 생물학적 지속가능성이란 과학적 가치다. 세상에 지속가능성의 가치보다 더 큰 가치는 없다. 지속순환이 없는 지금의 물리화학적·기술적 풍요는 당대로 끝나는, 지속의 죽음으로 얻은 대가일 뿐이다.

원조 유기농은 자급순환적 전통소농이었다

저자 완웨이강은 유기농이 뭔지 제대로 따져 보지도 않고 유기농에 대해 무슨 원한이라도 맺힌 듯이 무조건 거듭 부정적이다.(인용문 ③④⑤⑥) 참신한 내용으로 고정관념을 바로 잡아주는 글쓰기를 한다는 이 책 추천사와는 반대로 너무도 상투적이고 고정관념적인 현실합리화와 자기계발서식 글쓰기를 하고 있다. 그중 가장 돋보이는 것이 스스로 강조하고 있는 객관적, 통계적 근거 없이 유기농은 비료농보다 생산성이 낮다는 시중의 선입견과 상투성을 그대로 추종하는 것이다. 외부에서 생산된 유기, 무기물의 투입을 일절 하지 않고 제 땅에서 나온 농업부산물만의 순환으로 짓던 전통농(요즘말로 무투입농으로 부르나 그 땅에서 나온 농업부산물의 일부 또는 전부를 다시 돌려준다는 뜻에서 '순환재생농'이 비교적 정확한 용어일 것 같다)이 요즘 농사(관행농과 요즘 유기농)보다 생산량이 적은 것은 사실이다. 하지만 요즘의 상업유기농은 결코 비료농보다 생산성이 낮지 않고 하기에 따라서는 높을 수도 있다. 이 사실을 설명하기 위해 먼저 본래 유기농의 개념과 요즘 유기농의 현실을 되짚어 볼 필요가 있다.

유기농의 시조 또는 원조를 오스트리아인 사상가이자 실천가이며 인지학의 창시자인 루돌프 슈타이너(1861~1925년)로 알고 있는 사람들이 가끔 있지만 이는 정확하지 않다. 슈타이너에 의하면 식물은 본래 우주의 건강한 정기인데 근대의 (화학비료와 농약, 기술) 농업이 이를 파괴했다. 그래서 그는 우리의 건강한 미래 삶을 위해서 본래의 우주 질서에 맞추어 짓는 '생명역동농법'을 되살려야 한다는 요지의 강연을 했다고 한다. 하지만 그가 비료, 농약만 안 쓰는 대신 외부에서 인위적으로 만든 유기물을 집중적으로 투입하는 현재와 같은 유기농을 권장한 바는 없는 줄 안다. 그의 우주 질서에 맞는 생명역동농법은 현재의 외부투입에 의존하는 유기농과는 전혀 다른 전통농법과 아마 같은 것이 아닐까? 전통농법은 제 땅에서 나온 유기물과 해와 달의 운행 질서에 따라, 다시 말해 자급유기물과 계절에 따라 맨땅에다 파종하고 수확하는 자급 생명순환농이었다. 그런 의미에서 진정한 유기농의 창시자는 어떤 특정 개인이 아니라 동서양의 수많은 전통농민들이었다.

극소수의 농민이 위와 같은 전통농을 지금도 계속하는 경우가 있긴 하지만, 대부분의 현실유기농은 비닐하우스와 멀칭(땅피복), 농기계 등 석유화학 기술에 의존해 제철이 아닌 때도 파종하고 수확한다. 그리고 자급유기물 대신 외부의 유기물 비료를 대량으로 사다 투입하는 상업유기농을 당연시한다.

유기농이 비료농보다 더 많은 소출을 낸다

최대의 다수확은 많은 퇴비에 적당한 비료의 추가로 가능하다는 사실은 한때 이른바 벼 다수확 왕들이 입증했다. 그러나 퇴비와 비료 중 하나만을 선택하여 작물을 재배했을 경우 비료만 사용한 작물보다는 퇴비만 사용한 작물의 수확량이 훨씬 많다. 이 말은 퇴비만으로 하는 유기농은 지속적 다수확이 가능하지만, 비료만으로는 그것이 불가능하다는 것이다. 물론 유기질비료는 화학비료에 견주어 부피가 크고 그만큼 값도 비싼 고투입이기 때문에 비료 투입과 다른 뜻에서 그 대량 투입에는 한계가 있다. 어쨌거나 다량수확은 비료 없이도 유기질 퇴비만으로 얼마든지 가능하나 유기질 없이 화학비료만으로는 절대 불가능하다. 만일 유기물을 전혀 땅에 넣지 않고 비료만으로 농사를 지을 경우, 몇 년 지나지 않아 땅이 이른바 산성화 또는 사막화되어 생산량이 급감한다. 단기간만 잘라서 볼 때 투입량 대비 생산량의 비교에서 유기농이 비료농보다 고비용, 비효율적인 측면이 없지 않다. 그러나 문제는 비료농이 지속적 재생산이 불가능하다는 데 있다.

그래서 이 땅의 정부가 뭣 모르고 권장한 비료농 정책 결과로 한때 농지의 산성화 현상이 심화·확대된 적이 있었다. 이렇게 되자 같은 정부는 이 산성화된 땅의 교정용으로 생석회와 포항제철 등의 산업폐기물을 규산질 비료라는 이름으로 포장하여 농가에 무료로 배당한 적이 있었다. 내가 농사짓다 직접 경험한 70~80년대 얘기다. 생석회와 규산질이 산성화된 농지를 한시적으로 중성으로 어느 정도 교정시키는 물리화학적 역할을 하는 것은 사실이다. 하지만 이 역시 비료, 농약, 대형기계 등에 의해 화학물리적으로 죽은 땅을 근본적으로 바꾸어 생명의 땅으로 되살릴 수는 없었다. 이것들의 지속 사용은 땅을 딱딱하게 만들어 작물이나 땅속 미생물의 삶에 장애가 된다. 그래서 강제 할당된 규산질 비료를 농토에 넣는 농민들은 거의 없었다. 전답가에 방치해 두었다가 무너진 논밭둑을 쌓거나 논 물꼬막이용으로 쓰는 정도였다. 이를 본 농촌지도소와 면사무소 직원들이 농민들에게 야단치고 전답에 넣을 것을 강요했던 시절도 있었다.

그러나 농민들은 땅의 산성 교정과 다수확의 필수품이 규산질과 생석회와 화학비료가 아니라 퇴비(유기물) 이상의 것이 다시 없다는 사실을 경험으로 너무나 잘 알고 있다. 그래서 관행농을 하는 요즘 농민들도 혹시 벼논에는 비료만 넣었다 하더라도 벼 전기작인 감자나 후기작으로 하는 마늘, 양파, 양배추 등의 다비성 채소농사에는 발목이 푹신하게 빠질 만큼 퇴비를 많이 넣는다. 비료는 그야말로 보조적으로, 양념 정도로 넣는다. 감자, 마늘, 양파, 양배추 등 전·후기작의 넉넉한 유기물 덕택에 그 전·후기작인 벼가 비료만 해도 가능하다. 그렇지 않다면 금방 산성화 소동으로 폐농하고 만다. 특히 채소 작물의 수확량은 비료량이 아니라 퇴비량의 투입과 거의 정확히 비례한다. 채소뿐만 아니라 한때 정부가 주도했던 벼 다수확왕 뽑기 또한 꼼수나 속임수가 아니라면 땅이 가진 본래의 지력(그 역시 퇴비 투입량에 따라 결정)과 당년에 거기에 넣는 양질의 퇴비량에 따라 결정된다. 결코 비료 투입량으로 결정되는 것이 아니었다.

상업유기농에는 문제가 많다

전통농이 제 땅 산출의 유기물만의 일부 또는 전부를 제 땅에 순환시킴으로 그 생산량을 제한시켰던 것과는 달리 오늘날의 관행유기농은 얼마든지 다수확이 가능하다. 하지만 이 다수확 비결은 남의 땅이나 자기의 다른 땅에서 나온 상업적 유기물의 독점적 투입의 결과다. 그러므로 제 땅의 유기물의 순환만으로 짓는 전통농이 아니라 외부에서 대량생산한 퇴비를 제 땅에다 사다 넣는 요즘 유기농의 생산량이 낮다는 생각은 농사를 모르는 탁상물림의 상투적 오해다. 걱정해야 할 것은 이런 상업유기농 또한 비료농처럼 자원독점으로 지속이 불가능한 한시적 생산이라는 사실이다.

이같은 유기농에 대한 오해들과 그 개념의 혼란에서 벗어나기 위해 나는 다음과 같이 그 용어를 구별해서 사용했다. 비료, 농약은 물론 안 넣고 제 땅의 유기물만 투입하는 지속가능한 농사를 나는 전통농 또는 진정한 유기농으로, 비료, 농약은 쓰지 않지만 남의 땅 유기물퇴비를 돈 주고 사다 넣는 농법을 상업유기농 또는 관행유기농이라 부른다. 그리고 비료, 농약에 주로 의존하되 그 지속 생산을 위해 퇴비를 보조적으로 함께 쓰는 농법을 비료농 또는 관행농으로 부르고 있다.

거듭 말하지만 순수한 비료(화학)농은 일시적(한두 해) 증산은 가능해도 농작물 외의 다른 생명과의 공존을 거부하는 배타성과 함께 생산의 지속불가능이라는 한계가 명백하다. 물론 요즘의 유기농도 문제는 많다. 그러나 유기농 문제는 완웨이강의 생각처럼 그 저생산성 때문에 더 많은 땅과 물의 사용으로 환경을 파괴하는 문제가 아니다. 오늘의 상업적 유기농 문제는 제 땅에서 생산해서 제 땅으로 마땅히 되돌려줘야 할 유기물을 특정한 땅에 독점적으로 고투입하는 데 있다. 바로 그래서 상업적 유기농 역시 보편성도 지속공생성도 없다. 그래서 제 땅의 유기물만 제 땅에 돌려줄 수밖에 없었던 전통유기농이 유일한 대안이다. 물론 전통적 유기농도 인간이 전혀 개입하지 않는 자연상태보다는 환경을 파괴하는 게 맞다.

그러나 인간이 불을 사용한 이후 말 그대로의 원시림은 이 지구상에 존재하지 않는다고 한다. 수렵과 채집에 유리하도록 불을 질러 초원을 만들거나 특정 유실수목을 선택하거나 배제하는 인공이 되풀이되었다고 한다. 그러므로 자연상태인 숲속의 대지를 토지로 이용하기 위한 산림개간은 원형의 자연을 일시적으로는 파괴하되 자연방임 상태보다 몇 백배로 사람과 동물에 유익한 식물(유기물)을 재생산한다. 요즘 화석연료 대체에 따라 우거진 우리의 산림녹화(?) 덕택에 개체수를 늘인 산짐승들(특히 산돼지와 고라니들)이 자연상태에서는 먹을 게 모자라 인간이 지은 산간농작물을 엉망으로 짓밟고 있는 것도 그 증거 중 하나다. 일본에서는 일본원숭이들에 의한 농작물 피해가 매우 심각하다고 한다. 지금처럼 이공계 뇌에 의한 화학물질과 생명공학, 기계물리학을 동원하지 않고 인간의 육체적·물리력에 의존했던 전통농은 환경을 파괴한다기보다 사람과 동물의 생존에 유리하게 환경을 변화시키는 정도였다. 그래서 그 복원도 쉬웠고, 지속이 가능했다.

얻은 것보다 잃은 것이 더 많은 비료농

전통유기농의 상대적으로 낮은 생산성으로 지금과 같은 많은 인구를 먹여 살리자면 완웨이강의 우려대로 토지를 농지로 전용하는 면적을 늘리고 따라서 물사용량을 정말로 더 늘려야 할까? 그러나 지금 진행 중인 열대우림 파괴의 대부분은 식량작물 재배를 위해서가 아니다. 커피, 설탕 등 기호작물과 산업축산업과 그 사료작물 재배와 석유 대신 바이오연료 생산 등의 세계상품 생산 때문이라고 한다. 설사 전통농 때문이라 해도 그것은 비료·농약의 화학농처럼 땅과 물과 그 속의 수많은 생명 모두를 결코 죽이지는 않는다. 그런데 이 책의 저자는 비료·농약의 화학 농법이 전통유기농보다 알곡 생산량을 증산시키는 것만 알고 있지 생태계 파괴는 모르는 것 같다. 그것이 일시적 증산이고 땅과 물을 죽여 작물의 지속 생산과 다른 생명과의 공생을 불가능하게 하는 치명적 폭력이 따르는 엄청난 뺄셈농법임은 모르는 것 같다.

물론 비료농의 알곡 증산 효과는 무시할 수 없고 비록 한시적이겠지만 기아해결에 기여한 공적 또한 과소평가할 수 없다. 내 경험에 의하면 논 한 마지기(200평)당 약 벼 두 섬(240kg, 400근 정도) 내외 소출을 주었던 농업부산물만 투입한 전통농에 비해 비료 추가농은 30%에서 최대70%까지 소출을 더 주었다. 물론 작물의 증·감산은 앞에서도 말했지만 퇴비나 비료 혼자서 좌우하는 게 아니라 강우량, 지력·유기질(퇴비)량·기후, 노동력 등 수많은 요인들의 종합으로 결정된다. 어쨌든 평균 50% 정도 알곡을 증산(trade)한 비료농으로 잃어버린(off) 생명 가치는 얼마나 될까?

비료와 농약이 없던 전통시대는 여름철 비가 와서 물이 쾅쾅 쏟아지는 벼논의 물꼬에 대쪽으로 엮은 민물고기잡이용 '댓살'을 대어 두면 붕어와 잉어새끼 등이 지천으로 갇혀 펄떡펄떡 뛰었다. 요즘 같으면 그런 치어를 잡는 게 불법이겠지만, 화학약품이나 저인망 그물로 싹쓸이하지 않던 전통농시절에는 무논, 둠벙, 개울, 강 등의 민물에는 민물고기가 너무 지천이라서 그런 법 자체가 불필요했던 것이다. 비가 좀 많이 온 뒤에는 원래 논에서 살던 물고기뿐 아니라 하늘에서 내린 새물 냄새를 타고 개울과 강에서 떼거리로 논에 올라온 민물 중어들이 감당 못할 만큼 살에 걸렸다. 그래서 멸치처럼 숯불에 쪄서 햇볕에 말려놓고는 두고두고 다시 양념하여 쪄 먹었다.

가을이면 벼수확 때를 대비해 미리 설치한 배수구 물꼬에다 대살통발을 저녁 먹고 산책 삼아 대어두었다. 역시 산책 삼아 이른 아침에 나가 거두어들이면 통통하게 살찐 미꾸라지들이 매일 한 통발 묵직이 잡혔다. 그래서 지금은 돈 준다고 해도 살 수 없는 그 진짜 추어탕이 질릴 정도였다. 양식하는 지금과 달리 가을에 많이 잡히고 가을에 제 맛이라고 추어였다. 이 뿐만 아니다. 전통유기농 논에는 논고동(논우렁)들이 봄에서 여름, 가을까지 온천지 논바닥을 기어다닌다. 한가을 벼수확을 앞두고 배수구로 물을 빼 논바닥을 말리면 이 논고동들은 잡초 등의 제거 때에 사람들이 남긴 발자국물에 소복이 모여들었다. 그 물도 마저 잦아들면 논고동들은 그 자리에서 구멍을 내고 집단으로 겨울동면을 위해 땅속에 기어 들어간다. 그 구멍에 손가락을 넣어 잡아 올릴 수도 있지만 오래 잡으면 당연히 손가락이 아프다. 그래서 숟가락이나 작은 칼 등으로 찔러 달가닥 소리와 느낌으로 잡는 재미도 그 맛 못지않다. 이 논고동은 가을 추수가 끝난 뒤에는 추어탕에 이어 우리의 가을식탁을 한층 더 풍요롭고 풍미롭게 했다.

전통유기농의 수지계산서

그 시절엔 도시인들을 제외한 농민들이 시장에서 바다 물고기를 사먹을 이유는 단지 그 맛다름 때문이었지 물량 때문은 아니었다. 평균 알곡 50%만을 증산시키는 대신 지속 생산은 불가능한 비료농들이 앗아간 이런 유기농의 자급자족적인 수많은 생명 가치들을 과연 몇 %의 이공계 수치로 나타낼 수 있을까?

물론 비료농으로 증산한 알곡을 내다 팔아 그 돈으로 민물고기 대신 시장에서 수입사료의 육류나 양식한 바다고기를 사 먹으면 전통농 시절의 논과 둠벙, 개울, 강 등에서 잡았던 민물고기량보다 더 많은 생선을 구입할 수 있을지 모른다. 다시 말해 전통농에서 얻는 민물고기 부수입보다 비료농에서 증산한 알곡으로 생선을 양식하고 가축을 대량으로 사육한 것을 시장에서 사 먹는 것이 더 효율적, 경제적일 수도 있다.

예컨대 3,300m²(당시의 가구당 평균 경지면적 1,000평, 다섯 마지기 정도)논에서 50% 정도 증산된 쌀이 80kg들이 5가마일 경우 요즘 시세(80kg 가마당 14만 원)로 계산하면 70만 원쯤의 수입이 늘어난다. 이 돈으로 대부분 수입 곡물사료로 양식한 요즘 수산물과 육류를 구입하면 그때 그 시절 논 등에서 자급했던 민물고기보다 질이야 훨씬 떨어지겠지만 더 많은 양을 구입해 먹을 수 있을지 모른다. 이공계적 계산으로는 분명히 비료농이 수지가 맞다.

그러나 이런 이공계적 사고는 그 양식한 생선과 축산물이 바로 생태파괴적인 그래서 지속 불가능한 비료농으로 증산한 알곡량보다 더 많은 양곡 소비로 이루어진다는 인문계적 사고는 결여하고 있다. 개인의 경제적 타산과는 별개로 비료농으로 증산해 봐야 그것 때문에 논밭 등에서 잃어버린 생명 가치(민물고기, 각종 동물, 미생물, 식물 등)는 계산이 불가능하다. 다만 그 대체물을 시장에서 구입하기 위해 양식하는 데만도 그 증산한 알곡 이상을 소비해야 한다. 지구상에는 약 10억 마리의 양, 10억 마리의 돼지, 15억 마리 이상의 소, 250억 마리 이상의 닭이 존재한다. 70억이 넘는 인류의 총무게가 약 3억 톤으로 추산되는데 비해 총 285억 마리의 가축과 총계를 세기 어려운 양식어류의 무게는 7억 톤이 넘을 것으로 추산한다. 그렇다면 이 가축과 양식어류가 먹어치우는 연간 곡물소비량은 비료농으로 50% 내외 증산한 곡물량으로는 어림없고 세계의 전체 곡물소비량의 절반을 훨씬 능가할 것이다. 이런 현상을 전통농민들은 '제 보리주고 제 떡 사먹기'라고 했고 나쁘게 표현하면 '밥 팔아 똥 사먹는 짓'이라고 했다.

환경파괴는 유기농 아닌 공업과 산업농이 한다

그래서 유기농의 저생산성 때문에 그만큼의 농경지 면적을 늘리기 위해 자연환경을 더 파괴할 것이라는 완웨이강의 예상은 빗나가고 있다. 대부분의 많은 원시림의 파괴가 소출이 낮은 유기농 때문이 아니라 그 많은 가축과 양식어의 사료, 자동차 등의 연료를 얻고자 화학농약, 농기계 등으로 짓는 비료농의 농지개간을 위해 이루어지고 있다. 아마존 열대우림의 38%가 공장축산 때문에 파괴된다고 한다. 그리고 커피, 설탕, 차 등의 기호작물 재배로 파괴되고 있다. 2016년 5월 2일 《경향신문》 보도에 따르면 인도네시아 열대우림 파괴는 유기농과 아무 관계가 없다. 초콜릿, 아이스크림, 마가린 등의 식품 제조와 샴푸, 화장품 등의 미용용품 제조, 바이오연료 등으로 광범하게 쓰이는 팜유가 그 주범이다. 그 수요가 날로 폭증하는 이 팜유는 열대 야자나무의 과육에서 얻는다. 이를 위한 농장개발로 열대우림들이 급속도로 파괴되고 있다고 보도했다. 그래서 그 밀림파괴와 함께 인류와 가까운 인척 관계인 인도네시아 오랑우탄의 80% 이상의 서식지가 사라져가고 있다고 한다. 모든 생명 환경파괴의 주범은 이윤과 증식 자체인 자본과 그 충동질에 의한 인간의 끝없는 욕망과 그가 빚어낸 기술이지 인문주의자나 유기농과는 정말 아무 관계가 없다.

이처럼 얻는 것보다 손실이 훨씬 더 많은 비료농은 원시림의 대량파괴에만 그치지 않는다. 그 파괴된 원시림과 그 땅에서 증산된 알곡으로 하는 막대한 축산, 양어의 분뇨 분해로 이산화탄소와 메탄가스까지 천문학적으로 배출하여 지구 기후위기에 큰 몫을 하고 있다고 한다. 확실한 통계수치의 제시가 없다고 이 또한 근거 없는 음모론의 하나로 치부할 것인가? 완웨이강은 인문계 사고는 객관적 근거나 통계 없이 감성적으로만 주장하는 데 비해 이공계 사고는 객관적 근거나 통계에 근거한다고 했다. 그렇다면 유기농을 부정하면서도 석유와 기계화학적 방법의 유기물의 증산으로 인해 발생하는 막대한 메탄가스에 대한 정확한 통계는 왜 아직 안 내는가? 통계의 근거가 없어서 못내는 것이 아니고, 그런 유기물의 독점적 증산으로 막대한 이익을 얻는 자본이 그것을 원하지 않기 때문에, 다시 말해 돈이 되지 않기 때문에 안 내는 것이 아닐까?

비료농으로 증산한 알곡을 축산과 어류양식에 모두 소비한다 해도 그것이 비록 일시적이지만 인간의 건강과 수명의 연장에 기여하는 것은 사실이다. 따라서 비료농이 결과적으로 인구증가에 획기적 공헌을 했다는 완웨이강의 주장은 전부는 아니지만 일정 부분 진실이다. 그러나 설사

정확한 통계는 내기 어렵지만 퇴비 없는 비료농만으로 농사 자체의 지속이 불가능하다는 것을 우리의 경험으로 확인하고 있다. 또 비료농이 민물에서 서식하는 민물고기를 비롯한 민물동물과 작물 외에 논밭에서 자라는 잡초(?)를 전멸시킨 것도 내 당대들이 뜬눈으로 지켜보고 있는 자명의 사실 아닌가? 따라서 비료화학농의 독성이 특정작물 외의 다른 생명들을 전멸시킬 만큼 땅과 물을 오염시켰다는 사실도 자명한 일 아닌가? 논, 개울, 강 등을 오염시킨 죽은 땅의 죽은 물이 아직은 바다 전체의 생명을 죽일 만큼 큰 바다를 모두 오염시킨 것은 아니지만 적어도 연안바다가 오염되었다는 증거들은 오래 전부터 도처에서 나타나고 있지 않나?

공업, 소비사회의 환경 보복이 날로 심화된다

민주적이고 인문적인 사고의 통제 밖에 있는 자본종속적 이공계 사고가 득세하는 만큼 바다의 오염 정도도 더욱 심각해질 것이다. 썩지 않는 비닐류 쓰레기와 폐그물, 비료, 농약, 핵발전의 방사능 피폭물질, 공장폐수만 바다를 오염시키는 것이 아니다. 우리가 매일 사용하는 치약, 세제류, 화장품류 등에 들어 있는 썩지 않는 미세플라스틱의 생활용수가 바다의 죽음을 재촉하고 있다. 우리 남해는 다른 나라 연안바다에 비해 미세플라스틱의 오염밀도가 세계 최고라는 보도도 있다. "2012~2014년 한국해양과학기술원(KIOST)이 실시한 '미세플라스틱에 의한 연안환경 오염연구' 결과를 보면 경남 거제 일대의 미세플라스틱의 오염수준은 세계 평균보다 12배, 진해만은 3배 높은 것으로 조사됐다. 해양수산부 해양쓰레기대응센터는 2015년 한 해에 4만 220개의 플라스틱 쓰레기, 1만 639개의 양식장의 그물부표 등의 스티로폼 쓰레기가 발생했다고 집계했다. 2011년 이후 5년 간 발생한 플라스틱과 스티로폼 해양쓰레기는 약 33만 톤에 달한다."(≪경향신문≫, 2016년 9월 19일)

우리는 거기서 잡아 올린 생선을 통해 우리가 뿌린 비료, 농약, 공장과 생활폐수 등의 독성과 미세플라스틱과 미세먼지 등의 앙갚음을 무차별적으로 되돌려 받게 될 것이다. 설사 독성에 오염된 고기로라도 되돌려 받는 지금까지는 그래도 희망이라도 있다. 자본 외에 색맹인 이공계 사고가 자본의 충동에 따라 이대로 질주하는 한 모든 바닷물 역시 민물처럼 생명을 멸절시키는 죽은 물이 되는 절망의 그날도 결코 멀지 않을 것이다. 이미 "하늘엔 미세먼지 떠 있고 강물과 바다엔 미세플라스틱 넘치고 땅 위엔 GMO와 그 농약 활개치는 아 아! 우리 대한민국, 아 아! 우리 조국"이 되고 말았다. 완웨이강의 나라는 몰라도 이 나라는 이 지경에 이르렀다. 이 모든 게 이공계의 선택 결과가 아닌가?

≪녹색평론≫ 2016년 9~10월호에 실린 글을 보완했다.

핵발전이 민주제도에 가깝다는 이공계 뇌

『이공계 뇌로 산다』 제1부 마지막 장인 「원자력과 민주주의의 공통점」을 읽은 나는 열맥이 풀리는 낭패감을 느꼈다. 이런 이공계 사고자가 이 세상의 주류를 이루는 한 더이상 희망이 없다는 낭패감이다. 방사능 피폭 피해는 단기 측정이 불가능한 영구적 재앙이다. 그래서 후쿠시마 핵발전소 붕괴사고에 따른 방사능 피해는 뒤로 미룬다 해도, 당시에 입은 지진·해일 피해만도 2013년 2월 13일의 일본 경찰청의 발표에 의하면 다음과 같다. 사망자 15,880명, 행불자 2,694명, 재해관련사망자(?) 2,303명, 부상자 6,135명, 건물피해 1,167,938채다.

설사 이게 핵발전소의 붕괴에 따른 방사능 유출과 전혀 무관한 지진해일 피해라 할지라도 이렇게 많은 사람이 죽은 대형 참사를 두고 이 책 저자는 이렇게 태연히 말한다. "2011년 일본대지진으로 인한 방사능유출은 원자력발전소의 앞날을 보여줬다기보다는 사람들의 과학 소양을 시험한 것이라 할 수 있다."(같은 책, 98쪽) 그렇다면 히로시마와 나카사키에 던진 미국의 핵폭탄도 사람들의 핵과학에 대한 소양을 시험하기 위해서였다고 할 수 있겠다. 그것은 핵폭탄이었으니까 이번에는 핵발전 사고의 과학적 소양이 더 필요했다는 말인가? 이게 사람의 인두껍을 쓰고 할 소리인가?

핵발전 공포가 무지의 소산이라는 이공계 뇌

그는 "원자력 발전에 대한 암 발생 등의 공포감은 우리의 원자력발전에 관한 무지에서 나타나는 현상"이라고 한다. 그리고 일본 원전 사고 이후 당국의 유출방사선량, 자연방사선량, 국가 표준방사선량의 수치 제시는 방사능 공포와 반대를 잠재울 수 있는 '좋은 지식'이 아니라고 했다. 그가 말하는 좋은 지식은 이렇다. 원자력 발전소의 원재료는 방사능 순도가 너무 낮고, 원자로의 연쇄반응은 쉽게 안 일어나고, 혹시 통제 불능 상태가 되면 가동이 자동으로 즉각 중단되는 등 안전장치가 많다. 뜨거운 연료는 냉각수로 식힐 수도 있고 가만히 둬도 저절로 식어 연쇄반응으로 폭발하지 않는다. 그래서 한 무리의 미친 과학자들이 인류에게 보복하기 위해 일부러 폭발시켜도 핵발전소는 원자탄처럼 폭발하지 않을 것이라고 한다.(같은 책, 99-100쪽) 하지만 폭발을 하든 안 하든 방사능 순도가 높든 낮든 그로부터 두고두고 영원히 유출되고 있는 방사능 유출수만 해도 처리할 곳은 태평양바다밖에 없어 인근국은 물론 온 세계의 저항을 받고 있는 애물단지라는 것은 지금의 후쿠시마 핵발전기 사고가 현재진행형으로 증명하고 있지 않는가?

그에 의하면 원전사고의 유해성은 방사능 유출에 있는데 방사능에 심하게 피폭된 원전 근로자는 몇 주 내 사망할 수도 있다. 그러나 이로 인한 사망사고는 공공의 이익에 직접 영향을 끼치지 않는다. 직업에 따르는 개인의 산재사고라는 것이다. 원자력 발전소 아닌 어떤 공장에서도 산업재해는 일어나기 마련이고 그래서 핵발전소의 근로자도 죽을 수 있다는 것이다.

방사능 유출이 무서운 것은 암을 일으키기 때문인데, 중요한 것은 방사능에 피폭되지 않아도 암에 걸릴 수 있다는 사실을 그는 거듭 강조한다. 미국 국립암연구소가 17개 지역을 조사한 최신 통계는(방사능 피폭이 없어도) 한 사람이 평생 암에 걸릴 확률은 44.9%이고 암으로 죽을 확률은 21.5%라고 했다. 세계보건기구의 암으로 죽는 비율의 발표는 13%로 낮다. 이는 미국보다 훨씬 많은 후진국들이 암에 걸리기 전 다른 병으로 일찍 죽기때문이란다.

그에 의하면 방사능으로 암에 걸릴 확률은 방사능 20램(Rem)에 피폭될 때마다 1%씩 높아진다. 인체에 유해한 방사능 작용 단위로 매체에 자주 등장하는 시버트로 환산하면 1램은 10밀리시버트, 즉 1만 마이크로시버트가 된다. 일본 후쿠시마와 가장 가까운 3개 현 중 지진 발생 열흘 후 방사선량이 가장 높았던 곳인 이바라키현은 시간당 0.169 마이크로시버트였다. 이 정도의 방사선량으로 한 사람이 암에 걸려 죽을 확률을 1% 높이려면 250,000시버트(25램)÷0.169(마이크로시버트)÷24(시간)÷365(일)=168년을 살아야 한다.

체르노빌과 후쿠시마원전사고의 진실은?

그러나 이 책 저자의 이 계산은 방사능 유출 초기(사고 직후)에 그 유출이 가장 높은 때의 데이터가 없어 그 유출량이 크게 떨어진 열흘 뒤의 수치임을 스스로 인정한다. 그렇다면 이런 수치계산은 과학적 근거를 빌어 핵발전의 안전성을 과장하기 위한 속임수다. 그래서 그는 이 허구적 통계의 첫 번째 보완책으로 히로시마와 나카사키의 원폭 투하 때 10만 명의 생존자가 한 사람 평균 20램의 방사능에 피폭되어 각자 암 발생율을 0.8% 높였다는 통계를 제시한다. 그러나 이 역시 방사능 피폭이 없어도 원인 모를 암으로 죽을 20%인 10만 중 2만 명에 비해 핵폭탄 방사능 피폭으로도 800명밖에 암 발생자가 추가되지 않았다는 점을 부각시키기 위한 통계다.

하지만 후쿠시마 핵발전 사고가 과연 이 정도의 피해로 끝내줄 것인가? 후쿠시마 사고 원전들에서는 2011년 사고 이후 지금까지도 방사능의 유출로 다량의 지하수가 오염되고 있고 앞으로도 계속 유출, 오염될 것이다. 방사능유출과 지하수의 방사능오염을 일단 차단한 뒤에야 붕괴된 핵발전기 등의 방사능 유발 원전 시설들을 콘크리트 돔으로 덮어 씌워 방사능 무덤을 만드는 임시적이고 미봉적인 후속조처라도 취할 수 있다. 그런데 이 방사능 지하수 유출을 언제 어떻게 차단할 수 있을지 기약이 없다고 한다. 그래서 기약 없이 유출되고 있는 오염지하수를 수조에 담아 보관하고 있지만 보관 장소 등이 이미 한계에 도달했다고 한다. 그렇지만 이 방사능 오염수를 피해 없이 버릴 곳은 아무 데도 없다. 주변국들의 강력한 반대에도 불구하고 일본 당국은 결국 바다에 방류할 수밖에 없다고 실토하고 있다. 바다에 버린 이 방사능은 어디로 가겠는가? 해류를 타고 가장 가까운 거리에 있는 우리 바다를 먼저 오염시킬 것이고 그 다음에 온 세계의 바다와 그 속의 먹거리들을 오염시킬 것이며, 결국은 우리의 입속으로 들어가 방사능의 내부피폭을 일으키는 악순환을 거듭할 것이다.

　방사능은 아무리 적은 미량이라도 피폭량 만큼 인체에 손상을 가한다. 그런데도 방사능 당국은 아무런 의학적 근거도 없이 피폭기준치라는 것을 자기들 사정에 따라 임의적 또는 정치적으로 결정한다. 이 제멋대로 정한 기준치 이상으로 너무 많이 오염된 후쿠시마 일부 지역의 일부 흙만 걷어내 시커먼 비닐자루에 담아놓고 방사능 제염이 끝났다는 쇼를 연출한다. 그리고 방사능 피폭을 피해 거주지에서 쫓겨난 방사능 피난민들에게 집으로 복귀하라며 그동안 지급하던 피해지원을 중단했다고 했다. 하지만 방사능 제염 흙 포대 역시 아무 데도 버릴 곳 없는 애물단지로 그 자리에 쌓아둘 수밖에 없다. 그래서 비바람이 칠 때마다 비닐자루는 찢기고 제염토는 빗물에 씻겨 내려 생태계의 오염을 다시 확산시켜 간다.

　방사능의 횡포는 여기서 끝나지 않는다. 제염대상 지역의 70% 이상에 해당하는 숲에 덮힌 산지는 방사능 표토만 걷어 비닐자루에 담아두는 그 눈속임 제염조차 불가능하다. 이곳에 켜켜이 쌓여있는 방사능은 바람이 불고 비가 올 때마다 후쿠시마 밖의 먼 지역 여기저기로 오염을 확산한다. 수도 동경도 예외 없이 오염되어 방사능 피폭으로 발작하는 어린아이와 함께 그곳을 떠나지 않을 수 없는 방사능 난민 엄마의 고발수기가 나오고 있다.

　이처럼 방사능을 유출하는 핵물질은 인간이 건드려서는 안 되는, 어떤 인간기술로도 통제가 도저히 불가능한 괴물이다. 그런데도 일본 아베정권은 방사능을 잘 통제하고 있다고 거짓말을 한다. 이 거짓말로 방사능 피폭, 오염국이란 오명을 세탁하기 위한 이른바 부흥올림픽을 일본에 유치했다. 그런데도 4년마다 열리는 올림픽에 볼모가 된 세계의 수많은 올림픽 기득권자들과 이해관계자들은 이게 거짓말인 줄 알면서도 이에 공모자가 되거나 침묵하며 참가할 수밖에 없다. 한국의 한 여자 빙상선수가 남자감독으로부터 성폭행까지 당하면서도 올림픽선수로 살아야 했듯이. 동경 올림픽을 뉴스나 시사프로그램에서는 방사능 올림픽으로 폭로하는 방송사도 그 올림픽 중계에는 앞장서야 하듯이, 핵발전 신화와 함께 6대주의 화합과 평화 명목의 올림픽이야말로 진작에 해체해야 할 정치화된 이데올로기이고 가공이 심한 신화지만 그럼에도 그것은 벗어날 수 없는 완고한 세계체제가 된 지 오래다. 일본 당국이 세계를 상대로 벌이고 있는 이 희대의 사기극에 적극적으로 공모하거나 동조하고 있는 핵발전 이공계 뇌들이 과연 사람을 살리고 있는가? 자본과 정치로부터 독립적인 스포츠 없듯이 자본과 정치로부터 자유로운 이공계 뇌가 있을 수 있는가? 그럼에도 완웨이강의 궤변은 계속된다.

완웨이강이 두 번째 예로 든 체르노빌 사고는 설계 수준 저하로 3만 명이 45램(원폭보다 훨씬 높은 수준)의 방사능에 피폭되어 암을 추가로 발생시켰다고 한다. 체르노빌의 사고로 인한 전체 암 발생 증가자 수는 2006년 국제원자력기구의 추산으로는 4,000명이다. 그가 세 번째 사례로 든 1979년 미국 스리마일섬의 원전사고로 인한 암 발생 증가 인원은 1명뿐이고 2002년 발표에 따르면 추가 암 발생자는 없다. 재미있는 것은 (?) 이 섬 원전 소재지 토양에는 천연우라늄 함량이 높아 핵발전소 부근의 거주 주민 5만여 명은 핵발전소가 없다 해도 해마다 60명이 천연 방사선 피폭으로 암에 걸려 사망할 확률이 있다는 것이다.

그는 이상의 사례 중 가장 보수적인 계산이라는 전제를 달고 최다 사망자를 낸 체르노빌의 4,000명 사망을 예를 들어 이렇게 계산한다. 전 세계의 440기 내외의 핵발전소에서 10년마다 한 번씩 체르노빌 수준의 대형사고가 발생해 4,000명이 암으로 더 사망한다고 가정한다. 그래봐야 해마다 원전사고로 암에 걸려 죽을 사람은 평균 400명밖에 안 된다고 했다. 그는 체르노빌 사고에 대한 세계보건기구의 4,000명 통계만 사례로 들었지 100만 이상 사망을 발표한 뉴욕 사이언스 아카데미의 사례는 제외했다. 세계보건기구의 발표만 객관적 근거 있는 발표고 뉴욕 사이언스 아카데미는 근거 없는 인문학자의 주장이라서 제외했는가?

알렉세이 야블로코프에 의하면 체르노빌 인근 지역에서 1990년부터 2004년까지 15년 사이 237,000명 가까이 사망자가 증가했다. 체르노빌 사고시 방출된 방사성 핵종 60%는 이들 지역 외부로 확산되었는데 그 결과 1987년부터 2004년까지 17년 동안 유럽, 아프리카, 아시아, 미국까지 전 세계에서 추가로 사망한 사람은 총 80만 명 가까이 된다. 방사능에 심하게 오염된 체르노빌 인근 지역 땅에서 자라는 어린이들은 90% 이상이 만성질환을 앓고 있다고 한다. 유엔방사선영향과학위원회에 따르면 체르노빌 원전사고 이후 그 일대에서 8만 3,000명의 아이가 선천성 기형으로 태어났다. 핵발전 추진파 과학자들은 오염지역의 건강 쇠퇴의 원인을 '심리적 방사성 공포증'이라고 주장한다. 그러나 심리적 공포증을 겪지 않는 들쥐, 제비, 개구리, 소나무 등에서도 비슷한 질병과 돌연변이의 비율 상승이 계속해서 보고되고 있다.(헬렌 캘티콧, 우상규 옮김, 『끝이 없는 위기』, 글항아리, 2016년)

핵발전 사고도 산업재해의 하나라는 이공계 뇌

완웨이강 자신의 주장만 근거가 있고 이 모든 조사보고는 책상에서 쓴 소설인가? 체르노빌 사고 이후 끊이지 않고 수시로 보고되는 이런 사례들을 깨끗이 묵살한 그가 "문제는 우리가 원자력 에너지를 얻기 위해 이 4,000명을 희생할 권리가 있는가"라고 화제를 비튼다. 그런데 이것은 물리학의 문제가 아님이 분명하다며 제1장에서 그렇게 폄훼한 철학자의 다음 물음을 인용한다. "현재 10억 명이 경미한 두통을 가지고 있는데 죄 없는 한 사람을 희생하면 10억 명의 두통이 바로 낫는다고 가정하는 것이다. 당신은 그 죄 없는 사람을 죽일 것인가?"라고 한 질문처럼 철학(인문학)의 문제라고 했다. 그러나 철학자의 답변을 기다리지 않고 완웨이강은 다음의 사례를 들어 "하지만 사실상 우리는 모두 진즉에 죽이는 쪽을 선택했다"고 자답한다.

그 하나는 "교통사고로 죽는 사람이 한 해에 수십만 명인데도 우리는 운전을 하고 차를 탄다. 게다가 자동차 운행을 금지해야 한다고 주장하는 사람도 없다"고 한다. 또 하나의 사례로 "이보다 더 중요한 것은 해마다 수천 명의 광부들이 광산매몰 사고로 숨진다는 사실이다. 게다가 석탄은 오염과 각종 질병을 일으키기도 한다. 그러나 오늘날 석탄은 주로 전기를 만들기 위해 사용되며 현재 가장 많은 비중을 차지하는 화력발전의 원료다. 우리는 다른 생명으로 바꾼 전기를 사용하면서도 아무렇지도 않아 한다."(같은 책, 105쪽) 철저한 계산에 근거하고 확실한 근거 없는 주장은 안 한다는 물리학자도 사례 인용에는 이처럼 누구와 똑같이 아전인수다.

수렵채집시대나 전통 자급농경시대로 되돌아가지 않는 한 자동차의 대안은 없다. 개인 자동차를 없애고 대중교통을 정책적으로 권장할 수는 있다 해도 그 역시 자동차다. 자동차가 탄산가스(CO_2)와 미세먼지 등으로 생태계에 큰 영향을 주는 주범 중의 하나임을 말할 필요도 없다. 그러나 그 문제는 자손만대에 방사능 유출 위험을 떠넘기는 핵발전처럼 치명적, 영구적은 아닌 당대만의 문제다. 자동차가 기후위기의 가속에 큰 원인이긴 하지만, 그러나 그것은 그 운행을 중단하기만 하면 그 후유증으로 생명 멸종에 이르지는 않는다. 석유에너지 고갈 등으로 농경시대로 돌아가지 않으면 안 되는 어느 세대가 자동차를 포기하기만 하면 그 후세대에게까지 치명적인 위험을 전가하는 것이 아니라는 뜻이다. 그러나 핵발전은 지금 당장 중단해도 그 방사능은 영원히 남아 지구 생명을 계속 위협할 것이다.

그는 자동차 사용에 대해 반대자가 아무도 없다고 하지만 그렇지 않다. 초기에는 물론 지금도 대중교통을 이용하고 개인차는 제한해야 한다는 소극적 반대자는 너무 많다. 나도 농촌벽지에서 농사지을 때 그 교통의 불편함을 덜기 위해 소형트럭을 잠시 소유하고 운전한 적이 있었다. 그러나 가벼운 사고 이후 잘못하면 제 명대로 못 살겠다는 공포심과 나 하나라도 개인차는 반대한다는 뜻에서 그 차를 없앴고 운전도 안 했다. 입산수도로 세상과 인연을 끊을 만큼 내 욕망을 거세하지 못해 남의 차를 가끔 얻어 타긴 하지만, 마음도 몸도 마냥 편한 것은 아니다.

산재라기엔 추가비용과 위험이 영구적인 핵발전 사고

이처럼 없으면 현생 인류의 생존 자체가 어려운 운송기구에 비해 발전

문제는 독일 등 일부 국가의 탈핵정책의 사례들이 실증하듯 생태계에 부담이 훨씬 적은 다른 대안 발전들(태양광발전 등)이 얼마든지 있다. 무엇보다 이 책의 저자는 핵발전 사고를 30~40년 동안 핵발전기 운행 중에 이미 일어난 사고에 국한해서 사고 주기를 10년으로 잡고 사고 당시의 피해만으로 문제를 최대한으로 축소하고 있는데 이는 엄청난 진실 왜곡이다. 앞에서 잠시 언급했지만 체르노빌과 후쿠시마 사고는 종결된 사고가 아니라 그 폐로 뒤에도 방사능의 영구성과 함께 계속되는 미래진행형 사고다.

  방사능으로 인한 질병은 금방 나타나지 않고 특히 암은 20년 뒤에 점진적으로 현실화된다. 그래서 정확한 통계가 어렵다. 무엇보다 핵발전은 가동 중에 나오는 저·중·고준위로 분류되는 폐연료봉 등 방사능 쓰레기 문제조차 안전한 해결방법이 아직 없다. 그리고 30~40년 가동 뒤에 수명이 다한 핵발전소 폐로와 그로부터 거의 영구적으로 유출되는 방사능을 효과적으로 차단한 선례도, 가능한 대안기술도 없다. 핵발전 폐기물의 방사능 반감기는 짧게는 며칠인 것도 있지만 긴 것은 몇 십만 년 되는 것도 많다. 그러니까 우리가 '트레이드'한 핵발전은 자동차처럼 당대의 결단 문제로 끝나지 않는다. 지금 우리가 만든 위험과 불안을 자손만대에 떠넘기는 가장 무책임하고 몰염치한 선택이다.

  핵발전은 그 건설비용이 100만kW급 1기당 최소 2~3조가 들고 순수 폐로비용만도 1조 5000억 이상 드는 고비용 독과점 죽임의 기술이다. 가동 중의 폐기물과 폐로 뒤의 방사능 피해와 그 완벽한 차단비용 등 영구관리비까지 계산하면 그에 따르는 총비용은 계산이 불가능할 만큼 천문학적이다. 미국 자연자원방어위원회(NRDC)의 재미 물리학자 강정민 박사는 2016년 7월 5일 워싱턴 특파원 간담회에서 이렇게 주장했다고 한다. 한국원자력연구원의 주도로 한국원자력계가 추진 중인 '핵폐기물 건식 재처리사업'은 핵폐기물의 방사능 독성을 1000분의 1로 낮추고, 고준위폐기물처리장 면적을 100분의 1로 줄일 수 있다는 주장을 하지만 이는 근거가 없고, 오히려 관리위험성만 더 키우는 꼴이라고 했다. 그는 "이 사업에 들어갈 비용이 30년간 최소 20조 원이 될 것이라면서, 내년도 원자력 관련 예산에서부터 4대강 건설에 버금가는 이러한(속임수) 시도를 막아야 한다"고 했다.

자연 하천으로 되돌리기 위한 보 해체를 위해서도 역시 토건자본에게 이익을 독점시켜야 하는 것이 저 끔찍한 4대강사업이다. 그 은폐된 진실을 모르거나 알아도 가만히 있는 한 명분과 가면을 바꾸어 쓰면서 그런 생명파괴 사업은 끝없이 되풀이될 것이다. 참고로 환경에너지 관련 비영리단체인 NRDC는 반핵단체가 아니라 기후변화에 대응하기 위해 당분간 원자력 발전을 지속해야 한다고 보는 친핵(?)단체지만 재처리와 고속로 개발만은 반대한다. 사용 후 핵연료 문제해결은 일정 기간 지상에서 임시 저장하는 동안 500m 이상 깊이의 지하저장고를 준비하여 묻는 방식이 더 안전하고 경제적이라고 주장하는 단체다.(「사람과사람」, ≪경향신문≫, 2016년 7월 7일)

이런 속임수 기술이나 정책에 들어가는 천문학적 비용은 고스란히 자본의 이익으로 독점될 것이다. 대중은 세금수탈만 당하고 취할 것은 아무 것도 없는, 허위정보와 속임수로 위장한 최악의 선택이 핵발전이다. 더 늦기 전에 지금이라도 핵발전을 동결시켜 완벽한 방사능의 차단 방법을 찾아내야 한다. 방치했다가는 이 지구를 돌이킬 수 없는 핵발전 방사능의 무덤으로 만들 것이고, 그로 인한 인류의 무덤이 될 것이다.

핵발전 민주주의는 가짜 민주주의다

탄광사고는 완웨이강의 지적대로 사상자를 많이 내는 대형 산재 사고다. 그런데 핵발전을 반대한다고 그토록 사고와 문제가 많은 석탄이나 석유 의존의 화력발전의 지지자인 것처럼 말하면 안 된다. 핵발전 반대자 치고 재생가능한 태양광이나 풍력발전은 생태적 조건부로 지지할지언정 미세먼지 등 대기오염의 주범인 화석 자원으로 하는 화력발전을 지지하는 사람을 결코 없다. 핵발전 반대자가 오히려 이를 더 반대한다. 대신 지속가능한 재생에너지로 하는 발전이 핵발전 소유자와 지지자들의 정보왜곡과 현재의 기술력 부족으로 설사 핵발전보다 상대적으로 비싼 에너지일지라도 한 사람의 희생도 없는 재생에너지의 선택을 희망한다.

만약 그 재생에너지로 하여 전기 값이 너무 비싸면 에너지 사용을 가능한 줄이거나 포기하자고는 해도 사람의 희생을 전제하는 지금과 같은 파괴적(핵발전과 화력발전) 전기사용을 지지하는 탈핵 인문주의자는 아무도 없다. 따지고 보면 현재의 도시구조는 한시라도 전기가 없다면 바로 지옥행이지만, 전통 농촌에서는 전기 없는 삶도 얼마든지 행복했다. 나는 6년 간의 서울 유학(?)시절을 빼고 40대 초반까지 전기 없는 토담초가에서 살아봤지만, 전기가 편리하다고 느꼈던 때는 전기가 들어온 직후 한순간뿐이었고 전기 때문에 행복하다고 느낀 적은 없다. 그 전기제품들을 사고 고치고 쓰느라고 더 바쁘고 피곤하다. 경쟁적인 제품 개발로 쓰지도 않고 버려야 하는 그 전기제품 구매에 따른 낭비적 불평등이 오히려 불행하게 느껴지기도 한다.

　핵발전 문제는 탄광사고처럼 그 종사자들의 산재사고에만 그치지 않는다. 자기가 사는 인근 지역에 자기 의사와 무관하게 핵발전소가 건설되었는데도 이를 저지 못하고 진작 이사를 가지 못한 죄로, 또는 그곳에 볼일로 지나거나 방문했다는 이유로, 아니 핵발전소 건설을 막지 않고 이 지구상에 산다는 원죄로 날벼락을 맞아야 하는 그야말로 불의의 사고다. 이렇게 자동차나 화력발전소들의 위험이나 사고와 전혀 다른 핵발전의 조건들과 미래에 닥칠 위험들은 싹 무시하고 단지 사고가 일어난 당시에 죽은 사람들의 숫자만 사례로 핵발전의 상대적 안전성과 경제성을 강조하는 것은 무의미한 말장난이 아니면 사람을 기만하는 궤변이다. 이런 궤변을 근거로 완웨이강은 "이러한 화력발전과 비교했을 때 원자력발전은 민주제도에 가깝다. 좋은 발전방식은 아니지만 가장 나쁘지 않은 발전방식인 것이다."라는 어처구니없는 궤변을 확대재생산한다.

민주주의는 다수결 아닌 만인 합의의 규제적 이념이다

　그러고 보니 핵발전은 이 땅의 현행 민주주의와 유사점이 있는 것 같기는 하다. 다수 이익주의와 다수결주의라는 공동신화를 함께 조작하여 대중을 기만한다는 점에서 공통적이다. 핵발전의 한시적이고 상대적인 경제성과 안전성은 그 기득권자들의 왜곡된 정보와 의도적으로 선택한 사례들로 조작한 신화다. 그런 점에서 동등한 기회 선택이란 장막

아래 사실은 이미 돈이 많고 권력을 가진 기득권자들에게만 더 큰 권력을 집중 세습하는 대의제 선거민주주의와 닮은 점이 있긴 있다. 한 표만 많아도 한 표라도 적은 소수를 제압하는 폭력의 합법화가 단순 다수결 선거민주주의. 핵발전은 다수 전기소비자의 값싼 전기 공급이라는 거짓말로 말 없는 미래세대에게 위험을 전가하고 당대에는 핵발전소 주변과 그 고압선로 주변의 원주민의 행복을 유린한다. 핵발전은 사고가 나면 사고지점에서 정치적으로 정해진 반경 30km 이내의 이른바 고위험 지역의 상대적 소수 주민들을 몰아내는 아니 쫓아내는 다수의 소수에 대한 폭력이라는 점에서 대의민주주의와 공통적이다.

하긴 현행 민주주의는 지배자들이 자신의 지배를 효율화, 정당화하기 위한 상상의 질서, 신화, 이상에 지나지 않는다고 한다. 민란이나 혁명에 자발적으로 나선 그 당시만 빼고 진짜 바닥의 백성이 주인 행세한 역사는 없다. 정당이든 개인이든 기득권이 클수록 몰표가 집중되게 설계된 현행 단순다수대표제 선거민주주의 역시 책에만 있는 주권재민일 뿐, 민중의 풀뿌리 민주주의와는 무관하다. 4년 또는 5년 주기의 선거 기간 동안만 백성을 고객으로 잡고 민란방지용 살풀이굿을 하는 매표시장주의일 뿐이다. 그런 뜻에서 '원자력이 발전이 곧 민주주의'라고 했다면 역시 이공계 뇌다운 발상이다.

하지만 민주주의가 제 아무리 초현실주의라 해도 그런 식의 비유로 막장내고 말면, 인생은 목표 없는 허무주의가 된다. 세상에는 방사선에 오염된 다수결 '원자력 민주주의' 말고도 다양한 민주주의가 있다. 민중신화로서 민주주의는 권력에서 소외되거나 낙오한 다수와 함께 스스로 권력에 불복하는 반권력 자급자치연합주다. 궁극적으로는 한 사람의 희생도 없이 10억의 두통도 동시에 해소하는 방법을 함께 찾아가는 구도의 길, 즉 만인 합의의 규제적 이념이 민주주의이고 진정한 인문사상이다. 그게 안되면 70억 인류가 두통을 함께 나눔으로써 한 사람의 희생도 강요하지 않는 세상이 진정한 인문민주주의 세상이다.

2016년 9월

제3부 재생하는 전통—지키는 것 아닌 살리는 농본문화다

나의 전통주의는 소농두레 농본사상에 있다.

축제와 마을대동굿 삼형제 이야기

축제와 굿

축제는 서양말 페스티벌의 일본식 번역어이다. 축하하는 제사 또는 제사를 축하한다는 뜻인가? 서양의 대표적 축전인 카니발 등은 일상을 전복하는 의례화다. 그런데 이 땅의 축제라고 하면 왠지 그 서막에 관료들이 유교식으로 엄숙히 지내는 제사 모습이 떠오른다. 실제 오늘의 거의 모든 축제가 그렇게 돼 버렸고 전통시대는 읍치성황제가 그랬다. 축제는 이름 그대로 축하 제사이고 다만 우리의 경우 그 규모가 마을 단위 이상의 큰 제사를 뜻하는 것 같다.

이런 축제라는 말 말고 우리 전통 민중의 공동체적 기원의례에 딱 어울리는 순수 우리말은 없을까. 없을 리가 없다. 굿이다. 굿이라고 하면 사람들은 흔히 무당굿을 떠올리고 서양의 기독교가 들어올 때 일방적으로 세뇌시킨 대로 '미신'을 떠올린다. 그러나 순수 우리 민중의 말인 '굿'은 무당굿만을 뜻하는 것이 결코 아니다. 또 무당굿이라고 모두 미신은 아니다. 개인의 이익과 안녕, 성공 등을 비는 이른바 기복신앙을 미신이라 한다면 이는 모든 고급 종교라는 것에도 예외 없이 공통된 현상이다.

제도종교치고 개인 기복을 팔고 사지 않는 종교가 어디 있는가? 그러나 지금과 달리 전통 농촌공동체 시대에는 이른바 고급 종교보다 원시종교(샤먼)라는 무당굿이 더 마을공동체적이었다. 또 알 수 없는 내세를 담보로 현세에 대중을 순응시키는 밖에서 굴러온 고급 종교보다 토착적인 무당굿이 더 현세적이라서 현실적이었다.

우리말 굿이란 무당굿과 같은 제한된 종교 행위가 아니고 많은 사람들이 모여서 마시고, 먹고, 놀고, 떠들고, 일하고, 싸우는 인간의 모든 공동체적 집단행위를 총칭한다. 무당 아닌 마을 사람들이 당산이나 산신에 풍물을 치며 소원을 비는 것을 풍물 당산굿이라고 하고 마을 사람들이 두레로 일을 공동으로 하면 두레굿이라고 한다. 같은 두레가 해도 일은 하지 않고 풍물을 치며 놀면 풍물굿 또는 연회 풍물굿이라고 하는 것이 바로 그 예다. 심지어 패싸움질이나 전쟁을 일으켜도 난리굿이라고 했다. 동학농민전쟁을 민중 자신들은 갑오 난리굿이라고 했던 것이다. 개인 아닌 많은 사람들이 함께 그 공동체적 목적과 기원을 위한 집단행동을 하면 모두 굿이다.

이 같은 전통 마을굿들과 서양의 카니발 축제와 달리 오늘의 한국 축제나 문화제는 지금 우리들이 보고 있는 대로 소수가 기획 주도하고 다수는 구경하는 관객이자 상품을 구매하는 고객이 되게 한다. 다시 말해 굿이 공동체 구성원 모두가 자발적으로 참여하여 공동체 전체의 공익을 기원하는 일상의 전복 행위인데 비해, 소수가 주도하고 다수 대중을 구경꾼으로 동원하는 대중적 카타르시스가 축제(제사)라고 할 수 있다.

그런데도 한국인들은 굿이라고 하면 무당굿과 동일시하는 부정적 인식을 아직도 털어내지 못하고 전통 마을굿이 분명한데도 축제나 문화제로 바꾸어 부르기를 좋아한다. 그래야 서양식으로 개명되고 유식해 보인다고 생각하는 것 같다. 예컨대 밀양의 '백중놀이'는 훈장처럼 앞세우는 이른바 국가무형문화재 제68호 지정명이다. 그런데도 지난 2019년 8월 18일 이 백중놀이 행사굿중의 하나인 '전국줄다리기 시연'을 보러 밀양에 갔더니 가로의 전신주마다 내걸린 홍보깃발에는 전과 달리 '백중놀이' 아닌 '백중축제'로 바뀌어 게양되고 있었다. '백중굿'으로 못 바꿀 바에야 백중놀이로 그냥 두든지 둘 다 그렇게 싫으면 차라리 '백중잔치'로 바꿀 일이지 한국전통놀이로 국가의 문화재지정까지 받은 전통굿에 새삼스럽게 서양식 '축제=Festival'이라니?

민간굿을 통제하는 통치용 읍치성황제-전통축제

민간에서 자생한 굿을 배제하고 관에서 비용을 부담하고 관에서 수입해 정한 신상(神像)인 성황신 등에 고을 수령(현감, 군수, 목사, 관찰사) 등이 직접 제주가 되어 조용히 치르는 관 주도의 유교식의 제사는 굿이라 하지 않고 '읍치성황제'라 한다. 원래 전통마을에서는 마을마다 그 마을의 주산의 산신이나 기타 별신(토템)들을 모시고 마을 대동자치굿을 했다. 그 신의 이름도 단순히 하나의 산신으로 통일된 것이 아니고 마을 이름만큼 각기 다른 별별 이름의 신들이었다. 각 마을들이 마을 단위로 각기 다른 신상을 모시고 각기 다른 날짜에 각 마을 구성원들끼리 결속하는 마을 대동자치굿은 지배 수탈로 먹고 사는 통치자로서는 불편한 장애가 아닐 수 없다.

그래서 고려시대부터 조정에서는 각 마을에서 치르는 마을 대동자치굿 대신 고을 현청 가까이에 새로운 신사를 짓고 중국에서 들여온 마을 수호신인 성황신만을 모시게 했다. 고을 수령이나 호장이 직접 제사하게 하여 고을 주민을 하나의 성황신 아래 단일적으로 결속시키기 위해서였다. 이게 읍치성황제다. 이 외에 국왕이 직접 주도했던 사직제, 원구단기곡제, 적전친경의례 등도 읍치성황제의 일종이다. 이들 관치 의례의 특징은 마을 의례가 다신과 마을대중과의 수평적 소통인 시끄러운 굿인데 비해, 국가가 지정한 유일신 앞에 선택된 제주가 무조건 몸을 꺾어 엎드려 절로 복종하는 수직적 유교의식 제사라는 것이다.

홍수를 이루고 있는 오늘의 대중동원 상업 '축제'는 설사 지역의 민간단체가 주최해도 거의 오늘의 읍치성황축제가 되었다. 관청에서 직접 많은 재정지원을 받고 그 지방 기관장들이나 지역구에서 선출된 정치인이 제주 행세를 하기 때문이다. 홍수 상태인 현대판 읍치성황축제들이 이미 또 하나의 전통이 되고 있는데도 또 다시 옛 읍치성황제를 그대로 복제하려는 시도도 있다.

경남, 창녕의 영산고을에는 4개 마을 이상의 마을연합 대동굿이었던 문호장 단오굿과 관계된 4개의 신당이 있다. 원래는 영축산 상봉에 있던 문호장 산신당을 지금은 영축산 자락으로 옮겨 지은 문호장 본당, 그의 딸사당으로 알려진 영산시장통의 두룸각시왕신당, 본처사당인 영산면 성내의 삼시랑큰각시당, 첩사당으로 알고 있는 영산 죽전의 남산믹이지성굿당 등이다. 지금은 이 4개의 문호장 식구당을 오가는 대규모 마을연합 문호장단오굿은 도저히 불가능해 영축산 자락의 문호장 본당에서 무당굿 시늉만 내고 있다. 그런데 재미있는 것은 영산에 있는 사적보존회라는 소규모 단체가 몇 해 전부터 영축산 자락의 당이 문호장 본당이 아니라 그의 딸 사당으로 알려진 시장통의 두룸각시왕신당이 문호장 본당이라고 주장하고 있다. 그래서 이곳에다 유교식의 제사를 지내고 있었다.

탁기탄(啄己呑)으로 불린 가야 연맹의 소국이 6세기 초반(529년) 신라에 합병된 이후부터 조선시대 말까지 현이었던 영산이다. 그렇다면 조선시대에 고을주도의 성황제를 치르기 위해 틀림없이 마을의 자생 산신당 대신 동헌 가까이에 중국식의 성황 신사를 새로 지었을 것이다. 그것이 두룸각시왕신당이었던가? 사적보존회가 아마 이것을 뒤늦게 알아보고 그것 아니라도 관제축제 홍수시대에 새삼스레 현직 관료도 아닌 민간인들이 조선시대의 읍치성황제를 다시 흉내내고 있다고 한다. 갑오경장(1894년) 때 당국이 스스로 모두 폐지했던 그 읍치성황제가 아닌가? 이때 폐지된 읍치성황제인 영산춘경제를 일제 때(1930년대) 민간의 주도로 영산 문호장단오굿으로 신상과 형식을 달리하면서 되살리고 어렵게나마 지금까지 영축산자락의 문호장당에서 계승해 오고 있지 않는가? 그런데 새삼 문호장 본당 타령인가?

원래 문호장 관련 4개당은 문호장굿 때말고는 모두 각 마을의 본신당이었다. 그래서 자기 마을신당을 문호장 본당이나 산신당 본당이라 믿는 것을 나무랄 수는 없다. 복원도 좋지만 다만 고을 수령이 제사 지냈던 읍치성황당만 본당이고 나머지 마을의 민간신당은 본당이 아니라고 해서 그 당 신봉자들의 자존심에 상처를 주는 배타적 복원이어서는 결코 안 될 것이다. 민중적 정통성 없는 읍치성황제 복원의 시대착오성은 5공 전두환 정권의 '국풍81'의 실패로 확인되었다.

마을대동굿 삼형제

우리가 지금 통칭 축제라고 부르는 의례는 앞에서 본대로 크게 두 가지로 나누어 볼 수 있다. 하나는 주로 관이 주도하는 읍치성황축제류고 다른 하나는 민간이 주도하는 전통의 마을대동굿이다. 민간주도의 마을대동굿도 다시 그 주도자의 역할에 따라 세 가지로 나누어 볼 수 있다. 그 하나는 주로 무당 주도의 마을의례굿이고 다른 하나는 풍물패 주도의 풍물굿이며 또 다른 하나는 두레패 주도의 두레굿이다. 그러나 세 종류의 마을대동굿은 그 주도자의 의례양식에 따른 분류이지 사실은 동일한 마을대동굿 중의 하나일 뿐이다. 마을대동굿 삼형제란, 이 글을 구상한 뒤 마땅한 글 제목을 고르지 못해 헤매고 있을 때 이 세 종류의 마을대동굿에 생각이 미치자 문득 떠오른 말이다.

깊은 생각 없이 떠오른 대로 글 제목을 붙여 놓고 보니 형제 서열이 문제였다. 형제는 태어난 순서대로 형 아우 서열이 정해진다. 누가 정하는 게 아니다. 부모에 효자라고, 나라에 충신이라고, 사회에 쓸모 많은 능력 있는 인간이라고 막내를 맏이로 만들 수는 없다. 그렇다면 전통마을대동굿 삼형제의 서열은 어떻게 정해야 될까? 그 중 17세기경의 수경이앙농의 보편화가 낳은 두레와 그 두레굿이 막내인 것은 누구나 시비의 여지없이 인정한다. 두레(공동노동)의 기원(起源)도 결코 만만하지 않지만 두레다운 두레는 기원(祈願)보다 17세기에 본격화되는 수경이앙농의 집약적 노동 요구에 따른 농사 협동조직이기 때문이다.

그러나 두레와 달리 둘 다 기원(祈願)을 위한 목적으로 시작된 마을의례굿과 풍물의례굿의 기원(起源)은 여전히 난형난제다. 그렇긴 해도 기원 자체인 사제주도의 마을의례굿이 기원을 위한 수단인 풍물굿보다는 조금이라도 앞섰을 것이라는 추론은 가능하다. 국가가 성립하기 이전의 원시공동체부터 그 공동체 중심인물이었던 사제의 주도로 공동체를 결속했던 것이 마을의례굿이기 때문이다. 풍물 없이 춤이나 노래로써도, 아니 마음만으로도 기원은 가능하니까. 꼭 믿는 것은 아니지만 남겨진 기록도 풍물굿보다는 마을의례굿이『삼국지 위지 동이전』등에 앞선 것으로 기록하고 있다. 그래서 그 서열을 마을의례굿, 풍물굿, 두레굿으로 정하기로 했다. 다음에 이 삼형제의 탄생 배경과 그 개성(특징)을 요약한다.

첫째-마을의례굿

문화와 종합예술로서의 마을대동의례굿의 행사 종목은 실로 다양했다. 마을의례굿의 본굿격인 상당굿, 중당굿, 하당굿은 말할 것도 없고 그 뒤이은 풍물패의 집도리지신굿, 상원(정월대보름) 전후에 하는 두레패의 줄굿, 쇠머리싸움, 차전, 다리밟기, 강강술래 등 대동놀이도 마을대동의례굿 중의 하나이자 그 연장이다. 이뿐만 아니라 정초부터 시작해서 섣달그믐까지 매달 한 번 이상 치르는 세시풍속으로 불리는 모든 의례와 놀이가 넓은 의미에서 마을대동의례굿이었다.

그렇다면 마을대동굿 중에 무당 주도의 마을의례굿의 기원은 언제부터일까? 정확히는 알 수 없지만 고대 원시공동체의 벽사진경의례가 그 출발이 아닐까? 따라서 고대 원시공동체의 잔재를 가장 온전히 간직해서 전승한 것이 이 마을의례굿일 것이다. 당연히 마을의례굿의 형태도 시대에 따라 여러 이름과 모습으로 변해 왔을 것이다. 그러나 무당사제 주도의 마을의례굿은 기록 없는 선사의 원시공동체로부터 시작된 만큼 그 형태와 내용이 어떻게 변천해 왔는지 지금으로서는 알 수 없다. 다만 지금까지 전승되어 우리에게 알려진 무당사제 주도의 마을굿의 공연 목록과 마당 순서는 대충 다음과 같다.

①신을 맞이하는 영신마당 ②신을 즐겁게 하는 오신놀이(예컨대 하회별신굿에서는 하회탈놀이로 놀듯이 각 지역 마을굿에서는 각기 특색 있는 마을놀이가 등장한다) ③유교식 제사 ④신을 보내는 거리굿인 송신마당 등이다.

무당사제 주도의 마을굿에 유교식 제사는 생뚱맞아 보인다. 이는 고려시대부터 도입한 읍치성황제의 강제 시행 이후 관청의 무당굿에 대한 탄압과 퇴출에 따른 마찰의 완화와 타협을 위해 무당의 의례굿이 후대에 추가한 마당으로 보인다. 이 밖에 무당사설에도 무당과 어울리지 않는 유교식 문자와 고사(古史)들이 뜬금없이 등장한다. 그리고 무당이 모시는 주신도 고대 원시공동체의 토템이 아니다.(산신 등으로 마을에 따라 잔재는 있지만) 역사에 등장하는 명사나 유명장수(범일국사, 최영 장군, 김유신 장군, 문호장 등)나 고대 중국의 장수 등을 주로 모신다. 이 또한 정치권력과의 타협의 산물이다. 무당굿의 사설이나 무당굿의 형식과 내용에는 이처럼 얼룩진 민중사의 아픈 파편과 흔적들이 군데군데 박혀 있다.

둘째는 풍물굿

풍물굿은 원시공동체의 기원 의례가 국가의 출현과 함께 국가의례화 되자 이로부터 소외된 민중공동체가 원시공동체의 기원의례를 이어 마을단위로 자신의 직접 기원을 의례화한 마을대동굿 중의 하나라고 했다. 그중에서도 주로 악기(굿물)로 연주하는 음악중심 의례굿 및 놀이가 풍물굿이다. 이 풍물굿의 시작 시점과 역사적 전개 형태도 물론 정확히 알 수 없으나 국가주도의 의례굿 이후에 의례악기가 거듭 생겨나면서 지역이나 마을단위에서 이를 선택적으로 도입하여 다양하게 마을굿화 해갔을 것이다.

지금 현재 전해지고 있는 풍물의례굿의 기본양식은 대충 다음과 같다. ①당오름거리굿 ②상당(산신, 당산신, 서낭신 등)의 영신굿 ③당내림굿 ④중당(샘)굿 ⑤하당(장승, 솟대)굿 ⑥집돌이굿(지신밟기굿) ⑦마당판굿(난장굿) 등이다.

사회학자 신용하는 풍물을 '농악'이란 용어로 고수한다. 그리고「두레공동체와 농악의 사회사」(신용하 편,『공동체이론』, 문학과 지성사, 1987년)에서 "농악이 두레에서 발생했다는 사실이다"라고 주장한다.(같은 책, 241쪽) 두레의 기원을 원시공동체부터 잡는다면 어떤 문화든 그 근원이 원시공동체니까 이 명제는 맞다. 그에 의하면 두레가 삼한시대부터 시작되었다고 했으니까 농악의 유래도 삼한시대부터가 되어야한다. 아마『삼국지』위서 동이전의 마한조의 다음 기사에 의존해 이런 주장을 한 것 같다.

항상 오월 씨뿌릴때가 되면, 귀신에게 제사지내고, 무리지어 노래하고 춤을 춘다. 밤낮없이 쉴 줄 모르고 술을 마신다. 그 춤은 수십 사람이 함께 일어나 따라가면서 땅을 밟는데, 손과 발이 서로 응한다. 마디마디 아뢰는 사람이 있어, 탁무와 비슷함이 있다. 시월 농사가 끝나면 다시 이와 같이 하는데 귀신을 믿는 것이다. 나라(國邑)에서 각각 천신에 제사지내는 주인이 하나 있는데, 이름하여 '천군'이라고 한다. 또한 여러 나라 각읍에는 특별한 읍이 하나 있는데, 이를 '소도'라고 한다. 큰 나무를 세우고, 방울과 북을 메달고, 귀신을 부린다. 여럿이서 그 가운데로 도망하면 이에 돌아오지 못한다.

[원문]
三國志卷三十 魏書三十
烏丸鮮卑東夷傳第三十
東夷: 夫餘·高句麗·東沃沮·相婁·濊·韓·倭.
韓(馬韓)
常以五月下種訖, 祭鬼神, 聚歌舞, 飮酒晝夜無休. 其舞, 數十人俱起相隨, 踏地低, 手足相應, 節奏有似鐸舞. 十月農功畢, 亦復如之, 信鬼神, 國邑各立一人主祭天神, 名之天君. 又諸國各有別邑, 名之爲蘇塗. 立大木, 縣鈴鼓, 事鬼神. 諸亡逃至其中, 皆不還之.(다음카페 '한단인 역사마당'에서 발췌)

이 기사는 자주 인용되고 있지만 제대로 이해되지 못한 채 자의적인 인용이 많다. 전자의 제귀신(祭鬼神)과 신귀신(信鬼神)의 귀신은 마을공동체의 토템(다신)들이고, 후자의 제천신(祭天神)의 천신은 국가건국집단의 유일신이다. 삼국지 동이전이 중국의 역사서라서 귀신과 천신에 제사한다고 한자로 기록했지만, 삼한시대에는 유교식 굴신제사(屈身祭祀)가 들어오기 전이다. 그래서 마을의 토템 신들에게는 마을대중이 음주가무로, 국가신인 소도의 천신에게는 직업제사장인 천군이 방울과 북으로 조용한 제사 아닌 시끌벅적한 굿을 했다.

그러므로 여기에 기록된 두 가지 제(祭)는 마을대동굿과 읍치성황제의 기원은 될 수 있지만 지금처럼 사물(四物)을 기본으로 하는 신용하가 농악이라 부르는 두레풍물굿의 기원이라기에는 거리가 멀다. 여기서의 방울과 북은 마을 토템이나 농작업 때에 사용하는 농악기가 아니다. 소도(蘇塗)의 직업 무당(天君)이 주도하는 천신굿(天神祭)용이다. 그렇다면 이건 농악의 기원(起源)이라기보다 마을의례굿과 읍치성화제가 분리되기 전의 원시종합예술의 시작으로 보는 것이 더 타당한 견해다. 농악이 사물위주 풍물굿의 별칭이나 한 형태라면 그 기원이 마한시대의 방울과 북을 매단 천군의례와 무관한 것은 아닐지라도 거기까지 한꺼번에 올려 잡는 것은 사물의 발전 단계를 무시하는 무리수가 될 것이다. 농악은 원시종합의례의 발전 분화 형태인 마을의례굿이나 풍물굿을 모태로 한 또 하나의 발전 형태로 보는 것이 합리적이다.

굳이 농악이란 용어가 필요한 음악형태가 있다면 그것은 17세기 이앙농과 함께 두레에서 무교, 불교, 국가의례 등의 의례굿과 군물(軍物 군의 악기와 제복과 제모 등)에서 도입하여 두레의 공동농작업 당시부터 발전시킨 풍물의 한 형태일 것이다. 그러므로 당사자들이 굿으로 통칭하는 전통문화 일반의 유개념을 신용하식의 '농악'으로 한자 개념화하면 17세기 두레노동이 본격화된 시기에 발생한 농사협동노동의 장르적 종개념인 농악에 마을대동굿의 유개념을 종속시켜 전통문화의 외연은 물론 내포까지 제한하는 모순에 빠진다.

신용하는 두레농악의 구성을 다음과 같이 열거했다. ①농기 ②영기 ③상쇠 ④부쇠 ⑤삼쇠 ⑥수징 ⑦부징 ⑧상장고 ⑨부장고 ⑩큰북잡이 ⑪상소고 ⑫부소고 ⑬삼소고 ⑭상법고 ⑮부법고 ⑯삼법고 ⑰날라리(호적)잡이 ⑱무동 ⑲포수 ⑳중 ㉑각시 ㉒양반 ㉓창부 ㉔탈광대 등이다. 이와 같은 규모로 하는 풍물연행은 30여 명의 구성원이 필요한데 이는 농악이라기보다 두레의 호미씻이 등 놀이 때의 연희풍물이나 마을의례기원굿 때의 의례 굿물이라 해야 할 것 같다. 두레풍물의 하나인 농악은 그야말로 농사일을 위한 농작업용이기 때문에 잡색은 물론 부, 삼의 농악기는 제외하고 농기와 영기만 앞세운 사물위주의 간소한 구성이었다.

주강현도 『두레』(도서출판 들녘, 2006년)의 「두레 때문에 탄생한 풍물굿」에서 "풍물굿의 비밀이 바로 논두렁에서 자라난 두레에 있기 때문이다. 풍물굿은 기본적으로 들판에서 생성되고 발전되어 오늘에 이르렀으니 놀이이자 춤이고 소리이다"(『두레』, 221쪽)라고 했다. 이름만 '농악'에서 '풍물'로 적은 것만 다를 뿐 신용하의 두레에서의 농악발생론과 같은 주장이다. 하지만 농악이 두레에서 발생했다는 신용하의 주장은 가능할지라도(풍물은 두레의 농작업과 떼려야 뗄 수 없는 관계였고 두레를 통해 크게 발전했기 때문) 풍물이 17세기 이후의 두레나 들판에서 생성되었다는 주강현의 주장은 심한 비약이다. 주강현 자신도 악기로서의 풍물의 기원은 "선사시대의 사슴가죽 북, 삼국시대의 사찰의 징, 고려시대의 청자장구" 등이라고 했듯이 그 기원을 고려시대 이전으로 보고 있는 듯하다.

그렇다고 풍물굿의 기원을 신용하처럼 소도굿으로까지 올려 잡고 있지도 않다. 주강현에 의하면 풍물굿의 기원은 1525년 경주에서 출간된 성현의 『용재총화(慵齋叢話)』의 다음 기록에 의거, 이때(16세기)부터로 잡는다. "섣달 그믐날 밤에 관상감에서는 어린애 수십 명을 모아 궁중에 들여보내 북과 피리를 갖추고, 새벽이 되면 방상씨(方相氏)를 쫓아내던 풍습이 있었고, 이를 민간에서 모방하여 북과 방울(鈬)을 울렸으니 방매귀(方枚鬼)라 불렀다"(『두레』, 223쪽).

그러나 여기서 그는 방매귀가 이 『용재총화』의 기록 시점(1525년)에서 시작되었다는 어떤 증거도 제시하지 않았기 때문에 풍물의 시작은 이 책의 기록 시점인 16세기 이전으로 보아야 한다. 그렇다면 17세기에 시작된 두레의 논두렁과 들판에서 풍물이 발생될 수 없다. 그러므로 풍물의 발생 시기는 특정할 수 없지만 오늘날과 유사한 풍물은 두레를 통해 발전했다고 보는 것이 타당하다.

풍물굿의 기원은 언제부터일까?

인류 최초의 악기는 수렵시대 어느 무렵에 짐승 가죽 등으로 만든 북일 가능성이 가장 크다. 부여(BC 3세기경~AD 494년)의 제천의례를 북소리로 하늘을 맞이하는 '영고(迎鼓)'라 부른 것이 북에 대한 우리의 최초 기록이다. 그 다음에 출현한 악기가 청동기시대의 의례용 방울이다. 앞에서 본 삼국지 위서 마한조의 소도에 매단 방울과 북이 그것이다. 다음에 징, 꽹과리 등의 청동 타악기가 나타나고 이어서 등장한 것이 고동, 호적, 피리, 나팔 등의 관악기와 가야금, 거문고 등의 현악기일 것이다. 위의 타악기, 관악기, 현악기들은 지금과는 다른 형태지만 이미 삼국시대 전후에 서역이나 중국에서 들여와 연주했다는 사실을 기록이나 삼국시대 고분벽화 등의 유적을 통해 알 수 있다.

시대나 역할에 따라 풍물구성이 어떻게 달라졌는지도 정확히는 알 수 없다. 우리가 지금 쓰고 있는 풍물의 종류와 유래 및 용도를 통해 추정이 가능할 뿐이다.

① 북과 소고: 한자기록으로 태고(太鼓)라 부르는 북은 태고 적인 삼한

과 부여 이전부터 의례용으로 만들어졌다.

② 법고(法鼓): 소고와 같이 북의 소형화 변형으로 절에서 승려들의 공양 때 사용했다. 승려들로 구성한 굿중패가 이것을 걸립악기로 쓰는 것을 두레풍물에 전용한 것으로 보인다.

③ 꽹과리: 동고(銅鼓), 쟁(錚), 금고(金鼓), 깽매기, 매구, 쇠 등으로 별칭 된다. 풍물의례를 '매구친다', '쇠친다'로 부를 만큼 풍물을 대표하는 타악기가 되었다. 고려 공민왕 때 명나라로부터 들여와 이씨왕가의 종묘제악과 군악기로 쓰던 것을 풍물, 무악 등에 도입했다.

④ 징: 한자로 동라(銅鑼), 정(鉦), 대금(大金) 등으로 불린다. 진나라 때부터 군악기로 쓰던 것을 삼국시대 사찰의 의례용과 군악기로 도입했고 언제부터인가 두레풍물에 전용했다.

⑤ 장구: 한나라 무제 때 만들어진 것을 삼국시대 말이나 고려 초기에 중국(당·송)으로부터 다른 악기들과 함께 들여온 것으로 추정한다. 한자로 요고(腰鼓), 장고(杖鼓)로 불린다. 당악, 향악, 산조, 풍물, 무악, 잡가, 민요에 이르기까지 리듬악기로 안 쓰이는 곳이 없을 만큼 한국의 대표적 악기로 토착화 되었다.

⑥ 날라리: 당(唐)나라의 사성(史盛)이 만든 것으로 추정, 조선 태조 때 명나라에서 전해 받았다. 태평소(太平簫), 호적(胡笛)으로도 부르며 제례악과 군악에 쓰다가 풍물 등에도 전용한 고음 악기다.

⑦ 나팔(喇叭): 공민왕 때 명나라로부터 군악기로 들여왔다. 잘 쓰지 않는 한자말에다 발음까지 거세 나발로 순화해 발음한다. 풍물이 다른 동네에 들어갈 때 전령 대신 신호용으로 쓰기도 했으나 풍물의 필수품은 아니다. (윤병하 지음, 『한국무악고』, 동학당, 1978년 참조)

이와 같은 악기의 유래와 용도로 미루어 요즘처럼 사물을 갖춘 풍물굿은 고려시대 후기나 늦어도 1525년 『용재총화』 기록 시점 이전으로 추정할 수 있다.

민중구비어는 외면하고 왜 풍물굿과 농악인가?

지금은 많은 사람들이 풍물굿과 농악이라고 부르지만 내가 어릴 때 우리 동네에서는 그 악기명을 매구, 쇠, 깽메기, 기물, 굿물로 부르고 그 행위명을 쇠친다, 꽹매기친다, 굿한다, 굿물친다, 지신밟기한다, 마실굿한다, 동네굿한다 등으로 불렀지 농악 친다고 말하는 사람을 본 적이 없다. 「두레공동체와 농악의 사회사」에서 '농악이 두레에서 발생했다'며 처음부터 끝까지 '농악'을 고수하는 신용하도 "농악은 지방에 따라 풍물, 풍장, 걸궁, 메굿, 매귀, 군물, 상두 등 여러 가지 이름으로 불리었다"라고 했다.

신용하의 「두레공동체와 농악의 사회사」 논문에서 보았던 '농악'이라는 말을 내 고향 창녕의 〈창녕군농악단연합회〉에서도 쓰고 있는 것을 본 뒤 나는 아무래도 이 말에 대한 어색함 또는 거부감 때문에 전통시대에도 이 두레음악의 명칭을 혹시 농악으로 불렀는지 불렀다면 왜 그렇게 불렀는지 그 기록을 찾아보기로 했다. 신용하의 위와 같은 글에는 두레와 그 음악과 관련된 최초의 조선정부 공식기록이라고 하는 영조 14년(1738년)의 『승정원일기』와 『영조실록』을 인용하고 있다. 『승정원일기』 881책 영조 14년 11월 17일 조에는 그 대표 악기명인 쟁고(錚鼓:꽹과리와 북)라고 기록했었지 농악이라고 기록하지 않았다. 『영조실록』 47권 영조 4년 11월 17일 을축 1번째 기사에는 쟁정(錚鉦 꽹과리와 징), 쟁고(錚鼓 꽹과리와 북), 금고(金鼓 쇠 북) 등을 혼용하고 있을 뿐 농악은 쓰지 않았다. 동학농민전쟁이 일어나기 한해 전 1893년 정월과 4~5월에 전라남도 보성군수가 농민들의 수상한 동요에 대비해 네 차례에 걸쳐 관내 면장들에게 내려 보낸 훈령에도 두레와 그 음악을 동시에 지칭하는 '금고(金鼓)'를 금단하라는 말만 보였지 농악이란 말은 찾아볼 수 없었다.

신용하의 같은 글에는 다음과 같은 내용의 글도 인용하고 있다. 을사늑약이 강요된 해인 1905년에 일제의 농림당국은 동경제대 등의 교수와 공동으로 『朝鮮土地農産調査報告(조선토지농산조사보고)』 경기도 충청도 강원도 편을 출간했다. 이 책 425-428쪽에는 우리 농촌의 공동노동인 두레노동굿을 보고 일본학자들이 경탄한 글이 실려 있다며 신용하 교수가 자신의 논문 「두레공동체와 농악의 사회사」를 싣고 편집한 『공동체이론』 220쪽에 이 글의 일부를 번역해서 인용하고 있는데 여기에 '농악'이란 말이 등장한다. 나는 이것이 일제에 의해 전통두레굿과 그 음악을 농악으로 지칭한 최초의 기록인 줄 알고 그렇게 초고를 써 놓았었다. 그런데 아무래도 일제가 일본글로 발행한 원본의 대조 없이 신용하의 번역을 그대로 믿기에 미심쩍어 원본을 구입하려 했으나 그 영인본의 가격이 권당 7~8만원으로 너무 비쌌고 그 부분(425-428쪽) 외에는 필요도 없었다. 그래서 당시 김종명 창녕군농악단연합 회장에게 필요 부문의 복사를 부탁했더니 국회도서관으로부터 복사를 대신 받아 주었다.

원문과 대조했더니 신용하는 일본말 '休息時二奏樂'을 무슨 이유에서 '휴식시에 농악의 연주'로 좋게 말하면 의역이지만 사실은 오역을 했다.

주악(奏樂)이 그냥 '음악의 연주'지 어떻게 '농악의 연주'가 될 수 있는가? 같은 글에 '農者天下之大本' '神農遺業' 등과 農旗(농기)라는 말이 보이고 두레농사일과 함께 연주하는 음악이니 농악일 것이라고 자신이 미리 정해놓은 고정관념이나 이미 다른 책이나 일본 책자에서 익숙해진 농악용어에 따라 그런 오역을 했을까? 굳이 두레음악을 '농악'으로 쓰고 있는 신용하 자신도 앞에서 말한 대로 지방에 따라 풍물, 풍장, 걸궁, 메굿, 매귀, 군물, 상두 등 여러 이름으로 쓰인다고 했다. 그런데도 우리 지방에서 자생한 토착어를 거부하고 한자말 농악을 고집하는 표면적 이유는 무엇일까? 그 명칭들이 지역마다 심지어 마을마다 다르고 심지어 같은 마을에서도 여러 용어를 섞어 쓰기 때문에 통일된 중앙말(표준말)이 필요해서일까? 하지만 다양성은 생명성이고 민주성이다. 그것을 무질서와 혼란으로 보는 것은 지배자의 관점이다. 그러므로 다양한 지역말을 질서의 이름으로 하나로 통일한 표준말은 민중통치 용어의 다른 표현일 뿐이다.

두레도 체계적으로 기록된 자료가 처음부터 있을 수 없는 구비(口碑) 민중사다. 이런 민중유산을 신용하 교수는 현장자료마저 이미 소멸된 시기에 여기저기 산재한 단편적 기록들과 구전들을 모아 나름대로 체계화 한 이 땅 최초의 본격적 두레연구자다. 그는 두레의 농본문화적 가치뿐만 아니라 정치적, 경제적, 변혁적 가치 등을 사회학자답게 다각도에서 조명했다. 두레에 대한 남다른 애정 없이는 불가능한 일이다. 그의 이 애정 어린 두레연구에서 전용으로 쓰고 있는 '농악'이란 용어도 우리가 말하는 농본공동체의 풍물굿이나 굿물 등 농본적 마을종합문화와 유사한 선의의 개념으로 사용한 것임에 틀림없다. 그래서 농악이 두레에서 발생했다는 과감한 주장도 할 수 있었을 것이다. 신용하의 농악 대신 풍물이 두레의 논두렁에서 나왔다고 말한 후학 주강현도 같은 선의에서 이런 주장을 했을 것이다. 그러나 아래에서 보겠지만 농악이란 용어가 가진 역사사회성을 사회학자가 스스로 경시하고 개인의 주관적인 선의에서 사용한다고 그 용어 사용이 정당화 되는 것은 아니다.

농악이란 용어의 최초기록을 찾아서

그렇다면 농악이란 말이 언제부터 등장하여 어떤 과정으로 교과서용 표준말이 되었을까? 김원호의 『풍물굿연구』(「다시 명칭에 대하여」, 학민사, 1999년, 250쪽)에는 한국국악협회 간행 『한국국악전사』 143쪽에서 농악은 원래 '굿'으로 불렀는데 "고종39년(1902년)에 설립된 원각사가 산재한 모든 국악을 정비하면서 농민의 유일한 놀이 음악인 굿을 농악이라고 부르기 시작하였다 하며 이어서 지금까지 써 내려오고 있는 것이다"라는 근거가 빈약한 풍설을 소개하고 있다. 같은 책 248-249쪽에는 1902년 우리 최초의 국립 실내공연장이라는 협율사와 1908년 이인직의 사설극장 원각사 등에서 우리 마을굿을 공연할 때 처음 농악이란 명칭을 썼다는 설을 소개한다. 일제가 농업수탈을 목적으로 농산장려를 하기 위해 우리 전통의 마을굿 공연을 하려면 '농악'이란 이름으로 신청해야 굿판을 열 수 있었기 때문에 그때부터 농악이란 명칭을 사용할 수밖에 없었다고 그럴듯하지만 역시 근거는 불분명한 설이다.

위의 책 같은 주에서는 농악이 문헌에 처음 나타난 때와 곳이 일제시기

인 1931년에 조선총독부 촉탁 오청(吳晴)이란 작자가 쓰고 조선총독부에서 일본어로 발행한 「朝鮮の年中行事(조선의 연중행사)」 6월조라고 했다는 김양기의 「신내린 농기와 농악놀이」(『전통문화』, 1985년 5월호, 89쪽)를 인용하고 있다.

신용하 같은 교수학자가 '음악의 연주'를 '농악연주'로 오역한 사실에 충격 받은 나는 사실 확인을 위해 오청(吳晴)의 「조선의 연중행사」 등을 실은 조선총독부 기관지 ≪조선≫(조선총독부, 1931년)을 『1920~1930년대 세시풍속』(최인학·김민지 역, 채륜, 2014년)으로 표제를 바꾸어 일본어 영인본과 함께 실은 번역본을 구입해 대조해보았다. 번역본 머리말에 오청의 "연재물 중 6월조에 농악(農樂)이란 용어가 등장하는데 아마도 우리나라에 농악이란 용어가 쓰이기 시작한 것이 이때부터가 아닌가 생각한다"는 글이 보였다.

6월조를 먼저 확인했으나 유두일(6월 15일)에 농신제를 지낸다는 기사만 보였지 '농악'은 번역본에도 일본어판 영인본에서도 아무리 눈과 안경을 닦고 보아도 보이지 않았다. 김원호의 인용에서도 그랬고 『세시풍속』의 머리말에서도 오청이 우리나라에서 처음 썼다는 농악이란 말이 도대체 어디로 증발했단 말인가? 그래서 1월조부터 12월조까지 다 훑어보았다. 1월의 〈지신밟기〉와 〈사자희〉, 〈삭전(索戰 줄싸움)〉조에 '악기(樂器)'를 치고 울린다는 말은 보였다. 2월 〈일일(一日)〉조에도 '소고(小鼓)'와 '대고(大鼓)'를 치고 울린다고 했다. 3월 〈국사신제〉에는 '쟁(錚)과 고(鼓)' 을 치고 울린다는 말만 보였다. 7월 〈초연〉조에도 '종(鐘)과 고(鼓)'을 울린다고만 했다. 8월 〈십오일〉조에는 '악기'를 울린다고 했다. '농악'이란 용어는 어느 조에도 쓰지 않았다.

같은 책 『조선』에 실린 조선총독부 편집서기 신현정(申鉉鼎)의 「조선의 풍속-음력정월」 중 보름 풍속으로 저녁에 하는 줄굿(綱引, 일제는 우리 줄굿을 지역에 따라 삭전索戰과 강인綱引으로 섞어서 기록했다) 행사 때도 '태고(太鼓)' 등을 울린다고 했지 농악을 친다고 하지 않았다. (영인본 256쪽) ≪조선≫ 편집부가 개최한 좌담회 「조선, 만주 정월민속을 이야기하다」에도 농악이란 말은 등장하지 않는다. 조선의 줄굿(綱引) 방식에 대한 무라야마(村山)의 질문에 오청의 설명 중에도 줄 주위에 악대를 두고 '악기'를 울린다고 했지 농악 친다고 한 적 없다.(번역 139쪽, 영인본 239쪽) 무라야마의 지신밟기 방식의 질문에 대한 손진태(孫晋泰)의 대답에도 '수십 명의 젊은이들이 고깔 같은 것을 쓰고 각종 악기를 앞세우고 울린다'(번역 142쪽, 영인본 235-236쪽)라고 했지 농악이란 말을 쓴 적이 없다.

오청의 「조선의 연중행사」에서 뿐만 아니라 여러 사람들의 우리 세시풍속 관계 글을 실은 1931년 ≪조선≫지 어디에서도 농악이란 용어를 일제가 한 번도 쓴 적이 없었다. 도대체 이게 어찌된 영문인가? 엄밀한 객관성과 실증성을 지켜야 하는 학자도 진정성, 도덕성, 헌신성 등의 덕목을 지켜야 하는 문화운동가도 믿을 수가 없다. 이 사실을 계기로 번역에 대한 불신도 더 높아졌다. 번역은 제2의 창작이라고 하지만 이건 창작이라기보다 사실을 왜곡한 조작이 아닌가?

농본공동체와 문화 없는 농악이란 한자말

이렇게 되자 나는 '농악'이란 말이 일제가 만든 말이 아니고 한국의 어떤 유학자의 조어가 아닐까하는 의심이 부쩍 들었다. 추상적인 한자말이 농민의 구전일 수는 없고 일제시 일제의 조어가 아니라면 한자에 능통한 유학자의 조어일 수밖에 없다. 그래서 그걸 어떻게 확인할까하는 고민을, 창녕농악단연합회의 강의 요청으로 이 글의 초고를 쓰게 했던 김종명에게 털어 놓았다. 이 말을 들은 김종명은 인터넷을 뒤져 이 고민을 풀어줄 귀한 자료(논문)들을 복사해다 주었다. 이들 논문복사 자료뿐만 아니라 앞서 보았듯이 이 글을 쓸 때의 인용문의 내용이나 번역문이 엉터리라서 이를 불신하는 나를 위해 이 자료들에 인용된 번역문과 인용문이 실린 원본이나 영인원본까지 내가 필요해서 요구할 때마다 계속 구입해주었다.

그중 하나가 한성대학 신경숙 교수가 쓴「옥소 권섭의 음악경험과 18세기 음악환경」(『국제어문』제36호, 국제어문학회, 2006년)이다. 이 논문은 2007년 도서출판 다운샘에서 이창희, 신경숙 외 6인 공동저자들의 글과 함께『18세기 예술사회사와 옥소 권섭』이란 표제의 단행본으로 간행했다고 한다. 이 논문은 물론 농악에 관해서 쓴 글이 아니다. 17세기 후반에서 18세기 전반기까지 살았던 옥소 권섭(玉所 權燮, 1671~1759년)이란 한 경화사족(京華士族) 음악가의 음악소비와 창작행위의 기록을 소개하는 글이다. 이 글에 인용하고 있는 주제 인물인 권섭의 글 중에 내가 찾고자했던 농악이란 말이 두 번 등장한다.

제악(祭樂)은 엄숙하다. 기운을 오로지 (하나로) 하여 신과 천지가 함께 흐른다. 군악(軍樂)은 가지런하다. 용부(勇夫)로 머리카락을 곧추 세우게 하고 지사(志士)로 옷깃을 바르게 한다. 선악(禪樂)은 반듯하다. 삼대(三代)의 위의(威儀)을 보는 것과 같다. 여악(女樂)은 탕(蕩)하다. 용악(俑樂)은 구슬프다. 무악(巫樂)은 음란하다. 촌악(村樂)은 어지럽다. 농악(農樂)은 편안하다.

[원문]
제천본12 『산록내편』 I . : 祭樂肅 壹氣於神與天地同流 軍樂整 勇夫豎髮 志士正襟 禪樂定 如見三代上威儀 女樂則蕩 倡樂則悽 巫樂則淫 村樂則亂 農樂 則佚 (신경숙, 「옥소권섭의 음악경험과 18세기 음악환경」에서 재인용)

위의 인용문은 음악의 기능과 용도에 따른 권섭의 분류다. 촌악은 어지럽다고 하면서도 농악은 편안하다고 한 것으로 보아 여기서의 농악은 두레굿 등의 시끄러운 연행농악이 아니라 농민이 일할 때 부르는 민요나 농부가 등 농가(農歌)를 지칭하는 듯했다. 그런데 곧 이어지는 다음 글을 보면 이와 다른, 풍물굿을 뜻하는 것으로 읽힌다.

이들은 또한 각각 절주와 조리가 있어서, 잡한 것 같으나 잡스럽지 않다. 나는 농악과 군악은 매우 좋아한다.
[원문]
제천본 12 『산록내편』 I . : 亦皆各有節奏 有條理似雜而不雜 吾則甚喜農樂 與軍樂 (신경숙의 같은 글에서 재인용)

농악과 군악에 절주(節奏)와 조리(條理)가 있어서 매우 좋아한다는 것으로 보아 옥소 권섭의 농악은 군악과 비슷한 절주와 조리가 있는 길군악 등을 울리며 18세기에 성행한 두레풍물 또는 굿물(한자 지식인은 軍物로 기록)을 지칭하는 것에 틀림없다. 그렇다면 앞의 인용문의 '농악은 편안하다'를 '즐겁게(기쁘게) 한다'로 번역했음이 원뜻에 가깝지 않았을까? 두레풍물은 거문고 곡을 쓰고 주로 즐기는 경화사족 음악가가 편안하게 즐기기에는 지나치게 감각적이다. 어쨌든 이 논문은 농악이란 용어의 국적을 찾아 헤매던 내게 매우 반갑고 귀한 자료였다. 물론 이곳에 쓰인 농악용어가 옥소 권섭의 작명인지 아니면 다른 식자들이 이미 쓰고 있던 용어를 기록한 것인지 알 수 없다. 다만 내가 찾아낸 농악용어 중에서 가장 오래된 기록일 뿐이다.

이 논문과 달리 농악용어가 일제식민지 통치용 조어가 아니고 우리 선대들이 이미 오래전부터 쓰고 있던 전통적 우리말이라며 이를 입증하고 적극적으로 옹호하기 위한 논문이 있다. 그것은 남원시립국악단의 김정헌이 쓴 「농악과 풍물의 타당성 검토와 농악비판에 대한 반론」(『문화재』 제42권 제4호, 국립문화재연구소, 2009년 12월 30일)이란 긴 제목의 논문이었다.

김정헌의 농악용어 옹호론에 대한 주장에 모두 동의할 수는 없다. 하지만 그 주장은 모두 실증자료에 토대했고 논리 전개에도 무리가 없는 상당히 설득력 있는 글이었다. 아래 글은 주로 이 글에 인용된 자료를 확인하고 그 주장을 요약하면서 나의 찬반의견을 함께 즉석에서 덧붙여 구성했다. 김정헌은 이 글에서 1890년경에 나온 매천 황현의 『매천야록(梅泉野錄)』에 다음과 같이 기록된 농악용어의 제시로 풍물굿론자들의 농악 일제 작명설의 허구를 입증한다.

> 전라도 부자 오영석이란 자가 있었다. 장조(庄租-地貸)가 만석에 이른다고 하는데 민영환이 자기에게로 끌어 들였다. 서울 사람들은 그를 '오금(烏金)'이라 불렀는데 '오(吳)'와 '오(烏)'가 같은 음으로 발음이 나기 때문이다. 음사(蔭仕, 음직)로 여러 군읍의 수령을 지냈는데, 그가 임피현에 있을 때 임금은 내하(內下)[1]로 쓸 유석(鍮錫)[2] 오합(五盒) 5백 벌을 별복정(別卜定)[3]으로 만들어 올리라고 하였다. 갑자기 장만할 수가 없어서 값을 배로 하여 민간에게서 사들였으므로 수개 군에 있던 쟁요(錚鐃)[4]가 다 없어졌다. 대개 농촌에서 여름철이 되면 농부들은 쟁요를 치며 서로 모여서 돌려가며 논밭에서 김매기를 돕는데, 이것을 '농악(農樂)'이라 한다. 쟁요는 유석이 아니면 만들 수 없는 것이다.

[注解]
1) 내하(內下) : 내사(內賜). 임금이 신하에게 물건을 내려주는 것.
2) 유석(鍮錫) : 놋쇠와 주석.
3) 별복정(別卜定) : 지방의 토산품을 정례적으로 바치도록 정해 놓은 것 외에 서울의 각 관아, 각도, 각군에 따로 바치도록 한 것.
4) 쟁요(錚鐃) : 꽹과리와 징.

[原文]
湖南之富 有吳榮錫者 庄租亦稱萬石 閔泳煥引之出門下
京師目以烏金 以吳烏同音也 蔭仕屢典郡邑 其令臨陂也
內下別卜定鍮錫五盒五百事 倉卒無以辦 倍價購買于民間
數郡錚鐃之屬皆盡 蓋野鄕夏月 農人擊錚鐃 以相鋤耘 謂
之農樂 而錚鐃非鍮錫 不能鑄也. (이장희 역, 명문당, 『매천야록』, 2017년, 557-559쪽)

나는 이글을 읽으면서 어떤 기시감을 떨칠 수 없었다. 그것은 1738년(영조14년)의 『영조실록』과 『승정원일기』에 풍물을 쟁정(錚鉦: 꽹과리와 징), 쟁고(錚鼓), 금고(金鼓) 등으로, 두레를 사(社)로, 두레 농민을 민배(民輩)라는 경멸적 용어로 기록될 때의 장면이다. 그때도 농민의 두레나 그 굿을 기록하기 위해서가 아니고 다른 사건의 기록 때 덤으로 기록된 것이다. 다른 사건이란 호남별견어사 원경하가 전라도 부안에서 두레의 농기와 악기가 민중들의 반란 시에 군용물이 될 위험성에 대비해 이를 농민들로부터 모두 몰수함으로 시작된다. 이것을 부안현감 안복준이 편철로 부수어 팔아 개인적으로 착복한다. 이 횡령사건을 1738년 전라도 일대를 순행한 호남어사 남태량이 발견해 국왕에게 보고하자 관계자들이 어전회의를 열었다.(두레의 농기와 그 음악에 대한 조선당국의 이같은 우려는 1894년 동학농민전쟁 때 호남지역 두레의 대거 참여로 현실화된다) 그때의 어전회의 상황기록 때 덤으로 두레가 사(社)로, 두레구성원들이 민배(民輩)로, 그 악기명이 위와 같은 한자명으로 기록된 것이다.(신용하, 『공동체이론』, 218-219쪽 참조)

영조 때는 관권에 의한 무상몰수고, 『매천야록』에서는 쟁요(꽹과리와 징)의 값을 배로 주고 싹쓸이 해간 것으로 경위는 다르지만, 둘 다 두레 악기를 농민으로부터 거두어 갈 때 식자들에 의해 그 악기명과 행위가 현장 농민 당사자 말이 아닌 한자로 기록되었다는 점에서는 공통적이다. 둘 다 농본공동체나 그 문화사상에 관해서는 한마디의 언급도 없이 민중의 구전을 배제한 한자 명칭만 취했다는 것도 같다. 이건 가볍게 넘기기가 쉽겠지만, 농악용어의 반민중성과 비정통성 문제와 깊이 관련된 중요 문제이기도 하다.

일제에 의해 표준어가 된 농악이란 용어

『매천야록』에 뒤이어 나온 『갑오기사(甲午記事)』(동학농민혁명사료총서 9권 중, 동학농민혁명기념재단 소장)에도 농악이란 말이 등장한다. 『갑오기사』는 충남 서천의 유생 최덕기(1874~1929년)가 쓴 40년간의 일기 중 1894년 동학농민전쟁 당시 서천 지방 일대의 동학전파와 동학군 활동을 사실적으로 정리한 자료라고 한다.

> 야삼경에 촌민들이 '농악'을 크게 울리며 말하기를 모두 한 무리를 지어 가락암으로 가서 화적을 물리치자고 하였다.
> [원문] 野三更 村民大動擊 農樂日皆持一丫 以去可樂岩社火賊 云云
> (최덕기, 『갑오기사』, 갑오1894년 9월 초3일 일기 중)

「농악과 풍물의 타당성 검토와 농악비판에 대한 반론」의 필자 김정헌은 전자(황현)의 농악은 쟁요(꽹과리와 징)를 사용하는 두레논매기행위(굿)의 지칭이라고 했고, 최덕기의 농악은 적과 싸울 때 사기진작용 군악의 용도로 쓰고 있다고 한다. 그러나 농악이란 말을 쓴 두 사람 다 왜 그 음악을 농악으로 부르는지에 대한 아무런 설명이 없다. 그래서 내게는 매천의 농악도 쟁요라는 악기를 치는 두레논매기 행위를 지칭하기보다 그 농사행위에 동원된 꽹과리와 징이란 악기를 별칭하여 농악으로 부른 것으로 이해된다. 이 농악이란 말을 옥소 권섭의 글에서 황현과 최덕기가 책과 일기에 옮겨 기록한 것인지 아니면 자신들이 어디에서 들은 말을 기록한 것인지도 이 글을 통해 확인할 수는 없다.

아무튼 이들에 의해 기록된 농악은 17세기에서 19세기까지 두레가 절정을 이루던 시기에 당시의 유학자들에 의해 농사일할 때 쓰는 악기(음악)라고 농악으로 작명된 것임에 틀림없다. 이들에 의해 농악이란 말이 기록되고서도 그 뒤에는 별로 눈에 뜨이지(기록되지) 않다가 1932년 12월 1일 《삼천리》 잡지 제4권 제12호를 필두로 주로 《동아일보》와 《조선일보》에 간헐적으로 등장한다. 그러다가 이 농악 용어가 압도적으로 사용빈도를 높인 때는 1930년대 후반부터다. "조선총독부의 수탈용 농업장려정책과 농촌통제를 위한 〈농촌진흥운동〉과 〈농촌향토오락진흥〉 정책의 영향으로 보인다. …(중략)… 1930년대 후반부터… 황민화 문화운동의 일환이었다. 이러한 정책들을 수행하기 위해서 각종 공문서 등에 사용되는 용어 중에서 '농악'이 취사선택된 것으로 볼 수 있다. 또 1930년대에는 각종 〈농악경연대회〉가 열리게 되는데 이러한 대회는 전국적 행사로 진행되었으므로 '농악'이라는 용어가 전국적인 표준어로 통

일된 시기로 보아도 무방할 것이다"(김정헌의 같은 글)

한마디로 조선후기부터 있었지만 거의 사장되어 쓰여지지 않던 농악이란 말이 일제의 농촌수탈을 위한 농업진흥정책에 따라 〈농악경연대회〉 등으로 홍보되고 공문과 책자 등으로 공식화됨으로 자주 쓰이는 표준말이 되었다는 것이다. 총독부 당시의 공문서는 확인할 길이 어렵고, 총독부에서 일본말로 발행한 관련 저서들인 1937년 무라야마 지쥰(村山智順)이 쓴 우리 마을대동굿의 일본식 창씨개명인 일어판『部落祭』(민속원, 영인본, 2008년)와 1941년에 같은 사람이 조사 편찬한『조선의 향토오락』(민속원, 영인본, 2002년)에는 농악이란 말이 헤아릴 수도 없이 등장한다. 그러나『부락제』에서는 농악을 무악, 신악 등과 등치시켜 용도나 행위주체에 따른 농민의 음악이란 개념에 국한시켰다.『조선의 향토오락』에서는 농악과 호미씻이(洗鋤遊び) 지신밟기(地神踏) 등과 등치시킨 것으로 보아 역시 농악을 마을의례굿이나 풍물굿, 두레굿의 의미보다는 농민의 놀이 음악으로 축소된 개념으로 사용한 것 같다.

이렇게 농악이 일제에 의해 정책용어로 빈번이 사용된 덕택에 8·15 "직후에는 농악 이외에 다른 용어들은 공식석상에서 사용하지 않았다. 이미 일제강점기부터 전국적으로 표준어가 되었기 때문에 다른 용어들은 도태된 상태였다."(김정헌의 같은 글) 요컨대 농악이란 용어는 유학자들의 문헌에 처음 등장한 한자말로 일제 초기에는 현장 구전의 우세 분위기에서 당시의 소수 매체들에서 겨우 명맥만 이어왔다. 그런데 일제 말에 두레 등 우리 기층문화와 함께 우리말을 일제식 표준어로 말살할 때 농악은 토착구비어 아닌 한자어 덕택인지 살아남아 8·15뒤에까지 표준어가 되었다는 것이다. 인적으로나 문화적으로 일제의 청산은커녕 일본체제를 그대로 인계받은 점령국 미국으로부터 다시 그대로 사무인계를 받은 남한정부로서는 너무도 당연한 결과다. 일제시대에 시작된 그 〈농악경연대회〉는 지금까지도 유구한 전통으로 이 땅에서 전승되고 있다.

풍물도 농악보다 앞서 기록으로 남은 한자 조어다

김정헌의 글에는 풍물에 관한 역사적 기록과 개념 변천도 비교적 상세하게 밝혀두고 있다. 풍물은 농악보다 훨씬 일찍이 고려시대부터 처음에는 자연경관의 경치를 이르는 뜻으로 쓰였다고 한다.

충숙왕6년(1319) 상왕(上王)이 강남(江南)에 강향(降香)하는 데에 호종하다. 상왕이 누대(樓臺)와 풍물(風物)이 좋은 곳에 이르러 흥을 일어키고 회포를 풀 때면 번번이 조용히 말하기를 '이런 곳에 이생(李生)이 없을 수 없다' 하였다.

[원문] 李齊賢(1287~1367)『櫟翁稗說』附錄 益齊先生年譜: 從上王江南 降香王於樓臺 風物 遇興遣懷 每從容日 此開不可無 李生也(김정헌의 같은 글에서 재인용)

대략 15세기 전후 조선시대에 와서는 풍물이 ①자연의 경치 ②생활풍습 ③악기명칭, 이렇게 세 가지 의미로 사용된다. 추강 남효온(秋江 南孝溫 1454~1492년)의 『추강선생문집』에 의하면 풍물은 거문고 악기를 가리키고 있다. 『연산군일기』 57권, 연산군 10년(1505년) 1월 12일자와 1월 23일 기사에는 풍물이 장악원에서 궁중음악을 연주할 때 사용하는 궁중악기를 의미하게 된다. 농악보다 훨씬 더 오래전부터 훨씬 더 화려한 전력을 갖고 있는 쪽이 풍물이다.

풍물이 양반풍류방이나 궁궐을 떠나 민중들의 생활 속으로 들어와 그 연행예술로까지 외연을 넓힌 때는 대략 조선후기인 18~19세기 사이에 사찰의 굿중풍물과 두레굿에 사용하는 타악기 등속을 일컫는 용어로 쓰기 시작했을 때부터라고 한다.

> 정오에 소를 타고 신풍진을 건너 대둔사에 갔다. 해가 이미 저물어 하룻밤을 머물렀는데 이 절의 승려 삼십 여명이 풍물을 갖추고 십팔일동안 마을을 돌며 곡식을 얻어가지고 오늘 비로소 절로 돌아왔다.
> [원문] 盧尙樞(1746~1829), 『盧尙樞日記』 純祖 二年(1802) 壬戌日記 十一月 二十九日丙申 : 午余騎牛, 渡新楓津, 往大芚寺, 日已暮止宿. 寺僧三十餘名, 具風物乞穀村間十八日, 而今日始還寺云. 夜風 (김정헌의 같은 글에서 재인용)

김정헌은 일제강점 전반기인 1920년대까지는 풍물(風物)과 농악(農樂) 외에도 매귀(魅鬼), 걸궁(乞窮), 걸립(乞粒) 등 여러 용어들을 함께 사용하였다고 했다. 하지만 이 역시 모두 한자로 표기된 식자들의 용어이다. 농촌현장에서는 이와 달리 훨씬 행위적이고 사실적인 구전 토착어들을 다양하게 사용하고 있었다. 그런데 1930년대 후반이 되면 농악의 사용 빈도가 압도적이 되면서 농악 외에 이와 관련된 다른 한자 용어도 퇴출된다. 세계제국을 위한 세계대전을 기획하고 있던 일제가 총력전을 펴기 위한 내선일체 정책을 실현하기 위한 우리말 말살정책 실현을 위해서다. 일제는 이 정책에 순응하는 우리말 신문과 한글매체들에게 보상을 주고 모두 자진 폐간 시킨 뒤에 일본말 전용과 함께 우리 지배층의 한자말도 표준화, 통일화, 통치용어화 시켰다.

김정헌은 1945년 8·15이후부터 1960년대 중반까지는 풍물이란 말을 전혀 사용하지 않았다고 했는데 이때는 8·15와 6·25전후의 혼란기다. 이때는 일제 이전까지 두레가 가장 왕성했던 덕택에 '농악'의 이름으로 명맥을 유지해온 일부 호남지역을 제외하면 풍물행위 자체가 사라지고 없었다. 풍물이 문건에 다시 등장한 때와 곳은 1968년 심우성의 『무형문화재 조사보고서 제40호 남사당』에서 남사당놀이 6개 항목 중 첫째가 풍물이라는 데서다. 심우성은 그 뒤 1975년 창작과 비평사에서 자신이 편찬해낸 창비신서 『한국의 민속극』〈남사당놀이〉에서도 그 첫 번째 놀이가 풍물놀이라며 풍물용어를 고수하고 있다. 물론 심우성이 복권을 시도한 풍물은 마을의례나 두레가 결합된 민중종합예술로서의 풍물굿의 개념이 아니다. 마을공동체로부터 이탈한 남사당이란 특수집단에 의해 마을굿보다 훨씬 축소된 기예능적 형태로서의 일개 놀이 개념이다. 내게 농악과 농악단이 너무 낯선데 견주어 풍물이 익숙했던 것은 심우성 같은 재야 또는 문화운동권의 사람들과 친했고 따라서 이런 문건을 먼저 그리고 계속 접했기 때문이다. 6·25이전까지 우리 마을에도 명맥을 이어왔던 매구, 꽹매기, 쇠, 굿물친다, 굿한다던 마을굿이 6·25전쟁 뒤부터 사라진 뒤 우리 동네 굿물치기와 비슷한 사안(행위)을 서울에 사는 심우성이 풍물놀이라 했으니 나는 그게 우리 마을(지역) 굿물의 서울표준어인 줄 알았다. 이에 비해 농악과 내가 정식으로 처음 마주친 때는 앞에서 얘기한대로 두레공부를 위해 1987년 2쇄 발행으로 문학과 지성사에서 나온 신용하 편 『공동체 이론』의 신용하의 논문 「두레공동체와 농악의 사회사」를 읽은 1990년대 초반이다.

농악에 도전한 풍물굿에도 결여된 농본공동체와 사상

1319년(고려 충숙왕 6년)부터 농악보다 훨씬 앞서 기록을 남기고도 일제의 비호를 받은 농악의 서슬에 한동안 숨죽였던 풍물의 시대는 70년대부터 다시 열린다. 4·19혁명으로 촉발된 60년대 후반부터의 우리 전통문화에 대한 이론적 관심은 심우성의 '남사당놀이'의 국가문화재지정을 계기로 70년대부터 탈춤, 마당극 등에서 필수적인 풍물의 실천적 부활운동으로 요란한 쇳소리를 다시 내기 시작했다. 이를 주도한 문화운동 진영은 당시 제도권 학술용어와 공식(표준어)용어로 이데올로기화된 농악의 권위에 도전장을 던진다.

김정헌에 의하면 그 첫 번째 도전자가 당시 풍물패 〈터울림〉의 회원 노광일이었다. 노광일은 『공동체4 문화운동론』(정이담 외 12인 공저, 「풍물의 이해」주(註), 도서출판 공동체, 1985년, 268쪽)에서 농악용어의 한계와 문제점을 이렇게 정리했다. 첫째 농악이라는 용어는 농사꾼이 하는 음악, 즉 농사일에만 쓰는 음악으로 인식될 소지가 있다. 두 번째 농악은 단지 음(音)만을 나타내기 때문에 춤, 재담, 진풀이 즉 놀이, 의식 등의 다양한 기능을 지닌 종합적인 표현매체로서의 개념이 되지 못한다. 세 번째 농악은 현장(농촌)생활인의 용어도 아니다. 현장에서는 굿, 굿물, 풍장, 풍물, 걸립, 매구 등을 주로 쓰는데 이들 용어는 각각 그 기능과 형태를 말해주고 있다. 또 네 번째 농악이란 용어는 일제시대에 강제적으로 표준어로 지정된 것으로 일본의 가면극 능악(能樂)의 발음인 '노가꾸'를 농악에 붙여버린 것이라고 했다.

그럴듯한 주장이다. 이 주장에 많은 사람들이 공감했다. 김정헌에 의

하면 정병호는 『농악』(열화당, 1986년, 17쪽)에 '농악이란 말이 문헌상으로 처음 기록된 것은 1936년 조선총독부에서 발행한 일본인 학자 무라야마 지쥰의 『부락제』라는 책에서였고, 따라서 농악이란 말은 일제강점기에 생긴 말임에 틀림없다'는 주장으로 노광일을 지원했다. 『부락제』는 당시 한국의 마을마다 있던 '마을대동굿'의 조사통계인 만큼 당연히 두레 풍물인 농악의 사용빈도가 많을 수밖에 없었다. 당시 시군단위의 통계였는데 함경도와 평안도의 일부 산악지대 시군지역의 마을굿을 제외한 이 땅의 모든 시군수 만큼 농악용어가 등장했던 것은 사실이다. 그렇다고 이를 근거로 농악을 일제의 조어로 추정한 것은 잘못이었다. 뒤이은 풍물굿론자들의 타당한 주장도 이 같은 전제의 오류로 그 정당성을 반감시키거나 무력화시킨다.

풍물굿패이자 이론가인 김인우(김원호)는 『민족과 굿』(민족굿회편, 학민사, 1987년, 102-103쪽) 「풍물굿과 공동체적 신명」에서 이렇게 주장한다. 농악은 "첫째 조선시대의 지배계층과 일본 제국주의자들의 통치적 의도에 의해 민중적 대동성이 거세되어 버린 조작 용어이고, 둘째는 그 영향을 받아 뿌리 없는 지식인과 학자들이 서양 장르적인 관점으로 사용하여 총체적 삶의 체계와의 연관이 부정되어 버린 소위 학술용어이기 때문"에 써서는 안 된다. 농악 대신 현장용어로서 총합적인 굿이 가장 좋긴 하지만 "그런데 이 굿은 자칫 무굿이라는 뜻으로만 좁게 인식되어져서 혼동을 줄 수 있는 소지가 많기 때문에 '풍물이 주가 되는 굿'의 개념으로 '풍물굿'이라는 용어가 우리가 사용하여야 할 정확한 개념이 된다"라고 했다.

김헌선은 『풍물굿에서 사물놀이까지』(귀인사, 1991년, 127-129쪽)에서 정병호의 1936년 『부락제』 농악기원설에 더하여 그보다 앞선 1931년 일본인 학자 고세이(吳晴)의 「조선의 연중행사」라는 글에 농악이 최초로 실렸다는 주장을 했다고 한다. 그러나 이건 내가 앞에서 거듭 확인했듯이 아무 근거도 없이 심지어 그 글도 읽어보지 않고 쓴 완전히 틀린 주장이다. 주강현은 『우리문화의 수수께끼 2』(「풍물굿 1799~1999년」, 한겨레신문사, 1997년, 106-112쪽)에서 김인우의 주장에 동조하고 다시 이를 확인해준다. 위와 같은 80~90년대의 풍물굿의 민중정통성에 대한 연속적인 주장에도 농악 쪽에서는 별다른 반론을 내놓지 않았다. 그래서 '풍물굿'은 아니지만 '풍물놀이'가 농악과 함께 한국의 전통공연예술을 지칭하는 용어로 공인되었다고 한다.

하지만 이 같은 풍물굿론자들의 주장에도 허점이 많다. 그 대표적인 허점은 풍물굿의 기원은 원시공동체일지라도 그 발전의 토대가 농본공동체인 두레에 있음에도 복권된 풍물굿은 농본공동체와 농본문화라는 토대와 사상을 결여하고 있다. 농본공동체두레가 빠진 풍물옹호론은 사상누각과 같다. 그런데 아래와 같은 풍물굿정통론에 대한 김정헌의 작심 비판 역시 이 점을 완전히 배제하고 있다.

우리선조가 작명했다고 다 우리말인가?

이 표제의 절과 다음과 그 다음 절 「한자조어도 토착문화에 대한 창씨개명이다」는 풍물굿론에 대한 김정헌의 반론요약과 그의 농악용어 옹호 주장에 대한 나의 간단한 반론이다.

첫 번째 농악은 단지 음악을 나타내기 때문에 춤, 재담, 진풀이, 놀이, 의식 등의 다양한 기능을 지닌 종합적인 표현매체로서의 개념이 되지 못한다는 노광일의 주장에 김정헌은 농악용어의 탄생 토대인 두레가 아니고 『예기(禮記)』 중 〈악기(樂記)〉를 인용하여 중국의 악개념으로 이에 대응한다.

무릇 음악의 일어남은 사람 마음의 움직임에 따라 생기는 것이다. 사람의 마음이 움직이는 것은 외물(外物)에 접촉하여 마음으로 하여금 그렇게 움직이게 만드는 것이다. 외물에 감촉하여 움직이기 때문에 소리가 되어 나타나는데 그 소리가 [소리에는 청탁·완급·고하(淸濁緩急高下)의 구별이 있다] 상응(相應)하기 때문에 이에 변화가 생기고 곡조가 되는 것을 음(音)이라고 한다. 음을 비교하여 이를 악기에 맞추고, 또 간척이나 우모를 잡고 춤추는 것을 악(樂)이라고 한다.
　　[원문]『禮記』樂記 : 凡音之起 由人心生也 人心之動 物使之然也 感於物而動 故形於聲 聲相 應故生變 變成方 謂之音 比音而樂之 及干戚羽旄 謂之樂
　　[註] 기(起) 일어난다는 뜻, 즉 생긴다는 뜻. 형(形)나타난다는 뜻. 방(方)곡조를 말함. 악지(樂之)악은 악기, 즉 악기에 맞추는 것. 간척(干戚) 무무(武舞)에 쓰는 도끼. 우모(羽旄)꿩의 깃과 쇠꼬리, 이 우모의 춤은 문무(文舞)이다.(권오돈 역, 『禮記』, 홍성문화사, 2003년, 356쪽)

요컨대 중국의 악은 성악, 악기연주, 춤의 삼합(三合)으로 된 종합예술을 뜻한다는 것 같다. 과연 농악이 군악처럼 절도와 조리가 있어 좋아한 옥소 권섭과 같은 경화사족이, 더구나 동학도와 농민군을 동비(東匪)와 비도(匪徒)로 적대 비하한 황현 같은 골통 보수유학이 농민의 의례인 마을두레굿에다 이런 『예기』의 고급스런 악개념으로 의미 증여까지 해가며 '농악'이라고 지칭했을까? 언문으로만 기록 가능한 무식한 현장 구전을 한문만 전용하던 유식한 유학자가 언문으로 기록할 리 없고, 농사일

할 때 농민들이 내는 악기소리라고 한자로 농자에 악자를 갖다 붙여 지은 이름이 아닐까?

두 번째 농악이란 말이 1936년 조선총독부 발행 『부락제』에서 일본인에 의해 처음 쓰였다는 정병호의 주장과 1931년 일본인 고세이(吳晴)가 지은 「조선의 연중행사」에 처음 쓰였다는 김헌선의 주장이 허구라는 반론은 농악이란 말이 기록된 『매천야록』의 인용으로 이미 반증된 게 아닌가? 그런데 여기서의 재반론은 종이 등 에너지의 쓸데없는 낭비다. 풍물굿론자들의 농악 일제 작명설 주장이 허구라서 그들의 비성실성이나 비도덕성이 비난의 대상일 수 있지만, 이의 재반론을 통해 재확인하고 비난한다고 농악의 정통성이 자동으로 세워지는 것은 아니다.

세 번째 농악은 현장생활인(농민)이 만든 용어가 아니라서 사용하지 말아야한다는 주장에 대한 반론은 일정 부분 타당하다. 황현 같은 보수유학자가 만들었든 일제가 통치용으로 만들었든 그밖에 외국에서 만든 외래어라도 그 행위나 사물을 우리가 계속 쓰면 그 말도 우리가 쓸 수밖에 없다. 그걸 다 배제하면 우리의 학술용어라는 건 하나도 남지 않을 것이라는 말에 일정 부분 동의한다. 하지만 가능하면 그리고 존재하면 현장말을 존중하고 되살려서 써야 한다. 그게 생명의 다양성에 대한 존중이고 무엇보다 명실상부(名實相符)이기 때문이다.

네 번째 농악이라는 용어는 일제강점기에 강제로 지정된 것으로 일본의 가면극 능악(能樂)의 발음인 '노가꾸'와 비슷한 말로 우리 농민 굿을 농악으로 이름 붙여 버린 것이라는 주장이 허구임도 이미 두 번째 반론에서 함께 부인된 반론 아닌가? 하지만 김정헌의 이 반론에도 이견이 없는 것이 아니다. 농악이 일제와 관계없이 우리의 보수 유학자들이 작명한 말일지라도 그것을 일제가 특히 일제 말기 때 당시까지 현존하던 수많은 당사자인 농민의 구전들을 배제하고 우리말과 문화말살정책과 동시에 공식화하고 대중화시켰다는 사실이다. 이것은 농악이란 용어가 일제의 그 농업수탈정책 및 우리문화말살정책과 이해관계가 일치하거나 최소한 충돌하지 않는 용어이기 때문이 아닐까?

주체를 오히려 대상화한 주체 농악용어 옹호론

다섯 번째로 농악은 농사꾼이 하는 음악, 즉 농사일에만 쓰이는 음악으로 인식될 소지가 있다는 풍물굿 측의 주장에 대한 김정헌의 반대 주장은 이렇다. 농악(발전)에는 승려, 무당, 유랑광대 등 많은 계층이 관계하고 있지만 주도는 농민이 했다. 농악은 농사일에서뿐만 아니라 각종의례와 놀이, 굿 등에도 사용했다. 세월이 흘러 농경사회가 산업사회로 변했다고 농악이 다른 무엇으로 변해야 한다면 우리는 전통농경사회에서 비롯된 언어를 상당수 바꾸어야 한다. 호남의 세습무당인 단골들은 거의 자취를 감추었지만, 무당 아닌 젊은 국악인들에 의해 '단골굿'은 계승되고 있다. 단골이 아닌데도 '단골굿'이라는 명칭을 그대로 사용하고 있다는 것이다. 전문 유랑연예인 남사당패도 사라진지 오래지만 남사당 아닌 젊은 연희자들이 '남사당놀이' 이름을 그대로 쓰며 공연하고 있다. 이처럼 한국전통 연희종목을 지칭하는 용어에는 그 주체가 명시되어 있는 경우가 많다. 농악도 그러한 본보기 중 하나일 뿐이다. 이런 전통놀이를 노동자나 학생들이 공연한다고 해서 명칭을 바꿀 수 없는 노릇이다.

그럴듯한 논리 전개 같지만 파고들면 허점투성이다. 시대가 바뀌고 주체가 바뀌면 이름도 바뀐다. 바뀔 수밖에 없다. 김정헌이 농악이라 옹호하고 있는 풍물굿은 농촌이나 농민으로부터 비롯된 음악도 아니다. 풍물굿의 시작은 원시공동체의 기원(祈願)음악 즉 굿이다. 물론 한때(17세기 이후)는 두레농민이 주도하고 크게 발전시킨 음악이었다. 그렇다 해도 지금은 농민 아닌 사람들이 더 많이 연주한다. 설사 농민이 연주한다 해도 지금은 두레로 농사일 할 때가 아니라 놀 때만 하는 연희음악을 어떻게 농악으로 그 명칭을 계속 한정하고 고정할 수 있는가? 농악의 기원을 학계에서는 삼한시대의 농경굿으로 잡고, 김정헌 자신도 고려 말에서 조선시대 전기로 잡는다. 하지만 그때는 농악이라 하지 않았다. 그때마다 현장 구전은 수없이 생성 소멸해 갔겠지만 기록이 없어 알 수가 없다. 농악, 단골굿, 남사당놀이 등으로 기록에 남은 한국전통 연희종목 명칭에는 그 주체가 명시되어 있는 경우가 많다고 했는데 그 이유는 무엇인가?

제정일치의 원시공동체는 세월이 가면서 그 주체가 계속 분리되었다. 최초의 분리는 제정분리였다. 제정일치의 군장에서 왕으로 정치주체가 제사주체와 분리되자 원시공동체의 의례는 소도 천군의 몫이 되었다. 주로 한두 명 무당(천군)이 주도한 이 무굿에서 마을사람 다수가 주체가 되는 의례굿물(풍물굿)이 분리되었다. 이 굿물을 17세기 두레에서 이어받아 지금 농악이라 부르는 '두레풍물굿'으로 발전시켰다. 이 두레풍물굿에서 춤에 재능 있는 자가 탈춤 중심의 '마당극'을 분리해갔고, 또 다른 재능을 갖춘 자는 전문굿패인 '남사당놀이'와 오늘의 사물놀이 등으로 분리를 계속 해갔다. 그럼에도 이 분리 당사자들은 이에 대한 별다른 이름을 짓지 않거나 그 공동체 현장에서 자생한 한 가지 이상의 용어를 다양하게 함께 썼다. 그런데 당대의 지배자가 당사자들의 다양한 구전용어를 애써 배제하고 일방적으로 그 행위 주체자를 대상화하여 자기식의 한자로 획일적 작명을 해간 것이다. 그리고 그 많던 지방마다 심지어 마을마다 달랐던 그 구전용어들은 죄다 묻어 버리고 자기들의 지배통치 용어 하나만 기록으로 남긴다. 언어의 질서와 통일을 위해 그럴 수밖에 없다며 이게 대충 넘길 사건인가? '이름이 존재이고, 존재가 이름'이라고 하지 않는가? 그런데도 주체가 원하지 않는데도 그 행위에 주체를 명시해 존재 자체를 오히려 객관화, 소외화 시키는 외부작명을 주체라고 좋아만 할 일인가?

당사자 구전 아닌 단골굿과 남사당놀이, 농악 등 공연주체를 명시한 개념어에는 주류사회의 주체가 단골과 남사당, 농민을 대상물화, 피지배 계급화하는 지배이데올로기의 그림자를 짙게 드리우고 있다. 그러므로 오히려 농악 역시 주체를 대상화한 계급적 장르 개념이지 농본사상이나 공동체를 토대로 하는 개념은 아니다. 농악은 아무래도 이 땅에도 자본주의 경제의 출현으로 농업에서 상업과 수공업 등으로 직업이 분화되면서 농이 상대화되는 17~18세기의 지식인 관념이 반영된 장르적 개념어다.

고려시대부터 기록에 나타난 풍물은 자연경치, 생활풍습, 특정 악기명을 거쳐 오늘과 같은 의미 내용으로 시대와 장소에 따라 다르게 사용되었다. 농악 역시 권섭과 황현, 최덕기 등은 18세기 전후의 두레시 농작업용 음악놀이로 썼고, 일제시에는 지신밟기와 호미씻이와 동열에 배치함으로써 전자보다 축소된 농민기악으로 썼다. 신용하나 김정헌에 이르러서는 두레나 중국의 악개념에 근거해서 종합적인 농민연행예술 일반에까지 확대시켜 사용한 것 같다. 이처럼 같은 이름의 풍물과 농악도 시대와 사람에 따라 각기 다른 의미 내용으로 변화시켜 사용했지 고정된 개념으로 계속 쓴 것은 결코 아니다.

특기할 것은 대개 기록으로 보존되는 개념어가 이처럼 실(實 내용)과 달리하면서 명(名)만 이어가는 명실불일치어(名實不一致語)인데 비해 토착 구비어는 실에 따라 명도 함께 다양하게 변화하는 명실상부의 살아 있는 언어라는 차별적 특성이다. 김정헌은 풍물굿도 농악과 똑같이 현장 구전이 아닌 동일한 한자개념어라고 말하고 있지만, 농악과 달리 풍물굿은 한자 개념어인 '풍물(風物)'과 대표적인 현장 구전인 '굿'의 합성어라는 점에서 차별성이 있다. 그런 점에서 농악보다는 풍물굿이 상대적으로 현장적, 합리적, 도덕적, 민중적, 정통적, 우월적이다.

신용하의 농악은 농본공동체인 두레를 그 모태로 확신하고 있는 한 그 나름의 정합성이랄까 타당성을 가진다. 그런데 김정헌의 '농악주의'에는 『예기』의 〈악기〉만 있고 농악의 토대인 두레나 농촌공동체는 보이지 않는다. 두레라는 농본토대를 배제하고 농악이 설 곳은 어디에도 없다. 풍물론자라면 몰라도 '농악주의자'가 농본문화와 사상과 그 공동체에 대한 선제적 사유 없이 도대체 무슨 자격과 무슨 근거로 농악이 농경사회와 농민적 정통성에 토대한 음악이라고 주장할 것인가?

한자 조어도 토착구비문화에 대한 창씨개명이다

여섯 번째 농악은 일제강점기 일본학자와 친일민속학자들의 통치적 의도에 의해 정착된 용어이므로 사용하지 말아야 한다는 김인우의 주장에 대한 김정헌의 반론이다. "우리가 현재 사용하고 있는 용어들 중 상당수가 일제강점기에 유입된 말이다. 36년 동안 일제와 친일학자들에 의해 유입된 용어를 전부 사용하지 말자고 한다면 일제식민통치를 위해 조사, 연구 창작했던 조선의 '민속', '가면극', '창극', '인형극', '시', '소설', '영화', '연극'이라는 말을 사용 말아야 한다. 물론 '국민학교'나 '황국신민'처럼 일제가 의도적으로 만들어 식민통치에 악용한 용어들은 과감히 바꾸거나 없애야 한다. 그렇지만 농악은 일제가 만든 말이 아니고 우리 선조들이 만든 말이다. 그것을 일제가 통치용으로 이용했다는 이유로 사용불가 선고를 내리는 것은 우리말 전체를 부정하는 결과를 초래할지 모르는 일이다"(김정헌의 같은 글)

물론 일제에 의해 수입되고 만들어진 말이라고 점진적으로는 몰라도 일거에 다 내다 버릴 수는 없다는 데 동의한다. 김정헌은 이처럼 언어 일반에 대해서는 너그러운 범세계적이고 국제주의적인 관점을 취하고 있다. 그런데 유독 농악은 설사 일제에 의해 식민지배에 악용되었다 해도 우리 선조들이 만든 우리말이기 때문에 절대 버릴 수 없다는 주장은 앞과 상반된 국수민족국가주의적 관점이다. 우리와 같은 민족과 그 선조들이라고 우리 모두가 한편은 아니다. 동학교도를 동비(東匪)나 비도(匪徒)로 단죄한 황현 같은 왕조국가주의 유학자가 동비와 같은 편이 될 수 있는가? 죽창이 무기인 동학농민군의 섬멸을 위해 신식화약연발총을 가진 일제의 정규군을 불러 들여 관군과 함께 그 동비를 섬멸한 우리 임금과 우리 지배자들이 타민족이라는 일제와 무엇이 다른가? 한 핏줄이라서? 국수민족주의자들일수록 야만 일본을 3~4세기경에 문명일본국으로 건국할 때 가야유민과 백제유민이 주도했다고 주장한다. 사실이라면 일본과도 한 핏줄이 아닌가?

　지금은 긴 휴식 중에 있는 것 같지만 한때 김지하는 알다시피 반독재 민주투사 혁명시인이었다. 엄혹한 그 유신시절, 동족 박정희의 유신정권이 그 시인을 빨갱이로 몰아 죽이려고 했지만 그때 소수 민주투사들을 제외한 대부분의 동족은 독재공안정권에 동조하거나 방관, 침묵하고 있었다. 정작 그의 구명운동에 앞장선 사람은 극소수 국내동지와 이들을 통해 정보를 얻은 일본인을 비롯한 미국인, 독일인, 프랑스인 등 주로 이방 제국들의 이민족 지식인들이었다. 그런데 한 핏줄의 동족이라고 모두 한편이고 그들이 쓰는 말이라고 모두 우리말이라고 할 수 있는가?

　이미 많이 쓰고 있다는 현실론으로 농악을 변호하고 다른 용어들과 함께 쓰자고 했다면 이해할 수 있다. 하지만 농악이 우리 조상 중 누가 만들어 쓴 말이고 이미 표준말이 되었기 때문에 굿물이나 풍물 등 다른 현장의 구비용어들을 비정통화하고 배척해야 한다면 그건 동의할 수 없는 국수적·당파적 논리다. 지금은 황현 같은 유학의 조선시대도 일제시대도 아닌 다양성이 기본인 민주주의를 갈망하는 다른 시대다. 다른 시대에는 구시대의 표준말이 밀려나고 다른 새 표준말이 나오거나 구시대말도 새로운 개념으로 복권되기 마련이다.

　말은 다양할수록 자유롭고 민주적이며 또 그게 생명적이고, 본래적이다. 잘 알다시피 풍물굿도 군사독재시대의 절정에 그 군사독재를 반대하는 민주화투쟁 방식의 하나로, 그 시대 민중정서를 대변하기 위해 새롭게 복권된 민주화투쟁의 산물이다. 그 엄혹한 군사독재시절에는 권력에 협조하거나 또는 비켜나서 침묵하다가 지금에 와서 황현의 '농악'에 『예기』까지 동원해 식민지 독재통치에 이용되던 말을 적극 옹호하고 나서는 것은 비합리적일 뿐 아니라 비겁하기도 하다.

   그렇다고 내가 우리 민중전통 연행예술의 명칭을 오로지 하나의 풍물굿 기치 아래 획일적으로 통일하자고 주장하는 표준 언어 통일주의자가 아니다. 사투리와 표준말을 가르는 폭력주의자가 아니다. 남에게 상처주는 반공동체적 욕이 아니라면 아무리 적은 공동체의 말이라도 자신의 표준어다. 농악도 풍물도 둘 다 그 공동체의 당대적 역할을 수행하는 실존으로 존중받아야 한다. 그런데 현장과 멀거나 무관한 지식인들이 각종 매체를 통해 만들어내는 개념어들은 홍수를 이루지만 정작 현장생활 속의 살아있는 민중구전들은 이 홍수에 휩쓸려 하나둘 사라지고 없다. 허사의 다원주의가 아니라 실사의 다원주의가 시리게 그립다.

   농업이란 용어도 농악처럼 언제부터 쓴 말인지 모르지만 어쨌든 식자들이 먹고 사는 가장 중요한 행위인 농사짓기를 하나의 직업으로 대상화, 객관화한 분업적 산업사회의 용어다. 농업의 아주 오래된 토착어는 알 수 없지만 비교적 오래된 당사자 구전어(토착어)로는 '열음(열매)지음' '여름지이' 또는 '여름짓기'였고 내가 20대 초반까지도 농업 아닌 '농사짓기'였다. 농민도 '여름지기' 또는 '농사지기'였고 50년대까지도 주로 '농사애비'였다. 농업과 농민은 공문서와 교과서 전용 말이었다. 굳이 개념적으로 말하면 평생 농본자급주의, 특히 다원적 소농자급주의자로 살아온 나다. 그런데도 농이란 말이 편안하지 않고 농업과 함께 농악이란 말도 비호감이다. 아무리 아니라고 해도 그것은 농민자신의 말과 문화도 아니고 농민을 대상화하고 소외시키는 타자에 의한 '창씨개명'이기 때문이다.

   일제는 1939년부터 우리의 성과 이름을 일본식으로 바꾸는 창씨개명을 강행했다. 이에 대해서는 많은 사람들이 저항했고 마지못해 창씨개명을 한사람도 8·15가 되자마자 본래의 성과 이름을 즉시 되찾았다. 그런데 사실은 일제가 이 땅에 침략을 시작하고부터 우리의 마을지명이나 고유한 사물 이름을 모두 일제식 한자로 창씨개명 하는 우리말 말살 정책을 지속적으로 강행해 왔다. 예컨대 우리 동네 이름도 원래 싸릿대가 많은 골짜기 동네라서 그랬는지 싸릿골이었는데 그 사이 주민들이 싸리밭을 양잠을 위한 뽕밭으로 바꾸어서 그랬는지 모르지만 조선정부가 얇은 비단이란 뜻의 사라동(紗羅洞)으로 바꾸었다. 이를 또 일제가 행정개편 때 이웃동네인 대밭들 죽전동(竹田洞)과 우리 사라동을 합동해서 죽사리(竹紗里)로 변경했다.

농악이 일제 아닌 동족인 유학자들이 지은 우리말이라 해도 일제의 우리말 일제화 정책에 선택된 말임에는 틀림없다. 1945년 8월 15일 일제가 물러가고 미국이 대신 점령군으로 들어온 날을 '광복절', '해방절'이라고도 한다. 하지만 쉽고 정확하고 좋은 당사자들의 말을 복권 못하고 토착주민의 삶과 관계없는 '죽사리'나 '농악', '축제' 등 일제가 표준으로 정한 한자말을 거의 그대로 쓰고 있는 한, 지금도 우리는 제대로 '광복'과 '해방'을 찾았다고 말할 수 없다.

'농락'이 영동지방어라는 이보형의 구차한 농악 변론

김정헌의 이 본격적 농악 변론이 나오기 훨씬 전인 1997년에도 농악이 다른 이유 없이 단지 우리 일부사회에서 이미 보편화된 우리말이라는 이유로 그 용어 폐기에 대한 반대론이 있었다. 사단법인 한국농악보존협회가 주최한 학술발표 때 당시 문화재전문위원인 이보형은 다음과 같은 이유로 농악 폐기론에 반대했다.

　요즈음 농악이라는 용어를 폐기하라는 주장이 있으나, 농악이라는 용어가 이미 보편화되었고, 또 이 용어가 강원도에서 '농락'이라는 말로 쓰이고 있는 용례에서 볼 수 있듯이 전통사회에서 이미 쓰던 용어이니 그대로 쓰는 것이 좋다고 보인다.

　'농락'이라는 용어는 農民樂의 줄인 말로 보인다. 農民樂을, 여민악이라 이르지 않고 '여민락'이라 이르듯이 農民樂을 농민악이라 이르지 않고 '농민락'이라 일렀던 것을 줄여서 농락이라 이르는 것으로 보인다. 농악이라는 용어가 일제 때 일본인들이 쓴 것이라 하나 강원도 지역에서, 특히 영동지역에서 농락이라는 말이 보편적으로 쓰이는 것을 보면 농악이라는 말은 일본인들이 처음 쓴 것이 아니고, 우리나라에서 본디부터 쓰던 용어라는 것을 알 수 있다. (김원호, 『풍물굿연구』, 251쪽에서 재인용)

김원호가 인용한 이보형의 위의 주장이 사실이라면 강원 영동지역의 농민만 다른 지역과 달리 한자 작명에 능통한 선비들이 농사를 짓는 농민이 되어야 한다. 농악이란 말이 이미 보편화 된 것은 일제 36년과 1945년 일제 이후에도 일제에 부역한 친일세력이 거의 그대로 우리의 주류랄까 지배층으로 남아 대부분의 모든 매체를 통해 우리의 모든 전통문화를 미신(굿)으로 몰아내거나 상업적 문화재로 박제화하고 일본을 통해 번역된 서양문물을 과학이라고 강요해온 대세와 무관하지 않다.

이보형은 '특히 영동지역에서 농락이란 말이 보편적으로 쓰이는 것을 보면 농악이라는 말은 일본인이 처음 쓴 것이 아니고 우리나라에서 본디 쓰던 용어라는 것'이라고 했는데 참으로 구차한 논리다. 문제는 그 용어가 어느 땅 어느 민족 국가에서 만들어졌느냐보다 누가 무슨 목적으로 만들었느냐.

약은 꾀로 남을 속여 자기 마음대로 놀린다는 뜻의 한자말 농락(籠絡)이 자음접변에 따라 '농낙'으로 발음되는 것과 같이, 같은 한자말 농민락(農民樂)은 농민악이 아니라 '농민낙'으로 발음된다. 그런데도 이보형은 농악이 한국말이라는 것을 입증하기 위해 與民樂이 여민악으로 발음되지 않고 한자음 그대로 여민락으로 발음되는 말장난까지 끌어 왔지만, 여민락이야말로 궁중아악의 하나로 식자들에 의해 작명 기록된 한자말의 전형이 아닌가? 그러므로 '농락'은 '여민낙'을 억지로 '여민락'으로 발음하듯이 한자를 아는 식자들이 자음접변을 무시하고 한자 발음을 충실하게 기록한 한자말이지 결코 구비전통의 우리 농민말일 수는 없다. 설사 '농락'이 그 지역의 한자 지식인에 의해 영동지역의 보편적 농민 말이 되었다 해도 그 역시 농촌공동체 밖의 외부지배자들의 제3자적 분리 통치용어임에는 변함없다.

그리고 영동지역은 삼남지역과 같은 우리나라의 대부분을 차지하는 대표적 농경지역이 아니고 이 국토 동단의 극히 일부를 차지하는 좁은 해안지역이다. 그러므로 삼남의 농경지역에 널리 분포된 다른 수많은 농민공동체에서 자생한 토착 구전 명칭들을 무시하고 하필 강원도 일부지역 그중에서도 일부 식자계층의 용어인 농악도 아닌 '농락'이 우리나라 농민 대부분의 보편적 전통어라는 식의 주장은 매우 궁색하고 민망스럽다.

김정헌의 농악변론은 나와 관점의 다름에서 오는 견해 차이로 내가 이견(반론)을 내놓았지만 주장 자체는 철저히 실증적 자료에 근거한 매우 설득력 있는 글이다. 하지만 이보형의 농악변론은 아무런 실증적 자료의 뒷받침 없이 영동이란 특수지역에서 이미 한자말에 길들여진 후대의 소수 농민이 쓰던 말인지는 몰라도 도저히 두레농민의 현장말이라고 할 수 없는 '농락'에만 근거한 상상적 추론 내지 허사로 읽힌다.

성장경제와 법치주의로 실종된 공동체문화와 정치

농악은 한자에 능통한 우리 선대 지식인들이 비록 선의로 작명했다 해도 일제 때 와서 악용되면서 표준어가 되고, 8·15이후에도 국가주의에 의해 거듭 역사적으로 오염된 용어다. 그러나 일제의 두레 파괴와 특히 6·25를 계기로 그 행위와 함께 그 용어도 소멸의 운명에 접어들고 있었다. 이에 비해 풍물굿은 70년대 농촌 아닌 도시 그것도 주로 대학가에서 군사독재 체제에 대한 민주화투쟁의 수단으로 복권되고 그 투쟁으로 얻은 결실이었다. 지금의 일부 '농악 부흥현상'조차도 이 같은 풍물굿 복원운동가(민주화운동가)들에게 빚진 결과다. 그래서 그 주인공들은 한때 농악 대신 풍물을 자신들의 전리품인 양 고수했다. 그렇다고 이것만을 배타적으로 고집하면 그 자신도 구체제의 이데올로기와 기득권이 되고 동시에 부정의 대상이 된다. 투쟁의 시대가 가면 새로운 투쟁의 주체에게 스스로 자리를 양보해야 역사적 평가에서 살아남을 수 있다.

앞에서도 얘기한대로 이들 문화운동권에 의하면 풍물보다는 굿이나 굿물이 더 민중적인 민중 자신의 언어인줄 알지만 그렇다고 굿을 민중예술의 대표 용어로 내세우면 그 미신의 대표로 낙인찍힌 무당굿이냐는 오해와 비난을 받아야 하기 때문에 이를 피하기 위해 풍물과 굿을 합성한 '풍물굿'이라고 했다. 이야말로 풍물굿운동가들 진영의 한계다. 이 땅의 진보진영 역시 전근대적 다양성의 자급적 농경사회는 가난한 봉건사회이기 때문에 극복의 대상이고 근대 산업적 물량경제성장주의로의 획일적 진보가 당연하다고 믿는다. 요컨대 근대적 물량경제의 진보에 그 분배의 공정성만 살리면 모두가 살만한 세상이 된다는 안이한 인식을 갖고 있다. 그렇다면 현실사회주의는 왜 실패했나? 이 풍물굿식 진보 역시 지속가능한 평등인 굿문화 자체의 농본공동체는 버리고 대신 무한 탐욕이 본질인 물량산업사회에 농촌공동체 문화 이데올로기만 덧칠하겠다는 타협론의 결과 아닌가? 물론 봉건적 궁핍은 당연히 극복되어야 한다.

그렇다고 이 시대 특히 이 땅의 정치 상인들과 그들에 매수된 '국민' 모두의 열망인 경제발전과 자유민주주의와 법치주의의 결과는 어떤가? 지구 전체가 풍요를 넘는 지나친 경제발전에 따른 그 배출가스로 되돌릴 수 없는 파국이 이미 진행 중이다. 온 세계의 공장화로 먹을 것, 입을 것이 넘치다 못해 그 쓰레기를 버릴 곳조차 없는 쓰레기 말세(末世)가 부인 못할 현실이다. 맹목적 성장경제주의 결과가 이 지경이 되었다면 이것을 빨리 바꾸는 것이 바람직한 정치이고, 정치의 존재이유다. 그런데도 적어도 지금 이 땅의 모든 정치는 풍요경제주의 함정에서 한발도 벗어나지 못한다. 누가 풍요를 마다하겠는가?

문제는 풍요를 넘어 그 쓰레기로 종말이 약속된 이 땅위에서 사람들은 왜 나누며 함께 살 생각은 안하고 더 풍요로운 성장경제에 목을 매달아야 하는가다. 철학자 마르틴 하이데거(1889~1976년)는 『횔덜린 시의 해명』(신상희 역, 아카넷, 2009년)에서 풍요를 이렇게 해명했다. "풍요로움은 한갓 소유도, 소유의 결과도 아니다. 그것은 자신의 고유한 본질을 획득하기 위한 길을 열어놓고 그 고유한 것을 성숙하게 하라는 명령에 언제나

머무름으로서, 고유한 본질의 소유를 허락해주는 그것의 넘쳐흐름이다." 이에 따르면 본질의 소유가 허락된 넘쳐흐름보다 물량의 소유 중심이고 경쟁적 갈망으로 더 결핍적인 오늘 이 땅의 풍요는 가짜다. 하이데거에 의하면 풍요의 상대개념은 가난이 아니라 궁색이다. "본질적인 가난은 근원적인 것 안에서 현성하는 저 단순하고 소박한 것을 향한 용기 있는 마음이다" 이런 의미로 가난할 수 있는 자만이 풍요를 제대로 이해하고 경험할 수 있다. 이에 비해 "갖길 원하는 궁색함은 풍요 속의 참다운 본질을 알 수도 없고 풍요로움을 자기 것으로 획득하는 제 조건을 인수하려고 하지도 않으면서 끊임없이 풍요로움에 매달리는 가엾음이다" 감당 못할 풍요의 홍수 속에서도 더 큰 풍요를 갈망하는 이 시대는 물론 진정한 풍요의 시대가 아니거니와 그렇다고 가난의 시대도 아니다. 자기 조건은 전혀 갖추지 않고 거저 맹목적으로 물질적 풍요에 매달려 파멸로 가는 인류사 이래의 가장 궁색한 시대, 가엾은 궁핍의 시대다.

후쿠시마 핵발전 사고로 그 일대가 사람 못살 만큼 방사능으로 초토화되었고, 그 사고 핵발전기에서 기약도 없이 쏟아져 나오고 있는 방사능 오염 지하수와 냉각수만도 처리할 곳이 없어 태평양 방류를 앞두고 우리 바다의 죽음이 현실화되고 있다. 우리 땅 핵발전에서도 쏟아져 나오는 핵폐기물만도 안전하게 처리할 곳도 방법도 전무하다. 이 같은 핵발전 유지 쓰레기와 불의의 사고로 인한 인명과 모든 생명의 희생과 폐로 뒤에 뒤따르는 영구관리와 주민불안 등의 비용은 계산이 불가능한 천문학적이고 영구적이다. 이 비용은 싹 무시한 채 핵발전소 건설과 발전, 폐로 등의 계산 가능한 비용의 상대적 경제성만 신주단지처럼 되뇌며 핵발전 유지증설을 위해 결사항쟁 중인 경제맹목주의 정치집단이 있다. 이들은 경제를 수치를 토대로 하는 객관적 과학으로 주장하지만 사실은 이 역시 가시적이고 주관적인 이데올로기일 뿐이다. 그래서 이들은 현존 생명의 절멸과 땅 자체의 영구초토화를 막기 위한 탈 핵발전 정치 행위마저 경제적 수치로 궁핍화시켰다. 이에 그치지 않고 해당부처가 탈원전정책을 위해 핵발전의 경제성을 낮게 조작했다고 검찰에 고발하여 정치를 사법 예속화 시켰다. 핵발전 경제성 조작이 사실이라면 이 또한 생명과 그 안전성을 지키기 위한 탈핵발전 정치행위의 사법화를 자초한 자승자박의 탈정치행위로 비난받아 마땅하다. 그렇다고 생명정치를 수치경제로 환원하고 검찰에 고발하여 사법화한 행위 또한 있을 수 없는 비(非)정치다. 생명보다 우선하는 가치는 아무것도 없다.

그럼에도 이 지경에 이른 궁극적 책임은 민중의 이름으로 이미 끝낸 혁명이나 행정수반의 탄핵을 삼권분립의 미명 아래 다시 사법절차를 통해 확인하는 관행을 좌시한 민중 자신에 있다. 그 결과 마침내 검찰개혁조차 검찰에 예속시킨 대한민국은 국민 자신이 직선한 선출권력도 별 볼일 없이 검찰과 사법부의 결정에 따라야 하는 정치의 진공 사태를 초래했다. 대한민국 국회에는 모든 정쟁과 입법 과정조차 쌍방고소로 '사법부의 결정을 존중'하는 삼권분립만 있고 정치는 없다.

그리하여 선거로 뽑는 입법부와 행정수반은 말만이라도 국민 눈치를 보는 척 하는데 법에 따라 신분이 보장된 검찰 관료와 사법부는 형식적 임명권자는 물론 국민은 안중에도 없으면서도 국민과 법률의 이름 아래 사람 대신 자기 조직에만 충성하는 기득권 조직공화국을 만들었다. 5년 단임의 선출 임시직 대통령중심 권력이 문제가 아니다. 정년도 없이 연임 가능한 국회의원과 그보다는 임기제와 퇴직 뒤에도 전관예우 특혜받는 변호사로, 산하기관의 임원으로 죽을 때까지 영구 집권하는 관료조직의 공화국이 더 큰 문제다. 대통령을 바꾸어도 정치와 기득권 사회가 절대로 안 바뀌는 이유다. 과거의 정치가 거의 인치로 독재화했으니 그 대안으로 법치제도주의를 이해 못하는 것은 아니다. 그러나 지나친 법치만능주의는 양산되는 법의 그물망으로 기원으로서의 정치공동체와 법 없이 사는 대다수 민중의 정치적 상상력과 다양한 공동체적 창의성을 억압 말살하고 있다. 재산을 많이 가진 부자일수록 탈세에 능하듯이 법도 너무 많아지면 보통사람들을 법으로부터 소외시키고 무관심해지게 하는 대신 특정 전문가에게만 독점되어 초법화, 무법화, 사유화되기 쉽다. 윤석렬 이후부터 이 나라에는 검찰총장만 있고 그 임명권자인 대통령과 함께 입법부인 여의도 정치도 사라지게 한 서초동의 사법정치가 그 증거다.

기득권 정치 대신 농본공동체문화와 자치를 살려야 한다

이렇게 정치를 검찰과 사법부에 경쟁적으로 갖다 바친 이 땅의 정치꾼들은 심지어 경제가 '시대정신'이라며 정신 나간 소리만 되뇌이고 있다. 더 이상의 생산과 소비가 분리된 세계화 산업시장경제는 지구파멸의 지옥인데도 더 잘살려주겠다는 경제주문의 잠꼬대만 되풀이 쏟아내고 있다. 경제, 이보다 얼마나 더 잘 살아야 핵발전 방사능으로 사람이 죽을지라도 경제성이 우선이라는 그놈의 죽임의 경제 주문(呪文)으로부터 자유로울 수 있을까?

자유, 얼마나 그리운 만인의 연인인가? 그렇다고 파멸의 운명을 앞둔 지구가 마지막 한숨을 돌리기 위한 자기치유행위인 코로나 기간 동안의 경제침체와 마스크 쓰기와 활동자제의 부자유도 견디지 못해 발광한다. 이를 거부함으로 다른 사람에게 전염병을 옮기든 말든 그래서 피해와 부자유를 당할 타자의 자유는 부인하고 자신의 자유만 강변한다. 자유는 커녕 오직 숨 막히는 적막과 복종을 강요하던 부정한 권력인 유신과 5공 때는 숨죽이고 빌붙어 살던 자들일수록 누구 덕택으로 얻은 이 만큼의 자유인데 이제 와서 광장을 독점하고 새삼 무슨 자유타령인가? 자유, 얼마나 폭압지배와 이에 저항하는 피의 혁명을 더 당해봐야 그 사이비 자유의 최면에서 깨어나고 타인의 자유를 우선 존중해야 나의 자유가 보장된다는 호혜의 자유를 깨닫는 참 자유인이 될 수 있을까?

살기위한 경제는 지나친 경쟁으로 지구 파멸 경쟁이 된 지 오래고 타자의 자유를 부인하는 나만의 자유는 방종을 넘어 서로를 속박하는 공멸의 덫이 되었다. 이 파멸과 죽임의 경제주문과 사이비 자유의 최면으로부터 지구와 그 생명을 구원할 당장의 처방은 공정한 분배임에 틀림없다. 하지만 필요생산 아닌 투기상품 생산체제와 지속 불가능한 쓰레기 생산에 토대한 산업시장주의 체제를 이대로 두고 공정한 분배만으로 지구를 구할 수는 없다. 그러므로 이 시대의 최우선 과제는 분배와 동시에 아니 분배 이전에 지속 불가능한 산업경제를 갈아엎고 지속가능한 자급 순환 농본공동체를 회복하는 것이다. 가난했지만 풍요로운 농본주의 자급공동체를 부활시켜야 한다. 파괴적 세계관광주의 대신 자기표현의 재생문화로도 행복할 수 있는 마을공동체를 다시 만들어가야 한다. 획일적인 세계상품소비 대신 다양한 개인들의 자유로운 창조성이 발휘되는 두레(공동체)삶의 자급을 회복해야 한다. 유일 물신 대신 땅과 하늘, 사람들과 제신들이 통혼(通魂)하고 결혼하는 범신주의를 부활시켜야 한다.

서로가 서로를 속박하는 투쟁의 정치제도 대신 합의와 추첨제로 상생하는 기원공동체의 자치를 다시 찾아가야 한다. 근원으로 돌아가 근원부터 살려야 한다. 그러나 근원을 먼저 떠나야 근원으로 돌아갈 수 있다.

현대인은 모두 고향을 떠나 산다. 고향에 살아도 고향이 아니다. 그렇다고 고향상실과 근원망각의 현대인을 따뜻하게 맞아줄 약속의 땅이 기다리는 것도 아니다. 모세도 예수도 감당하기 어려울 탈근대의 고통으로부터, 폭력(독재) 아니면 경제와 법치에 예속된 오늘의 낡은 기득권 정치가 스스로 새정치로 거듭나 민중을 모두 탈출시켜 해방 구원해준다는 말은 동어반복에 지나지 않는다. 정치란 애당초부터 기득권의 쟁취와 세습인데 '새정치'란 정치적 정체성이 모호한 안철수의 애용으로 다시 한 번 오염된 허사일 뿐이다. 우리의 당면과제는 새 것 헌 것 가릴 것 없이 타치(他治)로 귀결되는 정치의 복구가 아니다. 자급공동체중심의 자치민주주의의 항시적 복권이다. 진정한 민주주의는 자치민주주의이다. 자치민주주의를 다시 살리는 길은 기득권 세습정치에 불복하고 근대주의로부터 탈출하여 스스로 자급하는 새공동체 문화운동으로 각자가 자기구원자로 거듭나는 집단부활밖에 없다. 전근대적 자급자치의 농본공동체 문화였던 풍물굿의 복권을 다시 화두로 삼은 이유다.

풍물굿이 농악보다 범신적 기원공동체, 즉 근원에 한발 가까운 개념으로 복권된 공동체문화임은 사실이다. 그러나 이 역시 농본공동체의 부활 기원보다 그 이데올로기만의 복권으로 기득권화되면서 놀이중심의 소비문화화 되고 있다. 농악에 이어 풍물도 체제화되면서 극복의 대상이 되었다. 이제 갈 길은 근대주의에 부당하게 밀려난 기원공동체 시대의 다양한 농본문화인 근원으로 돌아가는 근대의 탈출밖에 없다. 그길로 가는 최초의 빗장을 순수한 민간 말로 농본공동체의 정치경제 의례라는 뜻의 '굿'과 그 굿에 쓰는 물건과의 합성어인 '굿물'이 열 수 있지 않을까?

굿물을 대부분의 식자들은 군물(軍物)로 표기하는데, 이 역시 농악처럼 그 행위당사자의 말이 아니고 한자를 공부한 학자들의 조어다. 그래서 포괄적이고 총체적인 종합예술로서의 굿물 개념을 군대음악인 군물로 의미를 축소하거나 바꾼다. 예컨대 이태진의 『한국사회사연구─농업기술발달과 사회변동』(지식산업사, 2011년, 466쪽)의 다음과 같은 구절도 그런 경우가 아닐까? "그런데 벼농사의 두레는 軍物이라고 불린 農樂과 農旗를 가진 사실이 단적으로 말하듯이 그 자체의 조직적 특성이 강하여 그 수가 늘어날수록 향도로 대표되던 종례의 里洞의 공동체적 질서는 더 이상 지탱하게 어렵게 된 것으로 보인다" 이처럼 이태진은 두레를 굿물이 아닌 군물(軍物: 군대에서 쓰는 물건)로 불린 농악과 농기를 가져서 군대조직처럼 조직적 특성이 강한 것으로 표기하고 있다. 풍물의 농촌현장 자생어인 굿물은 자음접변에 따라 군물로 발음된다. 굿물의 주체이나 문자로 그것을 기록할 줄 모르는 민중들이 굿물을 군물로 구전시켜왔을 것이다. 반란으로서의 민중의 굿을 체제에 굴신하는 제사화시키고 모든 민중구전을 가능한 한자로 표기하고 자기식의 의미증여를 해야 직성이 풀리는 유식자들이 이를 그냥 두고 볼 리 없다. 굿물과 발음이 유사한 한자를 찾아 굿물을 군물(軍物)로 표기하고 두레노동시의 결집력을 군대조직과 비교한 것이 아닐까?

처음에는 의례용으로 썼던 북이나 꽹과리, 징 등 많은 굿(의례)용 풍물이 후대에 와서 군대행진이나 독전에 쓰이는 군물이 된 것은 사실이다. 그렇다 해도 그것은 원래 영고나 소도 등 공동체의 의례용에 쓰였던 것을 군에서 전용한 것이지 처음부터 군사목적으로 만든 것은 아니었다. 후대의 두레풍물이 군대의 군악기와 군기와 영기, 전립(戰笠) 등 군물(軍物)의 일부를 모방하거나 도입했고, 풍물굿의 각종 진법놀이도 군의 진법에서 모방, 도입한 것이 사실이다. 그렇다 할지라도 두레풍물의 원래 목적은 전쟁이 아니라 풍농기원과 노동의 효율화와 동시에 놀이화하는 데 있다. 따라서 같은 악기와 기치라도 군대에서 쓰면 군물이겠지만 두레굿에서 쓰면 군물보다는 두레풍물이 낫겠고, 그보다는 굿물이라고 해야 두레공동체의 민중적 기원정신에 어울리는 본래의 말이 아닐까?

풍물굿의 명칭용어가 다양하게 분화 변천한 것은 어떤 사물에 대한 시대적 양식변화와 역할변화에 대해 보는 관점이 다른 사람들의 인식 결과일 것이다. 동일한 악기라도 주로 의례용으로 쓰일 때는 굿물로 불렀을 것이다. 같은 의례용 굿물을 군대가 도입하여 군기 및 영기와 함께 군대의 사기진작과 명령의 권위를 위해 군악대가 사용한다고 군물(軍物)로 불렀다. 풍물은 두레굿에서 주로 쓰이던 간소한 악기를 보다 다양화시켜 주로 놀이용으로 쓸 때부터의 악기명으로서는 그럴듯하다. '매귀(魅鬼)'는 꽹과리의 토착어 '매구'와 비슷한 한자음을 차용한 풍물의 별칭이다. '걸궁(乞窮)'과 '걸립(乞粒)'은 불교가 조선시대 유교정권에서 배척당할 때 사찰 등의 유지, 증축비용을 스스로 마련하기 위해 화관(花冠-꽃갓-고깔)을 쓰고 마을에서 구걸하던 굿중풍물의 별칭이다. 농악은 전통굿물과 군대의 군악과 군용기와 영기와 전립(戰笠 벙거지)과 복식 등의 군물을 두레의 공동농사 때 전용하여 쓰는 것을 보고 통치계급에 속한 한문전용지식인이 작명한 것을 일제가 통치정책용으로 사용한 농민의 놀이음악이라는 뜻으로 쓴 것 같다.

광장에서 다시 마을대동굿 민회로

　김정헌이 아무리 『예기』의 〈악기〉를 들어 그 개념 확장을 시도해봐야 농악은 풍물굿의 농사두레음악, 즉 장르적 개념을 넘어서기 어려울 것이다. 김인우는 앞에서 말한 「풍물굿과 공동체적 신명」에서 농악만 장르적 개념인 듯 말하고 풍물굿은 불변의 역사적 개념인 듯 말했지만 풍물굿 역시 장르적 관점에서 보면 장르 개념일 뿐이다. 농악, 풍물뿐만 아니라 인간행위들에 대한 민중의 모든 구비용어도 마찬가지로 장르적 개념이다. 세상에 생성, 발전, 소멸의 장르적 변화과정으로부터 자유로운 존재는 아무것도 없다. 인간의 온갖 영위 뿐만 아니라 모든 자연현상도 마찬가지로 이 법칙만은 벗어나지 못한다.

　그러나 위의 여러 장르적 별칭의 뜻을 가능한 최대로 포함하면서도 이를 대표하는 장르명칭을 하나만 골라야 한다면 역시 굿물이 제격일 것 같다. 그 이유는 ①이 용어는 이 음악의 시원적 기원 의미를 담고 있는 굿을 전제한 말이다. ②이 악기연주자들이 스스로 만든 구비어인 굿을 존중한 용어다. ③특히 떼거리를 지어 연주하면서 공동체 속으로 들어가 대중과 하나 되는 가장 시끄러운 굿다운 음악이다. 그 무엇보다 굿물은 우리 지역말로 기록된 말이고, 한자말인 농악과 풍물과는 달리 민간자생어로서의 보편성과 타 지역에서는 이미 사라지고 쓰지 않는 우리 지역 마을 대동굿의 토착어로서의 특성과 개성 그리고 자존감을 동시에 불러 일깨우는 의미심장한 말이다.

　마을대동굿은 결코 미신도 무당굿만도 아니다. 마을 민회이고 마을 광장이고 마을 민주주의다. 자급자치이고 그래서 무엇보다 지속가능한 생태주의다. 마을굿으로부터 다시 시작해야 한다. 굿이 아니면 굿물로 그 이름부터 재생하자는 이유다.

그렇다고 내가 농악이나 풍물과 함께 모든 전통 민중문화를 굿물로 천하통일하자는 전체주의를 주장하는 것은 아니다. 전통시대의 구전말 중에서 지역적 특성이나 사정에 따라 되살릴 것은 살리고 새로 만들어야 한다면 만들어서 함께 쓰자는 것이다. 창녕군에는 14개 읍면이 있고 옛날의 마을단위와 달리 지금은 각 면 단위로 14개와 영산면의 경우 1개 농악단이 더 있어 모두 15개 농악단이 새로 조직되어 연합을 구성하고 있다. 이 15개의 농악단 중 민주적 합의가 되는 농악단에만 예컨대 영산시무구지패, 도천풍물회(會), 길곡농악두레, 계성굿물사(社) 등으로 바꾸자는 것이다. 합의가 없는 지역은 농악단을 그대로 쓰거나, 또는 다른 여러 현장에서 썼던 구전을 되살려 함께 쓰는 것이 하나로 획일화하는 것보다 더 자연스럽다. 때는 많이 늦었지만, 각 마을의 노장들이 돌아가기 전에 지역굿물패가 그 지역의 옛날 마을굿 이름을 지금이라도 조사 발굴해서 되살리게 하는 복명운동도 생각해볼 수 있다.

면지역 명칭은 모두 '농악단'으로 통일되어 있는데 창녕군농악단연합회만 '창녕굿물연합'으로 바꿀 수 없지 않느냐는 반론도 있다. 그러나 합의만 되면 면지역은 그대로 두고 군단위만 창녕굿물연합으로 바꾸는 것도 좋은 방법이다. 오히려 그렇게 하는 것이 옛 두레공동체연합처럼 군연합이 앞장서서 지역의 농본문화를 다양화하고 예습, 학습하는 촉매제 역할을 할 수도 있을 것이다. 내친김에 '농악단'의 '단'만은 서북청년단, 반공청년단 등의 폭력적 이미지에 오염된 말이므로 가능하면 두레, 모임, 모듬, 모름, 사, 회, 패, 꾼 등의 평화적인 말로 바꾸는 것이 좋겠다는 또 하나의 소망을 덧붙인다.

그리고 광장을 자급절제의 마을두레화 해야 한다

1894년 한일연합국을 상대한 동학농민전쟁 참패 이후 일제의 탄압으로 두레가 소멸되면서 오랜 침묵 속에 잠겨있던 풍물굿은 1970년대와 80년대에 와서 모처럼 마을민주주의를 광장으로 견인한 중심문화로 되살아났다. 그러나 두레를 잃고 광장으로 나온 풍물굿민주주의는 4 · 19와 7 · 29와 2016년 광화문 촛불이 그랬듯이 상시화 대신 한때의 불꽃으로 사그라들기 마련이다.

그 이유는 많지만 요약하면 세 가지 쯤이다. 그 첫 번째가 정치권력에 대한 민중의 지나친 기대와 결코 채워질 수 없는 그 허기가 충족되지 못함에 따라 조석변으로 흩어져서 철수하는 광장의 민심 탓이다. 두 번째는 자기의 분명한 관점이 없거나 있어도 분명히 밝히지 않고 자기가 한몫 끼어들지 못한 권력에는 무조건 비판만 하는 반민중적 지식인들과 그들의 황색매체를 통한 집요한 선전, 선동 탓이다. 세 번째 무엇보다 큰 이유로는 광장 민주주의가 마을자치공동체, 달리 말하면 자급적 소농연합의 지역자치민주주의라는 토대가 없는 정치문화 이데올로기로서의 민주주의이기 때문이다.

어떤 권력이라도 민중권력도 마찬가지로 권력이면 늘 비판의 대상이 된다. 그러나 그 비판은 자기의 개인 이해와 주관적 관점이 아니라 지속가능한 만생명의 보편 생명적 관점에서, 하다못해 자기가 속한 공동체의 관점에서라도 비판해야 한다. 그렇지 않고 최근의 진중권처럼 네 편 내 편 가리지 않고 제 앞을 지나가는 모든 사람들에게 무조건 사사건건 시비만 걸면 전래속담은 이를 '주막강아지'라고 불렀다. 독야청청 하는 낙락장송인 듯 당파와 진영을 초월한 듯한 자기현시적인 표현의 자유는 보편타당한 정론이 아니다. 안 그래도 참을 수 없는 난청의 시대다. 이 사람 저 사람이 모두 제 잘난 맛에 현대판 주막강아지로 나서 짖어대면 광장은 말 그대로 개판이 된다.

거듭 말하거니와 마을과 지역 민회(民會)가 광장이고 민주주의다. 그러나 스스로 키운 기대에 스스로 실망해서 민회가 철수하면 광장은 주는 밥이나 얻어먹고 다투어 짖어대는 주막강아지들이 대신 차지한다. 이를 차단하기 위해 풍물굿으로 짓는 광장농사도 필요하지만 그것만으로는 우리가 경험했듯이 지속이 불가능하다. 그러므로 지금은 풍물굿 광장민주주의의 성공과 실패에서 배워 지속가능한 풀뿌리 농본공동체 두레문화의 상징인 굿물로 근대가 파괴한 근원으로 돌아가 근원부터 살려야 한다. 파괴적 근대화와 분배정의를 절충시킨 풍물굿식 진보가 아니라 비근대 마을대동굿 문화로 되돌아가야 한다. 그리하여 자기가 태어난 고향이자 자급 절제의 근원인 농본공동체 민주주의가 되살아나는 새벽이 동틀 때까지 그리고 그 찬란한 빛이 광장을 한가득 넘칠 때까지 깨어져도 거듭 되살아 울려 퍼지는 쇠북이 되길 기원한다.

이앙농법이 낳은 막내-두레굿

이앙농법과 마을두레는 뗄 수 없는 밀접한 관계 속에 있다. 양자는 왜 밀접한 관계를 이루고 있는 것일까? 수전농과 이앙농법이 도입, 확산되기 이전까지는 구릉지의 화경(火耕)에 의존하는 휴한농적 생산양식이 주를 이루었다. 구릉지의 화경농법은 물론, 설사 그 뒤를 이은 저평지의 상경(常耕) 수전농이라 해도 이앙농법에 견주어 단위 면적당의 생산량이 훨씬 떨어질 수밖에 없다. 단위 면적당 떨어지는 수확량으로 공동체가 필요로 하는 일정한 생산량을 얻기 위해서는 대규모 농장경영이 필요하다. 바로 이런 요구에 따른 생산양식이 고려시대의 향도에 의한 장원제적 농장 경영이다. 또 화경 휴한농법은 유목에 비하면 정착농경에 가깝지만, 2~3년이 지나면 다른 곳으로 옮겨가야 하는 반유목적(半遊牧的) 성격이 있다. 이런 생산상의 제약이 고려의 호족들로 하여금 좀 더 광역적이고 대규모적인 동원체제인 현, 군, 주(州) 단위의 향도공동체를 운용하게 했던 이유이다.

이에 비해 조선 후기에 확대·정착한 이앙농은 화경 휴한농은 물론 저평지의 직파 수전농보다 단위 면적당 벼 수확량만도 배가 되고, 게다가 보리·밀 이모작까지 가능해서 단위 면적당 그 생산량을 거의 세 배로 늘릴 수 있었다. 이것이 조선시대의 자경소농이나 소작농의 확대요인으로 작용한다.

이앙농은 앞에서 말했듯이 김매기 일에서 80% 이상의 엄청난 노동절약 효과가 있다. 그러나 김매기 밖의 나머지 노동들은 더 늘어나거나 훨씬 집약화한다. 논에 물대기와 논물 잡기(수경), 모판 만들기와 모 기르기와 모 찌기 그리고 이앙이란 새로운 농사일을 추가한다. 또 이 일들은 수리시설이 빈약했던 그 시절에 모 심기를 비가 내릴 때 한꺼번에 해야 하는 큰 약점을 갖고 있다. 이런 일을 적기에 한꺼번에 해내려면 농경지를 공동경작하고 노동력의 협동과 공동체적 규율 없이는 주민 간의 갈등이나 반목을 일으키기 마련이다.

모내기 비가 한꺼번에 쏟아졌을 경우 마을사람 각자가 모두 제 논에서 제 물단속을 하고 물을 잡는 데는 한계가 많다. 마을에 있는 제한된 두세 마리의 농우로 모든 마을사람들이 각자의 논에 먼저 물을 잡으려고 할 경우 그게 가능할 것인가? 농우와 땅을 많이 가진 부농들이 먼저 물갈이를 하는 사이 힘없는 사람들은 물잡이를 놓칠 수밖에 없다. 또 비가 오지 않을 경우, 보나 저수지와 가까운 논부터 차례로 물을 잡아서 물길을 틔워가는 것이 순리다. 그러지 않고 거꾸로 보와 저수지로부터 먼 논의 임자가 힘이 있거나 자기 소를 가졌다고 먼저 하겠다고 우기면 물의 낭비는 물론 일의 효율성도 엄청나게 떨어질 것이다. 그렇다고 고을의 목민관이나 향리들이 마을마다 배치되어 논두렁을 따라다니며 물길을 갈라 조정해줄 수도 없는 노릇이다. 사람이 더불어 사는 곳에는 어떤 형태든 공동체적 자치질서가 반드시 필요한 것이다.

이앙농법의 도입에 따른 생산력 배가와 제초 노동력의 80% 이상 절감이 소농이나 소작농에게는 복음인 동시에 예상 못한 재앙이기도 했다. 바로 이 생산력 배가와 노동절약 때문에 고려 이래의 협호를 거느린 장원적 농장제나 조선조의 양반지주적 대농경영이 이앙농을 도입한 자경소농이나 소작농들의 높은 소작료 부담으로 대체되면서 점차 해체된다. 그러나 다른 한편에서는 그렇게 획기적으로 절약된 제초 노동력 덕택에 토지의 광작경영이 얼마든지 가능하다. 그래서 새로운 사림세력이나 능력 있는 자경농과 소작농들이 이른바 경영형 부농이란 새로운 지주층으로 부상하면서 농지의 소유와 소작지를 독점해가는 역설도 동시에 나타난 것이다. 이앙농법의 획기적 노동력 절감을 바탕으로 한 경영형 부농들의 광작운동은 농민들의 대량실업과 많은 유민(流民)을 발생시켰다. 이앙농이 확산되던 17~18세기를 이른바 민란의 시대, 군도(群盜)의 시대로 만든 이유였다.

소작제도 두레 탄생에 한몫했다

그런데 또 이앙농과 그에 따른 광작경작으로 인한 많은 유민들이 우리의 경영형 광작농업 생산양식을 서구형 대농코스로 정착시키는 대신 자경소농과 소작농의 확대로 선회시키는 중요한 계기로 작용한다. 농업사가들은 조선조 후기 자경소농과 소작농체제 확대의 이유를, 삼남지역의 실업농민과 유민들이 소작지 취득을 위해 과잉 경쟁을 벌여 소작료 비율을 높여준 데서 찾는다. 소작료 비율의 인상을 둘러싼 과잉경쟁은, 수확량을 반분하는 대신 지주가 종자와 전세(田稅)를 부담함으로써 실질 지대가 3할 정도였던 전통적 병작제(並作制) 대신에, 종자와 전세를 지주 아닌 소작인이 부담하는 반수제(半收制)를 도입시킨다.

이렇게 되면 지주는 스스로의 광작경영보다 온전한 5할 지대의 소작경영이 오히려 훨씬 유리하므로, 서구형 대농경영 대신 소작제의 길을 택할 수밖에 없게 된다. 일반적으로 지주의 광작경영은 농민을 농지로부터 축출시켜가는 제도다. 그러나 조선조 후기 수경이앙농의 확대는 소작료는 비록 고율의 반수제일 망정 그 획기적 다수확성으로 많은 농민을 소작제의 농지에 다시 복귀시켜 사회안정에 기여한다. 이것이 바로 민란과 군도의 시대가 동시에 '중흥기'로 불리는 영·정조기(1725~1800년)의 사회경제적 배경이라는 것이다.

이 소작제도는 물론 봉건사회의 정치적 강제에 의해 성립된 것이 아니다. 어디까지나 농지의 과다 수요와 과소 공급, 수경이앙농의 생산성 향상 등이라는 시장경제 원리에 따른 지주와 소작인 간의 쌍방계약 결과라고 한다. 그렇다고 소작농민들이 지주의 고율 소작료에 모든 것을 맡긴 소작농으로 안주할 수는 없는 일이다. 경쟁사회에서 약자가 살아남는 길은 경쟁에 무조건 추종하는 것이 아니라 약자끼리의 협동과 공동체를 통한 대응밖에 없다. 자경소농과 소작농들이 지주에 고용되는 머슴이나 유민 또는 군도로의 몰락을 최소화할 수 있는 길은 효율적인 두레협동으로 대농경영의 효율적 생산성에 대응하고 지주의 경쟁적 고율지대에 공동대처하는 합리적 분배 방법뿐이다.

농민을 자주화하고 마을을 자치화한 두레

요컨대 마을두레는, 이앙농법이 가져온 토지 단위면적당의 높은 생산성과 소규모 농지의 자소작제와 엄청나게 절약된 제초 노동력 대신에 새로 생긴 이앙일과 무논제초 등의 집약노동의 결과다. 동시에 대농경영의 효율성과 지주의 고율지대에 대응하는 새로운 마을 자치기구이다. 그러나 마을의 두레화가 반드시 이런 경제적 효율성과 강자에 대한 합리적 분배기능만을 위해 확대·정착된 것은 아니다.

이앙농이 제 아무리 농업기술적으로 밭벼나 수전벼 등의 전통농에 비해 그 생산량을 배가시켜준다 해도 수리시설이 턱없이 부족했던 당대의 가뭄에 대한 취약성과 불안감을 완전히 벗어나게 할 수는 없다. 이에 대해 과학적 대응이 보나 저수지의 수축(修築)이긴 하지만, 그것은 국가와 권문세가들이라 해도 쉽지 않은 일이다. 더구나 자경소농이나 소작농들이 개별적으로 할 수 있는 일은 아니다. 국가나 지방호족이 해도 쉽지 않은 그 대규모 토목공사를 마을 두레가 감당하기에도 한계가 있다.

그러나 두레는 지금까지 지역호족이나 지주, 국가가 전유하던 풍농기곡의례를 마을 두레들로 그 주체를 바꾸는 결정적 계기가 된다. 지금 관점에서 보면 미신에 불과한 기곡풍농의례굿이 누구에 의해 주도되든 농사에 무슨 영향을 주겠느냐고 말하겠지만, 그건 그렇지가 않다. 농사는 땅과 물, 햇볕과 공기, 비바람 등의 자연조건에 절대적으로 영향을 받지만, 또한 사람의 제 자식 기르는 것 같은 섬세한 손길 없이는 절대로 안 된다. 사람의 보살핌과 그 발자국 소리에 민감하게 반응한다는 작물이 어찌 자기를 직접 보살피는 모든 마을사람들의 간절한 풍년 기원을 외면할 리 있겠는가? 식물에도 동물과 같은 영성이 있다는 과학적 근거는 음악농법 등으로 이미 확인되고 있다.

무엇보다 두레 주도의 풍농기곡의례는 비로소 마을농민들이 농사의 경작권과 경영권의 주체가 되고 그 주권자가 되었다는 상징의례이기도 하다. 지방호족이 주도하던 연등회와 팔관회를 국왕이 혁파하고 대신 사직제와 원구단 기곡제 등 중국왕실 농경의례의 도입에 대해 호족들이 강력하게 저항했던 것도 바로 그 의례를 통한 농경주도권 행사 때문이었다.

또, 기곡풍농을 위한 마을두레굿은 마을 구성원 모두에게 협동성과 대동성, 정체성과 안정성 등을 환기·고양시켜 주는 최고의 자치적·심리적 기회다. 이런 기제들을 제공했던 기곡풍농의례는 물론 고대사회부터 근대까지 지속되어 왔다. 하지만 고대국가 사회 이후 그것은 자생자치적인 주민의 협동과 자치를 위한 마을굿과 달리 어디까지나 지방 호족이나 국왕 중심의 대민지배를 위한 읍치성황제로 이원화되었다. 그러나 이앙농법의 높은 생산성에 바탕을 둔 마을두레굿은 그 같은 대민지배 제의로서가 아니라, 마을주민 자신을 생산의 주역이면서 동시에 마을굿과 마을자치의 주역으로 복권시키는 계기가 되었다.

두레와 동학농민전쟁

우리 전통두레에는 이밖에도 여러 가능성이 있었다. 주강현은 신용하의 「갑오농민전쟁과 두레와 집강소의 폐정개혁」(한국사회사연구회 편, 『한국사회의 신분계급과 사회변동』, 문학과지성사, 1990년)를 근거로 『두레』의 「농민항쟁과 두레의 힘」에서 임술민란과 동학농민전쟁에 두레조직이 그대로 동원되었다며 두레의 민중혁명성까지 암시했다. 그리고 두레의 공용토지와 공동경작제가 다산 정약용의 여전제(閭田制)와 정전제(井田制)의 토지개혁론의 아이디어가 되었을 것이라고 추정했다.(같은 책, 491-502쪽) 물론 그랬을 수 있다.

신용하의 위와 같은 글에 의하면 두레조직이 동학농민전쟁에 동원된 똑 부러지는 증거는 없으나, 그 간접증거들은 많다. 하나는 1737년 호남별견어사 원경하가 전북 부안 지역의 두레 농기와 농악을 보고 농민이

반란 시에 군용물로 사용할 것을 우려해 몰수한 사건이다. 이 사건을 둘러싸고 국왕 영조, 우의정 송인명, 이조판서, 비변사당상, 암행어사 남태량 등이 각자의 관점에서 두레의 농기와 농악에 관한 위험성 여부에 대한 논쟁을 벌인 승정원과 영조실록 등의 기록이 그것이다. 두 번째는 서울대 소장 고문서에 동학농민전쟁이 일어나기 한 해 전에 전남 보성군수가 동학도들의 동요를 보고 내린 훈령이다. 1893년 정월, 4월 8일과 29일, 5월 10일 등 네 차례에 걸쳐 군수는 관내 면장들에게 금고(金鼓: 두레와 농악을 의미)를 금단하라는 훈령을 미리 내려 보낸 것이다. 세 번째가 농민전쟁 시 관군 측의 노획물 가운데 두레에서 사용하던 수많은 각종 기치들과 징, 북, 나팔, 꽹과리, 날라리 등의 농악기가 빈번히 발견되었다는 사실이다.

이밖에 또 다른 간접증거는 동학농민전쟁 뒤인 1898년 12월 7일에서 1899년 6월까지 동학농민혁명 발생지인 흥덕, 고창, 고부, 무장지방에서 다시 일어난 영학당(英學黨)의 농민봉기다. 영학당 농민봉기가 실패한 뒤에, 그 지도자 "이화삼(李化三)이 두레패를 고동케하여 봉기했으며 송민수(宋敏洙)라는 농민군 주모자를 불러 만나는데 두레농악을 신호로 사용했다"는 당국의 조서가 그 간접증거들이다. 두레가 농민전쟁에 참가한 것으로 보이는 간접증거는 이에 그치지 않고 그 혁명사상과 실천에까지 크게 영향을 끼친 것도 이를 뒷받침하고 있다.

동학혁명 시의 〈집강소폐정개혁요강〉에도 두레의 실천사상이 반영되고 있었다. 정약용이 1799년에 쓴 여전론(閭田論)과 1817년 『경세유포』에 실은 정전론(井田論)은 그 이론적 근거가 마을공유지와 사유지를(협동조합 식으로 출자하여) 하나의 공동농장으로 간주하고 공동 생산하여 두레의 계산법으로 분배했던 두레에 있다고 흔히 말한다. 신용하 역시 오지영(吳知泳)이 쓴 『동학사(東學史)』 간행본의 「집강소폐정개혁요강」의 「土地는 평균으로 分作케할 사」와 특히 간행본에는 없고 초고본에만 있는 요강 「제12조 농군의 두레法을 장려할 사」를 근거로 정약용의 두레에 근거한 여전제와 정전제의 사상이 농민군 집강소폐정 개혁에 깊은 영향을 주었음을 논증한다.

정약용의 여전제는 30가구 내외의 일여(一閭: 자생마을) 단위로 토지를 협동조합식의 공유로 하고 생산도 여(두레)의 공동노동으로 하는 혁명적 토지제도와 마을조직(안)이었다. 여는 여장(두레의 행수)을 선출하여 공동노동을 지시감독하고, 여민의 작업내용을 일역부(日役簿)에 기재하게 한다. 소비는 가족별로 하는데 그 분배는 일역부에 기록한 각자의 노동 일수에 따라 산출한다. 따라서 여전제는 종래까지의 지주제를 지양하고 모든 토지는 여(두레)의 공유로 출자하여 공동 경작하는 기존의 두레를 발전적으로 재구성한 일종의 협동농장제도다.

그런데 이에 비해 그가 귀양살이를 하고 벼슬을 그만둔 뒤인 1817년 『경세유포』에 게재한 정전제에서는 토지공유제가 당시 현실로서는 불가능하다는 인식 때문인지 모든 토지의 여(마을)공유제는 거두어들인다. 그 대신 전체 토지를 9분등하여 8구(區)는 사전으로 둔 채 경작을 균작케만 하고, 1구(一區)만 공전화한다. 이 1구의 공전은 사전의 경작자들이 공동 경작하여 그 수확물을 공세(公稅)로 납부하고 나머지 토지는 노동력을 가진 가족 수에 따라 분배 경작하여 자기 몫으로 한다는 토지제도다.

이는 앞서 그가 스스로 제안한 여전제는 물론 마을공용 토지와 개인사유 토지 모두를 공동 경작하고 두레계산법으로 분배하는 두레로부터도 훨씬 후퇴한 보수적 토지제도다. 그러나 당시 일거에 폐지가 불가능한 지주제는 다음의 과제로 두고, 모든 농지를 노동력에 따라 균작케 하고, 각종 명목의 공세로 이중 삼중 수탈당하던 농민들의 현실이라도 바꾸기 위해 정해진 공전수확량만 공세케 하는 것도 나름의 큰 개혁이었다.

신용하는 오지영의 『동학사』 간행본의 「집강소의 폐정개혁요강」의 「토지는 평균으로 分作케할 사」를 정약용의 이 같은 정전제개혁에 준한 요강으로 보았다. 그리고 여기에다 초고본의 「제12조 농군의 두레법을 장려할 사」를 더한 애초 개혁안은 정약용의 여전제의 관철로 해석이 가능하다는 것이 신용하의 관점이다. 당시 폐정개혁의 주체였던 동학의 두레농민군이 원했던 토지제도는 일부만 마을 공용지와 자경소농의 것이고 다수는 지주 토지의 소작제 토지였던 두레 시절의 토지제도를 넘어서서, 모든 토지의 공용·공유를 제안한 정약용의 여전제였지 지주제의 온존을 바랐을 리 없다.

하지만 위와 같이 두레조직이 동학농민혁명에 동원됐던 많은 간접근거들에도 불구하고 동학농민전쟁 시의 두레는 동학군 지도자에 의한 피동적 동원이었지 두레조직 자체의 주동적 참여일 수는 없었다. 이는 주강현의 『두레』에 「농민항쟁과 두레의 힘」 바로 뒤에 실려 있는 「지배층의 농민동원수단으로 이용된 두레: 경복궁두레」가 바로 그 증거다. 당시까지의 두레에는 지역 또는 전국을 아우르는 연대조직이 아직 없었다. 혁명이 목적도 아니었거니와 그를 주도할 이념이나 조직체계가 없었다. 당시의 동학에만 한계가 있었던 것이 아니고 두레에도 더 많은 한계가 있었다. 하긴 이 한계를 극복했다 해도 서양식 신식무기와 외세(일제)와 결탁한 관군을 두레의 농기와 농악, 죽창으로 이길 수는 없었겠지만.

실패한 소농두레, 그러나 되살려가야 할 인류의 미래

그러나 두레는 그런 약점이나 한계에도 불구하고 민중 속에서 자생하는 자치공동체라는 점에서 미래가 있는 과거요 가능성 있는 미래이기도 하다. 우리의 두레뿐만 아니라 대문호 톨스토이를 자치마을 공동체연합주의자로 만든 제정 러시아의 미르(mir)공동체도 마찬가지였다. 마르크스도 미르(mir)는 제정 러시아에 복종하는 불완전 공동체이긴 해도 이러한 문제점들만 철저히 제거하면 완전하고 고차적인 자치공동체로 회복의 가능성이 있다고 보았다.

주강현은 그의 『두레』 68쪽에 "북한학계에서 (두레의) '고대적 공동체 잔재설'을 비판(부인)하면서도 고대사회의 두레기원설을 표방함은 하나의 모순으로 보인다. 이는 북한 학계에서 삼국시대를 중세 사회라고 보고 있는 데서 비롯된다."고 기술했다. "북한학계가 두레의 '고대적 공동체 잔재설'을 부인하면서도 기원 전후 시기에 낙동강 유역에서 벼농사 김매기를 집체적으로 했던 두레를 고대공동체의 잔재로 인정했다"면 그건 삼국시대를 중세사회로 보아서가 아니다. 바로 마르크스의 아시아 전제국가 아래서의 농촌공동체에 대한 위와 같은 양면적 평가에 충실해서가 아닐까?

마르크스의 기대와는 달리 미르의 러시아는 프롤레타리아 독재라는 전제국가주의로 그 종언을 고했다. 우리의 두레 역시 신용하와 주강현의 그 방대한 헌사에도 불구하고 일제 등 제국주의 앞에 무력했고, 그것으로 아직 세상을 바꾼 적은 없었다. 물론 그게 동학농민전쟁 지도자의 사상과 실천의 한계 탓이고, 외세 일본을 끌어들여 자국 백성을 협공한 원래 그렇고 그런 국가 탓일지언정 우리 두레 탓일 리 없다. 일제의 강점으로 6·25전쟁으로, 그리고 농촌근대화(시장화, 식민지화)를 위한 새마을운동으로, 마침내 도달한 신자유주의로 두레는 그 뿌리까지 뽑혔다.

그러나 아시아적 제국하의 농촌공동체에 대한 마르크스의 관점이 어떠하든, 또 어떤 이유와 경로로 그것이 소멸되었건 간에 우리 두레는 없었던 것보다 있었던 것이 자랑스럽다. 그리고 있다가 사라져 버리고 없는 것은 가슴 아리게 그립고 아름다운 법이다. 두레로부터 배웠다는 정약용의 두 차례의 전제론은 실현을 보지 못했지만 우리는 이 실패를 교훈으로 이와 다른 각도에서 전통두레의 창조적이고 고차적인 복원을 통해 새로운 자치공동체를 전망할 수 있다. 그러자면 마을대동굿 3형제의 막내인 〈두레〉는 별고(다른 꼭지)에서의 상론이 필요하다. 그래서 여기서의 두레이야기는 이쯤에서 마무리 짓는다.

2019년 8월 〈창녕군농악단연합회〉의 연수회에서 발제했던 원고를 수정 보완한 글이다.

두레-소농연합
— 그 고차원적 회복을 위해

두레란?

1. 인류역사 몇 백만 년 동안의 무리(공동체)사회가 가고, 이 땅에서도 공용 자연이 가족, 개인의 사유로 되면서 국가사회가 발생한다. 고조선과 삼한사회 이후 토지소유와 경작(생산)단위가 점차 가족화 되자 계절에 따라 노동집약적인 농사일의 성격상 많은 어려움이 발생했다. 농사에서 가장 어렵고 힘든 일은 여름 장마철의 풀매기다. 지금은 제초제로 한방에 해결하지만 전통시대에는 모든 일을 손으로 해결할 수밖에 없었다.

2. 17세기 이후 삼남지역에 이앙농법이 보편화되면서 이 풀매기를 포함한 농사일의 계절적 폭주로 가족 단위 영농에는 많은 어려움이 발생했다. 이 어려움을 좀 재미있고 효율적으로 하기 위해 각 개인 소유나 마을 공동농지 모두를 하나의 경작 단위로 공동경작하기 위해 마을공동체 단위로 그 농사일의 전부 또는 특히 힘든 일(모내기, 김매기 등)만 선택적으로 함께했다. 이에 그치지 않고 마을의 모든 문화행사도 함께했던 마을공동체의 자급자치 협동조직이 두레다.

3. 공동노동과 공동문화는 원시사회부터 있었으나 그 형태와 이름을 무엇으로 불렀는지는 알 수 없다. 역사책에 공식적으로 기록되어 있는 국명(國名)외에 우리가 그 이름을 알고 있는 민간공동체는 삼한시대의 도(徒), 신라시대의 화랑도, 고려시대의 향도, 조선의 계, 향약, 황두와 두레(社) 정도다. 그러나 도와 계, 황두와 두레를 제외한 앞의 민간조직은 민간 주도로 형성은 되었으나 뒤에 가서 지배기구가 되거나 관변화했다.

4. 최근 연구에 의하면 고려 호족이 주도한 현, 군, 주(州) 단위의 지방행정 및 농경공동체인 향도가 고려의 쇠퇴로 해체되자 조선시대는 마을주민들이 주도하여 이를 마을 단위의 공동농사와 문화조직인 황두로 대체해서 일제 때까지 운영했다.

5. 삼남지방이라도 수경이앙농이 아직 보편화 안 된 산간지역과 삼남 외의 밭농사나 벼의 건답직파 지역에서는 조선 초기에 시작된 황두공동체를 그대로 유지하고 있었을 것이다.

6. 두레라고 하면 '아 그 품앗이'라고, 지식인 심지어 이 나라 총리였던 사람도 오해하고 있는데 이 두 가지는 전혀 다른 노동형태다.
① 두레는 각 개인의 노동력 차이를 계산하지 않고 해당 나이의 마을 사람들이 모두 함께했던 말 그대로의 공동노동과 문화공동체다.
② 이에 비해 품앗이는 두레 쇠퇴 후에 나타난 임금노동 전단계로 비슷한 개인노동력을 1대 1로 바꾸어서 일하는 교환노동형태다.

③ 품앗이는 화폐가 귀했던 자급농 시절에 화폐 지급 대신 개인노동 대 개인노동만을 맞교환하는 노동 형태였다.

7. 두레는 벼농사가 화전이나 밭벼에서 수전으로, 수전이 수경이앙농으로의 발전, 확대속도가 빨라 보편화됐던 조선후기 17세기부터 삼남지방(영남, 호남, 기호)에서 발생했다. 밭농사 공동체인 황두를 이앙농에서 발전적으로 계승했던 마을의 공동노동과 문화 등 전통적 마을공동체 이름 중의 조선 후기형이 두레다.

두레의 어원

1. 신용하 전 서울대 사회학과 교수는 자신이 편집한 『공동체이론』(문학과 지성사, 1987년)의 「두레공동체와 농악의 사회사」란 자신의 글에서 두레가 그 구성원 모두의 농사일을 차례(순서)를 정해 돌아가며 하는 윤번의 우리말이라는 농업경제사회학자 인정식과 강정택의 견해를 소개했다.(여기서부터 「두레의 기원과 그 전개과정」까지의 내용의 상당부분은 신용하 교수의 같은 글에서 참조했다.)

2. 사학자 이병도는 '둘려', '둘레'의 명사화로 보고 이를 한자로 원(圓), 주(周), 도(徒), 접(接), 계(契), 사(社) 등으로 기록한 것이라고 했다.

3. 신용하 자신은 '두레'가 '두르다'는 고어 동사에서 파생했다고 보았

다. 부사인 '두루두루'에서 보듯이 전체, 모두를 나타내는 공동체의 한국 토속어라는 것이다.

4. 천규석의 생각을 보태면 다음과 같다.

① 마을 공동우물에서 먹을 물을 길어 올리는 기구로 바가지 또는 밑면은 직선이나 윗면은 직사각형인 양철용기에 끈을 달아 공용으로 쓰는 용기를 '두레박'이라 부른다.

② 가뭄 때 보나 웅덩이의 물을 논에 퍼대기 위해 역시 꼴은 두레박 비슷하지만 크기는 훨씬 커서 끈을 네 모서리 끝에 각기 1개씩 모두 4개를 달아 두 사람이 마주잡고 물을 퍼는 용기가 '맞두레'다.

③ 맞두레보다는 훨씬 큰 물통을 한쪽 끝에 고정시킨 오동나무 등의 긴 나무장대를 물웅덩이 가에 일정 높이로 고정한 나무막대기 위에 걸치고는 지렛대의 원리로 한 사람 이상이 힘을 모아 또는 여러 사람들이 교대해서 마른 논에 물을 퍼대는 물통자루가 긴 기구가 '용두레'다.

④ 여기에서의 '두레'는 공동체 또는 공용으로 물을 푸는 용기의 순수 우리말로 보인다.

⑤ 이런 물 퍼는 기구의 이름들이 두레라는 추상명사에서 유래한 것인지 아니면 이런 이름의 구체적 농기구들이 여러 사람들에게 두루두루 함께 쓰인다고 이에 두레를 붙여 쓰다가 이로부터 두레라는 추상적 보통명사를 독립시킨 것인지 알 수 없다.

⑥ 그러나 흔히 말의 형성과정은 구체적 사물의 대면자와 행위자에 의해 구체적인 이름이 먼저 생기고 그 행동과 사물들이 비슷한 여러 형태와 용도로 거듭 제작 사용되면서 이를 대표하는 보통명사나 추상명사들

이 형성되는 과정을 거친다.

⑦ 그렇다면 두레는 이 같은 공동 물퍼기 용기에서 유래한 공동체란 보통명사의 순수 우리말이 아닐까?

⑧ 그러나 '두레'란 말은 앞에서 말한 마을공동 행위를 학자들이 현지 조사할 당시의 마을에서 들었던 이름 중에 하나 이상 다수라서 그렇게 불렀는지는 몰라도 모든 마을에서 모두 두레라고 부른 농민의 말은 아니다. 다시 말해 두레는 학자들이 농민들의 마을공동행위를 논문이나 교과서에 실을 때에 붙인 명칭이지 대부분의 마을에서는 그 공동행위를 통칭하는 명칭이 없었고 있어도 개별 행위 단위로 이름을 지어 불렀다.

⑨ 예컨대 마을사람들이 공동으로 세벌 논매기를 끝내고 벌이는 자축놀이를 영산 죽전에서는 '쨍이말타기'라고 했고 같은 영산의 다른 마을에서는 '시무구지놀이'라고 불렀다. 밀양의 어떤 마을에서는 그 놀이를 백중 무렵에 한다고 '백중놀이'로 또 어떤 지역에서는 푸짐하게 음식을 먹고 논다고 '꼼비기먹는다'고 불렀다.

⑩ 지금 영산의 두 무형문화재의 이름도 원래는 〈쇠머리대기〉와 〈줄다리기〉가 아니었다. 문화재 지정 이전에 영산사람들은 이 두 개의 전통연희를 〈나무소싸움〉 또는 〈나무소싸움굿〉과 〈줄땡기기〉 또는 주로 〈줄굿〉이라고 불렀다. '줄굿하러 가자', '줄굿보러 가자'고 했지 '줄다리기하러(보러) 가자'고 한 적은 없었다. 그런데 한문 식자들은 전자를 목우전(木牛戰)으로, 후자를 짚을 여러 겹 꼬아 만든 줄을 만들어 땡긴다고 대삭전(大索戰) 또는 짚이 없을 때는 칡넝쿨을 여러 개 꼬아 땡긴다고 갈전(葛戰)이란 한자말로 바꾸었다. 그런데 두 문화재의 지정을 위해 이를 조사한 보고서에 서울 출신 문화재위원들이 이 둘을 서울방언 식으로 〈쇠머리대

기〉와 〈줄다리기〉로 바꾸어 썼다. 이 보고서를 토대로 문화재로 지정이 되자 지금은 영산 현지사람들도 본래의 이름을 버리고 모두 이것을 그대로 따라하는 것과 비슷한 과정으로 그게 두레가 되었을 것이다.

두레의 구성

1. 마을에 사는 16세부터 55세까지 건장한 남자라면 한집에 2명 이상이라도 모두 가입해야 한다.

2. 보통 두레의 구성원 수는 20~50명이고 이를 초과하는 마을의 경우 작업의 편의상 20~30명 규모의 2개 이상의 소두레로 나누어서 일했다.

3. 두레에는 여성이 제외되었다. 그 이유는 뉴욕타임스가 그의 서거 뒤에 쓴 부고기사에서「어떤 위치에서도 총을 겨눌 수 있는 지적 저격수」로 극찬한 이반 일리치(1926~2002년, 20세기 후반의 급진적 사상가)가 개념화시킨 성별(性別) gender) 분업 결과다. 굳이 부연하자면 여성은 남성에 비해 아무래도 힘이 모자라서 두레의 중노동을 감당하기 어렵고, 또 노동을 놀이로 통합하는 두레에 여성이 함께 있으면 서로 언행에서 부자유스럽기 때문에 남성과 여성들은 자기들 적성에 맞는 일을 분리해서 한 것으로 보인다.

4. 여성 외에도 15세 이하의 미성년자, 병약자, 55세 이상의 노약자는

두레에서 제외되었으나 두레의 공동노동 혜택은 동일하게 받았다.

5. 두레 가입절차는 힘을 증명하는 돌들기, 주먹다듬이였는데 후기에는 막걸리 두어 말 정도를 내어 나누어 먹는 진서턱도 있었다. 타동에서 떠돌아온 머슴은 고용주가 두레꾼에게 주연을 대신 베풀었는데 이를 '바구리'라 부르기도 했다.

6. 탈퇴는 연령(55세 이상) 초과 외는 질병, 사고 등으로 절차가 매우 까다로웠다.

7. 두레의 역원은 보통 6명으로 구성되며 명칭은 다음과 같다.
① 두레의 대표는 지방에 따라 영좌, 좌상, 행수, 영수, 반수, 좌장, 황시(영산) 등으로 불렀다.
② 대표를 보좌하는 역원은 도감, 공원, 집사, 소임 등으로 불렀다.
③ 작업진행 책임자는 수총각, 총각대방 등으로 불렀다.
④ 작업진행 책임자인 수총각을 보좌하는 역원은 조사총각, 진수군 등으로 불렀다.
⑤ 회계와 서기 일을 맡은 역원은 보통 유사로 불렀다.
⑥ 가축방목을 감시하는 역원은 방목감이라 했다.

8. 회의는 민주적으로 운영되었고 역원 선출은 전원 합의 추대 형식이었다. 역원도 노동에 면제되지 않아 구성원들과 똑같이 일했다. 임기는 1년이나 과오나 문제가 없으면 연임할 수 있었다.

9. 두레의 근거지는 마을의 서낭당집이나 당나무로 삼았다. 그러나 마을 형편이 넉넉하다면 농청, 공청, 동사, 공회당 등으로 부르는 두레집(근거지)도 갖고 있었다. 두레집은 두레의 권위와 상징인 〈農者天下之大本〉의 농기와 농기구를 공동 보관하고 필요시에 여기서 두레회의를 개최했다. 본격적 두레 시절에는 두레집이나 농기가 세워진 공동 일터 앞을 지나는 양반도 말에서 내려 경의를 표하고 걸어가야 했다.

10. 두레와 농기 간에도 그 크기나 역할에 따라 선생두레, 제자두레, 형님두레, 아우두레 식으로 부르며 합당한 예의로 서로간의 마찰 대신 상호연합했다. 고을단위의 춘경굿과 줄굿 등 마을연합 대동굿은 이 마을 두레들의 연합으로만 가능했다.

11. 지역에 따라 두레에 가입할 수 없는 15세 미만의 아이두레와 55세가 넘어 퇴역한 사람들의 노인두레도 있었다.

12. 남성들의 두레와 별도로 여자들은 마포를 짜는 〈삼두레〉, 〈두레삼〉과 면포를 짜는 〈베두레〉, 〈두레베〉를 만들기도 했다.

두레의 공동노동

1. 두레작업의 종류는 물대기(물잡이), 모내기, 김매기, 추수 등인데 이 4가지 작업을 모두 하는 경우와 추수를 뺀 3가지를 하는 경우, 모내기

와 김매기만 두레로 하는 경우 등이 있는데 물대기(물잡이), 모내기, 김매기 등의 3가지 작업을 두레로 하는 경우가 제일 많았다.

2. 두레작업의 대상농지는 ①마을공유지 ②과부, 병약자 등의 두레구성원 아닌 마을주민의 자작지와 소작농지 ③두레구성원들의 자작지와 소작지 ④소규모 지주의 자경농지 등 마을 전체의 농지였다.

①은 의무경작지 ②는 무상으로 두레노동을 제공하는 공공부조형 경작지 ③은 상호부조적 경작지 ④는 일의 대가를 지불받는 소지주의 농지다. 소지주가 머슴을 고용해 두레에 참가시켜도 두레의 평균 경작 면적을 초과하는 경작지로부터는 두레 유사의 계산에 따라 그 지주가 받은 혜택에 대한 반대급부를 두레에 현물로 지불받는 것이 관례였다.

3. 두레농지의 작업순서는 ①일의 완급 ②관습에 따르는 원칙 아래 융통성을 발휘하기도 했다.

4. 두레 공동작업의 출역 순서는 다음과 같다.
① 그해의 첫 작업을 앞두고는 돌들기와 진서턱 등의 두레 가입의식, 풍물공연 등과 함께 두레집에 호미를 거는 호미모둠의례를 한다.
② 작업장 출역은 두레 근거지에서 농지가 아주 가까우면 구성원들이 개별적으로 작업장에 모인다. 그러나 대부분은 해뜰 무렵 두레집에 집합하여 농기를 앞세우고 길군악을 치며 대오를 지어 작업장으로 이동한다.
③ 작업장에 도착하면 농기와 영기를 논둑에 꽂거나 나무 등에 기대 세우고 영좌와 수총각의 지시에 따라 작업을 시작한다.

5. 두레공동노동의 첫째 특징은 노동의 놀이화와 효율성이다.

① 이를 위해 두레꾼 중에서 소리 잘하는 사람을 뽑아 그 일에 알맞은 리듬의 〈앞소리〉, 〈선소리〉를 멕이면 두레꾼 모두가 뒷소리를 합창하며 그 리듬에 따라 일한다.

② 흥을 돋구고 박자를 주기 위해 앞소리꾼은 일을 하지 않고 북이나 장고, 꽹과리 등을 치며 작업 대열과 함께한다.

③ 전통민요는 이런 두레 노동현장에서 거의 즉흥적으로 공동 창작한 작품이다.

6. 두레노동의 두 번째 특징은 〈공동식사〉와 〈공동휴식〉이다.

① 〈공동식사〉를 농민들은 〈젖은조리〉로 개인집의 식사는 〈마른조리〉라며 〈젖은조리〉를 반겼다.

② 〈젖은조리〉는 연대·연합공동체의 상징이다.

③ 공동식사는 부인두레가 조를 나누어 차례로 준비하거나 농가별로 순번을 정해 윤번으로 정성껏 준비하는 마을성찬이었다.

7. 공동식사 뒤에는 반드시 공동휴식이 있었다.

① 한여름 논매기 두레일 때의 점심 뒤에는 한더위를 피하기 위해 서너 시간 동안 나무그늘 등에 흩어져 낮잠을 자기도 했다.

② 식사와 이 휴식시간을 합쳐 〈참때〉라고 불렀다.

8. 두레참은 ①아침 ②곁드리(중참) ③점심 ④곁드리 ⑤저녁으로 보통 5참이다.

9. 두레노동 시간은 아침 해뜰 때부터 해질 때까지 약 12시간이었으나 5참과 휴식시간을 뺀 작업시간은 8시간 이내였다.

두레의 중요의식

1. 호미모둠

① 두레의 공동작업인 물대기나 모내기 직전에 두레꾼들이 두레집에 모여 각자 호미를 모아 걸고 역원을 선출한 뒤 향연을 여는 일종의 결의, 결단의식이다.

② 이때에 두레 가입대상자들의 신참의례(돌들기 등 힘자랑과 진서턱 등의 주연)를 겸한다.

③ 이후부터 호미가 필요할 때는 모두 두레집에 모여 각자의 호미를 가지고 일을 한 뒤 다시 두레집으로 돌아와 호미를 걸어두는 의식이다.

2. 두레 장원 의례

① 두레작업의 대단원인 세벌 논매기를 끝내는 날에는 그해에 가장 일을 잘한 두레장원을 해마다 뽑았는데 그 대상은 주로 마을의 상머슴 중에서 뽑혔다.

② 두레장원에게는 머리에 꽃이나 버드나무 잎으로 화관을 만들어 씌우고 먹물로 얼굴을 화장한 뒤 베로 장식한 황소 등에 태웠다.

③ 풍물을 치며 〈오잔소리〉라는 노래를 합창하며 두레집에서 두레장원의 집을 거쳐 마을을 한 바퀴 돈 뒤 두레장원집이나 머슴일 경우 고용주

집에서 등풍연이라는 주연을 의무적으로 베풀었다.
④ 영산죽전에서는 이 두레장원놀이 때 두레장원에게 삿갓을 뒤집어 쓰게 하고 황소도 뒤를 보고 거꾸로 타게 해서 '깽이말탄다'고 했다.

3. 호미씻이
① 그해의 마지막(세벌) 논김매기 작업을 끝낸 뒤에 호미를 깨끗이 씻어 걸어둘 때 벌이는 의식이다.
② 두레 공동작업의 성과를 총결산하고 그 노고를 자축하는 두레 최대의 굿이다.
③ 이 의례의 이름은 낟알이, 공굴, 공회, 백중놀이, 두레놀이, 깽이말타기, 시무구지놀이, 머슴놀이, 술매기 등 지역에 따라 마을에 따라 다양하고 특이했다.
④ 날짜는 주로 백중날이었고 사정에 따라 그 전후로 정했다.
⑤ 장소는 두레집, 정자나무나 당산나무 밑 그늘과 공터가 있는 두레근거지였다.
⑥ 내용은 마을회의, 풍물놀이, 향연 순으로 구성했다.
⑦ 이때의 마을회의는 이 행사를 위한 약식회의였다
⑧ 호미씻이 때의 풍물놀이는 두레작업 시의 기본풍물을 두 배 이상 늘리고 무동, 포수, 중, 각시, 양반, 창부, 탈광대 등 잡색을 다 갖춘 장대한 연희풍물이었다.
⑨ 향연은 소, 돼지를 잡아 풍성하게 벌이는 온 동네 큰잔치였다.

4. 이밖에도 다음과 같은 두레의식이 있었다.

① 가을걷이가 끝나면 두레유사가 결산보고를 하는 총회를 했다. 이때 마을 공유지의 수확물과 두레구성원들의 평균 소유농지보다 많은 소규모 지주로부터 거둔 반대급부(현물)는 두레유사의 계산에 따라 두레예산안과 땅이 없거나 규정 이하의 소농지를 가진 두레 구성원들의 분배 몫으로 제안되고, 가결된다.

② 섣달이나 새해 정초에는 두레 구성원 외에 마을 전체구성원이 참가하는 대동회의를 주도해 열었는데 대동회의는 전원 합의가 이루어질 때까지 열흘 이상 한 달이 걸리기도 했다.

③ 호미씻이 의식 못지않게 두레가 주도하는 큰 행사로는 풍물대동의례굿이었다.

④ 무당굿이 고정된 장소에서 부녀자 중심의 소규모 굿이고, 성황제가 선택된 제주가 한밤중에 도적질하듯 조용히 지내는 고립적 지배주의 의식인데 비해 풍물대동의례굿은 두레패가 주도하여 마을의례굿을 치르고 온 동네를 순행하는 떠들썩한 말 그대로의 동네굿이었다.

⑤ 두레가 주도하는 풍물대동의례굿은 산신 또는 당산에 바치는 상당굿, 마을 공동우물에 바치는 중당굿, 마을 어귀에 세워둔 솟대나 장승 등에 드리는 하당굿 그리고 마을의 가가호호를 도는 지신굿으로 구성했다.

두레와 풍물

1. 두레와 풍물은 뗄 수 없는 하나다. 그래서 두레를 풍물패니 풍장패로 부르는 곳도 있다.

2. 신용하 교수는 '농악이 두레에서 발생했다'고 단정하기도 한다. 이것은 반은 맞고 반은 틀린다. 우선 농악이란 두레 음악명칭부터 두레농민 자신이 정한 명칭이 아니고 외부의 제3자가 의도적으로 작명한 것이다.

① 17세기 이후에 나타난 두레 이전에도 전통적인 제의용 또는 놀이용 풍물이 있었다. 이 풍물을 두레가 도입하여 그에 맞는 악기로 개조하고 농사일에 맞는 리듬이나 박자를 새로 만들어 전통굿물과 색다른 풍물장르를 만들었다는 뜻에서는 '두레에서 농악이 발생했다'는 맞는 말이다.

② 하지만 두레풍물 이전에 의례용 전통굿물이 오래전부터 있었고 이를 계승 발전시킨 연희풍물도 따로 있었다는 점에서는 틀린다.

③ ㉠농기 ㉡영기 ㉢상쇠(꽹과리) ㉣징 ㉤장고 ㉥큰북 ㉦작은북 ㉧법고 ㉨날라리 등의 기본악기로 구성해서 농사일과 함께하는 두레노동시의 풍물을 농악으로 부르는 데는 부분적으로 동의한다.

④ 그러나 이 기본악기에다 부쇠, 삼쇠, 부징, 부장고, 부소고, 삼소고, 부법고, 삼법고 등의 악기와 무동, 포수, 중, 각시, 양반, 창부, 탈광대 등의 연극적 배역을 추가하여 30명 이상이 마을대동굿과 걸립굿 등을 공연하는 연행단은 농악이라기보다는 그 장르가 다른 굿물이나 연희풍물로 부르는 것이 합리적이다.

3. 연희풍물은 농민층의 분해와 함께 다음과 같이 또 분화(장르화)한다.

① 걸립패풍물: 풍물에 재능 있는 두레 구성원들이 생계에 보탤 목적으로 풍물패를 따로 조직하여 마을 부농이나 장마당까지 돌며 반대급부를 받고 치는 풍물패다.

② 걸립패풍물은 잡색의 비중을 높이고 애초에 두레풍물패가 하던 당산굿, 샘굿, 장승굿, 고사굿, 마당굿, 판굿, 터주굿, 조상굿 등 마을대동굿을 대신 벌려주고 그 대가를 받았다. 연희풍물굿의 상쇠놀이, 장고놀이, 법고놀이, 열두발상모돌리기, 무동놀이 등의 개인기는 이 걸립풍물패의 추가적 창작물이다.

③ 또 하나의 분화는 남사당패풍물이다. 이 패는 처음부터 생계목적으로 조직하여 장마당과 여러 마을을 전전하는 직업적 전문 연희풍물패다.

④ 남사당패는 줄타기, 땅재주, 버나돌리기, 광대놀이, 꼭두각시놀이 등 재주를 추가한 연행공연 등에 중심을 두고 풍물은 이의 보조도구화했다.

⑤ 풍물은 애초의 제의용 굿물에서 군대의 군물로, 두레의 풍물로, 다시 마을대동굿의 굿물과 걸립패의 연희풍물을 거쳐 남사당과 오늘의 사물놀이 등의 직업풍물패 등으로 장소와 때에 따라 변형발전 장르화했다고 정리하는 것이 타당할 것 같다.

두레의 사회적 기능(신용하 교수의 분석)

1. 협동생활 훈련의 기능
① 협동생활의 훈련 기능이라기보다 두레 곧 협동생활자체다.
② 두레는 노동의 상품화를 전제한 자본주의 체제 하의 노동조합과는 달리 소농중심의 농사노동의 한계를 극복하기 위해 공동노동으로 생산을 하는 조직으로 요즘 식으로 표현하면 소농 협동조합(연합)이다.

2. 노동의 쾌락화 기능
두레는 고된 농사일을 즐겁고 흥겹게 하는 노동의 놀이화 기능을 한다.

3. 노동능률제고의 기능
두레의 공동노동은 개별노동보다 50% 이상의 노동성과를 올린다.

4. 공공부조의 기능
두레 구성원의 서로 간에는 공동부조기능을, 두레에 참가할 수 없는 병, 노약자와 과부 집에는 공공부조를, 농지가 없는 두레구성원에게는 생계보장부조 등을 수행한다.

5. 공동오락의 기능
두레는 풍물굿과 기타 공동놀이 문화를 만들어 농민생활과 생활향상을 제고한다.

6. 생활활성화 기능
자연재해와 지배층의 착취에 시달리는 농민에게 두레는 생기와 활기를 불어 넣어 농민으로서의 자부심을 배양해준다.

7. 공동규범의 기능(자기통치기능, 자주관리기능)
농촌마을에 스스로 규율과 규범을 주는 자기통치 및 자주관리 기능을 했다.

8. 사회통합의 기능

공동노동과 공동규범으로 마을 내부와 마을끼리의 분열과 갈등을 조정하는 사회통합 기능을 한다.

9. 공동체의식 함양의 기능

〈이익사회〉 즉 경제사회의 원리가 농촌공동체를 포위해서 언제나 위협하고 있음에도 두레는 공동노동, 공동놀이, 공공부조, 공동향연, 대동굿 등을 통해 공동체의식을 함양하고 제고했다.

10. 농민문화 창조기능

두레는 공동노동과 공동의례(풍물대동굿 등)를 통해 공동체놀이, 음악, 시가, 무용, 민속 등의 민중문화를 낳는 산실이었다. 근대 이전의 공동체 구성은 농민층이 대다수였으므로 이 두레 문화야말로 우리 전통 공동체문화의 근간이자, 그 자체였다.

두레의 쇠퇴와 소멸

1. 두레는 1910~1945년 일제강점기의 식민지 억압정책에 따라 쇠퇴, 소멸된다.

2. 신용하 교수가 분석한 두레 소멸 이유는 다음과 같다.
① 일제의 화폐 경제의 농촌 침투로 이익 계산이 일반화되었다.

② 토지조사사업으로 마을공유지가 대부분 국유 또는 사유화되어 그 물질적 토대가 붕괴되었다.

③ 일제의 강력한 중앙집권적 식민통치가 마을자치성을 탄압하여 해체했다.

④ 토지조사사업을 통한 농지의 수탈로 많은 농민을 무토지 임금노동자화 시켜 두레 기반을 구조적으로 해체했다.

⑤ 두레 구성원과 중노동에서 면제받은 여성에게도 일제는 '몸빼'를 입혀 모내기 등의 무논일에도 강제 동원해서 임금노동자화 시킴으로 두레의 성별 분업의 정체성을 파괴했다.

⑥ 일제수탈이 자작소농을 대거 해체시켜 두레의 계층적 기반을 약화시켰다.

⑦ 일제의 자가 막걸리금지법과 풍물에 대한 적대(독재정권은 풍물, 민중음악을 탄압한다) 정책도 두레 해체에 일조했다.

⑧ 일제의 농업경영 기업화와 선 채로 미는 인력제초기의 보급도 공동 김매기 해체에 크게 영향을 미쳤다.

⑨ 일제의 마을 두레자치에 대한 노골적 탄압과 두레 대신 〈공동작업반〉〈애국반〉등을 도입 대체한 것도 그 소멸 이유다.

3. 이 같은 일제의 조직적이고 다각적인 두레 해체정책에도 불구하고 1950년 6·25전쟁 이전까지는 일부지역에는 간소하고 변질된 형태로나마 남아 있었다. 그것은 과부나 노약자만 있는 집에 무상노동을 제공하던 전통적 두레관행을 일정한 대가를 받는 유상노동화하는 식이었다.

4. 6·25 이후에는 두레의 공동노동은 완전히 사라졌으나 마을두레의 상징인 공동농지(동답)와 당산나무와 당집 등의 두레 흔적은 남기고 있었다.

5. 그런데 1970년대 박정희가 강제한 새마을운동 때 새마을노래 가사대로 "초가집도 없애고, 마을길도 넓"히자며 그때까지 소규모지만 상징적으로 남아있던 마을 공동농지와 당집을 거의 없애고 새마을회관 등을 건립했다.

두레의 기원과 그 전개과정

1. 신용하는 『삼국지 위지 동이전』과 『삼국사기』 등의 문헌에 근거하여 두레의 기원을 삼한시대로 본다. 그가 생각하는 두레 발생의 계기와 발전 단계는 다음과 같다.
① 제1단계 두레-삼한시대부터 통일신라기까지
　삼한시대가 되자 공동 경작하던 마을공유지의 많은 부분이 사유지화되고 가족별 경작으로 대체되자 촌락 경제공동체가 해체된다. 이로 인한 농업 생산노동의 가족화 또는 개별화에는 많은 문제나 애로가 따른다. 이의 극복을 위해 소유는 사유이되 생산노동은 공동·공유하는 마을협동이 태동한다. 이렇게 시작된 마을협동은 삼국시대까지 이어진다.
　이 단계는 사회신분과 계급분화가 크지 않던 사회조건에서 마을의 모든 성년이 마을공동노동에 의무적으로 참가한다. 또 이때의 두레는 농사의 공동경작뿐만 아니라 수렵, 어로, 자연재해, 외침 등에 공동으로 대처한 총체적 자치공동체다.

② 제2단계-통일신라에서 조선왕조 말까지

마을에도 사회신분과 계급분화가 진전되어 귀족과 지주는 빠지고 오직 자영소농과 소작농민층과 일부 소규모 지주의 해당 연령대만 의무적으로 참가한 두레다. 이 단계의 두레는 주로 벼의 수전농과 수경이앙농사의 보편화로 물대기, 김매기 등의 노동수요가 폭주하자 이런 농사일에 주로 대응하기 위한 두레로 본다.

③ 제3단계 두레-일제강점기의 두레

일제에 의해 마을까지 침투한 화폐경제와 두레 탄압, 해체의 식민정책으로 변질된 내용과 쇠퇴, 소멸상태의 두레다.

2. 그러나 이런 식으로 두레의 기원을 올려잡으면 원시공동체까지 거슬러 올려잡을 수도 있다. 원시사회는 삼한시대보다 더 완벽하게 철저한 공동체사회였으니까. 이런 주장을 두레 기원의 원시 잔재설이라고 한다.

① 계급도 국가도 없었던 원시공동체, 즉 삼한시대 이전까지의 공동체는 사회의 전 구성원이 모두 참가했던 자생적 생활공동체였다.

② 그런데 삼한시대 이후 계급국가가 출현한 뒤의 공동체는 피지배 민중만 자신들의 농업생산과 문화적 삶을 위해 의도적으로 기획한 부분적 자치공동체다.

③ 삼한시대의 도(徒)까지가 계급 미분의 원시공동체에 가깝다면 초기에는 명산대천을 찾아 제사 지내는 의례집단이었다가 통일신라기를 앞두고 무사집단화한 화랑도, 팔관회와 연등회로 민중들을 결속 지배한

유명한 고려의 향도, 조선시대의 양반사대부가 주도한 향약 등은 반민반관의 지배공동체였다. 지배공동체가 전통적(원시적) 민간 자생자치공동체로부터 전혀 영향을 안 받을 수는 없겠지만, 그렇다고 그 전통을 그대로 이었다고는 할 수 없다.

④ 한번 단절된 원시공동체나 민간 자치공동체 전통을 다시 되살려내는 것은 그 계승이라기보다 사실은 창조적 복원 또는 재창조다.

3. 그런 뜻에서 두레도 전통공동체의 단순한 계승이라기보다 삼남의 이앙농 지역의 요구로 새로 만든 벼농사 중심 농촌공동체다.

황두공동체를 계승한 두레

1. 하지만 평지돌출 없고 하늘 아래 새로운 것이 없다고 굳이 두레의 기원이나 전신을 찾자면 그것은 조선시대에 건답직파가 주류였던 농촌 지역에서 고려의 향도를 대체해서 자생한 '황두'라고 할 수 있다

① 1950년대 후반 북한에서 협동농장을 만들기 전에 북한과학원 고고학 및 민속학연구소가 청천강 하류 지역의 문화재 등을 조사하다가 1930년대까지 전래되었던 공동 농사공동체인 '황두'를 발견했다.

② 북한 학계가 발견한 황두를 자신의 책 『두레』에 소개한 주강현은 고려 향도와 조선의 황두가 머리소리가 같다며 향도의 계승이 황두라고 주장하고 있는데 이는 전혀 무관하다고는 할 수 없어도 좀 억지스럽다.

③ 앞에서도 말했지만, 향도는 불교식의 팔관회와 연등회로 유명한

고려호족과 향리들이 주도한 현, 군, 주(州) 단위의 대민지배공동체(지방정부)다.

④ 황두가 하는 공동노동의 대상은 주로 밭이나 직파건답의 제초 등의 농사일로 향도와 거의 비슷했지만, 그 주체 및 조직 단위와 활동, 기능은 호족이 주도한 군 단위 이상의 향도와 전혀 다른 마을 주민과 자치 단위의 두레와 너무 비슷했다.

2. 남쪽의 수경이앙농지역에서는 이미 17세기부터 두레라는 농사공동체가 주류를 이루었는데 북한 등의 건답(밭작물) 직파지역에서는 두레 아닌 황두가 그때까지 넓게 계승되고 있었던 것이다.

① 황두는 고려의 향도가 해체되자 이로부터 해방된 농민들이 아직 건답직파가 주류였던 조선 초기에 향도를 대체하여 만든 마을 단위의 공동노동 및 문화의 자생자급자치 공동체였다.

② 청천강 하류의 그 지역은 들은 넓고 토질은 비옥했으나 수리시설이 없어 북한정권이 연풍호를 건설할 때까지는 건답직파 지역이었다.

③ 건답직파는 수경이앙농에 비해 김매기는 4배 이상 더 힘들이고도 수확량은 반수 이하다. 그 같은 물질적 조건의 격차로 건답직파 지역은 조선 초기부터 발생한 느슨한 결속의 황두를 그대로 계승했고, 적기와 시기에 쫓기는 수경이앙농 지역은 보다 긴밀한 결속의 두레로 재탄생이 가능할 수 있었던 것 같다.

3. 황두는 건답직파 밭벼와 기장, 조 등 밭농사를 주작업 대상으로 한다. 그러나 수경이앙벼를 주대상으로 하는 두레와 일하고 노는 방식이

나 그 기능은 그 규모에서 차이가 날 뿐 거의 동일했다.

① 황두는 북한 청천강 지역에서 비교적 늦게까지 계승된 계기로 북한 학계에 의해 요행히 발견되었다 뿐이지 그 지역만의 농사공동체가 아니다.

② 영산 큰들도 일제 말기에 구계저수지를 막기 전까지는 비가 안 와 벼 파종적기를 놓치고 대파한 메밀밭에 벌떼들이 윙윙거리는 건답직파 지역으로 두레 이전에 또는 두레와 함께 황두가 있었을 것이다.

③ 그래서 황두는 조선 초기에 태어나 두레의 기원 또는 전신으로 큰 영향을 주고 조선 후기 한때는 두레와 동시대적으로 공존 공생한 형제지간이라 할 수 있다.

전통공동체의 대체와 계승

1. 결론부터 말하면 공동체(두레)는 지금도 파괴적 계승으로든 창조적 계승으로든 계승되고 있다.

① 태초의 인간에게는 국가사회 아닌 원시공동체가 있었다. 계급국가 출현 이전에 사람속이 출현한 약 180만 년 전부터 지속된 이 공동체는 혈연적인 씨족공동체나 부족공동체였다. 이 공동체는 부모자식 간의 태생적 서열은 있었지만 계급, 수탈은 없는 원형적, 이상적 공동체였다.

② 약 1만 년 전 농업혁명으로 인한 식량의 잉여가 공동체 간의 전쟁을 불러오고 약 5천 년 전부터 이의 독점을 위한 국가를 출현시키자 계급이 없던 말 그대로의 공동체는 국가에 의해 파괴되고 국가라는 지배기구와

백성이라는 피지배공동체로 나누어진다.

2. 우리가 사는 이 국가 지역의 경우 『삼국지 위지 동이전』 삼한조의 진한 풍속에 「그들은 서로 부르기를 모두 도(徒)라 한다(相呼皆爲徒)」와 『후한서』한조에 "삼한 사람들이 5월 봄갈이가 끝난 후에 귀신에 제사지내고 밤이 다하도록 술과 음식을 먹으며 무리(徒)를 지어 노래하고 춤추며 10월의 농사가 끝난 후에도 이와 같이 한다"는 기록 중의 도(徒), 즉 무리(徒)가 바로 피지배 민중공동체(두레의 전신)에 관한 최초의 기록이다.

3. 고려호족의 지역경제와 정치결사체(공동체)였던 향도를 중앙집권의 강화를 위해 해체하며 대신 고려 성종이 자신의 집권 2년(983년)에 도입한 제도는 중국 황실의 의례인 원구단기곡제와 즉위 6년(987년)의 사직제였다.
① 사직제를 최초로 도입한 당시의 고려 성종 때는 우리 땅의 백성 주식은 북부지방에는 조, 기장이었으나 왕실의 주식은 남부지역 주민들이 주로 재배하던 벼였을 것이다.
② 그런데도 땅귀신사(社)와 기장곡식직(稷)에 제사지내는 사직제를 도입한 것은 이 사직제 제정 당시의 중국 황실의 주곡식이 기장이었거나 통치 백성들의 주식이 기장이었기 때문에 그랬던 것을 우리 지배층이 아무 검증 없이 그대로 도입했기 때문이다.
③ 기장밥을 먹지도 않는 왕실이 이후부터 선조의 사당인 종묘(宗廟)와 땅 귀신과 기장곡식의 제사인 사직(社稷)을 왕실과 왕조의 상징으로

삼았으니 사대주의의 아이러니가 아닐 수 없다.

4. 민중 통제를 위한 중앙집권적 조선의 사직제에 대항하고 고려 호족의 향도를 대체하는 민중공동체가 조선 초기부터의 황두와 후기의 두레였다.

① 중국의 역사책은 이미 삼한시대 때 우리의 최초 민중적 공동체를 도(徒)로 기록했는데, 이 땅의 지배자들은 그 한참 뒤부터 사(社)로 불렀다. 그것도 공식적 기록이 아니라 어떤 사건이 터지자 이것을 수습하는 어전회의에서 지나가는 말로 기록한 것이다.

② 1737년(영조 13년) 호남별견어사로 임명된 원경하가 전라도 부안에서 두레(社)의 농기와 농악기가 민중반란 시의 군용물이 될 수 있다는 과잉대응으로 이를 몰수해 관아에 두었다. 이것을 부안현감 안복준이 편철로 팔아 착복했다. 이 착복사건을 1738년 전라도 암행어사 남태량이 국왕에 보고, 탄핵한 기사가 『승정원일기』 등에 실림으로써 두레가 사(社)로 그 구성원은 민배(民輩)가 되어 왕조역사에 최초로 등재된다.

③ 한자 社(사)의 뜻은 ㉠땅귀신 사 ㉡단체 사 ㉢사일(입춘과 입추 각 5일 뒤에 땅귀신에게 제사지내는 날) 사 ㉣제사지낼 사 등이다.

④ 그러니까 당시 지배계급들은 두레를 땅귀신 들린 백성무리들이 패거리를 지어 농사를 함께 짓고 땅귀신 제삿날에 제사나 지내다 반란을 일으킬지 모르는 불온한 집단으로 이해한 것 같다.

⑤ 두레 농민을 땅귀신 민배로 노골적으로 천시해서 기분은 매우 나쁘지만 완전한 오기는 아닌 것 같다. 상징적으로는 맞는 측면이 있다.

⑥ 두레의 가장 큰 역할은 땅을 상대로 농사 노역을 공동화하고 온갖

정성을 바쳐 먹고 살 곡식을 최대로 수확하는 데 있었다. 두레의 또 하나의 큰 역할 역시 마을사람들이 땅(地神)과 하늘(天神)과의 소통로인 산신과 지신 등에 최대의 의례를 바치는 마을대동의례굿이었다.

두레(社)는 사라지고 회사(會社) 세상이 되었다

1. 모든 자연을 생명 그 자체로 신성시하던 전통 물활론 시대에도 모든 자연을 투기의 대상화시킨 지금도 생존의 기본은 땅에 있다.

① 그래서 민생의 두레사적(社的) 삶을 지배의 장애물로 못마땅해 하던 지배층이 그 대안으로 강제했던 것도 땅귀신과 기장곡식신의 제사터인 사직단(社稷壇)에서 그 제사를 지내는 사직제(社稷祭)였다.

② 고위직 벼슬아치에서 물러난 유명한 성리학자들에 의해 지역자치조직 격으로 여씨향약을 도입했지만 이 또한 중국에서 도입한 백성 교도용 이데올로기 조직이었다.

2. 그러나 두레는 고려 성종이 사직제를 도입하던 10세기로부터 약 700년이 지난 17세기 이후의 벼 이앙농법에 따른 민중들의 물질적 여유와 그 농사노동의 집약적 강도에 대한 자구책으로 만든 자생자치조직이다.

① 두레를 한자로 기록할 수밖에 없었다면 땅 귀신 사(社) 대신 삼한시대의 무리 도(徒)를 찾아 썼어야 옳다.

② 도(徒)가 비계급적 공동체 이미지라서 배제하고 싶었다면 그 민중

집단의 생활특징을 살려 〈農社〉나 〈農契〉쯤으로 기록했음이 타당했다.

3. 지금은 왕실과 함께 종묘와 사직도 가고 없다.

① 원구단기곡제나 사직제를 대신해 도입한 것이 군대의 영기를 대체한 국기와 민중의 정서와는 무관한 애국가와 군대식 계급국가와 그 중앙집권국가의 책임분산과 면피용 제도인 법원과 선거제 국회 등의 이른바 형식적인 3권 분리제도다.

② 말뿐인 3권 분리제 또한 우리 민중자치 전통 아닌 사직제처럼 선진 종주국에서 모방해온 국민지배용 장치다.

③ 민중자치 전통인 두레(社)를 대신해 대대적으로 도입한 제도 역시 선진 자본주의 국가에서 만든 회사(會社)였다.

4. 하지만 전통 자치두레의 한자 표기인 사(社)와 오늘날의 회사(會社)는 그 이름과 땅을 탐한다는 점에서 비슷해도 그 내용은 전혀 다르다.

① 두레의 사는 땅을 탐해도 소유 투기가 아니라 그 땅이 산출해주는 곡식에 대한 탐이었다. 그러나 지금의 회사가 탐하는 땅은 농사가 아니라 소유와 투기가 목적이다.

② 이보다 더 큰 차이점은 두레 사(社)는 땅이 하나도 없는 구성원일지라도 같은 마을에 사는 일정한 연령의 마을 남성이면 의무적으로 가입해서 농지를 많이 가진 구성원으로부터 거두어들인 반대급부(곡식)를 분배받았다. 하지만 회사는 자신의 출자주식의 비례에 따라 의사결정권과 이익분배를 갖는다는 점에서 크게 다르다. 그러므로 회사는 두레 사(社)와 달리 땅이나 주식을 못 가진 자에게 철저하게 배타적이고 오직 가진

자만의 모임인 것이다.

③ 이보다 더 큰 차이점은 지속 가능성과 불가능성이다. 수경이앙농의 노동력집약 필요에서 농민들이 스스로 재구성한 두레는 땅을 자신들을 위해 농작물을 거듭 재생산해주는 지신(地神)으로 모시는 지혜로운 농사집단이었다. 지금 두레는 사라지고 없지만 이앙농 벼농사는 아직도 지속되고 있듯이 좀 더 지혜롭게 대처하면 농사두레는 영원히 지속가능한 공동 노동행위였다.

④ 그러나 땅을 농사가 아니라 소유와 투기와 자본과 자원으로 취급하는 회사들은 땅의 지속적 재생산은커녕 그 개발 파괴를 가속시키는 땅귀신들이다. 수많은 회사들이 이미 명멸해 갔듯이 수많은 땅 유령들이 다시 회사의 탈을 쓰고 출몰하겠지만 땅을 섬기는 대신 자원으로 파괴하는 회사는 지속이 결코 불가능하다.

⑤ 그래서 국민 국가에 의한 전 사회의 회사화는 진정한 두레공동체의 복원이라기보다 환골탈태요, 긍정적 창조적 복원이 아니라 부정적 파괴적 계승이다.

후기 - '두레'를 '소농연합'으로 해석하고 보니

1. 이 글의 꼭지 제목인 '두레-소농연합'에서 두레를 '소농연합'으로 해석한 이유는 다음과 같다.

① 영어 a co-operative union의 번역인 '협동조합'은 왠지 소비조합, 생산조합식의 협의적인 단위조합과 억압적 공동체의 이미지를 준다.

② 이에 비해 우리가 창조적으로 복원해야 할 소농두레는 오웬, 프리에, 프루동 등의 연합주의 협동조합의 선구자들이 이미 썼듯이 보다 자유롭고 수평적 계약관계의 이미지인 연합, 협회, 조합(association)과 지속가능한 소농을 결합한 소농연합이 적합하고 창의적인 것 같았다.

2. 그런데 이 원고를 탈고한 지 약 1년이 지나 얼마 전 타계한 김종철 선생의 책 『땅의 옹호』(녹색평론사, 2008년)를 다시 읽다가 소농연합은 이미 마르크스가 『자본론』 Ⅲ권에서 사용한 용어와 개념이었다는 것을 알았다.

① 나는 『자본론』을 통독한 적이 없다. 대학시절에 당시에는 금서였던 『자본론』에 일차 도전을 했다가 그 끝도 없이 등장하는 경제학 수식과 인용 자료들에 근거한 치밀하다 못해 지루한 분석에 질렸다. 게다가 당시 학비와 생존까지 자급하느라고 늘 쫓기던 내게 그 같은 비전공 전문서적을 제대로 소화할 능력도 시간도 없었다. 내가 농사 대신 만약 인문·사회과학으로 밥을 먹고 살아야 했다면 아무리 지루하고 귀찮아도 정독을 하지 않을 수 없었을 것이다. 그런데 학부를 끝낸 뒤 바로 귀향하여 소농을 실천하고 살았던 내가 굳이 전문 이론서인 그 책을 정독할 시간이 여전히 없었고 필요도 느끼지 못했다.

② 마르크스의 당대적 관점은 더러 빗나갔고, 특히 마르크스와 레닌의 공산주의 사상의 계승을 자칭한 사회주의국가의 소멸 이후 필연적으로 온다던 공산주의 대신 자본주의가 됨으로써 그에 대한 열정들은 많이 시들해졌다. 그러나 자본주의 분석에 관한 한 여전히 그의 노작들은 불멸의 고전이다. 그래서 노약과 질병으로 한가해진 지금이라도 한번 제대로

읽어야 되겠다고 마음먹고 얼마 전 고 김수행 교수가 번역한 비봉출판사의 『자본론』(2018년 3월 15일, 2015년 개역판 3쇄)을 다시 구입해 두었지만 경제학에 문외한인 늙은이가 수식계산을 해가며 정독을 한다는 것은 아무래도 불가능할 것 같다.

③ 그래서 제Ⅱ권을 건너뛰고 제Ⅲ 상권을 먼저 훑어 내려가다 148쪽에서 『땅의 옹호』에서 인용한 것과 같은 다음의 구절을 확인했다.

역사의 교훈(농업에 관한 다른 분석에서도 얻을 수 있다)은, 자본주의 체제는 합리적 농업을 방해한다는 것, 또는 합리적 농업은 자본주의 체제와 양립할 수 없으므로 (비록 자본주의 체제가 농업의 기술적 발전을 촉진하기는 하지만), 자기 노동에 의존하는 소농을 필요로 하거나 연합한 생산자들에 의한 통제를 필요로 한다는 것이다.

④ 이처럼 '소농연합'의 기원은 『자본론』이었는데, 이 책을 제대로 못 읽은 나로서는 결국 김종철 선생의 『땅의 옹호』를 통해 얻은 마르크스의 개념을 마치 내 자신의 창의적 개념으로 한동안 착각하고 쓴 것임을 밝힌다.

3. 그러나 마르크스는 자본주의적 대규모 농업(기업농)에 비해 소농과 그 연합이 상대적으로 합리적 농업이라는 것이지 필자처럼 소농연합을 지속 불가능한 산업사회의 궁극적 대안이라는 데 동의한 바 없었다.

마르크스에 의하면 대규모든 소규모든 토지의 사적 소유는 다음과 같은 문제가 있다.

① 소규모라도 사적으로 소유된 토지는 노동의 사회적 생산을 제약하고, 시장가격에 의존한 경쟁적 생산력 증대를 위해 지력을 착취하고 탕진

하여 토지를 황폐화시킨다.

② 소규모 토지 소유는 고립된 노동이 사회적 노동보다 지배적이라는 것을 전제한다.

③ 따라서 소농은 부와 재생산의 발전과 그것의 물질적, 정신적 조건들의 발전을 배제하고 동시에 합리적 경작조건도 배제한다.(『자본론』 Ⅲ 하권, 1029-1030쪽 참조)

④ 요컨대 마르크스에 의하면 토지의 황폐화와 자연 파괴의 주범은 모든 생산의 산업화가 아니라 생산수단의 사적 소유다.

4. 소련공산권 몰락 이후의 마르크스주의자들은 마르크스가 기대한 자본주의 이후 미래 사회의 대안을 폐망한 소련식의 사회주의가 아니라 '자유로운 개인들의 연합'(협동조합)이라고들 한다. 그러나 위의 참조 내용으로 볼 때 마르크스의 연합은 토지 등 모든 생산수단의 공유를 전제조건으로 하는 공산주의식 연합이다.

① 그러므로 그의 소농연합 역시 소규모 토지를 사적으로 소유한 농민들이 자기 토지와 함께 마을 공유지를 출자하여 농업노동과 분배 경영만을 연합하는 우리 전통두레식의 소농연합과는 다른 개념이다.

② 마르크스의 소농연합은 산업주의의 극복 없이 생산수단인 토지의 공유를 전제로 농업노동과 농업경영 및 생활전반의 연합을 뜻하는 것 같다.

③ 그러나 실현가능성의 면에서, 지금과 같은 생태적 총파국의 국면에서 산업주의와 동행하는 공산주의식 소농연합이 궁극적 대안이 아님은 소련공산권의 몰락으로 이미 실천적으로 검증된 것이 아닌가? 공유화가

만병통치약은 아니었다. 지구 황폐화의 근원은 소유관계도 문제지만 자연을 자원으로 독점하는 산업(공업)적 대량생산에 있다.

④ 그러므로 모든 토지를 공유하는 마르크스식 '농민농업연합'보다 일정 면적 이하로 제한된 농지를 소유한 '소농연합'이 경제의 중심이 되는 탈산업적 자급 농본사회가 지력의 착취와 에너지 소비를 최소화하여 지속가능하고 '자유로운 개인들의 연합'을 지탱해주는 합리적 대안이 아닐까?

두레 공동체의 창조적 복원은 가능한가?

공동체의 창조적 계승, 복원은 가능한가

1. 미국 캘리포니아대학 교수인 이상희 고인류학박사에 의하면 인류는 약 180만 년 전에 호모속으로의 진화와 동시에 이타적(利他的) 협력 유전자를 가졌다고 한다.

① 그것은 자연 속에서 수렵채집으로 생존하기 위해 다른 동물과 경쟁을 하며 자신(개인)의 연약성을 깨닫는 것으로부터 시작된다.

② 호모속은 살아남기 위한 전략으로 노동과 생활의 협동뿐만 아니라 일찍부터 정보의 중요성을 인식한다. 그 정보는 개인인 자신보다 다수인 타인의 정보가 모일수록 커진다. 한 개인으로 볼 때도 젊은 시절보다 나이가 많을수록 정보량은 그만큼 축적된다.

③ 그래서 이른바 원시 미개사회 때에도 실제 사냥에는 거의 쓸모없는 노인도 배척하지 않고 보살폈다. 이 같은 협력이 지속적 보편적으로 이어지며 이타적 유전자를 가진 호모속으로 진화했다고 한다.

④ 이 주장은 러시아의 귀족 출신 생물학자이자 나로드니키 혁명가였던 크로포트킨의 상호부조론으로도 확인되었다.

2. 그래서 인류사회는 그 탄생과 동시에 더불어 사는 원시 '사회'였고 '공동체'였다.

① 그 이타적 유전자가 7~8만 년 전부터 인지혁명을 촉발시켜서 인류를 지구상의 최대 다수종이 되게 했고 그 지배자가 되게 했다.

② 그러나 다른 동물과의 경쟁을 위한 인간끼리의 이타적 협력은 다른 생명에 대해서는 배타적 경쟁이 되고, 마침내 인간끼리도 배타적 경쟁관계로 역 진화하면서 극도로 이기적인 개인이 되어 지구생태계의 파멸과 인류 자신의 종말을 자초하고 있다.

③ 그래서 이타(利他)에서의 타(他)는 타인(他人)만이 아니고 모든 존재(생명만이 아니고 땅, 우주 등의 모든 사물)까지 포함한 이타로 바꾸는 돌연변이가 없는 한 인류에게 희망은 없다.

④ 이 같은 원시적 이타와 협력이 오늘날 배타적 이기주의로 진화한 개인을 지속 가능한 이타와 협력으로 다시 돌연변이 시킬 수 있는 공동체와 그 협력(두레)의 복원은 가능할까?

⑤ 이에 대한 대답은 역사 속에서 지속 가능한 협력(두레)의 창조적 계승, 복원을 위한 사람들의 시도와 실패를 간략하게나마 살펴보는 것으로 대신할 수밖에 없다.

정약용의 여전제(閭田制)의 여(閭)공동체

① 여전제는 앞의 글에서 간단히 언급한 바 있다. 그럼에도 그 주장의 역사적 중요성을 높이 사 여기에 다시 요약했다.

② 여전제는 두레의 표준 구성원 수와 같은 30가구 내외의 자생마을을 1여(閭)로 하여 이 공동체만이 농지를 공유하고 공동노동으로 생산한다. (사유금지)

③ 총 농산물의 10분의 1을 왕세와 여장의 월급으로 제한 뒤 나머지는 여장이 일역부에 기록한 노동량을 기준으로 분배한다.

④ 분배는 필요에 따른 공산주의식 분배도, 모든 사람들에게 똑같은 평등분배도 아닌 일한 날 수에 따른 성과주의 분배다. 그럼에도 분배에서 배제되는 사람이 없어 상대적으로 평등주의에 가깝다.

⑤ 여 단위 공동체들은 농사 협동뿐만 아니라 유사시 군사조직으로도 동원하는 병농일치 공동체였다.

⑥ 그런데 정약용은 유배생활 이후에 쓴 『경세유표』에서는 『주례』에 근거한 '정전제'를 주장했다.

⑦ 여전제에서는 여가 모든 농지를 공동으로 소유, 공동 경작하는데 비해 정전제는 전지 9결마다 1결만 공전으로 하여 왕세 등의 세금에 충당하고 8결은 가족단위의 사전으로 생산하게 한다.

⑧ 둘 다(여전제와 정전제) 우리 전통 자생 두레에 근거했다고 주장하는 사람들이 있고 또 그렇게 보인다.

⑨ 그러나 농지 모두를 여(마을)공동체의 공유로 하자는 여전제는 두레보다 진보적이지만, 9결 중 1결만 공전으로 하자는 정전제는 두레보다 후퇴한 보수적 토지제도다.

⑩ 두레 전성기의 마을 공유지는 여러 정황으로 보아 총토지의 9분의 1보다 많았다.

⑪ 두레구성원들의 개인 사유농지도 명목과 법적으로는 사유지였지

만, 내용은 마을이 공동 경작, 공동 분배하는 협동농장제의 출자농지와 같았다.

⑫ 여전제는 물론 이 정전제도 동학농민전쟁 당시에 집강소의 폐정개혁에서 실험은 시도되었으나 끝내 동학 혁명의 실패로 실현은 보지 못한 미완의 제도다.

오웬의 〈뉴 하모니마을〉 공동체

① 협동조합의 아버지 또는 공상적 사회주의자로 불리는 영국인 로버트 오웬(1771~1858년)은 초기에는 자기 소유의 방적공장을 중심으로 생필품 판매매장과 노동조합 등의 협동조합 운동으로 자신의 사상을 실험했다.

② 그러나 그는 도시의 공장에서 벌이는 이 같은 협동조합운동은 자신이 그리는 이상 사회로 가는데 필요한 하나의 수단일 뿐 그 이상 사회의 목적이 아니라고 했다. 그의 이상은 무자비한 경쟁의 자본주의가 아니라 생산과 소비가 조화를 이루며 지속 가능하고 평등하고 평화로운 전원공동체였다.

③ 그래서 그는 자신이 그리는 이상 사회의 꿈을 종합적으로 실현하기 위해 자신이 소유한 대규모 방적 공장과 전 재산을 모두 팔아 1824년에 신대륙(미국)의 인디애나주 농촌에서 생산과 유통, 소비가 이상적으로 통합된 〈뉴 하모니마을〉공동체를 실험했다.

④ 뉴 하모니마을은 3년 만에 해체당하는 실패로 끝났지만 유럽 전통

의 장원공동체와〈촌락자치공동체〉의 창조적 계승, 복원의 시도로 볼 수 있다.

⑤ 뉴 하모니마을 공동체 실패 뒤에 오웬은 영국에 돌아와 다시 노동자 운동으로 그의 파란만장의 일생을 마감했다.

푸리에의 팔랑쥬협동조합 공동체

① 프랑스의 샤를 푸리에(1772~1837년)도 무질서한 상품의 과잉생산과 소비 등의 시장 산업자본주의의 혼란과 모순에 일찍부터 반대한 공상적 사회협동주의자였다.

② 그는 이의 대안으로 생산과 소비가 통합된 농촌 중심의 협동조합사회를 구상했는데 그 실천이 농지와 중요 생산수단인 팔랑스테르(소규모공장과 주택 등) 등을 협동조합의 공유로 하며 생산과 소비를 이상적으로 통합하는 팔랑쥬협동조합이었다.

③ 이 역시 중세유럽의 길드와 촌락 자치공동체의 창조적 계승, 복원운동 중의 하나다.

④ 이 팔랑쥬협동조합도 미국 등지에서 한때 25개 지역에 생겨났으나 곧 사라졌다.

크로포트킨의 러시아 농촌자치공동체 미르(mir)

① 흔히 무정부주의자로 알려진 러시아의 귀족 크로포트킨(1842~1921

년)은 만생명의 진화 원동력이 다윈식의 생존경쟁에 있는 것이 아니고, 오히려 상호부조에 있다고 논증한 이타적 협동주의자였다.

② 그래서 그는 이 같은 인간의 상호부조적 본성에 근거한 합의와 연대의 협동원리로 우리가 바라는 이상사회 건설이 얼마든지 가능하다고 주장한다.

③ 그러나 그 역시 그런 이상사회는 비인격적, 비자급적, 반자연적인 도시와 공장에 있지 않고 러시아의 전통 농촌공동체인 미르처럼 생산소비가 통합된 자급자치적 농촌농민 중심의 새로운 공동체여야 한다고 주장한 나로드니키(농촌농민 공동체주의자)였다.

공장 대신 농촌공동체 부활을 위한 '브 나로드'운동

1. 유럽 민중혁명의 실패로 프랑스와 영국 등에 등장한 자본주의의 비인간성에 대해 비애와 적개심을 가진 게르첸(1812~1870년, 러시아의 귀족출신 혁명사상가이자 문학가)은 러시아가 유럽과 같은 잔인하고 무질서한 자본주의 혁명 없이 바로 사회주의로 가기를 원했다.

① 게르첸은 러시아의 촌락 자치공동체 미르에서 그 가능성을 발견하고 이를 완전한 사회주의로 바꾸는 개혁을 위해 '브 나로드'(인민 속으로, 농민 속으로)운동의 사상적 기초를 제공한다. 이 사상은 체르니셰프스키(1828~1889년, 러시아의 혁명적 민주주의자)에 의해 더욱 구체화된다.

② 체르니셰프스키는 미르를 단기적으로는 러시아의 농토 없는 프롤레타리아트의 병폐를 구출할 수 있는 대안으로 보았다. 그리고 장기적으로는 미르에 잠재해 있는 사회적 배분을 확대하는 것으로 러시아가 서구

자본주의와 같은 참상을 피하고 토지에 대한 〈사회적 소유제〉의 가능성을 가진 것으로 전망했다.

③ 이와 같은 사상을 따르는 사람들을 훗날 사람들이 나로드니키(인민주의자)로, 그들의 사상을 나로드니체스트보(인민주의)로 불렀다.

④ 이들은 크게 세 부류로 그 혁명 노선을 달리 했다. 그 하나가 체르니셰프스키의 영향을 받은 라브로프의 주장으로 인민에 대한 교육과 선전을 통해 혁명을 점진적으로 추진해야 한다는 단계적 혁명파다. 또 하나는 바쿠닌의 영향 아래 있는 유파로 인민은 본디 사회주의적이고 혁명적이므로 인테리켄챠가 이들을 선동하여 엮기만 하면 바로 혁명이 가능하다는 즉시 혁명파다. 트가초프의 영향을 받은 또 다른 하나의 부류가 전제를 타도하고 사회주의 혁명이 성공하기 위해서는 대중을 선도하는 소수 엘리트의 역할이 우선돼야 한다는 엘리트 전위주의 혁명파다.

2. 1870년대 들어 당시의 지식인들이 대거 참여한 나로드니키 조직을 만들었는데 이들의 이름을 여기서 다시 호명하면 다음과 같다. 나탄손을 중심으로 차이코프스키, 크라프친스키, 크로포트킨, 페로프스카야, 시네구프, 클레멘츠, 로파친, 티호미로프, 크릴로프, 코발스카야, 코르닐로바 등이다. 이들은 모두 1870년대 러시아 혁명운동사에 큰 발자취를 남긴다.

① 조직을 갖춘 이들은 1871년에 열렬한 학습과 연구로 국내외의 서적들과 논문, 소책자 등의 저술을 단기간에 확보하여 청년·학생들에게 배포하는 선전활동을 개시했다. 1872년에는 농촌과 유대가 남아있던 방적공장 노동자들에게도 접근하여 농민 속에 들어갈 엘리트를 찾고자 했다.

② 그러다가 1873년에 이들의 핵심단원들이 모두 체포당한다. 그럼에도 이 운동은 각 지방으로 들불처럼 퍼져 나갔다.

③ 황제 알렉산드르 2세의 탄압은 계속되었지만 1873년 후반부터 '인민들에게 진 빚을 갚자'는 나로드니키의 주장에 공감하는 학생들과 청년 지식인들이 줄줄이 농촌에 뛰어들기 시작한다. 이 운동이 절정을 이룬 1874년 여름에는 총 4천여 명 이상이 인부나 제화공, 목수, 방물장수 등으로 가장하고 발이 불어터지도록 마을과 마을을 돌며 러시아의 현실과 사회주의 혁명을 선전했다.

〈'브 나로드' 운동의 좌절과 교훈〉

1. 하지만 그 응답은 농민들의 무관심과 냉대, 불신과 반감이었다.

① 농민들은 이들을 당국에 고발하기도 했고, 정부는 무조건 체포로 대응했다.

② 1876년까지 모두 4천여 명의 청년 남녀들이 체포당하면서 '브 나로드'의 열풍은 사그라들었다. 4천여 명 중 770명을 약식재판에 부쳐서 265명을 구금시켰고, 이중 70여 명이 병사, 자살, 또는 미쳐서 죽고, 마지막으로 남은 193명이 1877년의 재판에서 유죄판결을 받았다.

③ 체포를 면한 남녀 청년들도 가슴에 깊은 상처를 안고 도시로 돌아와야 했다.

④ 질풍노도처럼 타오르던 이 운동은 이렇게 허무한 실패로 끝났지만 그들이 범한 오류도 이후의 혁명 운동에 귀중한 밑거름이 되었다. '브 나로드' 운동은 일단 좌절했지만 이후 러시아 혁명운동의 요람이 된 것이다.

2. 운동의 좌절에서 얻은 교훈

① 미르의 농민들은 사회주의자도 사회주의적도 아니었고, 마르크스의 지적대로 차르의 전제권력에 예속되어 토지에 대한 집착과 소유욕이 강한 소농이었다.

② 이 같은 농민들의 몰이해를 깨우치기 위한 장기적 전략으로 1876년에 페테르부르크에서 나탄손과 미하일로프의 주도로 나로드니키가 대거 참여하는 러시아 최초의 혁명정당 〈토지와 자유〉를 결성했다.

③ 〈토지와 자유〉당은 인민들에게 추상적인 사회주의 대신 인민들이 자각하고 있는 구체적인 요구인 〈토지와 자유〉를 위해 다음 세 가지의 핵심 강령을 전면에 내세웠다.

㉠ 모든 토지를 농민에게 평등하게 분배한다.

㉡ 러시아 제국을 각 지방의 요망대로 분할하고 자치권을 준다.

㉢ 모든 사회적 기능을 농민공동체(미르)에 이양한다.

④ 이들의 대의와 강령은 그리고 그 실천은 성패여부를 떠나 정당했다.

⑤ 만일 이 〈토지와 자유당〉의 농민혁명이 성공했더라면 이후(1917년)의 피투성이의 볼세비키공산혁명도 오늘날 소련 몰락의 아픈 경험도 없이 농촌중심의 지속 가능한 소농 두레사회의 모범이 되었을 수도 있다.

〈'브 나로드'운동의 실패〉

1. 나로드니키의 테러화

① 그런데 1877년에 모스크바의 〈전러시아사회혁명조직〉의 가담자에 대한 50인 재판과 앞에서 말한 '브 나로드'운동 가담자 4천여 명 중 193인에게 유죄판결한 재판의 탈법적이고 가혹한 판결은 깨어있는 러시아인

들의 광범한 공분을 샀다.

② 1878년 1월 혁명적 여성 나로드니키 베라 자술리치가 앞서 말한 '브 나로드'운동 피고인 193인 재판 중 피고인 한 사람이 시장 앞에서 모자를 벗지 않았다고 태형을 가한 데 대한 보복으로 페테르부르크 시장을 저격하여 부상을 입힌 사건이 발생했다.

③ 이 사건 이후 자술리치는 지식인들 사이에 '정의의 화신'으로 환영받았고, 그해 4월의 법정에서는 배심원들이 저격 사실에 대한 결정적 증거를 무시하고 무죄판결을 내렸다.

④ 자술리치의 무죄 방면은 급진주의자들 사이에서 '가공할 악에 맞선 고귀하고 순결한 잔 다르크'로, 테러리스트의 귀감이 되어 그 뒤로부터는 인민주의자들이 전제 타도의 수단을 테러 쪽으로 급선회시키는 계기가 된다.[1]

2. 나로드니키의 분열

① 〈토지와 자유〉당도 이 테러리즘에 찬성하는 급진파들이 〈자유냐 죽음이냐〉단을 조직하자 1878년 8월에 당은 결국 정치투쟁과 테러, 제헌의회의 채택 등의 문제를 둘러싸고 이에 찬성하는 〈인민의 의지〉파와 반대하는 〈토지총재분배〉파로 분열한다.

② 프레하노프, 페테르부르크 시장 테러의 장본인인 베라 자술리치, 데이치, 악셀로드, 스테파노비치 등이 가담한 〈토지총재분배〉파는 테러

---

1) 잔 다르크(1412?~1431년 5월 30일)는 프랑스 발루아왕조의 왕 샤를 6세의 왕자 샤를과 랭커스터 출신의 잉글랜드 왕 헨리 6세가 프랑스의 왕위계승을 두고 벌이던 치열한 격전장에서 성령의 부름을 받아 17~18세의 어린 나이에 큰 공을 세웠다. 그러고서도 분열된 교파들에 의해 여자가 남장을 하는 등으로 제도교회에 대해 불복종을 했다는 죄목의 교회재판 결과, 동정녀 아닌 마녀의 낙인을 받고 19세의 어린 나이로 장작불에 화형을 당한 프랑스의 순국 영웅이다.

투쟁이 오히려 혁명을 지연시킬 뿐이라며, 테러 대신 농촌에서의 선전활동을 통해 농민이 주체로 사회혁명을 일으켜야 한다고 주장했다.

③ 자신들의 주장대로 농민과 노동자들 사이에서 선전활동을 하던 〈토지총재분배〉파는 1880년 핵심지도자들이 경찰의 강력한 추적을 받자 이를 피해 대부분 망명하면서 혁명조직으로서의 생명을 잃는다.

④ 망명 나로드니키들은 그 후 프레하노프처럼 마르크스주의자로 전향하여 자신이 몸담았던 나로드니키를 레닌과 함께 비과학적 낭만주의로 부정하고 공격하며 마르크시즘의 러시아 전파에 일조한다.

3. 테러주의로 실패한 나로드니키의 〈인민의 의지〉파 운동

① 미하일로프, 티호미로프, 젤랴보프, 크뱌토프스키 페로프스카야, 피그네르, 니콜라이 모르조프 등의 〈토지와 자유〉당의 주류가 가담한 〈인민의 의지〉파는 정치투쟁과 테러를 통해 권력을 장악한 후 제헌의회를 구성하는 일련의 혁명 프로그램을 추진해야 한다고 주장했다.

② 중앙집권 조직화된 〈인민의 의지〉파 집행위원회는 1879년 8월 황제 알렉산드르 2세에게 사형선고를 내리고, 황제가 지나가는 철도 등에 지뢰 매설, 궁전 식당에 폭파장치 설치 등으로 '황제사냥'을 시도했으나 6번이나 실패한다.

③ 암살 실패 때마다 당원과 자금은 계속 고갈되고 남은 당원들은 지하에 더 깊숙이 숨어야 했다. 그럼에도 그들은 참으로 많은 위험과 우여곡절 속에서 1881년 3월 1일 기병학교 열병식에 참석했다가 돌아가는 알렉산드르 2세를 향해 던진 첫 번째 폭탄은 실패하고 두 번째로 던진 폭탄이 성공하여 황제를 제거하는 데는 일단 성공했다.

④ 그러나 인민들의 반응은 싸늘했고, 오히려 황제의 죽음을 애도하는 분위기가 지배적이었다.

⑤ 결국 수 년 간에 걸친 〈인민의 의지〉파와 정부 간에 벌인 혈투는 수백 명 단원의 목숨을 대가로 황제 1명의 목숨과 바꾼 참담한 패배였다. 결과는 전제정치의 극복도, 사회혁명도, 입헌정부도 아닌 알렉산드르 3세에 의한 극심한 반동 전제정치였다.

칼 마르크스와 나로드니키의 미르

1. 러시아의 나로드니키들은 게르첸과 바쿠닌(1814~1876년, 러시아의 인민혁명사상가)의 가르침대로 토지공유와 집단생산을 하는 촌락공동체인 미르를 제정러시아의 봉건제적 착취에 대응할 살아있는 공산주의로 보고 높이 평가했다.

① 그러나 1861년의 노예 신분제 폐지 이후 농촌에도 자본주의가 침투하여 촌락공동체도 분열되기 시작했다. 더구나 위와 같이 '브 나로드'운동이 농민들의 비협조와 1880년의 탄압과 망명으로 좌절되자 나로드니키들은 미르가 그 자체로 미래 공산주의로 바뀔 수 있을까? 아니면 자본주의의 사유화에 해체되는 과정을 경유해야 되는 걸까? 등으로 그 성격과 운명에 대해 의구심을 가지게 되었다.

② 그래서 나로드니키 여성혁명가 베라 자술리치(1849~1919년)는 이러한 의구심을 풀기 위해 1881년 2월 16일 마르크스(1818~1883년)에게 편지로 이를 질의한 적이 있었다. 그러나 때마침 모건의 『고대사회』를

읽고 있던 마르크스는 다음의 이유로 이에 대한 즉답을 뒤로 미루고 있었다.

③ 마르크스가 구상하는 공산주의 공동체의 모범은 고대 원시사회처럼 국가 등의 상위집단에 결코 복종하거나 종속되지 않는 완전한 자주, 자급, 자치공동체였다.

2. 그런데 제정러시아의 미르는 일부 농지를 마을(미르) 공유로 하고 공동생산으로 자급 자치하는 공동체이긴 하지만 전제국가에 종속된 비자주, 비주권공동체다. 그래서 이런 봉건적 자치공동체의 구성원들은 '브 나로드'운동 실패 때 보았듯이 차르(황제)나 임금을 배척하기보다 오히려 우러러 보고 있다.

① 그래서 마르크스의 대답은 일단 '미르가 대안이 아니다'였다. 하지만 다음과 같은 조건이 전제되면 그게 완전히 불가능하지는 않다는 어중간한 대답을 했다.

② 그 촌락공동체 미르가 '러시아의 사회적인 재탄생의 기반'이 될 수 있으려면 먼저 '사방에서 그것을 공격해오는 파괴적 영향들을 제거할 수 있어야 한다'는 대답이었다.(프리드리히 엥겔스 지음, 김대웅 역, 『가족, 사유재산, 국가의 기원』, 두레, 2012년 참조) 요컨대 미르를 거점으로 하는 농민혁명은 쉽지 않다는 뜻이다.

폭력국가를 거부한 톨스토이의 농촌공동체 미르

1. 톨스토이(1828~1910년)가 세계적인 대문호인 줄을 모르는 사람은

없다. 그런데 그의 사상은 대부분의 사람들로부터 무시, 외면당한다. 톨스토이는 당시의 러시아에서 폭력혁명주의에 휩쓸렸던 아나키스트들과 사회주의에 대해서는 비판적이었다. 그러나 그의 사상 역시 테러리즘보다 더 폭력적인 국가에 대해서도 비폭력적 불복종을 주장한 평화주의 아나키스트였음을 대부분의 사람들은 외면한다.

2. 그가 국가를 부정한 이유는 모든 국가가 애국심을 팔아 상비군과 경찰을 보유하고 전쟁과 폭력을 일삼는, 당시의 러시아 아나키스트들보다 더 폭력적인 집단이기 때문이다.

3. 그에 의하면 애국심이야말로 군비확장과 전쟁의 원천이다.(톨스토이, 조윤정 옮김, 「애국심과 정부」, 『국가는 폭력이다』, 달팽이출판, 2006년)

사실 모두는 아니지만 자칭 애국자치고 애국 팔아 일신의 권익 확장을 챙기지 않는 자가 없다.

4. "정부폭력을 없애는 길은 단 한가지다. 사람들이 거기에 참여하지 않는 것이다"(같은 책, 「우리시대의 노예제」) 구체적으로는 세금, 병역, 공직 등 일체의 정부제도에 협조하지 않고 (불복종하고) 하느님의 자연법에만 따르는 길이다.

5. 톨스토이는 국가를 대신할 구체적 대안을 러시아의 미르와 아시아의 전통농촌공동체의 마을자치에서 구한다.

"러시아인들은 대다수 농경민족도 그렇지만 마치 벌통 안의 꿀벌들처럼 자연스럽게 일상생활의 요구를 충족시키는 확고한 사회관계를 형성했다. 러시아인들은 정부의 개입이 없는 상태에서 정착한 곳이라면 어디서든 억압적인 형태가 아니라 상호합의와 토지의 공동소유에 기초하여 질서를 확립했다. 이로써 평화로운 사회적 삶의 요구를 완벽하게 충족시켰던 것이다. 이 같은 공동체는 정부의 원조 없이 러시아의 동쪽 변경지역에서 번성했다. 이런 공동체는 네크라소비시처럼 터키로 옮겨가 터키 술탄 아래서 기독교 공동체 조직의 성격을 잃지 않은 채 번영을 누렸고, 현재까지도 없어지지 않고 남아 있다. 이런 공동체는 중국 영토와 중앙아시아에까지 퍼져나가 거기서 정부 없이 오랫동안 유지되고 있다. …(중략)… 러시아 인구의 대다수를 차지하는 농민들은 이와 정확히 똑같이 정부를 전혀 필요로 하고 있지 않으며 오히려 정부 때문에 고통을 겪고 있다. 러시아인에게 정부는 언제나 짐일 뿐이다."(위와 같은 책, 『세상의 끝, 다가오는 혁명』)

6. 그는 1828년 러시아 명문 백작의 넷째 아들로 태어났는데도 바로 이런 남다른 사상 때문에 파란만장한 일생을 살았다. 그 결과 전례가 없는 역작과 대작을 남길 수 있었을 것이다. 그의 사상은 자신의 죽음마저 평범을 거부했다. 그는 1910년 10월 28일 밤 가족 몰래 집을 나와 떠돌다 11월 7일 간이역 아스타포브의 역장관사에서 이른바 객사로 영면했다.

간디의 마을자치

1. 톨스토이의 비폭력 불복종 노선을 이어받은 간디(1869~1948년)도 옛 마을공동체를 극복한 새로운 자치마을 공화국연합으로 국가권력을 대체하고자 했다.(마하트마 간디, 김태언 옮김, 『마을이 세계를 구한다』, 녹색평론사, 2006년 참조)

2. 위의 책에 의하면 간디의 '자치마을'의 기본원칙들은 다음과 같다.
① 사람 우위-완전 고용
모든 사람들은 생계를 꾸려갈 수 있을 만큼 충분한 일자리를 가져야 한다. 그러려면 기초생활품 생산이 대중의 자치적 통제 아래 있을 때 즉 마을자치 아래서만 가능하다.
② 생계를 위한 노동
진정한 지적 발달을 위해서도 얼마간의 육체노동은 필요하다. 그리고 마을자급자치는 자신의 생계를 위해서도 시간의 대부분을 육체노동에 바쳐야 한다.
③ 평등
부자들이 부와 권력의 자발적 포기로 평등한 분배를 하게 하는 것이 마을자치의 이상과 목표다.
④ 신탁
비폭력 불복종으로 부자의 자산을 자발적으로 신탁하게 해야 한다.
⑤ 탈중심화
공장 중심 문명 위에 비폭력은 이룰 수 없지만, 자급자족적인 농촌마을에서는 비폭력적으로도 탈중심화 즉 마을자치가 가능하다.

⑥ 스와데시(자립경제)

마을자립경제의 기초는 상호부조(협동)에 있다.

⑦ 자급자족

사회단위가 마을이라야 자급, 자족, 자치가 가능 하다.

⑧ 협동

가능한 모든 활동은 협동적 토대 위에서 행해져야 한다.

⑨ 불복종

마을공동체의 건설과 제재 방법은 폭력 대신 불복종과 비타협적 수단을 사용해야 한다.

⑩ 종교의 평등

모든 종교는 세부와 외적 형태는 다를지 모르지만 한 나무의 잎새처럼 근본에서 하나이고 평등하다.

⑪ 판차야트 라지(마을대표회의)

마을 정부는 해마다 최소한의 요건을 가진 마을의 성인 남녀들이 선출한 다섯 사람으로 이루어진 입법, 사법, 행정을 통합한 1년 임기의 판차야트에 의해 운영될 것이다.

5명으로 구성된 마을대표회의 2개가 첫 번째 지도자 1명씩을 선출하면 100개 판차야트가 있을 경우 50명의 지도자가 생긴다.(지역의회에 해당) 이 50명 중에서 두 번째 지도자 1명을 선출하고 첫 번째 지도자는 그 밑에서 일한다. 이런 식으로 인도 전역에 두 번째 지도자가 생기면 이들이 함께 인도 전체를 위해 일하고 동시에 각자가 자신의 지역을 위해 일한다.(이 두 번째 지도자가 국가를 대체한 마을공화국 연합의회에 해당) 두 번째 지도자들이 필요하다고 생각하면 그들 중에서 우두머리(연합

대표) 1명을 선출할 수 있고, 그는 하고 싶은 동안(?) 모든 그룹을 조정하고 지휘하게 된다.

⑫ 나이탈림(수공예교육)

진정한 교육은 문자를 통한 지식교육이 아니라 수공예 노동을 통한 기·예능의 실용교육(나이탈림)이다.

3. 인도에 이미 자생했던 70만여 개의 자치마을 공화국화는 국가가 마을에게 자치권을 넘기고 마을사람들이 그렇게 하기로 마음만 먹으면 어렵지 않게 될 수 있는 일이다. 그러나 오랜 세월 강자나 국가주의에 길들여져 온 사람들에게는 자급과 자치보다 두려운 일도 없다. 지금 사람들도 그럴진대 더구나 당시로서는 간디의 마을자치 공화국연합 구상은 너무도 급진적인 사상과 실천이었다. 그래서 1948년 1월 30일 회교, 힌두교의 융화와 정파지도자들 간의 화해를 위한 기도장에 나갔다가 힌두극우파 비밀단원 중 한 청년이 쏜 3발의 총탄을 맞고 간디는 애석한 최후를 맞는다.

노동자중심 볼세비키혁명도 실패였다

1. 대중적 지지 대신 영웅주의적인 〈인민의 의지〉파의 테러리즘은 참담한 실패로 돌아갔다. 많은 나로드니키가 망명 뒤에는 마르크스의 가르침을 충실하게 따라 마르크스 레닌주의자로 전향한다. 톨스토이와 간디의 비폭력, 불복종의 마을자치 사상의 실천도 대중의 외면과 테러나 폭력

혁명으로 좌절당한다. 그러나 전향한 나로드니키들과 레닌의 볼셰비키에 의한 프롤레타리아트의 혁명도 결과는 마찬가지였다.

① 마르크스주의로 전향한 나로드니키와 레닌의 볼셰비키는 1880년 나로드니키의 '브 나로드' 혁명 실패 이후 1917년까지 37년 간의 준비와 간고한 투쟁으로 차르의 전제왕국을 완전히 끝내고 지주의 토지를 몰수하여 농민에게 분배하는 최초의 사회주의혁명을 일단 성공시켰다.

② 내외의 반혁명세력으로부터의 도전을 모두 극복하고 경제활동의 사적 영리 추구를 일정 부분 허용하는 신경제정책(1921년)과 함께 소비에트연방을 1922년에 탄생시켰다.

③ 1924년 아직 미완성인 혁명 과업 중에 반혁명분자에 의한 테러총상과 과로로 쓰러진 러시아 혁명의 주역 레닌의 의중과는 달리 스탈린이 권력 투쟁에서 승리해서 소련공산당 서기장이 된다. 그는 농업 희생으로 빠른 공업화를 해야 한다는 좌파들의 주장을 받아들여 공업화 5개년계획을 강행했다.

2. 그러나 사방을 둘러싸고 있는 외부의 적, 자본주의와 파시즘의 포위 공격에 맞서면서 오로지 자국의 농민을 희생 제물로 바친 급속한 공업화 5개년계획의 후과는 혹독했다.

① 농업 집단화에 대한 농민들의 반발과 한발로 대기근이 있었고, 권력의 과도한 중앙 집중화와 관료주의, 전시동원 체제, 행정명령의 독재체제화가 가속되었다.

② 공업화 5개년 개혁의 연장선상에서 1929년 다시 강요된 농촌의 집단농장화는 전통적 미르의 소농자치와 자급경제에 종말을 가져왔다.

1930년 초 러시아 전역에서 2천여 건의 반 집단농장화와 대쿨라크(농촌 지주반대)투쟁 여파와 기후 불순까지 겹쳐 1932~1933년의 2년 사이에 300~400만 명의 농민이 굶어죽었다.

③ 스탈린의 공업건설과 집단농장화의 이면에는 이밖에도 수많은 농민들의 희생이 뒤따랐다. 일찍부터 연해주를 개척, 정착한 고려인들을 1937년 황량한 중앙아시아(우즈베키스탄, 카자흐스탄)로 강제 이주시킨 고려인 디아스포라도 스탈린의 공업을 위한 농민 희생 역사 중 하나다. 이 강제 이주 정책은 소련이 일본과의 러일전쟁을 앞두고 적국 일본인과 고려인의 식별이 어렵다는 이유였지만 결과적으로 인민민주주의와 배치되는 농민과 소수민족에 대한 차별정책이기도 했다.

④ 노동자들의 낙원을 건설한다는 약속을 내세우고 대숙청과 집단수용소, 권력투쟁, 개인숭배와 1인 독재체제의 화신이 된 스탈린은 1917년 혁명보다 더 혁명적이라는 스탈린의 개조를 통한 고도성장으로 러시아를 세계 제2의 공업국으로, 미국과의 양극체계의 일극으로 들어 올리는 데 일단 성공했다.

3. 그러나 어떤 성장에도 한계는 있다. 중앙집권적인 사회주의의 독재에 의해서든 우리처럼 군부독재 자본주의에 의해서든 공업성장, 특히 고도성장에는 반드시 식민지의 희생이 따른다.

① 자본주의 국가는 말할 것도 없고 농촌 상태의 사회주의 후진국의 고도성장의 진정한 배경도 식민지 농촌에 기반한 저임금 노동력과 이반 일리치가 개념화시킨 자급경제의 파괴로 더 확대되고 있는 대가 없는 '그림자노동' 덕택이다.

② 내부든 외부든 값싼 노동력 착취와 값싼 식량공급처인 농촌이란 식민지 없는 고도성장은 있을 수 없다. 러시아 공업의 초고속 성장이 시간이 지나면서 저성장에서 성장 중지화한 것은 공업화의 식민지인 러시아 농촌을 모두 산업(공업)화로 고갈시킨 결과였다.

③ 그런데도 공업적 경제성장에 길들여진 소련 국민들의 소비욕구는 반대로 급증하고 있었다. 이런 모순으로 소련의 사회주의 경제는 급속한 몰락의 길로 접어든다. 경제관리 체제의 지나친 중앙 집중화와 기업과 지역의 자율성과 다양성의 고사(枯死) 등 원인과 핑계는 많다.

④ 세계혁명 없이 자본주의에 포위된 일국 사회주의가 물량주의와의 경쟁에서 자본주의를 결코 이길 수 없다. 성장의 주동력인 개인적 사회적 욕망은 채울수록 오히려 커지는 법인데, 개인 욕망을 억제시키고 대신 집단의 욕망을 겉으로는 우선시하는 사회주의가 개인 욕망을 직접적으로 부추기는 자본주의를 이길 수 있겠는가?

개혁개방도 실패했다

1. 1985년 고르바초프의 집권 뒤 1987년부터 본격화된 사회주의의 총체적 개혁(페레스트로이카) 개방은 1991년 옐친의 집권으로 일거에 자본주의로 급선회함으로서 소련은 혁명 74년 만에 15개 자치주가 15개 독립공화국의 3등 자본주의 국가들로 해체되었다.

① 하지만 우리가 경험하고 있듯이 자본주의 체제라고 개인의 욕망을 모두 다 채워주고, 잘 사는 것은 결코 아니다. 어떤 식으로든 농촌식민지

를 오래 착취할 수 있던 선진 자본주의의 소수 국가와 남다른 정력과 불타는 욕망을 타고난 극소수 개인만이 승리자가 되는 체제가 자본주의 사회다.

② 급속한 자본주의화와 소비에트연방 해체로 15개로 나누어진 국민국가의 국민이 된 옛 소련 인민들은 사회주의 국가의 촘촘했던 보호막(?)으로부터 졸지에 튕겨져 나와 신산하고 험난한 개별 '생존경쟁'의 길로 내몰리지 않을 수 없었다.

2. 급속한 체제 전환의 파장은 예상보다 훨씬 충격적이었다.

① 1985년까지만도 세계 제2의 공업국가, 일류국가, 일류시민으로 자부했던 소련 인민들은 졸지에 세계 최하위 국민이란 나락으로 곤두박질 쳐졌다.

② 군부독재에 의해 소련공업화 5개년계획의 모방으로 좀 살게 된 대한민국에까지 먹고 살기 위해 구소련의 인민들이 일당 노동자로 몰려 오고 있는 현실이 그들의 신산한 처지를 웅변해준다.

③ 러시아인들의 콧대 높은 자존심은 갈가리 찢겨졌다. 일시에 IMF 등 국제기구에 목을 매는 국제거지가 되었고, 자국의 거리에도 거지가 득실거렸다. 젊은 여자들은 70년대 박정희의 유신 대한민국에서 일본관광객 상대의 이른바 기생관광으로 달러를 벌어야 했던 한국 여성들처럼 먹고 살기 위해 외국관광객에게 추파를 팔아야 했다.

3. 남들은 경험하지 못했다는 뜻에서는 다행일 수 있고 그 경험이 혹독했다는 뜻에서는 불행일 수도 있지만, 어쨌든 당대에 사회주의와 자본주

의를 차례로 경험한 러시아인들의 사회체제 선호도는 어떨까?

① 1991년 8월부터 1994년까지 실시한 각종 여론조사에서 러시아인들이 바라는 사회체제 지형은 다음과 같다.

② 가장 높은 지지를 받는 체제는 관료적이고 획일적이며 중앙집권적인 요소를 제거한 '민주적 사회주의'로 그 지지율은 낮게는 25%에서 높게는 45%까지였다. 또 이전과 같은 국가사회주의의 선호율도 10% 내외로 전 국민의 절반 가까이가 사회주의 체제를 지지한다.

③ 옐친이 추구하는 제한 없는 개인자본주의 지지자는 20~30%에 불과하고, 나머지는 북유럽과 같은 복지국가 자본주의나 자본주의와 사회주의를 절충 또는 결합한 중도사회 체제를 선호했다.

4. 두 체제 모두에 차례로 실패하고서도 두 체제의 절충과 조화만 지지했지, 설문 문항에서 빠져서 그랬겠지만 진정한 제3의 체제 즉 식민지 없는 자급으로 유일하게 지속이 가능한 농촌, 소농중심의 촌락자치제-'소농마을 공화국연합' 체제에 대한 지향이 없는 것은 유감이다.

① 어쨌든 지금의 현상과 여론조사 결과에 의하더라도 레닌의 볼세비키 혁명뿐 아니라 옐친의 자본주의 혁명 또한 그보다 더한 완전한 실패다.

② 생태적 파괴를 경쟁적으로 가속하는 똑같은 공업 중심 산업주의이면서도 국가(자본)사회주의는 자본주의와의 체제경쟁에서 보다 앞서 실패했다. 그러나 옐친의 무제한적 자본주의 또한 무제한적 욕망 확대와 제한적인 자원고갈로 돌이킬 수 없는 종말로 내달리고 있다.(러시아 관련 기사는 이무열 지음, 『한권으로 보는 러시아사 100장면』, 가람기획, 1994년 참조)

실패해도 실패로 끝날 수 없는 '브 나로드' 운동

1. 현실에서 실패했다고 참이 거짓되는 것이 아니고, 황구가 흰개되는 것은 결코 아니다.

① 농민의 몰이해와 전위당의 테러리즘으로 당시는 실패했지만 농업과 농민중심의 나로드니키와 토지 총 재분배 혁명은 사회주의와 프롤레타리아트의 탈을 쓰고 사실은 국가자본과 산업독재주의로 종말을 고한 소련혁명과는 차원이 다른 지속 가능한 농촌마을공동체 재창조 운동이었다. 그 실패는 언젠가 재실현되어야 할 당시적 좌절이었다.

② 소규모 자영농민의 자생적 농촌공동체를 자본이나 국가가 산업적 공장 중심으로 해체하거나 강제집단화한 사회는 우선 자주, 자급, 자치 민주주의를 소멸시킨다.

③ 화석연료의 소각에너지와 우라늄 핵분열에 기초하는 산업자본과 시장 또는 국가만능주의는 자원의 고갈과 함께 지구온난화라는 기후위기와 방사능오염, 최근의 미세먼지 현상 등을 가속시켜 문명의 지속 자체를 불가능하게 한다.

④ 자연적 빙하기나 온난기에는 인구 규모가 축소되거나 생존이 좀 고통스러울지언정 인류 멸종에까지 이르지는 않았다.

⑤ 그러나 한번 제조하고 나면 안전한 폐기방법이 없는 핵무기와 핵발전소의 방사능과 화석연료 소각에 따른, 인위적 온난화에 따른 기후위기와 공기 오탁화는 그 생산과 소각행위를 즉각 중단하지 않는 한 그 끝이 인류뿐만 아니라 만생명의 멸종과 문명의 총체적 붕괴로 귀결된다.

2. 화석연료를 태우는 인위적 온난화는 예컨대 극지대의 거대한 얼음판(동토)과 빙하를 무서운 속도로 녹여 소멸시킨다.

① 빙하와 얼음판은 지구로 쏟아지는 햇볕을 반사하여 우주로 되돌려 보냄으로써 지구의 기온 상승을 막아주는 매우 중요한 역할을 한다.

② 그래서 이 빙하와 얼음판이 사라지면 그만큼 동토와 빙하 등 극지대에 갇혀있던 메탄가스(메탄하이드레이트-메탄수화물-이산화탄소보다 30배 이상 더 강력한 온난화 유발가스)가 걷잡을 수 없이 대기에 방출된다.

③ 그렇게 되면 지구는 열탕을 넘어 스스로 불타오르는 화덕 자체가 되어 모든 생명을 멸종시키리라는 것이 양심 있는 과학자의 일치된 견해다.

④ 인류가 함께 살아남으려면 지금과 같이 깊은 땅속에서 고이 잠자고 있는 우라늄과 화석연료를 물리, 화학적 첨단기술로 채굴하고 불태워 일시적으로 번영하는 말 그대로의 불장난을 당장 멈추어야 한다. 그 대신 땅 위에서 지속 가능한 태양열과 탄소로 생명을 생산하면서 동시에 공기를 정화하는 식물재배로 재생 순환하는 전통 소농과 그 두레(마을공동체와 연합)를 창조적으로 복원하지 않으면 인류의 미래는 없다.

⑤ 원시공동체가 가장 지속 가능한 생활방식이긴 하나 그것은 지금의 문명이 모두 파멸된 후 다시 시작하지 않고는 돌아갈 수 없는 비극적 이상이지만, 소농민 중심의 지속가능한 농촌 두레공동체, 즉 소농 두레 연합의 창조적 회복은 마음먹기에 따라 얼마든지 가능한 현실이다.

3. 산업사회 초중기를 살다간 오웬, 푸리에, 나로드니키 등의 선구적

농촌공동체 사상가들이 공업사회 대신 전통 농촌의 자급자치공동체의 창조적 계승과 이상적 복원을 구상, 실천했던 것은 지금과 같은 산업사회 말기 증상인 온난화(기후위기)라는 생태적 한계까지 미리 예견해서는 아닐 것이다.

① 그들이 상대적으로 힘들고 가난했던 농업, 농촌 중심의 생산과 소비가 통합된 자급사회를 이상사회로 그리며 창조적 복원을 기획했던 것은 공장 중심의 산업주의의 비인간적 비정성(非情性)과 무질서하고 맹목적인 상품생산과 과소비 경쟁이 자원 고갈을 가속시켜 이미 그것만으로도 이 세상의 지속이 불가능하다는 탁견을 이미 갖고 있었기 때문이었다.

② 그래서 그분들이 이의 대안으로 생산과 소비를 지속 가능하게 조절 또는 절제해줄 수 있는 농업 중심의 이상적(고차적) 자급자치 협동조합식의 공동체 회복을 꿈꾸었던 것은, 그 성패 여부와 상관없이 인류 미래를 예견한 위대한 사상가로서의 위대한 기획 · 실천이었음에 틀림없다.

4. 1789년부터 1799년까지 장장 10년 간 그토록 많은 희생제물을 바친 프랑스 대혁명의 결과는 지속이 불가능한 공업 · 산업 중심의 자본주의 독재였다.

① 1870년 나로드니키의 실패로부터 치면 47년 간의 피의 제전으로 실현한 볼세비키의 사회주의 혁명도 자본주의와의 물량체제경쟁에서 이미 패배했다.

② 지속이 불가능한 공업산업사회에 토대한 국가와 자본에 의한 세계의 종말을 회피하고 더 이상 피 흘리지 않고도 지속가능한 평화사회로 가는 제3의 길을 찾지 않으면 안 된다.

③ 거듭거듭 생각해봐도 그 길은 무한한 햇볕과 햇빛과 공기로 순환재생산이 가능한 땅 위의 식물에너지에 토대한 소농두레 연합사회의 창조적 재건밖에 다른 길은 없다.

두레에 관한 앞의 두 꼭지의 원고는 2016년 9월 〈창녕빛벌농악보존회〉와 2019년 3월 〈창녕시무구지놀이보존회〉 연수회에서 했던 같은 주제의 강의 노트를 보완한 것이다.

영산두레의 유래를 찾다가 죽전 둔전만 찾은 이야기

앞의 글에서 두레를 실지로 행한 두레꾼(뿐만 아니라 일하는 모든 민중)들은 두레의 전 과정을 아우르는 추상적 개념어를 결코 만든 적이 없었다고 했다. 그 구체적 행위 하나 하나에 대해 구체적 이름을 하나하나 지어 붙였을 뿐이다. 같은 행위도 지역마다 때로는 마을마다 다르게 불렀다. 두레 시절의 영산에서 못자리 만든 뒤의 두레놀이를 '꼼비기'로 세벌 논매기 뒤의 놀이를 '시무구지'로 따로따로 지어 붙였던 것이 그 한 가지 예다.(조성국선생추모사업회 편, 「영산쇠머리대기, 줄다리기」, 『원다리만년교는 님의 기개요』, 전망, 2004년, 396쪽 참조)

이렇게 마을마다 행위마다 다르게 불렀던 그 수많은 이름들은 이제 거의 사라지고 없다. 이 행위들이 전 지역에서 비슷해지거나 사라지고 무엇보다 삶과 말의 중앙 집권화된 결과다. 용하게 기록되어 지금까지 살아남은 두레와 관련된 개별 행위 명칭들은 다음과 같다.(이보형·주강현 지음, 『노동과 굿』, 학민사, 1989년, 23쪽)

지역에 따라서는 수놀음(함께 일한다는 제주도 말), 돌개, 둘개, 돌새김, 향두, 향두품어리, 동네논매기, 공굴, 공굴이, 황두, 농사, 농계, 농상계, 농청, 계청, 목청 등이 있다.

두레 규모에 따른 두레 명칭으로는 동두레, 대두레, 소두레 등이 있다. 일감에 따른 명칭으로는 김매기두레, 풀베기두레, 모심기두레, 모시두레, 삼두레, 둘레길쌈, 삼둘게 등으로 부르기도 한다.

호미모둠, 호미씻이 등 두레의식(행사) 때의 풍물과 놀이에 따라 그 두레 행위 일부를 나타내고 있는 명칭이 가장 다채롭다.

① 풍물 중심의 명칭: 두레, 지신밟기, 풍년무(踊), 농신무, 풍년놀이, 농제계, 농상계, 액불(厄佛), 농년기(農年祈), 농기놀이, 농신대놀이, 메구, 메귀, 매굿 풍장, 두레풍장, 걸궁, 걸군(乞軍), 뜰밟기, 글입(訖入), 걸립, 금고(金鼓), 농공제(農功祭), 농악, 농악놀이, 농악회, 농부놀이, 풍물굿, 걸립굿, 메구굿, 풍장굿 등

② 호미씻이 중심 명칭: 두레, 백중, 백중일, 백종일, 백종장, 백중놀이, 칠석놀이, 농장원, 호미씻이놀이, 호미씨시, 농부놀이, 초연, 꼼비기, 나다리, 두레장원, 장원례, 장원웃, 장원놀이, 풋굿, 풋구, 술멕이, 두레먹기, 질먹기, 음주례, 호미씨침, 길꼬냉이, 파접, 파결이, 공동놀이, 마을대동놀이, 마을굿, 들돌이 등

시무구지와 시마지들

위에서 본 두레 행위들에 관한 수많은 명칭 중에서 두레와 향두품어리, 황두를 제외한 대부분의 이름들은 두레 행위나 현상 중의 일부에 대한 구체적 명칭이다. 두레의 전 과정을 아우르는 추상적 개념 명칭은 없다. 실지로 일하고 사는 농민들에게는 그런 추상적 명칭은 불필요하다. 그러

나 그 행위에 어떤 의미를 부여하고 체계적으로 기록하기 위해서는 그런 명칭이 필요할 때가 있다. 그렇다고 그것을 탁상에서 임의로 작명하면 구체적 농민 삶과 동떨어진 죽은 말이 된다.

앞에서 두레의식 중의 가장 큰 의식인 세벌 논매기 뒤의 호미씻이 의식을 영산 지역에서는 '시무구지'로 불렀다고 했다. 그래서 나는 이를 영산 지역의 두레행위 전체를 대표하는 보통명사로 부르고자 제안한다. 그래야 영산 두레의 역사성과 현장성을 살리는 말이 될 수 있다. 말도 약속이다. 이제부터 우리가 그렇게 약속해서 부르자는 제안이다. 이에 그치지 않고 세벌 논매기 뒤 호미씻이 때 밀양의 어떤 마을에서 하던 백중놀이가 밀양시의 대표 두레굿명이 된 것처럼, 영산의 '시무구지'는 '영산을 넘어 창녕군의 두레굿'을 대표하는 말이라고 해도 좋을 것 같다. 창녕의 다른 지역 두레 행위들의 명칭들은 이미 모두 사라지고 이 말만 기록으로 남았기 때문이다.

시무구지의 뜻이나 유래에 대한 기록은 물론 없지만 그게 세벌 논매기 뒤의 의례라는 것은 조성국 님의 『영산줄다리기, 쇠머리대기』에 분명하게 기록되어 있다. 그리고 그 유래를 영산 앞 큰들의 옛 이름이 시마지들로 부른 데서 찾기도 한다. 창녕시무구지놀이보존회장 김종명은 "영산 큰들의 옛 이름이 시마지들이라고 하던데 세벌 논매기 뒤 이 시마지들이 떠들썩하도록 많은 사람들이 풍물치고 놀아서 시마지굿이었다가 시무구지로 변음된 것이 아닐까"하는 추론을 했다. 나도 지금의 큰들을 시마지들로 부르는 것을 젊은 시절까지는 여러 번 들은 적이 있다. 충분히 근거 있고 공감하는 추론이다. 지금의 큰들은 영산에서 제일 큰 들이라고 우리 말 큰들로 고유명사가 된 것 같다. 큰들 이전의 이름인 시마지들도 한자

말 아닌 우리 지역의 토속말인 것 같은데 그것이 무슨 뜻인지 또 어디서 유래했는지 유감스럽게도 아는 사람이 지금은 아무도 없다.

'깽이말타기'의 유래를 찾아서

내가 사는 사릿꼴과 이웃동네 죽전에서는 세벌 논매기 뒤의 장원놀이 등을 영산의 시무구지와 달리 '깽이말타기'라고 했다. 내 또래 이상의 동네 노인네들은 오래전에 들어봐서 기억하는 말이지만 지금은 사라지고 없는 말이다. 말로는 '깽이말타기'라고 했지만 실지로 세벌논매기 뒤의 장원놀이에서는 말이 아니라 소를 탔다. 그것도 소 머리 쪽이 아니고 소 뒤쪽을 보고 '거꾸로' 탔다. 이 놀이에서 말을 탄 것을 보지도, 탔다는 말도 들어본 적 없다. 그런데도 소타는 것을 '깽이말타기'라니? 도대체 깽이말은 무슨 뜻일까?

깽이는 괭이의 우리 지역 토착어다. 깽이를 말처럼 또는 말 대신 탄다? 하기 어려운 놀이다. 어디에서 어떻게 유래된 말일까? 우리 지역 전통문화나 두레에 관한 이야기가 나올 때마다 이 말은 단골 화두였고 풀리지 않는 설왕설래였다. 그러던 중 최근에(2019년 6월경) 창녕시무구지놀이 보존회장 김종명이 "영산 깽이골에 말 외양간이 있었다던데 혹시 그 말을 빌어다 세벌 논매기 뒤의 놀이 때 탄 것이 아닐까요?"하는 가설을 내놓았다. 금시초문인데 '깽이골'에 말 마굿간이 있었다는 근거가 어디 있더냐고 물었더니 영산사적보전회에서 낸 책 『靈山鄕土誌』(우성문화사, 1995년)라고 했다. 그래서 그 책을 즉시 구해보니 이 책 59쪽에 다음과 같은 관련기사가 실려 있었다.

2. 둔전(屯田)고개와 양마(養馬)골

둔전(屯田) 또는 둔토(屯土)고개라고 알고 있는데 이 말이 와전되어 둥둥고개라고 불러오고 있다. 이 둔전고개는 부곡면 쪽으로 가는 길에서 죽사리 2구로 들어가는 갈림길이 있는 곳의 약간의 고갯길이다.

둔전(屯田) 혹은 둔토(屯土)하며는 옛날 많은 군인들이 이곳에 주둔(駐屯)하면서 스스로 논밭을 경작하고 식량을 자급자족(自給自足)하며 현사(縣司: 군청)에 식량을 의무적으로 공납(貢納)하고 말을 스스로 많이 길러서 자체(自體)의 훈련 馬로 이용하여 군사 훈련도 하고 농사 짓기도 하는 이러한 軍을 屯田軍 혹은 屯土軍이라 하고 그 軍人이 경작하고 훈련에 이용한 땅을 屯田 혹은 屯土라고 한다. 이러한 둔전부대(屯田部隊)가 있었던 곳에는 꼭 목마장(牧馬場) 혹은 양마골(養馬골)이 있게 마련이다. 그러기에 지금 둔전고개 옆에는 양마골이 있고 양마골 옆에는 괭이골이 있다. 괭이골 하며는 말의 구유(죽구시)를 말함인데 말을 먹이고 가두어 두는 외양간(말의 마구간)을 말한다.

나도 죽사 2구 사릿꼴에서 증조부 때부터 4대째 살고 있지만 이 모든 얘기는 금시초문이다. 그래서 객관적 기록이나 전적을 통한 확인이 필요했다. 그러나 위의 인용글에서 둔전이 사릿꼴의 '큰몰'로 들어오는 뒷고개인 둥둥고개 일대라고 하면서도 그 근거는 그 고개 이름이 억지로 둔토와 비슷한 둥둥고개라는 주장밖에 없다. 그리고 우리 동네의 주산인 함박산 골짜기를 양밧꼴 또는 양밭꼴이라고 부르지 양마(養馬)골로 부르는 동네사람은 아무도 없었고 지금도 없다. 무엇보다 양밭꼴은 가파른 비탈에 돌너덜이라 풀을 길러 목마장을 만들 지형도 아니고 면적도 좁다. 둥둥고개는 둥둥 뜬 배처럼 생겼다고 주민들이 예부터 그렇게 불렀을지도 모르는 고개다. 그런데 무엇이든 한자로 표기해야 직성이 풀리는 식자들이 둥둥고개를 둔전(屯田)고개에서 유래한 고개로, 양지밭이 몰려있는 골짜기라고 붙인 양밭꼴에 양마(養馬)골이라고 억지로 한자이름을 갖다 붙힌 것이 아닌가?

그건 그렇다 치고 한자를 갖다 붙히기 어려운 '깽이꼴'은 왜 굳이 이 지역 토착어 아닌 타 지역 토착어인 '괭이골'로 바꾸고 말구유 즉 말 외양간이 있었던 골짜기로 추측한 근거는 무엇인가? 깽이는 괭이의 전라, 경상도의 토착어이고 땅 파는 기구지 말 외양간과는 아무 상관이 없다. 새우리말 큰 사전의 '괭이3'에 황해, 평안 지역의 구유의 토착어로 나와 있긴 하지만, 여기는 황해, 평안도 아닌 경상도 영산 죽사리다. 같은 사전 '괭이4'에 등재됐듯이 괭이는 고양이의 경상도 토착어일 뿐 아쉽게도 깽이말과는 아무 상관이 없는 말이다.

전래 지명의 무리한 한자화(漢字化)도 역사왜곡이다

깽이말타기의 유래나 근거를 찾는데 『靈山鄕土誌』는 무용지물이었다. 그래서 이 책을 출간한 영산 사적보존회 회원이자 총무였던 김태한의 개인저서 『靈山史蹟誌』(세종출판사, 1991년)가 있다기에 이를 바로 구해 보았다. 그러나 이 책에도 그 객관적 근거는 찾아볼 수 없었고, 66-67쪽에 『靈山鄕土誌』와 비슷한 내용의 다음과 같은 기사만 보였다.

19. 閱武고개(열무고개)
灌頂이 보를 가로질러 南쪽으로 뻗어있는 都泉面 論理로 가는 길 옆에 새로 建立된 韓電 靈山變電所 조금 남쪽에 閱武고개라는 고갯길이 있다.
이 고개의 위쪽에는 공교롭게도 文戶長 발자국이라고 전해지는 몇 개의 큰 발자국이 청석 바윗돌에 뚜렷이 새겨져 있다. 이 열무고개라는 고개는 灌頂이 들을 한눈에 내려다 볼 수 있는 조그마한 고개인데, 傳說에 의하면 여기서 軍事를 査閱했다고 해서 閱武고개라고 한다고 한다. 그러고 보니 이

閱武고개 北쪽에 灌頂이 보가 있고 因山껄, 養馬골, 屯田고개(둥둥고개), 괭이골(말 구유가 있었던 곳) 등 軍事的 관계가 있는 名稱들이 많으니 閱武(査閱)행사도 있었던 것 같다.

영산사적보존회원들은 무슨 지명이든 자기가 원하는 내용의 한자로 기록해야 직성이 풀리는 사람들인 것 같다. 두 책 모두에 지역 분권적 토착권력인 호족에 대한 존경심은 가득한데 그 백성들에 대한 존경심과 동정심은 고사하고 존재 자체도 안중에 없는 것 같다. 민중 전래의 모든 지명을 모두 비슷한 음의 한자로 바꿔서 기록한 것은 민중의 작명 의도와 내역을 무시하는 민중 천시관념의 대표적 표현이다.

나도 그 고개를 넘으며 82년을 산 사람이다. 초등학교부터 고등학교까지 12년과 6년 간의 대학생활을 제하고 영산여중과 영산중학 교사시절 6년까지 도합 18년은 일요일을 빼고 매일 넘어 다닌 고개다. 지금은 주로 차를 타고 외출 때나 이따금 넘는 고개지만 우리는 이 고개를 열매고개 또는 열미고개로 불렀고 가끔 열무고개로 부르기는 한다. 하지만 그 고개에 열부가 살아서 원래는 열부고개였는데 이게 열무고개, 열미고개, 열매고개 등으로 변음되었다는 말은 들었어도 군대를 사열하는 무시무시한 열무고개라는 한자 뜻풀이는 김태한의 이 책에서 처음 듣는다. 과연 그럴까?

김태한은 열매고개 북쪽의 간징이들을 한자로 灌頂(관정)으로 쓰는 게 맞고, 직역하면 물목 즉 도랑의 목이라는 뜻이라고 했다. 그 내용은 한글큰사전에 나오는 대로 인도에서 왕이 즉위할 때나 태자를 세울 때 바닷물을 정수리에 붓는 불교의식이라고 했다. 이것이 훗날 불문에 입문할 때나 수도자가 일정한 지위에 오를 때 하는 의식으로 전승되었다고 한다. 그렇다면 관정은 직역을 해도 사람 정수리(이마)에 물 붓는 세례의 식이지 물목이나 도랑의 목이라고 할 수 없지 않나?

하여간 김태한은 영산에 이런 의식을 치르는 임금이나 장군이 있었고 이 임금이 군대를 사열한 열무고개가 있고 그러다가 죽으면 묻히는 국장터인 인산껄이 있다고 주장한다. 그러면 이런 임금 비슷한 사람이 영산에 있었던 때는 가야시대뿐이다. 하지만 가야시대의 영산에는 말이 왕이지 중앙집권적 왕이라기보다는 가야연맹에 속했던 부족장 정도가 아니면 부족연맹 단계의 군장이 있었지 사열까지 하는, 말 그대로 중앙집권적 왕국의 왕이 있었던 적은 없었다. 인도에서 허 왕후가 왔다는 김수로왕의 김해 가락국은 몰라도 그 외의 다른 가야 지역에는 불교가 언제 들어왔는지 알 수 없다. 훗날 간징이들 인근에 큰절이 생겨서 불문입문자에게 그런 불교식 관정의식을 치렀는지는 몰라도 영산 서화골 가야왕이 이들에서 그런 의식을 치렀다고 볼 근거는 어디에도 없다.

그런데도 김태한은 이 열무고개 북쪽의 간징이들과 인산껄, 양밭꼴, 둥둥고개, 깽이꼴 등이 모두 가야왕국의 임금과 그 군사시설과 상관관계가 있는 듯이 주장한다. 그러나 가야시대와 그 지배자와 관계가 있는 객관적 유적은 인산껄의 가야 고분뿐이다. 나머지는 모두 전설이나 지명의 무리한 한자화에 근거한 추론일 뿐이고 그나마 동시대가 아니라 각기 시대적 배경을 달리하고 있다.

그리고 김태한은 이 모든 유적들이 영산의 자랑스런 가야유적인 듯이 내세워 기술하고 있다. 사람 죽이는 군대행위인 사열대와 군둔전과 양마골이 무슨 자랑거리가 될 수 있는가? 사열대라고 하는 열무고개에는 옛 사람들이 문호장의 발자국터로 모셨던 유적지가 담장 속에 보호되고 있다. 하지만 그것이 사람 아닌 공룡의 발자국임은 김태한 자신도 잘 알 것이다. 그렇다면 문호장이 6천 5백만 년 전의 공룡이거나 아니면 그 공룡의 화신인가? 그렇다면 가야시대의 왕이 아니라 선사의 공룡이 관정이들과 사리골의 '둔전'과 '양마골'을 사열한 곳이 열무고개라는 얘기가 아닌가?

둔전만 해도 그것이 고려시대 이후에 시작한 군둔전에서 지방관청의 주현둔전으로 점차 전국으로 확대됐던, 백성에게는 슬프고 아픈 수탈적 토지제도였지 자랑스럽게 기념할 영산 가야시대의 역사적 유산은 결코 아니지 않는가?

둔전(屯田)은 농민수탈의 대표적 토지제도였다

영산사적보존회의 주장대로 둥둥고개 부근 일대에 영산 둔전이 있었다고 가정하자. 그러나 그 둔전도 가야시대와는 아무 상관이 없다. 둔전은 가야시대가 아니라 고려시대에 최초로 도입된 토지제도이기 때문이다.

그리고 이 제도가 영산과 같은 중앙에서 먼 오지에까지 도입된 때는 고려시대가 아니라 조선의 중종 38년(1543년) 이후일 가능성이 크다. 이 둔전제도는 『靈山史蹟誌』나 『靈山鄕土誌』에서 그렇게 자랑스럽게 강조하는 호족들의 분권시대인 가야가 아니라 중앙집권적인 국가제도이기 때문이다. 그런데 영산의 탁기탄 가야는 서기 529년경 신라에 의한 합병으로 현이 되긴 했으나 그 규모가 작아 현감을 직접 파견하는 대신 감무로 대행해 왔다. 작은 현에까지 왕권을 대리하는 현감을 최초로 직접 파견하는 제도가 생긴 때는 조선 태종 13년(1413년)부터이다. 그러나 먼 변방인 영산현에까지 실제 현감이 파견된 때는 중종 38년(1543년)이다. 그런 이후에나 도입이 가능한 이 둔전을 가야고분과 간징이들과 둥둥고개, 양밭골, 깽이골, 열매고개까지 모두 가야 때부터 있던 것처럼 한 꾸러미로 묶어 엮다니?

둔전의 원래 시작은 군둔전이 맞다. 고려 태조 3년(919년)에 북방의 여러 이족의 방비를 위해 장군 유금필의 인솔 하에 개정군(開定軍) 3천 명을 파견하여 북쪽 경계 골암에 축성하고 그 군인들을 정착시켰다. 또 태조 13년(929년)에 일어진에 축성하여 신광진(神光鎭)으로 개칭하고 남방의 백성들을 이민시켜 군량미를 생산시켰다. 이게 둔전의 원조라고 한다.

이것을 둔전으로 이름 붙여 사료에 기록한 고려 둔전의 최초는 현종 15년(1024년)의 가주 남방의 둔전이다. 이처럼 둔전은 서북 국경지방에서 군둔전으로 시작하여 점차 내지의 주현 및 진들에도 확대 실시했다. 이것이 주진둔전인데 이는 군인 대신 주, 군, 현의 주민 또는 관노비를 동원하여 경작한 것 같다. 이런 식으로 주, 부, 군, 현들마다 이른바 주현관 둔전이 확대되고 그 문제점들이 속출하자 고려 숙종 4년(1099년)에는 각 기관 둔전을 5결(약 5만 평 정도) 이하로 그 면적을 제한했다. 이는 둔전 경영 목적이 군량 보충이 아니라 그것으로 주현의 경비 일부를 보충하고 관계자들의 사복을 채우는 데 악용되었기 때문이다.

조선조에 오면 이것을 관둔전으로 지칭한다. 관둔전은 주현관둔전, 영진관둔전, 군둔전, 호급둔전, 아문전둔전 등의 별별 이름의 둔전으로 확대되거나 바뀌면서 농민수탈의 제도로 이용되었다. 조선시대의 관둔전에는 주와 현에 속한 둔전과 역둔전을 함께 지칭하는 주현관둔전과 군의 영과 진에 소속된 영진관둔전이 있었다. 명목이 어떠하든 이들 둔전은 군이 아니라 모두 농민노동의 착취로 개간된다. 그리고 고을 수령과 각 진장들은 모두 둔전경작에 농민을 혹사하고 그 수확량을 횡령 착복했다.

조선의 국둔전도 국초에는 연해지방에서 국가 단위에서 군수 축적을 위해 설정되었다. 그러나 이 역시 그 책임자인 만호와 원수 등이 왜구를 격퇴하고 둔전을 경영하는 원래의 목적 대신 소위 가호둔전 방식, 즉 봄에 농민들에게 약간의 종자만 분급한 뒤 가을에 그 수확을 강탈하기 일쑤였다. 이에 대한 농민의 저항이 잇따르고 국둔전의 피해도 커지자 이를 폐지했다. 하지만 그 삼 년 뒤에 이전의 가호둔전과 똑같은 호급둔전제라는 것을 재도입하여 같은 방식으로 농민을 수탈했다.

이에 농민의 반발이 계속 극심해지자 1410~1412년 사이에 호급둔전을 폐지시킨다. 그 대신 국둔전 경영이 다시 광범하게 시행되었다. 역시 농민들의 반발이 계속되자 1426년에 정부는 국둔전과 관둔전 등 모든 둔전을 일단 전면 폐지시킨다. 둔전의 폐지 뒤에 농민이 개간한 토지는 국가소유로 그냥 두면서 농민에게 경작권을 주는 대신 수확의 절반을 착취하는 반작소작제를 시행했다.

그러나 임란 이후 1593년경이 되면 공사의 창고들이 모두 고갈되자 중앙관청들의 국고의 통일적인 수세체계로부터 독립한 둔전제가 다시 시행되었고 그 부패양태는 실로 다양했다. 둔전관이 둔전을 지정하지도 않고 가을에 곡식이 잘된 경지를 골라 둔전으로 지정하고 땅주인과 짜고 둔전 몫 중 일부는 국고에, 나머지는 둔전관이 착복하는 방법이 있다.

둔전은 수확의 반만 국가에 납부하면 세금과 부역 등이 일체 면제되는 특전이 있다. 이를 악용하는 일부 부유한 농민은 조세를 면탈하고 그 대가로 둔전관계자는 사복을 채운다. 군둔전은 군량축적 명목으로 토지뿐 아니라 어선, 염전, 어전(어장)까지 둔전 명목으로 독점화했다. 이를 다른 군문이나 정부기관들이 또 보고 다투어 이런 식의 수탈을 심화시켰다.

둔전을 통한 토지 강탈 방법에는 피난 간 농민들의 묵은 농지를 개간 명목으로 무단 둔전화시켜 착복하면 농민이 돌아와도 돌려주지 않는 방식도 있다. 또 유리한 조세 조건을 내세워 농민의 농지를 자발적으로 둔전화(국유화)시켰다가 관계권력자가 소유권을 사적으로 강탈하는 등 다양했다. 이에 대한 농민들의 계속되는 둔전 반대투쟁으로 당국은 한편으로는 둔전을 전면 폐쇄했다. 그러나 동시에 다른 한편으로는 둔전을 재도입 확대해가는 모순된 정책을 대한제국 말까지 되풀이해왔다. 이게 그 자랑스런 둔전의 실상이다.(박시형,『조선토지제도사 상, 하』, 도서출판 신서원, 1994년 참조)

양마(養馬)는 둔전양마골 아닌 목마장에서 했다

영산에 둔전이 있었다면 가야시대는 물론 고려시대가 아니라 현감이 직접 파견된 조선 중종 이후 도입된 군둔전 아닌 농민노동을 착취하는 주현관둔전 중의 하나였을 것이다. 영산사적보존회가『靈山鄕土誌』에서 영산에 둔전지가 있었다고 내세우는 유일한 근거는 우리 동네 뒷고개 이름이 둥둥고개라는 것과 그 부근의 양밭골, 깽이골을 들고 있다. 김태한의『靈山史蹟誌』역시 객관적 근거는 없이 이들 땅이름의 억지 한자화에 따른 추론과 상상으로 이를 주장했다.

그래도 혹시나 나는 '깽이말타기'라는 영산 두레굿의 유래와 근거를 찾기 위해 사릿꼴의 둔전이나 양밭꼴과 깽이꼴에서 말을 길렀는지 확인하고자 둔전관계 자료를 거의 다 뒤적여 봤다. 그러나 내가 가진 자료로서는 어떤 둔전에서도 말을 길렀다는 기록은 찾아내지 못했다.

우선 말을 길렀다는 양마골 또는 양마장이란 용어 자체를 어디서도 찾아볼 수 없었다. 대신 같은 용도의 목마장(牧馬場)만 둔전과 별도로 전국에 산재해 있었다. 둔전에서 말을 기르기는 고사하고 거의 모두 해도와 해안에 있는 목마장까지 이미 세종 24년(1442년)부터 경지화하기 시작했다는 기사만 보았다. 심지어 군자(軍資) 목적으로 설치한 강화의 포음도 군둔전까지도 농민들에게 농사를 짓게 했다.

조선 전기(15세기) 무렵의 목마장수는 약 107개 정도인데 모두가 섬 아니면 해안가나 강가, 곶(串 육지가 바다로 내민 곳—반도보다 작은 것)에 있었고 내륙에는 거의 없었다. 경상도에 있는 18곳의 목마장도 모두 섬이 아니면 해안에 접한 현, 부, 목에만 있었고 내륙에는 하나도 없었다.

조선 전기(15세기경) 경상도 지역에 분포된 18곳의 목마장 현황은 다음과 같다. 동래현에는 오해야항, 석포, 절영도 등 3곳이 있었다. 장기현에 동을배곶, 진주목에 흥선도, 남해현에 금산, 김해도호부에 금단곶 등지에 각기 한 곳이 있었다. 큰 섬인 거제현에는 가라산, 구천동, 산달도, 칠천도, 탑포 등 무려 5곳에 있었다. 고성현에는 말을상곶, 해평도, 종해도 등 3곳과 칠원현에는 가덕도, 감물도 등 2곳이다. 18곳 모두의 목마장 소재지는 섬이나 해안가에 소재하는 현이다.(이태진, 『의술과 인구 그리고 농업기술』, 태학사, 2002년, 293쪽)

조선 중기부터 목마장을 경지화한 목적은 식량증산을 위한 둔전 경작 명목 이외에도 주로 왕실 주변 권력자들의 절수(사유화)의 대상으로 삼는데 있었다. 심지어 16세기에 오면 강무장류(講武場類)까지 경지화 했다. 강무장은 국왕이 친히 사냥을 해서 제사용 짐승을 얻는 동시에 군사훈련도 하는 이중의 중요목적을 가진 행사장이었다.(이태진 저, 위의 책, 참조)

그래서『영산향토지』와『영산사적지』의 주장대로 둥둥고개가 둔전고개였을지라도 양밭꼴이 양마골이었고 깽이꼴이 말 외양간이 있던 괭이골일 가능성은 전혀 없다. 그런데 김태한은 가야시대의 고분군터인 인산껄과 언제 그 이름이 주어졌을지 모르는 간징이들, 그리고 아무리 빨리 있었다 해도 고려시대 이후에나 영산 어디 있었는지 확인할 수 없는 관현둔전을 우리 동네 둥둥고개 근방으로 확정하고 그 옆에 양마골과 괭이골이 있었고, 가야시대의 왕이나 장군이 열무고개에서 이를 사열했다는 식으로 기술했다. 아무른 근거 제시도 없이 그 이름의 자의적 한자화에 근거해서 억지로 연결시켰다.

고을 지명은 바뀌는데도 다른 지명은 옛 그대로라니?

우리의 사랑하는 고향 영산의 오늘 이름은 김태한에 의하면 비화가야→서화현→상악현→취산군→취성군→영산군→영산군 영산읍내면→영산면으로 가야시대부터 오늘까지 여덟 번째나 바뀐 것이다.(『靈山史蹟誌』, 28쪽) 그리고 이 책과 앞에 인용한『靈山鄕土誌』등 두 권의 책에서 마치 의인이나 영웅처럼 미화 기록한 호장도, 부족사회국가의 족장→왕

또는 장군→성주→호족→호장→아전(수리호장)으로 여섯 번이나 바뀌었다. 그런데 영산고을이름 아닌 땅의 지명(인산껄, 간징이들, 열매고개, 둥둥고개, 양밭꼴, 깽이꼴)들은 가야시대나 신라시대부터의 이름이 지금도 그대로 변하지 않고 전승된 듯 억지 한자화 시켜도 되는지 모르겠다. 2천 년 동안에 가야에서 신라로, 고려로, 조선으로 그 국명과 그 백성이 변하듯이 말도 변하고 당연히 그 지명도 변하기 마련이다. 그런데 무슨 근거로 우리 영산 고을 지명과는 달리 그 관내의 땅 지명만은 가야시대부터 지금까지 변하지 않는 것으로 보고 그 이름을 모두 한자화시켜 영원히 고정 박제화 시키겠다는 것인가?

김태한은 그렇게 자부했던 영산의 가야시대 왕국명을 이미 『삼국유사』에 가야시대의 창녕의 소국명으로 기록된 비화가야를 이해 못할 근거로 영산 지역의 가야연맹명이라고 주장한다.(위와 같은 책, 24쪽) 나의 가야사 공부로는 6세기 초 신라에 의한 합병 전의 서화현 이전의 영산지역 가야연맹 소국명은 탁기탄(喙己呑) 또는 마수비(麻須比)이다.(김태식 저, 『미완의 문명 7백년 가야사』 3권, 푸른역사, 2002년, 215쪽 참조)

비화가야는 『삼국유사』 5가야 조에 창녕 아니면 고령지방의 옛 소국명으로 기록되어 있다. 『일본서기』는 창녕 소국을 비자발로 기록했다. 신라에 복속된 뒤에 설치된 창녕 신라진흥왕척경비(555년)에는 비자벌로 나온다. 하긴 〈비화가야〉라는 옛 창녕의 국명은 나말여초의 관념을 대변한 『삼국유사』 저자의 표현이고 이 지방이 소국으로 존재했던 당시의 국명은 아니라고 한다. 그래서 비화 및 비자발은 『삼국사기』 지리지의 군명인 비자화(比自火), 비지(比只), 비사벌(比斯伐)과 같은 곳임으로 그 소국명을 〈비사벌국〉이라고 함이 무방하겠다고 김태식은 적었다.

〈비사벌국〉은 『삼국사기』 신라본기 파사이사금 29년(108년)조에 신라가 비지국, 다발국(대구), 초팔국(초계)을 쳐서 병합했다는 기사에서의 비지국일 가능성이 높다. 그러나 이 시기(108년)는 신라 본기 초기 기록의 편년상의 문제점을 고려할 때 액면 그대로 받아들일 수 없다. 그래서 이 시기는 이 기사내용이 위의 소국들의 신라에 대한 완전한 복속의 뜻이 아니라 사로국(경주) 중심의 진한연맹체에 편입된 것을 의미한다면 실제 비화가야의 신라병합은 3~4세기 무렵으로 봐야 한다고 한다. 『일본서기』의 초기 기록에만 편년상 문제가 많은 것이 아니고, 김부식의 『삼국사기』에도 이처럼 편년에는 문제가 많다.

위와 같은 이런 이유들과 발견된 고적들로 미루어 창녕의 〈비사벌국〉은 창녕의 소국명으로 처음부터 진한연맹, 즉 신라 소속으로 봐야 한다는 견해도 있으나 반드시 그렇다고 단정할 수는 없다. 3세기 이전 전기 가야 소국의 유적들은 고분 아닌 지하에 모두 묻혀있어 확인하기 어렵다. 하지만 지리적 여건 등으로 보아 이 지역은 당시 유일한 교통로였던 낙동강 등 수로를 통해 김해지방과 교역하는 전기 가야연맹체에 들어있었다고 보는 게 옳다. 하지만 발견된 토기 형태나 고분 등 유적들로 보아 창녕의 비사벌국은 4세기 말 5세기 초의 대전란기부터 고구려의 무력을 끌어들인 신라의 영향권에 다른 가야소국들에 비해 일찍부터 복속당했던 것은 확실하다.

사서에 따라 창녕 지역의 고대 소국명은 다르게 기록되어 혼란스러운 것은 사실이다. 하지만 창녕 지역 소국을 〈비화가야〉 비자발, 비사발 등으로 기록한 사서들은 있지만, 김태한의 주장대로 영산 지역을 비화가야로 기록한 사서는 아직 발견된 바 없다. 『삼국유사』의 기록이 아니더라도 그 유적들로 보아 비화가야는 고대 창녕에 있던 비자발국이나 비자벌국, 비자화국, 비사벌국, 비지국과 관계된 소국일지는 몰라도, 영산과는 전혀 무관하다. 그런데 영산의 고대 소국명이 탁기탄으로 따로 있는데도 그것을 몰랐는지 영산의 가야 소국 존재를 입증하기 위해 남의 지역의 소국명을 아무 근거 없이 끌어오고, 민간에 구전되고 있는 지역명을 모두 비슷한 한자음으로 개명하는 것은 역사를 기술하는 객관적 태도는 결코 아니다.

허구(가공)라는 소설도 있었던 것을 그대로는 아닐지라도 있을법한 현실, 가능한 현실로 구성한다. 하물며 사적지나 향토지 같은 역사서에 실증적 유물이나 객관적 기록의 근거도 없이 민간에 전승되는 지명의 억지 한자 지명화에 근거한 상상과 추론을 사실인 듯 기록하는 것은 그것을 사실로 알고 볼 후대에 대한 기만이고 배신이다.

민간에서 전래되고 있는 토착적 지명을 굳이 한자화해 새로운 의미증여를 하는 것 또한 토착어에 대한 모독이고 폭력이다. 결정적이고 객관적인 증거에 근거한 오류가 없는 한 구전은 가능한 있는 그대로 존중해야 한다. 지명과 행위명이 처음부터 문자로 기록되고 고정된 것은 아니다. 문자 이전에 말(구전)이 있었고 말 이전에 행동이 있었고 그보다 앞서 결코 녹록하지 않은 민생이 있다. 인간의 삶은 화석이 아니다. 쉴새없이 흐르고 흐르는 유전이다.

영산둔전(屯田)은 둥둥고개 아닌 죽전에 있었다

죽전의 깽이말타기와 영산 둔전의 근거와 유래를 찾는데『영산향토지』

뿐만 아니라 『영산사적지』 또한 무용지물이었다. 두 책에는 유적이나 기록 등의 객관적 근거 제시는 하나도 없이 지명의 무리한 주관적 한자화를 통한 주장과 추론만 난무했다. 그러나 완전한 헛수고는 아니었다. 떡본 김에 제사라고 기왕 내친 김에 이와 관련이 있을법한 내가 가진 다른 책들을 모두 뒤적인 결과 영산에 둔전이 있었던 것은 확인했다.

김용섭 교수의 『한국근대농업사연구』 2권 435쪽 (『경상남북도각군보고』 2책, 광무 5년 10월 10일, 영산군수보고)에 "경상도 영산 지방의 屯土에서 舍音이 立作焉 年年幻弄에 討索民財가 殆無限節하였던 것"이 그것이다.

마름(舍音)이 입작(立作-소작권리금)을 취하기 위해 해마다 소작인을 바꿈으로써 백성 재물의 토색질이 끊이지 않았다는 내용으로 보인다. 사음은 마름으로 조선 중기 이후 지주의 위임을 받아 소작지나 소작인을 관리하는 토지 관리의 최하위 담당자다. 이 영산군수 보고서만 놓고 보면 마름은 사악하고 이를 탄핵하는 군수는 선량한 개혁가처럼 보일 수도 있다. 물론 사음이 역사적으로 선량한 계층은 아니었지만 그렇다고 토지소유제도가 있는 한 어떤 형태로든 그런 계층제도가 있게 마련이고, 동시에 개혁되어야 할 필요악이기도 했다. 실지로 이 보고서는 갑오개혁 뒤 특히 광무원년(1897년)에서 8년(1904년) 사이의 광무개혁 때 사음제를 정리하기 위한 과정에서 작성된 보고서다. 이 보고서의 내용을 제대로 이해하기 위해서는 보고서가 나오게 된 경위와 배경을 김용섭 교수가 낸 위의 책을 통해 간단히 살펴볼 필요가 있다.

봉건제의 토지소유제도는 실로 다양하고 복잡했다. 국유 토지, 관유지, 왕실소유지 등 광의의 국유토지제가 있었다. 농민들이 군역부담을 줄이기 위해 마련한 군역전(軍役田), 군근전(軍根田), 역근전(役根田)과 지방 관청의 경비나 방백수령의 사경비와 수령거래 시의 노자(路資) 등에 보태기 위한 민고답(民庫畓)과 고마답(雇馬畓) 등의 민간들이 스스로 마련한 마을공유지들이 있었다. 또 지방 관청의 이속들이 생계보조와 퇴직 후를 대비해 사재를 모아 사둔 이청답(吏廳畓) 등 소유자가 다수로, 따라서 소유권이 분명하지 않는 토지가 많았다. 물론 지주 토지나 민전 등 사유지도 있었다. 이 봉건제 토지제도의 특징은 공유지가 많을 뿐만 아니라 지주와 민간의 사전도 그 소유권이 지금처럼 배타적으로 확립되지 않았다는 것이다.

18~19세기 사이에 동학농민전쟁으로 상징되는 끊임없는 민란들은 이 토지소유형태의 복잡성과 함께 과도한 조세와 지대제 등의 문란과 지배층의 과도한 착취로 인한 봉건제의 말기 증상이었다. 이 끊이지 않는 민란을 일제 등 외세를 끌어들여 진압한 봉건 지배층은 개항과 함께 갑오개혁 이후 각종 제도개혁으로 봉건 지배층에서 자본주의 근대국가의 지배계급으로 계속 살아남고자 했다. 그러기 위한 개혁 중 하나가 역둔토 등의 토지정비와 함께 지주제를 확립하고 일원화하는 토지개혁이었다. 갑오개혁 때 이루지 못한 이 개혁은 광무 2년(1898년)에서 광무 8년(1904년) 사이 시행하다가 1905년 을사늑약 이후 동양척식주식회사에 의해 완성(?)된다. 이 토지개혁의 핵심은 모든 공유지를 지주가 분명한 역둔토로 일원화하거나 사유지화하기 위한 토지측량(量田)과 그 토지소유자에게 매필지의 소유권증서(등기필증)인 '지계(地契)'를 발급해주는 것이었다.

다양한 소유형태의 공유지를 역둔토나 지주제로 일원화시켜 개혁하는 데는 반드시 그와 관계된 이해관계자들의 충돌이 있게 마련이다. 예컨대 역둔토제 하의 둔토, 목장토, 궁장토도 모두 국유, 관유, 왕실소유만은 아니고, 절세를 위한 민간 토지도 많이 끼어 있었다. 그 대표적인 것이 이른바 무토민결(無土民結)의 역둔토였다. 무토민결의 역둔토란 실소유주는 민간인데 그 민간과 둔토관리자(中畓主)가 짜고 둔토인 듯 둔전세만 내는 부당한 절세용 토지를 말한다. 이 토지를 사무착오나 전거가 불충분하다는 이유로 역둔토로 편입하는 경우가 많았다. 이때 그 민전둔토 소유자인 농민은 빼앗긴 자기 토지의 소작인이 되거나 그것을 다른 소작인에게 양도할 경우 그는 양도권을 파는 중답주, 즉 사음이 되는 수밖에 없다.

이 민전둔토 외에 앞에서 말한 다양한 공유지의 관전둔토로의 정비 시에 이와 관계된 많은 사람들도 똑같은 과정에 따라 중답주가 되는 수밖에 없었다. 지주제의 강화개혁으로 제거하고자 했던 중답주가 이처럼 오히려 확대 재생산되는 역상을 만들어간 것이다. 관둔토의 중답주는 지대를 징수하여 그 일부는 내장원이나 정부 징수기구에게, 지주의 사전인 경우는 지주에게 해당지대(地代)를 상납하고 나머지는 자신의 몫으로 하는 일종의 중간지주다.

이 중간지주는 공유지나 민유지를 관둔전으로 정비하는 과정에서만 대량으로 양산된 것은 아니다. 광무개혁 때 지방행정 제도개혁으로 헤아릴 수 없을 만큼 많은 지방관속이 감원당했다. 설사 감원을 면했다 해도 감봉으로 먹고 살기가 어려워졌다. 그래서 이때 그들 자신이 마련한 이청전에서뿐만 아니라 다른 방법을 통해 국유지 등에 중답주로 대거 진출할 수밖에 없었다. 그렇다고 해도 그들이 모두 중답주가 될 수는 없었다. 해고나 감봉당한 지방 관속들의 다수가 중답주로 진출했으나 그 밖의 대다수는 소작농민이 되어 치열한 소작 차지 경쟁에 뛰어들지 않을 수 없었다. 이 과열된 소작지의 차지 경쟁에서 지주는 지대 외에 소작 권리금이란 걸 챙기고, 역둔토나 지주의 관리인인 중답주는 소작인에게 소작권을 인정해주는 대신 그 대가로 금품을 징수했다.

그래서 이 수입을 극대화하기 위한 중답주 사음의 잦은 소작권 이작(移作)행위가 도처에 일어나고 민원이 끊이지 않았다. 앞에서 인용한 영산군수의 보고서는 이미 한계를 넘은 둔전제의 폐단과 민원, 지주제 확립을 통한 자본주의적 개혁에 장애가 되는 사음제의 탄핵으로 볼 수도 있다. 그러나 이것은 사음제에 대한 끊임없는 민원에 대한 대응책이라기보다 자신들이 추구하는 자본주의의 배타적 지주제를 더욱 공고히 하는데 그 목적이 있었다. 영산의 누구처럼 둔전제를 미화하고 복구하기 위해서는 아니다.

위와 같이 영산에도 둔전이 있었다는 근거를 찾는 과정에서 그 둔전 소재지가 『靈山鄕土誌』의 주장처럼 둥둥고개 아닌 죽전(竹田)일 가능성이 높은 근거도 찾았다. "역둔토는 전국의 국유지, 관유지, 왕실소유지를 총칭하는 용어로서 ①처음에는 종래의 역토(驛土), 둔토(屯土)를 중심으로 목장토(牧場土), 제언답(堤堰畓 저수지 밑 수리안전답), 죽전(竹田), 저전(楮田 종이 만드는 닥나무밭), 송전(松田), 강전(薑田 생강밭), 노전(蘆田 갈대밭), 시장(柴場 땔감시장), 초평(草坪 풀밭), 봉대기지(烽臺基址; 봉화대터), 공해기지(公廨基址 공관청사터), 사찰좌지(寺刹坐地 절터), 등이 포함되었으며"(『한국근대농업사연구』, 417쪽)가 그 근거다. 역둔토의 여러 용도의 땅 중에 '죽전(竹田)'도 그 하나니까 지금의 창녕군 영산면의 죽전 동네가 바로 그 둔토 죽전에서 유래한 것이 아니냐는 것이다.

  이에 비해 우리 동네 자연마을 이름은 싸리나무가 많아 싸리골이었는데 조선 전기 태종에서 세조 때에 도입된 면리제 행정개편 이후 조선 중기에 와서 이 제도가 실행될 때 우리 마을 자연마을명과 유사한 한자로 사라리(沙羅里)가 되었다가 고종 32년(1895년) 조선 말기에 영산현이 영산군으로 행정개편 때 사라동이 되었다. 이렇게 별개의 동네였던 죽전동과 사라동을 두 마을의 머리글자를 따서 죽사리로 합동한 때는 1914년 일제에 의해 영산군을 창녕군에 합군할 때였다. 그러니까 1914년 일제 초기까지도 사리꼴은 죽전과 별개의 동네였다. 둔전제는 고려시대에 시작되어 한말의 광무개혁 때 국둔전제로 개편된 토지제도였고 일제 시에는 이미 사라진 제도다. 그래서 넓은들(큰들) 속의 대나무 무성한 죽전이 조선 중기 이후에 영산에 도입된 '대밭' 둔전지였을 가능성은 높지만 싸리만 무성한 좁은 산골동네인 싸리꼴에 둔전이 있었을 리 결코 없다.

  2019년 7월

나무소싸움은 영산의 적전친경의례였다

무형문화재 26호로 지정된 영산의 쇠머리대기(나무소싸움)는 아무리 봐도 쇠머리 같지가 않다. 실제 쇠머리는 역삼각형에 가까운데 쇠머리대기의 나무소 머리는 이와 반대로 정삼각형에 가깝다. 그런데도 이것을 쇠머리라고 부르며 싸움을 붙이기보다는 맞대고 미는 시늉을 하는 쇠머리대기는 단순한 놀이 이상의 무슨 의례의 영산식 변형일 것이다.

조성국 님의「영산줄다리기, 쇠머리대기」(일봉 조성국선생추모사업회 편,『원다리만년교는 님의 기개요』, 전망출판사, 2004년, 458-461쪽)에 의하면 나무소싸움의 유래에 대한 문헌 기록은 전무하고 전설과 추론만 있다. 대표적인 전설이 산살설과 지살설이다. 산살설은 영산에 있는 영축산과 함박산이 두 마리 황소가 맞겨누고 있는 형상인데 이 두 산에는 산살이 끼어 있다. 그래서 이 산들의 산살을 풀어 영산을 그 살의 액운으로부터 보호하기 위해 두 산을 대리하는 나무소싸움놀이를 시작했다는 설이다. 그렇다면 이건 나무소싸움이 아니라 나무산(木山)싸움이라고 해야 한다. 실제 나무소싸움의 나무소형상은 소형상이라기 보다 정확히 영산에 있는 두 산의 형상이다. 지살설은 옛 영산현청인 동헌의 좌가 소자리인 축좌(丑座)라서 지살이 있었다. 이 소자리 지살설을 소싸움 의례로 풀어 고을의 재앙을 막고자 이를 시작했다는 설이다.
　이런 전설 말고도 여러 추론들이 있는데 그중 그럴싸한 것이 이 쇠머리대기의 문화재지정 보고서를 쓴 장주근과 김광언 교수의 〈투우설〉과 『영산줄다리기, 쇠머리대기』의 필자 조성국의 〈이싸움놀이에서의 분리설〉이다. 〈투우설〉은 옛부터 소싸움을 즐기던 이곳 주민들이 농우로 실제 소싸움을 붙인 결과 소가 심히 상해 농경에 지장을 입었을 것으로 추정한다. 그래서 소 대신 나무로 소 모양을 만들어 소싸움 대신 이를 즐겼다는 추론이다. 내 대학 친구고 선배인 그들이 쇠머리대기 보고서를 쓰고 이를 문화재로 지정할 때까지는 나 역시 이에 대한 관심도 공부도 전혀 없던 연배 때이긴 하다. 하지만 나 같은 문외한과는 달리 그래도 민속학을 전공하기 시작했던 명색 학자들의 추론치고는 너무나 실용에 치우치고 상상력이 빈곤한 추론이 아닌가?
　조성국의 〈이싸움놀이 분리설〉은 이싸움놀이(줄머리싸움놀이)와 쇠머리대기의 모든 것이 너무나도 닮았다는 데 근거한다. 이싸움놀이에서 목줄과 몸줄 부분에 많은 장나무를 받쳐 묶고 장정들이 메고 짜는 모양이 쇠머리 몸통 매기와 꼭 같다. 또 대장이 줄 위에 올라타서 줄머리를 위로 치켜 올리면 줄머리가 세모꼴로 쇠머리의 앞부분과 비슷해진다. 그리고 양쪽 줄머리를 서로 부닥쳐서 밀어붙여 승부를 결단내는 것까지가 거의 이싸움 그대로다. 다시 말하면 나무소싸움은 줄을 만들 수 없을 때(예컨대 흉년이 지거나 준비 시기를 놓칠 때) 줄을 빼고 나무로만 이싸움 받침을 만들어 이싸움놀이를 대신하기 위한 그 변형 발전태라는 추론이다. 큰줄굿은 다른 지방에도 많았지만, 작은 줄을 따로 만들어 그 줄머리로 하는 이싸움놀이는 영산에만 있던 놀이고 쇠머리대기 또한 영산의 독창품이란 근거에서 쇠머리대기가 이싸움놀이에서 분리 변형 · 발전되었다는 추론의 타당성은 더욱 높아진다는 주장이다.

앞에서 말한 쇠머리대기의 유래와 추론들은 모두 일리가 있고, 일면적 타당성도 있다. 그러나 이런 견해들은 나무소싸움 등의 전통놀이들을 그 자체가 독자적으로 유래한 것으로 보는 한계가 있다. 어떤 전통놀이도 전통적으로 내려오는 각 지역의 마을대동의례굿들과 횡적 · 종적 연관 속에서 발생하지 평지돌출식으로 발생하는 것은 거의 없다. 따라서 쇠머리대기의 유래가 이 정도에서만 한정될 수 없다. 앞의 전설과 추론들을 포함한 다른 지역들의 놀이나 의례와의 연관 속에서 다시 살펴볼 필요가 있다.

공동체 의례로서의 전통놀이

모든 전통놀이에는 반드시 그 마을공동체의 기원(祈願)을 담고 있다. 앞에서 말한 산살설과 지살설의 전설에 근거한 쇠머리대기의 유래도 그 기원성에 근거했다. 그러나 모든 개별 대동놀이의 기원은 마을공동체 전체의 기원을 위한 선행하는 마을 대동의례굿들과 반드시 상호의존 관계에서 그 의례 중의 일부로 만들어진다. 예컨대 영산줄굿은 줄놀이만을 위해 만들어지고 노는 데만 있지 않고 영산의 마을이나 고을 전체의 기원을 빌고 흉액을 방지하기 위한 마을 대동의례굿과의 관계에서 유래했다는 것이다. 줄굿은 그 자체만으로도 거대한 마을 연합대동굿이지만 동시에 정초에 시작한 마을 당산의례굿을 상원(정월대보름) 전후까지 연장,

확대한 마을 대동굿의 일부라는 것이다. 다시 말해 아무리 규모가 큰 대동놀이라도 마을 대동굿의 범주를 벗어난 독자놀이가 아니고 마을 대동굿의 일부로 존재한다는 것이다.

나무소싸움도 상원 전후에 줄굿과 교대로 하던 상원놀이였다. 그 시절 만기(萬器) 제작에 두루 통용하던 짚으로 만들어야 하는 줄은 풍년이 들어야 가능하다. 그러나 나무로 만드는 쇠머리대기는 줄보다는 모든 면에서 쉽게 만들 수 있는 절약형 대동놀이였다. 그렇다면 영산에만 있는 이 나무소놀이와 연관된 다른 지역의 마을 또는 고을 의례는 어떤 것이 있었을까?

마을굿에 대한 오래된 기록은 전무하나 고을굿(읍치성황제)에 대한 전설은 풍성하고 그 기록도 단편적으로나마 남아 있다. 영산에는 문호장단오굿에 대한 풍성한 전설과 매우 축소된 형태로나마 그 굿도 아직 남아있다. 다른 지역에도 단오굿은 각기 형태를 조금씩 달리해서 남아있다. 하지만, 지금 영산의 단오굿은 옛 고을굿의 춘경제 등을 주도했던 향리의 수장이었던 문호장을 그 굿의 대상 신으로 한다는 점에서 독특하다.

문호장단오굿의 전설은 지금부터 약 400년 전 자기 집 앞을 지나가던 관찰사의 말발굽을 땅에 들러붙게 하는 도술을 부린 이 고장의 의인 문호장의 유언으로 단오날에 고을 현감이 직접 드리는 읍치성황제라고 전해지고 있다. 고려시대부터 군청이나 현청 안에다 그 지방 출신 호족이나 역사적 인물 중에 뛰어난 인물을 함께 모신 지역 수호신당인 성황당제를 도입했다. 이 수호 성황사의 제를 주도하는 자는 호장이었다. 조선시대에도 계속 호장이 주도했으나 호장제의 폐지 뒤에는 현감이 주도했다. 이게 읍치성황제다.

그러나 호장 주도로 성황신과 함께 선조 호장신도 함께 모시는 성황사는 당대의 적폐였다. 그래서 유교이념과 중앙집권의 강화로 호장세력이 쇠퇴하자 어떤 지역의 성황당은 요사스런 사당으로 지목되어 폐쇄하거나 불살라 없애기도 했다. 그런데도 영산 관아에 있던 이 읍치성황사는 요행인지 지금까지 문호장 딸사당인 두룸각시왕신당의 이름으로 호장의 위패를 모신 채 남아 있다.

이로 보아 문호장단오굿이 한때 읍치성황제였거나 관청과 관계가 있었던 굿임에는 틀림없다. 그러나 문호장이 곤경에 빠뜨렸던 관찰사에게 스스로 죽어주는 대가로 한 유언에 따라 5월 단오날에 조선시대의 영산 고을현감이 직접 문호장 제사를 정성스레 지내게 됐다는 전설은 전설일 뿐, 현실에서는 있기 어렵다. 그래서 영산의 문호장단오굿은 고을현감이 제주가 되는 사직제나 읍치성황제라기보다 조선 후기(18~19세기)에 김해와 제주도에서 기록으로 남긴 호장주도 입춘춘경제(立春春耕祭)의 영산식 변형일 가능성이 크다.

요행히도 기록으로 남은 김해와 제주도 두 곳에서의 입춘춘경제는 고을 수령이 아니라 호장이 주관한 또 하나의 읍치성황제였다. 아래 인용문 중 김해춘경제에 관한 기사는 이학규(李學逵, 1770~1835년)라는 전직관리가 김해에 유배를 가서 쓴 『동사일지(東事日知)』의 춘경제(春耕祭)에 실린 글이고, 다음의 제주도 관련기사는 김두봉(金斗奉)의 『제주도실기』에 실린 글이다.

그 법은 본래 『예기』 월령중의 東郊에서 봄을 맞이한다는 뜻으로부터 비롯된 것이다. 일찍이 김해의 입춘일을 보니, 州司에서는 나무로 소를 만들고 戶長은 공복을 갖추어 입은 다음 징을 울리며 앞에서 인도하여 동쪽 성문

밖으로 나아간다. 그리고 迎春場 내에서 신농씨에게 제사지내는 것을 끝낸 후 나무소를 밀면서 땅을 경작하는 시늉을 하는 것이다.(이태진, 『의술과 인구 그리고 농업기술』, 태학사, 2002년, 40-41쪽에서 재인용)

매년 입춘 전 1일에 全道 巫覡을 州司에 집합하고 木牛를 造成하여서 제사하며, 이튿날 아침에 호장이 머리에 桂冠을 쓰고 몸에 흑단령 예복을 입고 출동하야 목우에 農械를 갖추고 무격배는 홍단련 彩服을 입고 무격이 목우를 끌고 前路에는 六律을 갖추고 뒤에는 童妓로 護從하여 징·꽝매기·巫악기 등을 올리며 호장을 호위하야 觀德亭에 이르면, 호장이 무격배를 여염집에 보내어 쌓아둔 곡식단을 뽑아오게 하고 뽑아온 것의 實否를 보아서 신년의 풍흉을 징험하며, 또 그 모양으로 객사에 이르러 호장과 무격이 현신하고 東軒에 이르러 호장이 장기와 따비를 잡고 와서 밭을 갈면 한 사람은 赤色 가면에 긴 수염을 달아 농부로 꾸미고 오곡을 뿌리며 또 한 사람은 色羽로써 새와 같이 꾸미고 주워먹는 형상을 하면 또 한 사람은 獵夫로 꾸미어 色鳥를 쏘는 것과 같이하고, 또 두 사람은 假面하여 女優로 꾸미고 妻妾이 서로 싸우는 형상을 하며, 또 한 사람은 가면하야 남우로 꾸미고 처첩이 서로 투기하는 것을 조정하는 모양을 하면 牧使는 좌상에 앉아서 술안주와 연초를 많이 주며 與民同樂의 風을 보인다. 觀光者는 다 웃고 또 본 관아에 이르러서도 또 그와 같이하면 가식한 사람들은 영웅호걸같이 보인다. 호장은 물러가고 무격배는 集合一隊에 조적창에 들어 뛰놀며 어지러이 춤추고 맑디맑은 목소리로 年豊의 축문을 외우며 태평을 즐기고 산회한다.(위와 같은 책, 41-42쪽)

민중전통놀이와 왕실의 적전친경의례를 종합한 춘경제

물론 기록으로 남은 춘경제가 위 두 군데뿐이지 아마도 비슷한 시기에 유사하면서도 지역 독창적인 춘경제가 각 지방마다 행해졌을 것이다. 강릉단오제 역시 입춘춘경제와 비슷한 형태로 지금까지 전승 중이다. 그래서 강릉단오제처럼 다른 지역의 입춘춘경제도 그 연원이 고려시대부터 전승되던 호족, 호장주도의 연등회의 민중잡기 등을 마을대동굿 등의 민간굿에서 이어오다가 조선시대 후기에 호장 주도의 춘경제에 의해 복원한 고을굿으로 추정한다.

위의 인용에서 보듯 비교적 자세한 기록을 남긴 제주도 입춘춘경제는 가위 우리 전통의례의 종합판이라 해도 손색이 없다. 호장은 예복을 갖춰 입고 임금의 적전친경(왕실 소유의 농지에 임금이 직접 소쟁기질로 땅 가는 시늉을 하는 것)을 연극화(굿화)한 목우를 끌거나 민다. 무격배는 무복을 갖춰 입고 목우를 따라 무악기 등을 울리며 무당굿으로 호장을 보좌한다. 무당들의 배역으로 하는 춘경제 속의 나머지 무당굿들은 거의 풍물굿의 잡색놀이에서 차용한 민중놀이들이다. 춘경제에 차용된 이 잡색놀이들은 훗날 호장들이나 향리들에 의해 춘경제뿐만 아니라 풍물로부터도 분리하여 탈춤 또는 마당극으로 전문화시킨다.

신돈(辛旽)으로 유명한 신씨 호족의 영산지방인데 고려 때부터 호장 주도의 그런 춘경제가 없었을 리 없다. 기록된 제주도 춘경제와 유사한 영산의 고을굿은 어떤 것이 있었을까? 지금은 명맥만 유지하는 문호장단오굿의 원래 형태는 제주도 춘경제의 무당 주연의 처첩 갈등과 매우 유사했다고 한다. 풍물잡색에서 시늉만 보인 처첩 갈등 소재를 탈춤이 마당규모에서 더 극화했다면, 전설로 전하는 영산 문호장단오굿은 온 들판을 휘젖는 고을 규모로 확대시킨 일종의 들굿으로 추정 된다. 제주도 춘경제에서 호장주도에 무당 배역으로 하는 처첩 갈등굿을 영산의 단오굿에서는 호장 대신 민간과 무당의 주도로 4개의 당집으로 분산해서 확대하고 극대화한 점만 다를 뿐 갈등구조는 제주춘경굿의 판박이다.

구전기록으로 남은 문호장단오굿

언제부터인가 단절되어 지금은 다시 볼 수 없지만, 조성국 님이 기록으로 남긴 〈호장굿〉(『원다리만년교는 님의 기개요』, 90-92쪽)의 개요를 압축하면 다음과 같다.

이 굿의 주역은 호장(戶長), 수로(首奴), 암무이, 무부양중인데 호장과 수로는 이 지역 남자들 중에서, 암무이는 이 지방 무당 중에서 골랐다. 그 밖에 모자라는 수십 명의 조역은 인근 고을의 무당, 무부양중들까지 동원했다. 무대는 굿을 연출하는 굿청에서부터 문호장 산신당인 영축산성 상봉당과 본처 사당인 삼시랑큰각시당(大閣氏: 큰서낭님), 딸 사당인 두룸각씨왕신당(우물신당), 호장의 첩 사당인 남산믹이지성굿당으로 후대에 이름이 붙여진 4개당과 그 당을 연결하는 길이다. 물론 문호장 관련 3개 당명은 문호장굿을 극적으로 구성하기 위해 후대에 주민들이 작명한 역할별 이름이다. 본래는 각 마을의 독립적인 산신당이었다. 그러므로 주민들의 자의적 역할별 작명에 대해 영산사적보존회가 그 명칭이 틀렸다고 지적하는 것은 넌센스다.(『靈山鄕土誌』, 53쪽) 어떤 신당명도 그 신당을 모시거나 기리는 사람들이 그때그때 부르는 것이 정명(正名)이지 따로 불변하는 고정명이 있었던 것은 아니다.

호장, 수로, 암무이는 모두 푸른 철옥(衣)을 입고, 호장 수로는 호장관을 쓰고, 암무이는 자지감투를 쓰고 각자의 말을 탄다. 이 세 마리의 말 외에 신을 모신 가마인 신여를 태운 신마(神馬)까지 네 마리의 말로 굿을 시작한다. 음력 5월 초하루날 굿의 첫날에는 상봉당과 문호장 유적이라는 말재죽터에서 마당굿을 치른다. 이어서 옛 동헌 관내에 있던 두룸각시왕신당으로 옮겨서도 마당굿을 친다. 여기서의 마당굿은 서낭대를 앞세우고 제물상을 차린 뒤 호장을 비롯한 모든 배역들과 구경꾼들이 참가한 가운데 치르는 거창한 무당굿이다.

5월 초사흘이 되면 영축산성 문호장 산신당과 거기에서 약 3km 쯤 떨어진 첩사당인 죽전 남산믹이지성굿당과 약 2.3km 정도 떨어진 본처당인 성내동의 삼시랑큰각씨당에 제물을 차리고 호장굿 일행이 문호장본당에서 굿을 한 뒤 먼저 죽전 남산믹이지성굿당으로 내려간다. 이 행차때는 풍악 소리는 일체 끊고, 말에는 채찍을 가해 세게 달린다. 또 이때에는 구경꾼들이 모두 휘초리를 가지고 길옆의 보리밭에 숨어 있다가 호장 일행이 나타나면 뒤따라가며 채찍질을 더한다. 본처 두고 첩질을 먼저 가는 호장에 대한 응징이다. 그런데도 달리는 말 위의 호장 일행은 두 활개를 벌리고 추는 그 독특한 호장춤을 잘도 춘다.

남산믹이지성굿당에서도 한바탕 무당굿을 치른다. 같은 무당굿을 삼시랑큰각씨당으로 옮겨 치른 뒤에는 참가 무당 전원이 두 편으로 갈라서서 상대방에게 서로 지독한 욕설을 퍼붓는다. 그런 뒤에 본처 쪽 무당 한 명이 머리를 산발하고 꺼벅꺼벅하다 기절하는 시늉을 한다. 첩질하고 온 문호장에 대한 본처의 질투의 연극화다. 이때 첩쪽의 무당 한 사람을 잡아다 꿇리고 장갈굴림을 멕이면 기절하는 시늉 등의 연기를 한다. 처첩의 사당과 그 오가는 길을 무대로 펼치는 이 처첩 갈등의 무당굿은 5월 초사흘에서 초나흘까지 이틀 동안 되풀이한다.

5월 단오날 오전에는 호장본당에 제물을 다시 차리고 초하룻날과 같은 큰굿을 치른다. 오후에는 호장 일행의 네 마리 말이 두룸당에서 지세껄(성황당골)까지의 길(약 700~800m의 옛 영산의 중심번화가)을 힘껏 달려서 왕복하는 굿을 한다. 이때도 수많은 구경꾼들은 옷소매 속에 회초리를 숨기고 있다가 호장춤을 추며 달리는 호장 일행의 말궁둥이를 후려치며 뒤쫓아간다. 이 굿을 열네 번 되풀이하는 '열네바퀴돌기'로 호장굿은 막을 내린다.

굿(축제)은 현실을 전복한 역상(逆像)의 세계 구성이다. 영산의 호장 주도의 춘경제는 음력 5월 초하루부터 초닷새까지 5일 동안 첩질하는 문호장을 채찍질의 응징으로 추모(?)하는 현실 역상의 민중 해방구였다. 이만큼이라도 구경꾼들의 적극적 동참이 있는 기록을 남긴 전통마을 굿이나 읍치성황제를 나는 아직 듣지 못했다. 아쉬움은 없지 않지만, 영산에서만 볼 수 있던 입춘춘경제가 아닐까? 영산춘경제의 독창성은 이것으로만 끝나지 않는다.

'쇠머리대기'는 춘경제 목우를 대체한 영산의 친경의례다

그런데 김해와 제주도의 호장주도 춘경제에서 필수공통과목인 적전친경의례의 굿화인 호장의 목우밀기나 끌기가 영산 문호장단오굿에서는 빠지고 없다. 어디로 갔을까? 탈춤마당은 명리 역에 기탁하다가 언제부터인가 사라져 버렸다고 하는데 영산춘경제 때의 목우는 원래부터 없었거나 아니면 어디로 자취 없이 증발한 것일까? 아니다.

영산의 '쇠머리밀기(대기)'는 영산의 입춘춘경제의 적전친경의례인 목우끌기나 밀기에서 지루함과 답답함을 느낀 어떤 향리가 기발한 상상력을 동원해서 창작한 목우끌기 또는 밀기를 대체한 의례가 아닐까? 이 추론의 근거는 춘경제의 호장에 의한 목우끌기나 밀기 의례를 전제하지 않고 독자적인 상원놀이로서의 나무소밀기를 상상하기는 어렵다. 의례와 무관한 전통놀이란 없었기 때문이다. 제주의 전통 춘경굿놀이의 목우끌기를 1999년에 거의 그대로 복원했고, 쇠머리대기를 여러 차례 참관한 적이 있는 제주박물관의 문무병 박사도 이미 나와 같은 생각을 하고 있었다.

나는 줄굿을 농민두레의 연합작품으로 확신하지만 '나무소밀기'는 향리나 호장의 개인적 창작품일 가능성이 높다고 생각한다. 줄굿은 한 움큼씩의 짚을 이어서 꼰 세 가닥을 하나로 합쳐 들인 낱줄들을 한데 모아 거대한 몸줄을 엮고 말고 당겨야 하기 때문에 그 많은 줄을 잘 드릴 수 있는 농민두레의 공동체가 아니면 불가능한 굿이다. 하지만 다른 지역처럼 소 형상도 아니고 두 개의 산 형상으로 만들어 어깨에 메고 서로 미는 놀이를 '쇠머리대기'라고 하는 발상은 어떤 형태의 나무소의례라도 접근해본 경험이 없고는 착상 자체가 쉽지 않다. 먼발치에서의 구경은 몰라도, 춘경제의 목우제작과 끌기를 가까이서 접하는 사람은 향리와 선택된 소수 일군과 무당들 밖에 없다. 일군과 무당은 새로운 놀이를 만들 만큼의 재정적 여유가 없지만, 향리들은 풍물굿의 잡색놀이에서 탈춤 등의 민중연희를 분리하여 전문적으로 육성했듯이 그만한 경제적 여유와 상상력도 있었기 때문이다. 이런 조건을 가진 향리가 영산에서만 전래하던 이 싸움 놀이 때의 나무받침 등에서 힌트를 얻어 춘경제 때의 땅바닥에서의 목우끌기 대신 영산 특유의 영축산과 함박산과 같은 형상의 목우를 한 쌍 만들어 메고 미는 놀이로 영산춘경제의 목우끌기 적전친경의례놀이를 대체했을 것이다.

호장 등 향리와 일부 무당들이 독점적으로 주도하던 춘경제의 목우끌기 대신 어깨에 메고 하는 목우밀기놀이를 만들어 마을공동체놀이로 돌려준 기발한 상상력을 가졌던 호장이 혹시 전설 속의 문호장이 아니었을까? 그래서 영산의 민중들이 문호장을 신화적으로 영웅화하다 못해 관주도의 입춘굿이 금지된 후 한참만에 부활시킨 문호장단오굿의 신격으로 치성하게 된 것이 아닐까?

고대국가의 유제로 계속돼온 호족분권국가를 극복하기 위해 고려시대부터 중앙에서 지방행정에 파견해왔던 감무제도는 유명무실했다. 앞에서도 말했듯이 이를 폐지하고 대신 왕명을 대리하는 중앙집권적 고을 수령을 직접 파견하기 시작한 때는 조선 태종 13년(1413년)부터라고 한다. 그러나 먼 변방인 경상도 영산에까지 현감이 실제 파견된 때는 그보다 130년이나 지난 중종 38년(1543년)이었다. 영산에도 그때까지는 중앙집권행정 대신 호족, 호장이 주도하는 분권적 지방행정이 지속되어 왔을 것이다.

보다 강력한 권한을 가진 수령(현감)의 파견으로 이때부터 형식적으로는 중앙집권화 되었으나 현감 등 중앙에서 파견된 수령은 그 임기가 매우 짧아 자주 바뀐다. 그래서 지방 실정을 제대로 파악할 겨를이 없었던 이들로서는 지방의 토착세력인 호족, 호장의 협력 없이는 행정(수탈)이 불가능했다. 그래서 토착권력인 호장(아전)의 영향력은 여전히 막강했다. 게다가 이 무렵 이후부터는 1592년의 임진왜란과 1636년의 병자호란 등으로 중앙집권력은 오히려 떨어지고 조선은 후기사회로 접어들며 이앙농의 보편화와 함께 지방에서는 호족 대신 새로운 사림세력이 대두한다. 새로운 사림세력과 함께 중앙에서 파견된 수령권과의 대립과 탄압으로 전통적 지방호족 출신 호장은 쇠퇴하거나 몰락해간다. 관찰사를 혼내키고 스스로 지릅대로 자신의 어깨 밑 날개를 쳐서 죽은 전설 속의 영산 문호장은 이 무렵에 새로 나타난 사림세력이나 현감과 대립하다 관찰사로부터 처형당한 호족 출신의 마지막 호장일지도 모른다.

호족 출신 호장은 이런 식으로 몰락해갔으나 이를 대신하는 지방 사족 출신 호장이나 양대 전란기의 혼란을 틈타 사족 출신으로 족보를 바꾼 호족 출신 호장의 발언권은 다시 확대되었다. 그래서 고려의 연등회와 팔관회 이후 민간주도의 민중전통으로 이어온 고을굿이나 별신굿들은 민간 대신 호족 출신 호장들이 주도했을 것이다. 그런데 이런 전통에다 임금이 주도하던 적전친경의례를 결합하여 새로운 읍치성황식 춘경제를 주도했던 주인공들은 호족 출신 호장을 대신한 사족출신 호장이 아닐까?

전설에 의하면 문호장굿은 지금부터 약 4백 년 전에 시작되었다고 한다. 그렇다면 영산의 춘경제에서 땅바닥에서 하던 적전친경의 목우끌기나 밀기를 여러 사람들이 어깨에 메고 하는 목우싸움으로 대체한 시기는 언제쯤일까? 추측하기는 쉽지 않다. 만일 문호장굿 유래전설이 사실이고 목우끌기 의례 대신 어깨에 메고 하는 목우싸움을 문호장이 고안했다면 그것은 지금부터 400년 전 후에 사족출신 호장이 지방행정을 주도하던 때일 것이다.

그때를 확정할 수는 없지만, 그러나 그 하한선은 갑오개혁(1894년 7월 24일~1895년 7월 6일) 이전의 어느 시점일 것이다. 이때 고을수령이나 향리들이 주도한 모든 읍치농경의례는 개혁의 이름으로 폐지되었기 때문이다. 영산의 춘경제가 문호장굿이었다면 그것도 이때에 당연히 폐지되었을 것이다. 문호장굿과 나무소싸움의 유래가 그때 이후라면 전설이나 추론이 아니라 다음과 같이 기록이나 기억된 역사가 되어야 한다.

전설에서 역사가 된 문호장굿과 쇠머리대기

갑오개혁 때 폐지되었던 영산의 춘경제인 문호장굿이 다시 재연된 때는 그로부터 약 40년 뒤인 일제 때인 1933년의 목불(木佛) 출현 사건 이후부터라고 한다. 문호장단오굿이 전설 아닌 구체적 숫자 연대로 기록되는 최초다.

조성국 님의 『영축설화』에 실린 「문호장의 전설과 영험」(일봉조성국선생추모사업회 편, 삼립프레스, 2006년, 65-87쪽)에 의하면 1930년경 영산의 신모씨가 갑오개혁 이후 당국의 폐지 대상이 된 영축산성의 상봉당(문호장산신당) 자리가 명당이라, 여기에다 자기 집안 산소를 들이고자 사람을 사서 불을 질렀다. 우여곡절을 겪고 산소를 들인 뒤부터 영산에서는 괴이한 흉액이 연이어 발생한다. 신씨가 문호장 산신당에 불을 지를 때 그 옆에 있던 괴목도 불에 탔다. 이것을 어떤 사람이 몰래 베다 그 속에서 목불형상의 나무토막이 다리에 톱질 상처를 입고 피를 흘리며 발견된다. 이를 문호장의 현신으로 받아들인 주민들이 당시에 연달아 일어나던 영산의 흉액들이 갑오개혁 이후 문호장굿을 중단한 데다 불까지 지르고 산소를 쓴 죄와 벌이라고 믿는다. 그래서 주민 자신들이 주도하는 문호장단오굿을 다시 시작했다고 한다.

이상에 열거한 모든 정황들을 종합하면 다음과 같은 결론을 추론할 수 있다. 4백 년 전부터 영산고을 현청에서 주관했다는 문호장단오굿은 현감이 제주가 된 고을굿이 아니고 입춘 전후에 호장(아전)이 주도했던 영산고을의 춘경제였을 것이다. 갑오개혁 때 중단된 이 호장주도 춘경제는 1933년 문호장의 현신으로 믿는 목불의 출현 사건을 계기로 다시 시작했다. 이때 그 신상을 전설 속의 문호장으로, 그 굿날도 입춘 전후날에서 문호장이 관찰사에게 유언으로 부탁했다는 단오날로 바꾸어 기존의 단오굿과 함께 호장 아닌 민간과 무당주도의 문서낭님을 기리는 〈문호장단오굿〉으로 재연했던 것이 아닐까?

또 이때부터 춘경제 때 하던 나무소싸움 등의 적전친경의례와 탈춤 등 연극적인 놀이는 무당이 주도하기 어려워 마을공동체의 상원놀이로 남기거나 버렸을 것이다. 입춘 무렵에 호장이 주도 하던 춘경제를 단오날로 옮긴 문호장굿은 호장 아닌 민간과 무당이 주도하기 때문에 호장이 주도하던 적전친경의례를 빼고 대신 무당 주역의 처첩 간의 갈등굿만 선택 집중하여 크게 벌였을 것이다. 춘경제와 함께했던 나무소밀기(싸움)는 이때부터 춘경제는 물론 문호장단오굿으로부터도 독립한 마을공동체에 의한 상원놀이 굿이 되었을 것이다.

춘경제를 주관했던 호장을 신격화한 무당 주도의 문호장단오굿과, 호장 주도의 적전친경의례로부터 분리하여 민간 주도의 마을공동체놀이로 계승한 나무소싸움은 다른 곳에서는 볼 수 없던 영산의 자랑이었다. 하지만 현재의 단오굿은 그 형태만 유지하기도 버겁다. 공동체놀이였던 쇠머리대기는 문화재 지정과 함께 마을공동체에서 다시 문화제 서막식장을 장식하는 오늘의 읍치성황제로 살아남을 수밖에 없는 현실이 안타깝다.

2019년 8월

마을연합의 대동의례
―영산줄굿을 중심으로

처음이자 마지막으로 경험한 영산큰들줄

내가 영산줄굿을 처음 경험한 때는 1950년대 중반 고등학교 1학년 시절이었다. 내가 다녔던 고등학교는 우리 스스로가 똥통학교라고 비하하여 불렀던 농업고등학교였다. 농고는 다른 실업학교들이 그런 것처럼 농사실습과 농사관련 전공(?) 교과목의 수업이 다른 일반계 고등학교에서 배우는 국어, 영어, 수학, 과학, 사회, 예체능 교과목보다 더 많은 비중을 차지하는 실업학교다. 제2외국어는 아예 가르치지 않는다.

실지로 당시의 영산농업고등학교는 실습지라는 이름의 광활한(?) 농경지가 있었고, 우리 또래들이 왕성하게 싸대는 똥오줌을 우리 손으로 똥통에 퍼담아 뿌려 넣어서 그 광활한 농경지를 거의 경작했었다. 하루의 절반 이상을 농사실습 일을 하거나 농업교과목의 공부였다. 집에 가도 요즘 농사꾼 장정들이 하는 하루 양보다 적지 않은 농사일이 우리들의 몫으로 기다리고 있던 시절이기도 했다. 하긴 이처럼 집에 가도 농사일, 학교 가도 농사일만 기다리고 있던 시절의 우리 신세니까 공부만 하는 일반계 고교에 그렇게 가고 싶었던 것이다.

땅을 갈 때의 축력 외에 그때의 농사일은 지금과는 달리 거의 전적으로 손으로 때웠던 시절이니 참 일도 많았고 힘도 많이 들었다. 대학 다닐 때 몇 년 간의 도시 방황 이후 좋아서인지 갈 곳이 없어서인지 결국은 돌아오고 말 농촌과 농사일이 그때는 왜 그다지도 싫었던지? 그래서 농고 탈출, 집 탈출의 일대 반란을 꿈꾸며 잔뜩 바람이 들어 고1 2학기 말엔가 음력 정월 보름 무렵 부산인가 밀양인가를 다녀오던 날이었다. 내가 탄 창녕읍 행 시외버스가 기착지인 영산 소재지 가까이에 다가가자 차창 밖으로 뿌우연 흙먼지가 자욱하게 피어오르고 있었다. 군중들의 웅성거림 소리는 영산 소재지에 도착하자 와자한 소음으로 바뀌었다. 그 날이 바로 영산 큰줄을 땡기는 날이었다. 누가 부르는 것도 아닌데 괜히 가슴을 두근거리며 내 발길은 줄 당기는 장소인 연지 못 밑 '큰들'(영산 앞들의 고유명)로 달려가고 있었다.

그때 그 줄이 일제시대에 중단된 이후 8·15 이후에 부활시키고서 몇 번째로 당기는 줄인지는 미처 알아두지도, 그 연도가 정확히 몇 년인지도 기억해 두지 못했다. 1954년 음력 정월이 아닐까 짐작한다. 어쨌든 그 줄이 8·15 이후 얼마 지나지 않아 한국전쟁이 나는 등의 큰 일들로 실로 오랜만에 땡기는 큰줄인 것은 분명했다. 그래서인지 인산인해라더니 정말 수많은 사람들로 넓은 큰들이 비좁게 보일만큼 꽉 차다시피 했다. 그때까지만도 줄은 연지못 아래 큰들에서 땡겼다.

들줄을 운동장으로 밀어낸 농업의 시장화

요즘같이 줄다리기 전용(?) 놀이마당은 없었지만 일제 때부터 영산에도 학교 운동장은 초, 중교(농업보습학교)에 각기 하나씩 두 개가 있었다. 그런데도 왜 학교 운동장 대신 큰들이 줄땡기는 장소였을까? 학교라는 것이 없던 시절부터 들에서 줄 놀이를 해온 오랜 관행 때문일까? 그보다는 요즘 줄과 비교할 수 없이 장대했던 규모의 큰줄과 그만큼 많이 모였던 군중을 학교 운동장 규모로는 도저히 감당하기가 어렵었기 때문일 것이다. 또 다른 이유로는 그때는 온 들에 모두 보리를 심었기 때문에 줄이 가능했다. 겨울 추위에 얼솟긴 보리를 정월대보름 전후의 초봄에 밟아주는 일석이조 때문에 들에서 줄을 땡겼다고 말하기도 한다. 그러나 이건 아닌 것 같다. 보리밟기도 그것을 목적으로 적당히 밟아줘야 소기의 목적을 이룬다. 그런데 줄 놀이는 보리밟기가 목적이 아니라 대중의 집단 신명풀이가 목적이다.

 그 많은 사람들이 몰려들어 무지하게 큰줄을 만들어 옮기고 젓줄을 걸고 땡기는 실랑이를 거듭 벌이는 큰줄이 바로 놓인 보리밭은 보리가 그 뿌리 채 파헤쳐져서 그 해 보리농사는 완전 실농으로 끝난다. 그럼에도 그것을 농민들이 군말 없이 감수했다. 그 가장 큰 이유는 정월 보름 무렵의 줄땡기기로 망가진 가을보리밭에는 삼월의 해동 즉시 '봄보리'의 대체 파종으로 그 손실의 일부를 보충할 수 있었기 때문일 것이다. 또 줄땡기기 놀이는 똑같은 논밭에서 해마다 되풀이되는 것이 아니다. 넓은 들판의 이곳저곳으로 장소를 약간씩 옮겨서 당긴다. 그리고 요즘처럼 발표용으로 해마다 당겨야 하는 것이 아니다. 형편에 따라 몇 년에 한 번씩 땡겼다. 그래서 한 개인이 연속적으로 피해를 안 입었기 때문이다. 어쩌다 당했던 보리농사의 피해는 지역 공동체가 치르는 줄굿 별신제의에 자기 몫의 비용으로 기꺼이 받아들일 수 있는 농촌 공동체적 삶의 여유와 정서 곧 농심이 그때까지는 살아있었다. 그랬기 때문에 나락 이모작으로서의 보리밭이었던 큰들에서 큰줄 땡기기가 가능했던 것이다.

그런데 이 해의 보리밭의 줄땡기기를 떠올리면 지워지지 않는 흉터(상처) 같은, 또는 하늘에서 내려다본 바다 속의 작은 섬처럼, 내 기억과 망막 속에 지워지지 않는 풍경 하나가 또렷이 떠오른다. 큰줄 땡기기가 벌어진 바로 옆의 한 논떼기에는 철조망과 새끼줄을 겹겹이 둘러쳐서 막아 놓고 한 사람이 긴 대막대기인가를 들고 사람의 접근을 막고 있던 풍경이 그것이다. 그렇게 하고 있던 분은 내가 중학교 다닐 때 영어를 가르치고 3학년 담임을 맡았던 선생님이셨다. 그런데 그 논떼기에는 훗날 영산과 창녕 지역의 환금작물(換金作物 : 돈 하는 농작물)로 각광을 받게 될 양파가 심겨져 있었다. 막대기를 든 그 분은 그 돈 되는 양파를 줄 당기는 군중들로부터 지키기 위해 그러고 있었다.

그 해 줄굿에 무상으로 제공된 보리밭과 금줄이 처진 양파밭의 극명한 대조의 의미를 그때는 내가 어려서 미처 깨닫지 못했다. 그런데 지금 생각하면 그것은 농민의 자급농적 삶이 시장예속적인 상업농적 삶으로 이미 이행되고 있음을 알려주는 하나의 의미심장한 상징적 풍경이었다. 그렇기 때문에 그 광경이 아직도 그토록 선명한 영상으로 내게 찍혀 있는지 모르겠다.

경지정리 때 시도하다 해프닝으로 끝낸 큰들줄

그 풍경과 함께한 영산줄 이후에는 내 기억으로는 줄이 큰들로 나간

적이 없는 줄로 알고 있다. 그 줄 뒤에 1962년부터 벌인 줄굿은 영산에서 연례행사로 하는 제2회 영산3·1민속문화제의 중요 종목이 되면서 영산 줄은 학교 운동장에서 당겼다. 그 무렵부터는 양파와 마늘 등 이른바 환금작물이 보리밭을 급속하게 밀어내면서 줄을 땡기는 민심도, 보리밭 농심도 예전과 같을 수 없기 때문일 것이다. 아니다. 한 번 있긴 있는데 그게 제대로 큰들에서 당긴 줄이라고 말하기 좀 뭣하다.

어느 해 영산 큰들 논의 기계화를 위해 당국에서 경지를 정리할 때다. 그러니 논에는 벼 이모작인 양파도 보리도 마늘도 아무것도 없었다. 줄이 들로 나갈 두 번 다시없는 절호의 기회라며 경지 정리가 아직 완전히 끝나지 않은 큰들로 나가서 땡기기로 합의했다. 그래서 운동장 줄보다 훨씬 큰 몸줄을 만들기는 했었다. 그런데 그 해 3월 3일의 줄땡기는 날을 앞두고 때마침 큰 비가 쏟아졌다. 그 뒤에도 비가 계속 질금거리는 봄장 마 통에 경지 정리를 위해 중장비로 뒤집어 놓은 논흙이 너무 질척거렸다. 또 경지 정리를 위해 줄을 빨리 치워줘야 하는 시한 때문에 그해 줄당기기는 일단 포기하는 수밖에 없었다.

그러나 영물인 암수 용님을 만들어만 놓고 합방(合房)을 안 시키면 용님이 격노해서 흉년이나 재앙을 일으킨다는 속신이 있다. 이를 믿는 지역 노장들의 재촉에 젊은 층들의 장난기가 어우러져서 교접을 붙이긴 붙였다. 그러나 앞에서 말한대로 큰비 뒤에도 계속 질금거리는 비로 그때의 큰들은 사람의 접근이 불가능할 만큼 질척했다. 그래서 사람 대신 경지정리 일을 나와 날씨 관계로 세워두고 있던 대형 불도저를 동원해 두 몸줄을 밀어다 암수 줄 머리를 아래위로 포개놓는 줄 걸기 시늉을 했었다. 이래 놓고서는 사람들이 교접을 붙였다고 연지못 둑 위에 몰려서서 박수치고 환호하던 그 해프닝조차 이제는 다시 못 볼 그리운 풍경이 되었다. 지나고 보니 문화제의 한 종목이 된 이후의 줄당기기 역사에서 하나의 이변을 일으킨 그해는 내 개인에게도 이 나라에도 이변이 일어난 해였다. 그 해 8월 24일에 나로서는 끔찍하도록 아프고 시린 상처(喪妻)의 낙인을 찍었고, 10월 26일에는 이 땅 개발 독재의 원조 박정희 전 대통령이 비명에 갔던 1979년이었다.

그 뒤부터 농민공동체들의 제한 없던 큰 들줄은 학교운동장이나 놀이전용 운동장(놀이마당) 속에 갇힌 규격줄이 되고 만다. 들을 떠난 운동장 줄은 당연히 줄의 주도자였던 농민공동체와 함께 일상의 전복으로 공동체를 치유했던 그 기능마저 상실했다. 영산줄은 1962년부터 영산3·1문화제의 한 종목이 된 이후 마당에서 하는 하나의 공연물이 되었고, 1968년 문화재 지정 이후부터는 문화재 전시발표용으로 박제화되고 만다.

이런 상실과 소멸의 아픔 속에서도 다행인지 불행인지 전통줄의 긍정적 측면의 일부는 기록으로 남겨둔 것이 있다. 영산줄의 미학은 돌아가신 제1대 기능보유자 조성국 님이 애살, 신명, 몰음(대동), 민중, 평화, 통일 등의 빛나는 열쇠 말을 거의 다 동원하여 완성은 아니지만 『영산줄당기기와 쇠머리대기』에서 이미 정초해 두셨다. 제2대 보유자 김종곤은 80년대 이후의 대학축제에서 반독재민주화 시위도구로 동원된 영산줄의 외연적 확장을 사진으로 거의 빠짐없이 기록해 두었다. 나도 영산줄의 정체성인 대동성에 관해서는 이미 한두 차례 비교적 자세히 글로 정리한 바 있다. 그래서 내가 다시 줄에 대해 특별히 부연할 얘기거리는 별로 없다. 그러나 시대와 더불어 너무 빨리 부정적으로 변해가는 오늘날의 줄놀이에 대한 내 정서와 2010년부터 줄당기기의 참관을 거부한 이유와 그 이후에 느끼는 뭔지 모를 허전함과 안타까움이 이 글을 쓰게 했다.

줄굿은 벼농사 공동체의 별신굿이었다

앞에서 말한 대로 영산줄은 1962년에 3·1민속문화제의 중요 종목이 되고 특히 1969년에 국가 무형문화재로 지정이 된다. 그 뒤 해마다 발표해야 할 의무가 있어 해마다 땡기지만 원래는 아니었다. 다른 대형굿놀이들처럼 격년, 3년, 5년 또는 10년 만에 한 번씩 땡길까 말까 한 일종의 별신굿이었다. 생각해보라. 지금의 줄은 짚 70동 정도로 만든 낱줄 30개 정도를 엮어 멍석말이하여 꼬불친 한 쪽 몸줄 길이 40m 미만인 무형문화재 발표용 장난감 줄이다. 이 줄도 지금은 당국의 지원이 없다면 해마다 당기기가 불가능하다. 그런데 전통줄은 300동 이상의 엄청난 양의 짚으로 한쪽 몸줄의 낱줄 수가 80개 이상, 길이 160m 이상을 엮어 멍석말이로 꼬불친 한쪽 몸줄 길이 80m 이상이다. 사실상 규모제한이 없던 전통 큰줄을 절약으로 자급자족하던 농경시대에 어찌 해마다 만들어 땡길 수가 있었겠는가?

그래서 문화제 행사 종목 이후부터는 지역 상인들이나 여러 도시에 나가 힘깨나 쓰며 살고 있는 출향 인사들의 찬조로 이 행사를 치뤘다. 국가문화재 지정 이후부터는 여기에다 중앙과 지방정부의 적잖은 보조금 등으로 줄의 만들기부터 땡기기까지의 전 과정을 거의 돈으로 때운다. 그러나 전통시대는 줄굿의 모든 재료와 줄을 만들어서 당기기까지의 전 과정의 100%를 이 지역의 농민공동체들인 마을두레연합이 자부담으로 했다. 그래서 줄굿은 소농과 머슴이 주도하는 그들을 위한, 그들의 줄굿이 될 수밖에 없었다. 또 그래서 흉년이 들거나 마을 살림 사정이 여의치 않으면 몇 해를 건너뛰었다. 그래도 줄을 당기고 싶으면 산속에 자생하며 수풀에 큰 피해를 주는 칡넝쿨을 걷어 짚과 섞어 줄을 만들어 땡기는 갈전(葛戰)으로 줄을 땡기고 싶은 갈증(渴症)을 달래기도 했다고 한다.

바로 이 단편적 기록으로 남은 갈전이란 말 때문에 줄땡기기는 벼농사 이전부터 이미 있어 왔던 놀이로 추정하는 학자도 있다. 물론 그럴 수도 있다. 그러나 벼농사의 역사도 결코 만만치가 않다. 1만 년에서 1만 5천 년이 넘는다. 그렇긴 해도 큰줄을 만드는 데는 칡넝쿨을 섞는다 해도 상당히 많은 볏짚이 필요하므로 아주 옛날의 화전농 벼농사의 짚으로 줄을 만들기는 쉽지 않았을 것이다. 적어도 2~3천년 전 청동기 시대에 도입된 수전농이나 약 6백 년 전에 시작된 수경이앙농 벼농사 이후부터나 그것이 가능했을 것이니 그런 주장이 있을 수 있다. 그러나 줄놀이가 벼농사를 주로 짓는 지역인 이 땅의 남부지역을 비롯한 양자강 유역의 남중국, 일본, 태국 등의 동남아시아 지역에서만 널리 분포된 것으로 보아 아무래도 본격적 벼 농경 이후에 생겨난 의례인 것은 분명하다.

영산줄은 머슴 아닌 두레우두머리 '황시'가 주도했다?

조성국 님의 『영산줄다리기와 쇠머리대기』에 영산줄은 머슴들의 우두머리인 '황시'가 앞장서 주도했다고 쓰여 있다. 물론 이 기록의 '황시'는 다음의 검토에서 드러나듯이 머슴 우두머리가 아니라 마을두레의 우두머리인 행수의 영산토착어일 것이다. 마을두레는 머슴 조직은 아니지만 머슴을 포함한 소작농, 자작소농 등의 마을농민들로 구성된 하층 민중들의 공동노동과 문화조직이다. 줄은 그 형태, 규모, 연회의 성격, (통과)의례 등 어떤 측면을 보나 농민공동체로부터 나온 철저한 농민의례다. 영산줄의 최고 자랑거리랄까 그 정체성은 이 줄굿을 황시의 농민두레가 주도했다는 사실의 고백에 있지 않을까 싶다. 왜냐하면 현재 줄다리기연합에 가입한 다른 지역줄은 모두 고을의 현안 문제를 계기로 고을현감이나 관청이 주도한 것이라고 했지 영산처럼 농민 주도 특히 황시의 주도라고 실토한 곳은 하나도 없었다.

은연 중 농민이나 민중이 주도한 것은 왠지 가치가 없거나 낮고, 관이 주도하거나 공인해야 안심이 되는 사람들의 국가주의와 강자 의존 심리는 이해가 된다. 하지만 지금의 내 사정은 이에 대한 구체적 자료를 다시 수집해서 그 분석을 할 수 있는 여유를 허용하지 않는다. 그러나 줄굿은 머슴들만의 놀이가 아니고 농사공동체인 두레의 대동놀이다. 그런 점에서 영산줄을 주도한 '황시'란 머슴들의 우두머리가 아니라 아마도 향도를 대체한 농사공동체이자 두레의 전신 격인 '황두'나 두레의 수장인 '행수'의 영산지방 토착어가 아닐까 하는 문제제기는 해볼 수 있는 자료는 내게 있다.

민족예술인총연합의 초대 공동의장이자 무형문화재 제26호인 '영산줄다리기'의 초대 보유자였던 일봉 조성국 님은 영산을 지독히도 사랑했던 애영인(愛靈人)이자 향토 사학자이셨다. 나의 은사이기도 한 선생은 『양파재배법』, 『영축설화』, 『영산의 노래』, 『영산줄다리기와 쇠머리대기』 등의 4권의 저서를 남기셨다. 이 책들은 하나같이 저자의 영산 사랑을 담은 영산에 대한 헌사로 채운 내용인데 그중 「영산줄다리기, 쇠머리대기」(『원다리만년교는 님의 기개요』, 396쪽)에 이런 기록을 남기셨다.

줄을 당기자는 의논의 첫 실마리는 예전에는 읍내 4개 부락의 '황시'들 사이에서 비롯되었다. '황시'란 그 동네의 농가집 고용살이 즉 머슴들의 우두머리다. 예전에는 황시의 권위가 대단해서 줄다리기뿐만 아니라 '꼼비기'(못자리 만든 후의 머슴들의 놀이), 시무구지(세벌논매기 후의 놀음) 등 머슴살이들의 횡적인 관계를 모두 장악하고서 지휘 감독했고, 통솔했었다. 황시는 그 동네 머슴들 중에서 나이도 많고, 완력도 세고 통솔력이 있는 큰머슴들이 차지하는 자리였다.
황시끼리의 줄다리기 의논이 이뤄지면 마을의 우두머리들에게 동의를 얻어 측면적인 협조와 짚모으기, 풍물, 서낭 깃발동원에 대한 협력을 얻는다. 황시는 휘하에 '숫총각' '심부름꾼' 등 보좌를 두어 구영산(舊靈山) 고을 각이 동에다 줄가닥에 대한 할당을 했다.

마을에서 머슴을 고용한 집은 극히 소수다. 『농지개혁사연구』(김성호 외 지음, 「머슴의 기원」, 한국농촌경제연구원, 1989년, 52~56쪽)에 인용한 통계가 이를 말해준다. 벼를 주 작물로 재배하는 전라도 평야지대의 부농이 있는 큰 마을에서는 한 집에서도 5명까지 마을 전체에는 10명까지의 머슴들이 있었다. 그러나 산간지역의 전 답작을 함께하는 보통마을에서는 머슴이 한 사람도 없거나 한두 명 정도만 있었다. 내가 젊었던 시절에 70호 정도의 우리 동네에도 머슴이 있었던 집은 한두 집 정도였다.
위와 같은 책에 의하면 머슴의 기원도 그리 오래지 않다. 17세기 이앙농의 확대에 따른 초기 광작경영 때부터 자작지주가 나이 어린 머시매를 밥이나 먹여주고 장기 고용하는 임금노동의 초기 고용형태를 그 기원으로 본다. 이후 이앙농기술이 보편화된 19세기에 와서 지주 자작의 집약적 광작경영이 본격적으로 대두할 때 초기의 머시매 고용이 성인 농업노동자로 바뀌면서 머슴이 제도화된 것으로 본다. 요컨대 머슴은 19세기에 나타난 농업노동자의 초기형태로 극소수 계층이었다.

바로 이런 이유들 때문인지 위 조성국의 인용문에서도 머슴조직의 우두머리 황시가 줄굿의 개최를 결정해 놓고도 정작 줄굿의 진행은 머슴 조직과 다른 '마을의 우두머리'의 동의와 협력을 얻고서야 진행이 가능하다고 했다. 머슴 우두머리인 황시 말고 또 다른 '마을의 우두머리'는 누구인가? 이장이나 동장인가?

위의 인용문에서는 황시가 휘하의 '숫총각', '심부름꾼' 등의 보좌로 줄을 진행한다고 했다. 하지만 작업진행 책임자인 '숫총각'과 숫총각을 보좌하는 '심부름꾼'(조사 총각)은 머슴 우두머리 황시 휘하가 아니다. 마을의 해당 나이의 남성이면 머슴은 물론 자, 소작농을 가리지 않고 모두 의무적으로 참가해야 하는 두레의 우두머리인 행수 휘하의 역원들이다. 이로 보아 황시는 머슴 우두머리가 아니고 '마을의 두레 우두머리'인 행수의 영산 토착어임이 틀림없다. 이 글의 구술자나 기록자가 마을두레를 머슴 조직으로 잘못 전해 들었거나 착각한 것 같다.

어떤 마을이나 고을에서도 엄청난 대중동원이 필수인 줄굿뿐만 아니라 못자리하기, 모심기, 논매기 등 동네일 모두를 감독, 통솔하는 것은 그 수가 몇 사람 안 되는 머슴 우두머리들로서는 절대 불가능하다. 그 어떤 마을에서도 그것을 통솔한 사람은 머슴뿐만 아니라 자작농, 소작농 등을 모두 포함한 마을의 노동, 문화공동체인 두레의 우두머리였지 머슴 우두머리나 면의 행정을 보좌하는 동장과 이장이 아니었기 때문이다. 인용문의 구술자와 지주의 후예였던 기록자(조성국)가 당시 마을두레

구성원들의 다수를 이루었던 소작농을 모두 머슴으로 착각한 것 같다.

함부로 단정해서 안 될 민중문화의 유래

문화의 기원을 특히 그 유래의 기록이 전무한 민중문화의 기원을 객관적 근거 없이 상상적 추론으로 언제라고 특정하거나 단정해서는 안된다. 그런데 『靈山史蹟誌』(세종출판사, 1991년)의 필자 김태한은 "영산줄다리기 역시 伽倻시대부터 시작되었고, 靈山에서 기원된 것으로 본다. 영산 즉 非火에서 起源된 것이다"고 한다. 아직 어떤 학자에 의해서도 특정되지 않은 줄굿의 발생시기와 장소를 그는 가야시대의 영산으로 단정한다. 그 근거가 영산줄다리기 행렬에서 "많은 수의 令旗가 앞에서 陳을 잡고 (진잡이를 하고) 뒤이어 靑龍, 白虎旗가 서고, 大將, 中將, 小將 등 將軍旗가 차례로 줄을 이었고 뒤따라 農樂을 울리며 行列한다. 옛(古代) 國王의 御駕行列 그대로를 再演하고 있음을 볼 수 있다"(위의 책, 44쪽)는 것이다.

그런 과감한 단정을 할 만큼 가야시대의 어가행렬과 그때 시작된 줄다리기를 누가 보기라도 했단 말인가? 가야시대의 유적으로 남은 토기와 고분에서 당대에 줄당기기가 있었다는 증거를 찾을 수는 없다. 만약 줄을 당겼다 해도 그 증거를 후대에 남길 방법은 기록뿐이다. 단편적으로 남은 가야에 대한 기록도 모두 고려시대 이후의『삼국사기』나 『삼국유사』, 『일본서기』 등의 기록인데 거기에 줄에 대한 기록은 당연히 없다. 그런데 김태한은 영산줄다리기 행렬이『萬機要覽』군정편의 어가행렬도와 똑같다는 근거로 줄굿이 가야시대에 영산에서 기원했다고 단정한다.

하지만 『萬機要覽』은 조선조 23대 순조 8년(1808년)에 심상규, 서영보 등이 왕명을 받아 조선조 후기 당시의 재정, 군정을 설명한 책이다. 당시 궁중의 각종의례와 정무에 관한 조규(條規) 항례(恒例)를 재용편(財用篇) 6책과 군정편(軍政篇) 5책으로 엮었다. 임금의 국정에 참고용으로 집필되었으므로 간행하지 않고 전사(傳寫)한 책이다.

그러니까 『만기요람』에 나온 어가행렬도는 당시 조선 후기의 어가행렬도지 가야왕의 어가행렬도일 리 결코 없다. 만약 지금의 영산줄당기기의 수많은 기치와 행렬이 『만기요람』의 어가행렬도와 비슷하다면 그건 이전에는 없었던 구한말의 일본식 대, 중, 소장제와 장군복을 한때 영산줄에 차용했듯이 조선 후기의 어가행렬을 흉내낸 것이지 결코 가야시대의 것일 수 없지 않나?

또 『靈山鄕土誌』 53-54쪽 「성황당기(城隍堂旗)」 항목에는 이런 기사가 실려 있다. 영산 교리(校里) 동사(洞舍)에는 수십 년 전부터 서낭대를 두 개나 모시고 있다. 하나는 본 동네의 본래 서낭기이고, 하나는 성황당이 불타고 없어진 후(1930년경 신모 씨가 명당인 영축산 상봉 부근의 문호장 사당터에 산소를 드릴 욕심으로 당집에 일부러 불을 질렀다고 함) 누군가가 문호장 당에서 모셔왔다고 한다.

그래서 이를 "어떤 사람들은 문호장기(文戶長旗)라고 하고 어떤 사람들은 상봉기(上奉旗)라 하고 또는 성황당기(城隍堂旗), 어떤 사람들은 이무기기(蛟龍旗)라고 하며, 또 어떤 사람들은 이를 골룡기(骨龍旗)라고 구구하게 이름 부르고 있다."

위 인용문의 필자는 교리의 본래 서낭기 외의 다른 교리의 기들은 모두 문호장기의 별칭으로 본다. 그러나 내가 보기에는 문호장기와 상봉기, 성황당기 등은 원래 성황기의 별칭들이고 '이무기(교룡기)기'와 골룡기는 문호장과 아무 상관없는 골룡마을의 두레다. 그런데도 이 책에서 '교룡기'를 다음과 같은『만기요람』의 어가행렬 내용을 소개하며 그게 문호장기라고 강변한다. "古代 어가행렬의 形式은 교룡기(이무기기)를 맨 먼저 앞세우고, 그 좌우에 청룡기(靑龍旗)와 백호기(白虎旗)가 따르게 되며 청룡, 백호기 앞에는 오영(五營: 다섯 부대)의 각 대장기가 늘어서고 그 앞에는 13쌍의 영기(令旗)가 늘어섰고, 통치권자의 뒤쪽에는 후기(後旗)들이 늘어서서 행열을 하였다는 형식이 기록에 있다.(『만기요람』 참조)"

모든 전통 문물을 가야와 문호장으로 귀결시키는『靈山史蹟誌』와『靈山鄕土誌』

어가행렬의 이 교룡기가 전설 속의 영산문호장과 도대체 무슨 상관인가? 이 책의 주장에 의하면 이 교룡기가 교리 동사에 있고, 영산큰줄 때면 꼭 이 기가 나와 어가행렬에 참가해서 진잡이 놀이를 하기 때문에 옛 영산가야 왕과 성주의 후손인 문호장기라는 것이다. 세상에 이런 억지가 어디 있는가? 이 책의 주장대로 문호장이 설사 옛 영산가야시대의 왕이나 신라시대 이후의 성주의 후손이라면 더구나 조선시대 임금 행차 시의 이 교룡기와 무슨 상관인가? 위에 인용한 어가행렬 형식은 앞에서도 말한 대로 가야시대와는 상관없는 조선후기의 어가행렬이고 그 깃발들이다.

내가 보기에는 '아무런 뜻 없이' 또는 "그 옛날 양반님들의 권위의식에서 패자인 호족출신 戶長史를 말살하려는 의도에서 빚어진 것이 아닌가 하는 생각이 든다."라며 문호장기에서 한사코 배척하고 있는 골룡기뿐만 아니라 그 책에서 문호장기라고 단정하는 교롱기도 똑같이 문호장기가 아니라 교리마을에서 도입한 두레기다. 오히려 원래 교리의 서낭기라는 것이 불탄 뒤 문호장당에서 모셔온 문호장의 서낭기, 즉 문서낭기일 것이다. 산신을 대리한 당시의 교리 서낭은 문서낭이기 때문이다.

내가 영산의 초등학교부터 중고등학교를 다닐 때까지 영산 교리에 사는 친구들은 하나같이 스스로 '골룡'에 산다고 자부했지 교동이나 교리에 산다고 하지 않았다. 조선중기에 면리제가 시행될 당시에는 지금의 교리는 골룡리와 교리로 별개의 마을이었다고 한다. 이게 조선말기(1895년, 고종 32년)에 영산현이 영산군으로 행정개편 시에 교동으로 합동되었다가 1914년 일제의 행정개편 때 교리로 된 것 같다. 그렇다면 골룡은 영산향교가 있는 동네라고 식자들이 교동(校洞)이나 교리로 부르는 새마을이 생기기 오래전부터 있던 자생마을 명으로 죽은 용이란 뜻의 골용(骨龍)이 아니라, 영산고을을 지키는 용이 살던 마을이나 용이 사는 골짜기의 준말로 골룡마을이 된 것이 아니었을까?

그런데 그 마을 위에 조선 중기 무렵 향교가 생기자 원래의 골룡 동네를 나누어 교리로 분동시켰다가 한말에 교동으로 합동시킨 뒤부터 오늘의 교리가 된 것이 아닐까? 그게 아니라면 먼저 생긴 골룡마을에서 다른 마을보다 먼저 또는 주변 마을과 달리 다른 마을이나 어가행렬로부터 교롱기를 마을두레기로 모신 뒤에 교롱기보다 쉽게 발음되는 골룡기로 변음시켜 부르다가 마을이름까지 골롱이 된 것이 아닐까? 그렇게 해서 자기 동네이름과 같은 '골롱'기가 된 것을 굳이 한자를 써야 유식하다고 생각하는 한문 식자들이 骨龍旗(골롱기)로 기록한 자작극이 아닐까? 또 그것도 아니라면 교룡기를 자생마을 이름인 골롱의 두레기로 도입한 골롱마을 주민들이 스스로 자기 마을기라고 이를 골롱기로 부르는데, 그 책을 쓴 식자들이 굳이 이를 한자화하여 骨龍旗로 오히려 비하시켜 기록하고 부른 것은 아닐까? 그중 어느 것이든 골롱기야말로 골롱마을의 두레기인 교룡기의 별칭에 틀림없지 문호장기나 죽은 용이란 뜻의 骨龍旗(골용기)일 리 결코 없다.

교룡기는 영산 교리 동사에만 있는 문호장기가 결코 아니다. 용기(龍旗), 용대기(龍大旗), 화룡대기(畵龍大旗), 용둑(독)기(龍纛旗), 교룡기(蛟龍旗) 등으로 불리는 황룡기(黃龍旗)와 청룡기(靑龍旗), 그리고 백호기(白虎旗)와 각종 영기들은 조선왕의 어가행렬 때 조선 군대가 쓰던 군기로 덕수궁에 유물로 보관되어 있다고 한다. 17세기부터 여러 마을들에 두레가 성행할 때 이 군기들을 두레의 상징기로, 영기는 두레의 작업 선도기로, 군악기의 일부는 농악기로 각 마을두레에서 모방, 도입하여 사용하였음은 이미 여러 학자들에 의해 고증된 사실이다.

따라서 영산줄굿에 동원된 각종 군대식 기치와 풍물 등의 행렬도 사실인즉 조선시대 어가행렬에서 영산줄굿이 직접 도입한 군기가 아니다. 이미 영산의 각 마을두레가 어가행렬이나 다른 지역의 마을두레기에서 도입했던 것을 줄에 참여할 때 함께 가져 나온 두레기이다. 이처럼 교룡기는 문호장과는 아무 상관없는 군기에서 전용한 골롱마을 두레기다.

두레의 상징기는 고급스런 흰 천에 청룡 또는 황룡을 그려 넣고 그

위에 주로 〈農者天下之大本〉(농자천하지대본)을 쓰고, 드물게는 〈神農遺業〉(신농유업)을 써넣는 마을도 있다. 군대의 용기(龍旗)들은 장군이나 원수의 신성성과 권위, 용맹을 상징한다. 두레기에 군대의 용기들을 차용한 것은 그 군대의 권위와 용맹을 상징함과 동시에 이보다 용이 농사에 없어서 안 될 비와 물을 상징하기 때문이다. 특히 교룡기(이무기기)는 용으로 승천을 앞둔 영물(이무기)의 상징기로 물과 비의 선순환을 대표적으로 상징하기 때문에 두레기로 많이 도입했다. 그래서 청룡이나 황룡이 바탕에 그려진 두레의 상징 농기는 마을에 따라 유식한 말로 용둑(독)기(龍纛旗)나 교룡기(蛟龍旗) 등의 군대기의 한자이름을 그대로 빌어다 부르기도 했다. 영산 골룡마을의 교룡기도 옛날의 영산 탁기탄가야왕이나 신라와 고려의 성주와는 전혀 무관하게 바로 조선시대 장군의 교룡기를 골룡마을에서 도입한 두레기일 뿐이다.

그래서 줄굿에 동원되는 풍물대와 그 기치들은 어가행렬의 군악과 군대기에서 직접 도입한 것이 아니고 영산줄굿의 주도자(주최자)인 영산 고을의 각 마을두레들이 이미 군대에서 마을에 도입해 썼던 풍물대와 그 기치들에 다름 아니다. 그래서 결국 지금과 같은 양식의 영산줄굿의 기원도 가야시대이기는커녕 조선시대 후기 마을연합 두레굿 중의 하나임을 이들 기치와 풍물대열이 반증해주고 있다.

줄굿의 목적은 풍농기원의례다

그리고 김태한은 "줄다리기를 시작한 목적을 그때의 백성들에 대한 勸農 및 總和團結이며, 軍事訓練의 一環으로서 이루어진 것으로 推定한다"(같은 책, 44쪽)고 했다.

이 인용문에서 '그때'는 가야시대를 지칭한다. 그렇다면 김태한이 호족분권주의로 지역자급자치의 이상향처럼 그리고 있는 가야소국이 이와는 배치되는 철저한 중앙집권적 국가가 된다. 줄굿을 백성들이 자발적으로 시작한 기원의례가 아니고 어디까지나 처음부터 가야시대의 왕이나 지배자들이 백성을 교화, 지배, 통솔하기 위한 이른바 읍치성황제의 일환으로 보고 있기 때문이다. 역시 착취계급의 하나인 지방 토호인 호장을 지방분권의 화신이나 영웅으로 일관되게 묘사할 때부터 알아보았다. 그의 호장을 통한 지방분권적 관점은 말로만 하는 수사였다. 분권의 핵심인 민중의 자발 자치성은 조금도 인정하지 않고 민중을 철저히 피지배적 객체로 보는 지배자 중심의 일관된 관점에서 어찌 호족의 지방분권을 말할 수 있는가?

『만기요람』 군정편에 실린 어가행렬도를 조선 후기가 아닌 가야시대부터 영산에 있었던 것으로 상상하고 영산줄다리기의 목적을 가야지배자의 백성에 대한 권농과 총화 지배에 있다거나 심지어 군사훈련용으로까지 비약시키는 것은 대표적 마을연합 민중자치의례인 줄굿에 대한 심대한 모독이다. 훗날 지배자가 그런 목적으로 그 놀이를 용인하고 이용했다고 하더라도 적어도 줄의 기원은 그런 목적이 아닌 민중자치주도 의례였다.

어가행렬도 줄당기기행렬도 시대와 나라가 바뀜에 따라 변한다. 변하지 않는 것은 하늘 아래 세상에 아무 것도 없다. 그러므로 가야시대에 있지도 않았던 어가행렬이 오늘의 영산줄다리기에까지 그대로 전승되었다는 추정은 추정 아닌 억지다. 오늘의 줄다리기에서 줄당기는 사람에 비해 과도한 기치는 어가행렬을 흉내낸 것이 아니라 이 시대의 물량과시주의의 반영에 다름 아니다.

줄당기기는 흔히 벼농사 문화라고 한다. 그러나 조성국 님의『영산줄다리기, 쇠머리대기』의 줄다리기 유래에 의하면 고문헌에 갈전(葛戰)이나 갈전대회(葛戰大會)라는 말이 있는 것으로 보아 벼농사가 보편화되기 이전부터 있었던 놀이로 추정하기도 한다. 또 중국의 고서 형초세시기(荊楚歲時記)에 기록된 한대정월망 죽피대색(漢代正月望竹皮大索)에 의하면 대껍질로 어떻게 큰줄을 꼬았는지 모르지만 한나라(BC202~AD220년) 때부터 대껍질 줄을 당겼다는 추정도 가능하다. 이에 따르면 줄당기기의 기원이 영산 가야가 아니라 그 이전의 남중국 등 동남아 지역이었는데 이게 언제부터인지 알 수 없는 시기에 우리 한반도 지역에 들어왔을 가능성이 크다.

그러나 칡넝쿨이나 대껍질로 만든 어설픈 줄이 아니고 짚으로 풍농기원의 마을의례로 지금과 형태는 비슷하지만 크기는 훨씬 크게 제대로 만든 큰줄의 기원은 아무래도 17세기 이앙농의 보편화 이후부터 실행되었을 가능성이 가장 크다. 전통농경시대에 만기(萬器) 제작에 참으로 요긴하게 쓰인 짚이 큰줄을 만들 만큼 여유가 있었던 때가 그 이후부터이기 때문이다. 그리고 그처럼 거대한 큰줄을 만들 수 있는 농민자치조직인 마을두레도 그때부터 본격적으로 가동되었기 때문이다.

줄굿은 마을두레연합의 상징이다

어쨌거나 각 마을의 황시=행수=두레들은 각 농가의 영농규모나 성의에 따라 짚을 갹출받는다. 이렇게 모은 짚으로 마을 공동체 단위로 낱줄을 드리게 하고 각 마을들이 영산 소재지로 정해진 날까지 그 낱줄을 갖고 나와 그것을 엮어 몸줄을 만드는 것도 주로 이들이 한다. 줄을 땡기는 날에 줄을 땡기는 장소로 몸줄을 옮겨 놓고서 잡고 당길 낱줄을 촘촘히 거는 일도 모두 이런 황시-두레패들이 했다. 일부 양반과 지주, 관료와 소재지의 상인들은 금전적 지원을 해주거나, 일 년 중 사람을 가장 많이 모이게 하는 줄굿 구경은 했을 망정 줄을 만들고 땡기는 궂은 일(?) 놀이에는 직접 참여하는 법이 없었다. 양반 관료들은 그것이 상것들이나 하는 천한 일과 놀이라서 몸을 사렸다.

왜 농민공동체의 황시-두레패들은 하고 많은 놀이굿들 중에서 하필 공동체적 중노동을 필요로 하는 줄굿을 놀았을까? 줄굿도 마을대동굿의 한 갈래이면서 동시에 마을 별신굿의 하나라고 했다. 마을대동굿 중의 본굿이라 할 마을 당산(산신) 또는 서낭굿과 다르기에 별신굿이다. 특히 읍치성황제와 전혀 관계없이 주로 자, 소작농들의 공동체인 두레연합이 자신들의 줄서낭님을 모시고 주도한 굿이기에 별신굿이었다. 줄굿에 무당굿이 없는데 웬 굿이냐고, 더구나 별신굿이냐고? 그러나 무당만 굿을 했던 것이 아니고 많은 사람들이 모여 풍물 등을 치며 개인 아닌 마을 공동체의 소망을 기원하는 신명을 올리면 누가하든 그것은 굿이라고 했다. 농민들, 특히 머슴과 소작농들은 무당 못지않게 한이 많은 만큼 신명도 많다. 그런데 영산고을의 읍치성황제는 고을 수령이나 향리들이 주도하고, 입춘춘경제도 향리와 무당이 주도했다. 풍어, 풍농굿들의 거의 대부분도 무당이나 소수의 풍물패가 주도하고, 설사 탈놀이가 있다 해도 이 또한 주로 지역 향리나 상인들의 재정지원으로 기예능을 가진 소수의 탈춤패들이 벌이는 돈 주고 봐야 하는 춤판이다.

　그런 기예능을 갖지 못한 대다수 농민들은 농민 자신들의 대동노동을 통해 신과 직거래할 수밖에 없다. 신께 자신의 소원을 빌자면 신과 소통해야 하고 그러자면 신명을 다 바쳐 신을 즐겁게 하고 감동시켜야 한다. 그래서 자신들이 아니고는 누구도 만들어낼 수 없는 큰줄굿으로 신과 직거래 소통을 하고자 했던 것이 아닐까?

　또 농민들은 자기 마을 공동체 구성원뿐만 아니라 넓은 들판에서 인근 마을 사람들과 뒤섞여 농사를 짓는다. 전답이웃으로 마을이웃보다 더 자주 만나고 이해를 함께 하면서 하나의 마을연합 공동체를 이루고 산다. 그래서 동시에 갈등도 쌓이게 마련이다. 이런 농민들에게 자기 마을두레 원끼리만 노는 마을굿만으로는 성이 안 차고 신명도 덜 났을 것이다. 그래서 온 고을의 모든 마을두레들이 연합대동으로 갈등을 극대화시켜 해소시키는 대동큰줄굿 만이 제대로 신명을 떨칠 수 있었을 것이다.

　줄굿은 공동체의 대동노동이 없으면 안 된다. 그래서 줄굿은 마을두레와 마을두레들의 연합이 아니고는 그 누구도 할 수 없다. 짚이야 모자라면 산 속에서 자생하는 칡넝쿨을 걷어오면 된다. 있으면 더 좋겠지만 거기에는 무슨 아름다운 춤이나 소리 등의 기예를 굳이 필요로 하지 않는다. 두레 풍물이면 족하다. 줄굿에도 아무나 할 수 없는 정말 큰 일이 있는데 그것은 수많은 짚낟들을 거대한 용 모양으로 조형하는 엄청난 분량의 두레노동이다. 이거야말로 당시로서는 황시-두레 아니고서는 감히 꿈조차 꿀 수 없는 그들의 주특기이니 줄굿이 황시패(두레)의 대동굿일 수밖에 더 있는가?

줄굿은 자치, 평등, 생태공동체 문화의 꽃이다

 줄굿은 들판의 농민들처럼 개방적이고 자유로우면서도 연합 대동적이다. 그것도 일종의 겨루기이니까 편가름을 위해 지역을 편의상 동서 또는 남북으로 구분하는 것 외에 다른 제한은 없다. 우선 참가 인원의 제한이 전혀 없다. 지금의 문화재 발표용 '마당'줄과는 달리 원래의 마을 공동체 연합의 '들줄'에는 줄의 가닥 수나 크기, 길이, 무게, 참가 인원 등 그 어느 것에도 제한이 없었다. 또 지금의 발표용 놀이마당에서와 달리 감 놔라, 배 놔라며 고성능 확성기로 귀청 떨어지게 소리를 빽빽 지르며 명령하는 단상(壇上)과 단하(壇下)가 없었다. 모두가 맨 흙바닥에서 함께 줄 만들고 줄땡기는 완전 평등 · 자유 · 대동이었다.

 두레 주도의 원래 줄굿은 그 진행을 두레의 황시와 숫총각 등 두레 편제가 당연히 맡았을 것이다. 그런데 이 두레 편제를 일본에서 모방한 대한제국 군대의 요상한 장군복을 입힌 대장, 중장, 소장의 진행 편제로 바꾼 때는 소농 두레의 쇠퇴로 줄굿의 주체가 대농과 소상인으로 교체되는 구한말이나 일제 초기일 것이다. 지금의 조선시대 장군군복 복제는 문화제 종목화 이후에 꼴불견의 일본식 장군복 대신 다시 바꾼 장식용이다. 두레 편제의 줄굿 때는 물론 꼴불견의 요란한 장식을 한 장군복의 대, 중, 소장 편제의 줄굿 때도 그 명령에 따라 일사불란하게 움직이는 졸개는 없었다. 그렇다고 오합지졸의 개판이라고 속단 말라. 프랑스 대혁명 때 상 드 마르스의 '손수레날'의 민중들처럼 신명의 계기만 만들어주면 사람들은 특히 전통농민들은 낱짚으로 신령스런 상징(龍)을 하루아침에 맨손으로 만들만큼, 스스로 해놓고도 스스로 놀랄 만큼 자율 자치적이다.

줄굿놀이를 상민이나 천민이 하는 줄 노동놀이로 생각하고 스스로 구경꾼이 되거나 아예 불참한다면 모르되 그렇지 않다면 줄굿은 누구도 배척하거나 소외시키는 법이 없다. 줄마당에 나서면 참가자 모두가 주도자고 자기가 없으면 줄굿이 안 된다는 듯이 자기표현들이 지나치지만 그것도 능히 포용해버리는 것이 줄굿이다. 또 줄굿은 상대편으로 밀고 들어가 상대를 휘젓거나 짓밟는 침략 유린이 아니고 상대를 내 편으로 끌어와서 내 편과 하나가 되어야 이기는 평화와 포용의 축전이다.

그래서 제1대 보유자 조성국 님은 줄굿이 평등이라 자유라 민주주의라 대동이라 민중이라 평화라 통일이라며 이 세상에 좋고 의미 있는 말들을 총동원하는 줄의 미학을 넘어 줄의 이데올로기까지 정초하셨다. 반란(일상의 전복)을 통해 개인과 공동체를 해방하고 치유하는 매체가 굿이라고 하지만 자발성과 신명성 또한 빼놓을 수 없는 굿의 덕목이다. 반란으로 해방 치유할 기회가 좀처럼 없던 전통 농민들에게 줄굿은 자발적 참여성과 신명성을 최대한으로 보장해 줌으로써 스스로를 해방, 치유할 수 있게 하는 최고의 대동의례였다.

이밖에도 줄굿은 그 많은 군중(옛날에는 5만 군중 이상이고 지금도 약 3천 명 내외)이 함께 즐기는 거대 놀이기구인 큰줄을 쓰면서도 쓰레기를 전혀 남기지 않는 순환적이라서 지속 가능한 생태 문화이다. 땡기고 남은 줄의 잔해(?)는 그 사이에 비나 습기로 변질이 없었다면 아주 질 좋은 쇠먹이 사료로 먹힌 뒤 소똥이 되어 논밭으로 돌아갈 것이다. 줄굿 동안의 날씨가 따뜻하거나 비가 와서 일부라도 썩었다면 좋은 퇴비가 되어 역시 바로 논밭의 제 고향으로 되돌아간다. 줄뿐만 아니라 모든 전통의 농민문화는 무엇이든 쓰레기를 안 남기는 생태문화다. 전통 농경문화에 쓰레기는 없었다.

다양한 특색을 가진 지역줄들

2017년 6월 전통줄다리기 전승단체연합의 연수회 때 이 발제문을 쓰기 위해 영산줄보존회장에게 타지역 줄의 자료를 요청했더니 자료는 많지 않았다. 그나마 『삼척기줄 원형복원을 위한 학술 심포지엄』을 제외한 나머지는 모두 간략한 팜플릿 수준이었다.

아쉽지만 이 자료만으로도 그 '줄다리기'라는 같은 이름 때문에 이제까지 타지역 줄도 영산줄의 흉내로 거의 비슷할 것이라는 나의 생각은 상당 부분이 선입견에 따른 오해였음을 알게 되었다. 기원의례성, 공동체성, 대동성이란 줄의 본질은 어디 줄이나 공통이다. 그런데도 내가 거의 기대하지 않았던 또 하나의 전통문화의 중요 본질인 지역다양성(특성)도 각 지역줄들이 나름대로 살리고 있었다. 우선 줄의 명칭에서도 〈의령큰줄땡기기〉와 특히 〈남해선구줄끗기〉는 신선한 충격이었다. 지정 당시 현지 지역주민들이 부르던 이름을 그대로 지정 명칭으로 존중해 주는 것이 당연한 것인데도 이를 지정명으로 보고서를 쓴 문화재 위원이 새삼 존경스럽기도 했다.

줄의 본질과 암수양편줄을 걸어서 당기는 형식은 어디서나 비슷할 수밖에 없지만 그를 둘러싼 기원성(祈願性)은 모두 지역적 특성을 가지고 있었다. 영산줄은 서편암줄이 이겨야 풍년이 든다는 승자독식의 속신을 이야기한다. 그러나 기지시줄에서는 물 위, 물 아래 마을로 나눈 줄당기기에서 '물위 마을이 이기면 나라가 편안하고 물 아래 마을이 이기면 풍년이 든다'며 민중놀이의 국가주의적 오염을 엿볼 수 있다. 그러나 승패 없는, 모두 승자를 만드는 기지시줄의 기원성은 흐뭇한 미소를 자아낸다. 삼척기줄은 고성을 중심으로 산간쪽인 말곡과 해안 쪽인 부내로 나누어 말곡은 숫줄, 부내는 암줄로 겨룬다. 이 줄도 산간 말곡 쪽이 이기면 농사풍년이 들어 좋고 해안 쪽 부내가 이기면 바닷일이 잘 돼 좋다는 아름다운 상생관을 이야기하고 있다. 그리고 삼척기줄은 기줄만 당기며 노는 것이 아니다. 술비(줄 드리는 기구)통놀이, 조비농악과 같이 노는 종합축제임을 자랑한다.

하긴 원래 줄당기기는 줄만 만들고 당기고만 노는 것이 아니다. 줄이판을 열어 놓으면 풍물놀이는 지금도 필수지만, 그제는 사당패, 어제는 탈춤패가 와서 놀고, 오늘은 판소리패, 내일은 각설이패 등 온갖 연행집단이 번갈아 또는 동시에 판을 벌인다. 지금은 사라지고 없는 그리운 풍경이 되고 말았지만 얼마 전까지도 영산줄굿판이 열릴 때면 큰 장막을 친 곡마단패가 와서 씨끌쩍한 굿판에 한몫을 거들었다. 내가 줄을 대동과 동의어로 쓰고 특히 그 이름을 '줄당기기'보다 될수록 '줄굿'으로 표현하자는 이유가 바로 이 때문이다. 줄의 활짝 열린판과 온갖 연행으로 왁짜씨끌하면서도 나름의 자기질서(자치)로 일상을 전도하는 대동의례성에 비추어보면 줄 축제보다야 줄굿이 제격 아닌가?

남해선구줄끗기는 토속적이라서 오히려 산뜻한 그 이름처럼 모범적 전통도 이어오고 있다. 선구마을의 윗당산에 제를 올리는 윗마을은 북편, 아래당산에 제를 지내는 아랫마을은 남편으로 나누어 당산제와 결합하여 줄을 당기는 것이 그렇다. 원래 줄은 마을 대동당산굿의 일환이자 그 연장 확대였다.

지역마다 달랐던 줄과 그 부분 명칭들

또 하나의 지역 특성은 줄의 명칭에 따른 이야기의 다양성이다. 삼척기줄은 큰 몸줄에 매달린 줄이 마치 게의 발과 비슷하다 해서 삼척 토착어로 기줄이라 불렀다고 한다. 하긴 그게 게발과도 닮았지만 오히려 지네발에 더 가깝다. 그러나 지네발줄보다 게줄이 어감이 좋고 특히 바닷가라는 지역특성이 지네줄보다 게=기줄을 선택했을 것이다. 영산줄에서는 양쪽 줄을 거는 줄 맨 앞쪽 부분을 암·숫줄머리, 가닥줄을 걸어 당기는 몸통 부분을 몸줄, 끝 부분을 꼬리줄, 몸통에 지네발처럼 촘촘하게 걸어 땡기는 가닥줄을 젓줄 또는 벗줄이라고도 한다. 그런데 김도현 문화재전문위원이 「삼척기줄 원형복원을 위한 학술심포지엄」이란 자료집에 기고한 「삼척기줄 제작과 전승현황 그리고 과제」의 '김일기 교수의 기줄 소개'에는 줄머리를 뜬금없이 마두(馬頭)로 표현하고 있다. 줄을 흔히 용으로 비유하니까 용두(龍頭)는 이해가 간다. 그러나 아무리 식자의 짓이라 해도 아무런 부연 설명도 없이 들당상 마두라니? 줄머리 어느 구석이 말대가리와 닮았는가?

그런데 울산발전연구원이란 데서 낸 『울산의 전통놀이문화 마두희(馬頭戲) 재조명』에 실린 정상태 울산문화연구소장의 「주제발표2: 울산 마두희의 역사적 배경과 복원 방안」을 보니 울산 지역에서는 줄당기기 명칭을 한때는 마두희로 불렀다는 기록이 있다고 한다. 『학성지(鶴城誌)』에 의하면 "동대산의 한 줄기가 남쪽 바다 속으로 달리니 그 모양이 말머리와 같은데 원래 서쪽으로 돌아보지 않음으로 고을사람들이 흘러감을 싫어함으로 새끼줄로 그것을 끌어당김으로써 놀이를 삼았다"고 한다.

물론 이 이야기는 풍농의례기원인 줄에 추가된 이야기이지 본래 그 목적으로 줄이 도입된 것은 아닐 것이다. 설사 그런 연유로 줄을 당겼다 해도 이 마두희 명칭은 이 줄을 주도한 민중 자신들이 작명한 것일 리 없다. 『학성지』를 기록할 무렵에 그것을 기록할 정도의 먹물들의 작명일 것이다. 하지만 바다로 흘러가는 울산의 성산 동대산의 줄기를 새끼로 끌어 내 쪽으로 돌려놓겠다는 속신과 결부된 이야기가 있는 '마두회'가 아무런 이야기도 없이 그것도 어법에 맞지 않는 '줄다리기'보다는 낫다. 울산줄의 복원을 주도하는 분들은 지금은 초기 단계라 영산줄에서 참고하고 배울 것도 있을 것이다. 그러나 타지역 줄의 모방보다는 '동대산 마두이야기'와 울산의 '진산 무룡산 기슭의 물당기기놀이' 등의 이야기를 보다 풍부하게 살려내서 울산 특유의 말줄문화로 부활시키기를 기대한다.

줄당기기 진행편제(編制)의 다양성

영산줄당기기에서 내게 가장 꼴불견인 것은 튀는 복색으로 치장시킨 대장, 중장, 소장이란 지휘자와 이들을 지휘자로 세워놓고서도 그 지휘권을 고성능 앰프가 몰수하여 줄의 진행을 백 프로 독점하는 본부석이다. 대장, 중장, 소장의 명칭과 그 복색과 역할은 반드시 바꾸어야 한다. 지정 당시의 이 명칭과 복색은 갑오개혁 이후 구한말 군이 도입한 일본군대의 장군복색을 그 당시의 영산줄 주도자들이 다시 흉내낸 일본식 군복이었다. 그 복색이 민중 주도의 전통줄에 너무도 크게 빗나간 부조화감은 만인공통이었던지 무형문화재 지정 뒤에 갑오개혁 이전의 조선 장군복색으로 바꾸긴 했었다. 하지만 바꾸려면 두레 주도의 전통을 살려 제대로 바꿔야 한다. 그래서 타지역 줄의 특성 중에 내가 가장 큰 관심을 가지고 본 것은 줄당기기의 지휘자명과 지휘체계(편제)였다.

영산줄의 어색한 지휘편제와 달리 삼척기줄의 지휘책임자명은 파장 또는 패장이다. 아마 파장(派長)은 한자를 아는 기록자의 말이고, 줄을 주도한 민중들은 패거리의 우두머리인 패장으로 불렀지 않았을까? 그 지휘체계는 줄머리에 패장이, 중간에 부패장, 뒤쪽에 보통패장 3~4명과 각 마을마다 마을두레의 동원을 위해 마을패장을 둠으로써 실권적인 진행체계를 갖추었다. 전통삼척기줄의 패장들의 복색은 패거리들과 같은 평상복에다 상투에 수건을 쓰고 기를 흔드는 것으로 그 패거리들과 구별했다고 한다.(『삼척기줄 원형복원을 위한 학술심포지엄』, 103쪽) 삼척줄의 주도자인 이 '패장'은 삼척 지역 두레의 우두머리를 지칭하는 삼척의 토착어가 아닐까?

울산의 마두희에서는 서편, 동편으로 편을 갈라 겨룬다고 줄의 총지휘자를 편장으로 불렀다고 한다. 의병장 이야기와 관련시킨 의령 큰줄땡기기의 편제는 두레와 의병 그리고 전통군대의 편제를 뒤섞은 형국이다. 양편의 총 지휘자를 두령, 영장, 도총으로 부르는 것은 의병이나 두레조직의 편제명과 거의 동일한 듯하다. 그 밑에 전의 1명, 선봉 1명, 독전 1명, 전향 1명, 병장 1명, 비장 5명, 판정관 5명, 줄목에 남여 각1명을 두고 있는 것은 군대 편제에서 빌려 온 듯하다.(『울산의 전통놀이문화

마두회의 재조명』, 100쪽 참조)

　국가지정 문화재라고 영산줄을 부러워하고 모방하려는 지역이 있을지 모르겠다. 그러나 영산줄도 본래의 줄굿과 도저히 어울리지 않는 명칭과 지휘자명과 지휘편제가 타지역의 특색 있는 명칭과 전통 지휘자명과 그 지휘편제와 비교되어 오히려 타지역을 부러워한다.

　내게 주어진 자료가 워낙 제한되어 지역줄의 다양한 특성을 찾아내는 일을 이 정도에서 그칠 수밖에 없지만, 각 지역줄은 이 밖에도 많은 특성으로 구성되어 있을 것이다. 부디 이 특성을 지키고 근거 있는 특성들을 재발굴해서 지역문화의 다양성과 그 대동공동체성을 되살려 나가는 데에 큰 몫을 하기를 기원한다.

　이 글은 원래 2016년 8월 〈영산줄다리기보존회〉의 역량강화 연수회와 2017년 6월 〈한국전통줄다리기전승단체연합회〉 연수회의 발제문으로 썼다. 이를 토대로 〈지역토착적일수록 세계적이다〉와 〈항시적 대동축제의 자치세상을 그리며〉라는 세 개의 꼭지로 분리편집하면서 크게 보완했다.

토착적일수록 세계적이다

줄문화재도 소원하던 유네스코 문화유산으로 2015년에 등재시켰다. 특정 지역줄이 등재된 것은 아니고 한국 6개 지역의 전통줄과 동남아시아 등 현존하는 지역 전통줄 일반을 공동으로 등재시켰다고 한다.

우리 지역을 포함한 아시아 농촌 지역 전통 민중문화의 하나인 줄의 유네스코 등재는 "민족적인 것은 세계적(보편적)이고, 세계적인 것은 민족적이다"고 했다는 괴테(1749~1832년)의 명제를 새삼 상기시켰다. 사실 이 명제는 내가 괴테의 저술에서 직접 읽은 것이 아니다. 예술대학 문창과 1학년 때 소설 관련 수업 담당 교수이자 학과장 교수였던 소설가 김동리로부터 간접으로 전해들은 말이다. 그때는 그 말이 실감 없는 알송달송한 궤변으로 들렸다. 세월이 한참 흐른 뒤에야 대부분의 문학인이 탐내고 있는 노벨문학상을 내심 바라고 있던 김동리가 자신의 토속 전통 소재의 작품도 노벨상을 받을 만큼 세계적 보편성을 지니고 있다는 자부심을 이 말을 빌려 은연중에 과시한 것을 알았다.

『화랑의 후예』, 『산화』, 『무녀도』 등 좋게 말해 향토적이고 나쁘게 말하면 국수적인 소설로 등단, 활동한 김동리는 한국전쟁 전후에 이 땅의 유명 문인들이 거의 납·월북 당해 버린 황량한 남한문단을 대표했던 소설가였다. 혹시 소설가 김동리가 낯선 사람이라면 김평우는 기억할지 모르겠다. 지난(2017년) 2월부터 시작된 박근혜의 탄핵재판 때 박근혜 측 변호인단에 미국에서 나와 뒤늦게 합류하여 그 광태를 연출한 김평우의 아버지가 김동리다. 김평우는 한국과 미국의 변호사 자격을 동시에 가진 국제변호사임을 자랑하며 스스로 제도권 법조인임에도 박근혜에 대한 헌법재판을 부정, 모욕하며 법리가 아닌 정치재판화 시켰다. 그래서 오히려 박근혜 패소에 일조한 뒤 그 주군으로부터도 문전박대 당한 인물이다. 김평우는 그 아버지 김동리가 이른바 인간만송족[1])으로 이승만 독재에 이어 박정희의 군사독재에도 지나치게 아부하여 오히려 그들의 패망에 일조했음을 아마 몰랐던 것이 아닐까 싶다. 그러기에 그는 아버지의 대를 이어 강자에 대한 충성심으로 그 딸의 추락에까지 일조한 대표적 부전자전의 아부꾼이 된 것이 아닐까?

김동리의 토속적 소재의 소설에 스웨덴 한림원으로부터 아무 기별이 없자 그는 중년부터 소설 무대를 세계로, 주제를 세계적 보편 사상인 기독교와 불교로 바꾸어 작품을 썼다. 『사반의 십자가』와 『등신불』이 그 대표작이다. 하지만 끝내 노벨상은 오지 않았다. 괴테의 명제대로 김동리의 소설이 민족성과 세계성 중 어느 하나도 제대로 천착하지 못했기 때문이 아닐까?

따지고 보면 괴테의 그 명제도 민족국가주의 내지 제국주의 이데올로기 일 것이다. 민족은 근대국가주의가 가공한 실체 없는 신화요, 그 정치문화의 이데올로기라고 한다. 따라서 괴테의 이 명제도 그와 경쟁관계였

---

1) 자식이 없는 늙은 독재자 이승만은 양자로 들인 이강석의 친부인 만송(晩松) 이기붕을 자신의 후계자로 지명했다. 그러자 김동리, 이은상, 조연현 등 친권력 어용 문인들이 이승만의 후계자인 만송 이기붕을 인간적으로 훌륭한 정치 지도자로 칭송 미화했는데, 이에 동참한 문인집단을 비하해서 인간만송족으로 불렀다.

던 동시대인 헤겔(1770~1831년)의 『정신현상학』에 나오는 '이성적인 것은 현실적이고, 현실적인 것은 이성적이다'라는 명제와 같이 민족주의 곧 세계(제국)주의의 합리화를 위한 변설에 지나지 않을 것이다. 그래서 이 말은 '토착적인 것은 세계적이고 세계적인 것은 토착적이다' 또는 '지역 없는 세계 없고, 세계 없는 지역 없다'로 수정해야 한다. 그래야만 민족주의자 김동리의 소설과 고은의 시는 그렇게도 고대했던 노벨상을 못 받았는데도 '황시의 두레패' 주도의 지역 민중의 줄들이 유네스코 인류무형문화유산에 등재된 근거가 분명해진다. 물론 노벨상과 유네스코문화유산 등재는 성격이 다른 분야다. 그러나 둘 다 세계 평화적 지평에서 다양한 지역 토착 문화 업적을 평가한다는 점에서는 동일하다.

진정한 세계성(보편성)은 추상적 세계 어디에 있지 않고 구체적인 각 지역의 토착공동체적 특성에 내재한다. 지역토착성에 철저하지 않고는 세계적 보편성을 획득할 수 없다. 지역토착성 없는 세계성도 없다. 각 지역은 자기 지역 특성을 살리면서도 다른 지역의 이런저런 다양성을 존중하고 있는 그대로 인정할 때 세계는 조화롭고 평화롭다. 유네스코가 전통 지역공동체의 유산인 전통민중의 토착문화를 문화유산으로 등재하는 근거와 이유도 바로 이 지역의 공동체성과 다양성의 평화 가치를 높이 사는 데 있을 것이다.

유네스코 문화유산에 등재된 문화재의 명암

하긴 전통지역 줄이 유네스코에 등재되었다고 노벨상처럼 무슨 이변이 되거나 경제적 이득이 크게 되는 것은 아니라고 한다. 실질적(금전적) 지원은 없고 다만 그 가치의 보존과 전승을 세계적으로 공인하는 하나의 의례일 뿐이다. 하지만 그것만으로도 어설픈 물질 지원과 비교할 수 없는 크기의 문화적 가치가 있다. 등재문화재에 비록 유네스코 자체의 직접 지원은 없지만 이를 계기로 지역정부의 관심과 다소간의 물질적 지원도 뒤따른다니 금상첨화다.

그러나 무형문화재의 국가나 지방정부의 지정이 보존계승의 긍정성 못지않게 그 부정성도 크다. 유네스코 등재도 마찬가지다. 그 부정성의 대표적 예는 오래전(2005년 11월)에 유네스코 인류구전무형문화유산으로 등재한 강릉단오제를 들 수 있다. 강릉단오제는 한국을 대표하는 축제에서 세계적 축제로 문화관광 자원화하겠다는 야심찬 정부 정책의 하나로 유네스코에 등재시켰다. 하지만 그 등재와 동시에 크게 변질 중이다. 전통의 본질은 공동체성과 대동성, 그리고 지역 자급자치적 다양성이다. 물론 전통문화도 지역에서 지역으로 수출입되고 지역토착화되는 과정에서 변해 왔다. 그러나 이 변화는 인위적이거나 본질적인 변화는 아니었다. 자연적이고 형식적인 변화였다. 하지만 강릉단오제는 유네스코 등재 전후에 이런 자연적·형식적 변화가 아니라 인위적이고 본질적 변화까지 일으키고 있다.

강릉단오제에 2004년부터 도입한 국제관광민속제는 다분히 유네스코 문화유산 선정을 기대, 의식한 행사라고 한다. 강릉단오제는 1996년부터 시작한 국내의 타지역 무형문화재의 대거 초청공연 이후 유네스코 등재를 계기로 세계의 중요 관광용 민속공연을 강릉 한 곳에서 동시에 관람하는 세계 규모의 축제를 꿈꾼다.

하지만 이건 전통문화의 본질과는 정반대다. 전통문화는 그 지역 공동체성과 자급자치적 지역다양성이 본질이라고 했다. 그런데 관광객 유치를 위한 시장물량주의와 지역을 무시한 세계시장 논리를 끌어들이면 그건 공동체 본래적 의미의 전통축제 문화가 아니다. 강릉주민과 그 공동체가 주도적으로 참여하는 강릉단오제가 아니다. 국내의 다른 지역의 공연용 중요무형문화재와 세계 각국의 중요 민속문화재를 모두 보여주겠으니 강릉에 오라는 것은 강릉단오제의 자기 부정이다. 무형문화재든 축제든 지역공동체 기반의 전통문화는 그것이 발생한 지역에 가서 직접 관람하든지 스스로 동참을 해야 생생한 그 분위기를 제대로 맛볼 수 있다. 하회탈놀이는 낙동강 구비 도는 소나무 숲에 둘러싸인 하회마을에 직접 가서 보아야 그 맛이다. 강릉 남대천변 무대의 그것은 하회탈놀이도 강릉단오놀이도 아니다.

우리는 지나친 서울 집중(중앙 집중)을 못마땅해 하고 지역분해를 가속화시키는 세계화 광풍에 강한 거부감을 느낀다. 그런데 강릉이란 지역에서 만일 국내의 타지역 축제와 세계의 여러 지역 축제를 모두 압축해서 다 보고 말면 다른 지역은 뭐 먹고 살란 것인가? 이런 축제는 강릉 지역 기득권자들의 이익이나 축제의 기획과 운영자의 밥자리는 굳혀줄지 모르지만, 이제까지 이 행사를 주도해온 현지 시장 소상인공동체도 현지 주민도 다시 소외시키고 말 것이다. 지난날의 읍치성황제보다 더 중앙집권화된 관치국풍으로 끝을 맺을 것이다. 축제의 대규모화, 세계화(?)가 만들어 갈 공동체는 관료나 기득권자들의 사이비공동체일 뿐이고 이미 수동화된 지역의 민간공동체는 더욱 수동화되면서 마침내 완전히 해체되고 말 것이다.[2)]

모욕당하고 있는 유엔의 이상

유네스코 등재를 이런 식으로 오용하고 왜곡시키지 않기 위해서는 우선 유네스코의 정체가 무엇인지 제대로 이해해야 한다. 유네스크(UNESCO)는 아시다시피 국제연합교육과학문화기구(United Nations Educational Scientific and Cultural Organization)의 머리글자이다. 이 기구는 각 지역의 교육, 과학, 문화 등 지적 활동 분야의 국제협력을 이끌어 내고 촉진함으로 유엔의 이상인 세계평화와 인류공영을 증진시키기 위한 유엔의 산하 전문기구다. 1945년 11월 16일 37개국 대표들이 모여 창립했다. 유네스코가 유엔의 이상 실현을 위한 그 산하기구라면 유네스코를 제대로 이해하기 위해서는 유엔을 제대로 이해하지 않으면 안 된다.

나의 유엔에 대한 첫 경험은 줄당기기의 첫 경험보다 훨씬 빨랐고 또 강렬했다. 그것은 내가 초등학교 6년 때 일어난 한국전쟁 때였다. 그 전까지 초등학교 과정에서 유엔을 배웠는지는 기억에 없다. 당시의 이승만 정권은 사회주의자는 물론 민족주의자까지 철저히 배제하고 친일에서 친미로 변신한 극우파들의 독재정권이었다. 1950년 한국전쟁이 일어나자 이 친미 독재정권은 국군이 인민군을 물리치고 있으니 서울시민은 안심하라는 거짓 메세지를 방송으로 남기고 자신과 그 일당과 그 관료들만 몰래 한강을 도강하고 그 다리를 폭파한 뒤 패주했다. 그 결과 낙동강 동쪽의 경상남북도 일부 지역만 남기고 나머지 국민 대부분을 적치에 넘겼다. 이때 미국을 비롯한 유엔 이름의 16개국이 지원 참전하고

---

2) 천규석, 『잃어버린 민중의 축제를 찾아서』, 「강릉단오제는 '굿' 아닌 '제'다」, 실천문학사, 2014년.

미군의 인천상륙작전으로 반격을 하자 유엔과 미국은 우리의 구세주로 각인된 것이다. 그때 우리 초등 사회시간에는 백성을 버리고 자신들만 도망친 이승만과 그 정권의 각료들 이름과 유엔사무총장, 한국주둔미군 및 유엔군 사령관과 부사령관 심지어 사단장의 이름들을 바뀔 때마다 가르쳤고, 그것을 달달 외는 것이 우등생의 몫이었다.

이렇게 유년시절의 마지막을 강타했던 유엔에 대한 내 첫 경험도 세월이 지나면서 차츰 퇴색해 갔다. 나뿐만 아니라 비슷한 처지로 살아온 우리 국민에게 유엔을 다시 한번 상기시킨 것은 노무현 정권의 외무장관이었던 반기문이 유엔의 사무총장으로 선임된 때였다. 그리고 최근(2016년에서 2017년 초까지) 반기문 유엔 사무총장의 퇴임 전후에 한국 대통령 출마설과 사퇴를 둘러싼 해프닝으로 다시 한번 유엔이 한국민의 화두가 되었다.

하지만 나는 한국전쟁 이후 잊고 있던 유엔을 약 30년 전부터 내가 관여했던 협동조합 공동체운동과 그 '연합' 문제로 반기문 해프닝보다 훨씬 앞서 다시 만나게 된다. 협동조합 공부를 하던 중에 나는 현재의 국제연합(유엔)이 철학자 칸트(1724~1804년)의 영원(영구)평화를 위한 세계공화국의 구상과 맥이 닿아 있다는 사실을 알고부터 유엔을 달리 보고 있었다.

유엔과 그 산하기구인 유네스코에는 전쟁의 근원인 국가를 극복하고 영원평화를 지향하는 칸트적 국가연방과 세계공화국의 이상이 스며 있다. 유네스코가 지역 전통 민족문화유산에 대한 보존, 계승가치를 인정하고 등재하는 것은 바로 그 문화가 위와 같은 유엔의 평화주의 이상 실현에 도움이 될 것을 기대하기 때문이다. 전통문화의 대부분은 국가와 시장 밖에 있는 지역의 민중공동체에서 자생한 자급자치문화다. 남의 것을 힘이나 이성의 간지로 뺏거나 속여먹지 않고 모두가 자급을 하고 서로 연대하는 곳에 전쟁은 없다. 공동체적 자급 사회에 지배계급은 없다. 따라서 국가도 없다. 칸트의 탈국가 세계평화공동체연합의 이상주의는 우리 전통 민중공동체문화에도 불완전하지만 부분적으로 실현되어 왔다. 이를 통해 비정상이 일상인 반사회적 사회성의 국가사회를 지양하고 정상이 일상인 자급자치적 대동사회를 꿈꾸어야겠다. 일과 놀이가 따로 없고 매일매일이 신명인 축제의 세계를 실현해야겠다. 궁극적으로 지역(민족) 국가는 다수의결체 아닌 전원합의체 국가연합(세계공화국)에 주권을 양도하고 마을(지역)공동체가 되어야 한다. 마을공동체도 강제성 없는 합의체인 지역 자급자치 공동체연합으로 거듭나야 한다.

  물론 현실의 유엔은 유엔이사국인 강대국들 특히 미국과 러시아 등의 자기국가 이익만을 앞세우는 비협조로 칸트의 이상과는 오히려 반대로 가고 있다. 그러나 적어도 칸트의 국가 지양을 통한 세계영구평화론의 예언적 실현이란 본래적 관점에서 유엔을 이해한다면 유엔 사무총장 경력의 명성을 팔아 대통령에 출마하는 짓은 유엔을 모독하는 일종의 해프닝이었다. 국가 지양을 통한 세계의 영원평화를 구상한 칸트의 사상을 구현하는 기구가 유엔인데 그 사무책임자가 그 임기를 채 끝내기도 전에 한 국민국가의 제왕적 통치자를 탐했다면 그게 유엔의 이상에 대한 모독이 아니고 무엇이겠는가?

전통은 '지키는' 것이 아니고 '살리는' 것이다

 나는 서막식이란 정치극을 보기 싫어 3월 1일 영산3·1민속문화제 시작 날에는 오래전부터 발걸음을 끊었다. 3월 3일 줄굿날에는 이따금 가긴 했으나 그건 그곳에 가야 만날 수 있는 사람들의 요청 때문이었다. 하지만 황시 주도의 줄마당에까지 본부석이란 걸 만들고 고막 터지게 꽥꽥 질러대는 소음은 청력에 문제가 생긴 나로서는 이마저 참가하기 어렵게 한다.
 50년 훨씬 넘는 관행으로 굳혀 온 문화제 서막식과 반대동적인 본부석을 없애고 본래의 줄굿의 대동성을 회복하기는 쉽지 않을 것이다. 그러나 '황시패' 전통의 줄마당에까지 높은 사람들을 모신 단상의 본부석이란 데서 아래마당을 향해 쉴 틈 없이 일방적으로 지시 명령하고 간섭하는 그 고성능 앰프의 소리 독점만은 제발 당장 퇴출시켜야 한다. 20세기의 최고사상가 이반 일리치는 앰프 소리를 만인이 공유해야 할 정적(靜寂)의 파괴, 독점자로 일갈했다. 자동차의 소음이 주범이긴 하지만 날마다 쏟아져 나오는 소음들로 고막이 터질 만큼 시끄러운 일상이다. 본부석과 앰프 따위 없이도 5만 이상 관중의 초대형 줄굿을 몇 백 년 동안 끄떡없이 전승해온 선대들의 자치, 자율성을 떠올리면 이 얼마나 부끄러운 추태인가? 본부석이란 걸 정 없앨 수 없다면 줄 당길 때만이라도 본부석이란 구조물의 출입구에 왼새끼금줄을 치고 황토흙이라도 뿌릴 일이다. 적어도 이때만이라도 줄이 평민인 황시패(두레) 주도의 의례와 평민정신의 상징임을 상기하고 존중하여 모두 마당에서 함께하는 평등이라도 이루도록 해야 한다.

또 하나 이건 오래전부터 내가 거듭한 주장이지만, 다시 한번 마지막으로 부탁한다. 그것은 공휴일인 3월 1일에 서막식과 나무소싸움, 줄땡기기까지를 한꺼번에 몰아서 하자는 의견이었다. 그 이유는 전통 농업시대와는 달리 요즘의 평일에는 20몇 세까지는 모두 학교와 군대에 매이고, 이 두 개의 관문을 거친 뒤에는 모두 직장에 예속된다. 미취업자도 취업시험을 위해, 심지어 실업자도 평일에는 구직 아니면 시간제 근무 등 다른 볼일들로 직장인 못지않게 바쁘게 사는 척하는 것이 자본주의 경쟁사회다. 그래서 공휴일이 아니면 외지는 고사하고 지역 젊은이들조차 참가가 불가능하다.

이름이 3·1문화제인만큼 3월 1일 날짜를 바꾸기는 쉽지 않다.(3·1대신 '영산 3월 민속문화제'로 바꾸면 3월 중에 토요일과 일요일의 양공휴일 행사가 가능하겠지만) 그래서 2월 28일 전야제를 27일로 옮기고 28일에는 사전 행사일(3·1문화제에 종목화된 각종 공연과 쇠머리와 줄 제작을 완성하는 등)로 한다. 3월 1일 공휴일에 하는 서막식은 기념식으로 바꾸고 이에 뒤이어 쇠머리싸움, 줄땡기기 등의 3대(?)행사를 한꺼번에 하자는 것이다.

요즘의 거의 모든 중요 무형문화재의 발표회는 전통적으로 정해졌던 날의 전후 토, 일요일의 공휴일로 옮겨서 융통성 있게 한다. 영산보다 뒤늦게 문화재로 지정된 당진 기지시의 줄땡기기에는 서해안 고속도로의 개통으로 서울사람들이 관광객으로 대거 참여한다고 영산에서 부러워한다. 물론 서해안 고속도로 개통 이유도 크겠지만, 그보다는 그것을 고정된 날에 하지 않고 정해진 달의 토, 일요일에 하는 융통성 덕택이 더 크다. 이런 융통성에다 서울시민을 기지시줄의 관광객으로 동원하기 위한 당진시 줄 관련 당국의 치열한 기획력도 이에 못지않을 것이다.
　나의 이 의견에 대해 당시의 김종곤 보유자는 그렇게 하면 3월 2일에 하는 몸줄을 엮고 마는 일을 2월 28일로 옮겨야 하고 또 25호인 쇠머리쪽의 양해 없이는 불가능하다고 했다. 하지만 어차피 돈으로 줄을 만드는데 몸줄 엮고 마는 일에도 돈으로 동원하면 3월 2일이든 2월 28일이든 무슨 상관인가? 25호 쇠머리의 양해도 그게 쇠머리에도 사람을 더 많이 모으는 상생의 길인데 왜 양해가 불가능한지 나로서는 승복하기에 참 답답한 대답이었다.
　3·1문화제의 무형문화재를 진정으로 사랑하는 사람들의 얘기다. 3월 1일은 공휴일이라서 이 날에만 참관이 가능해서 와 본 사람들의 말이다. 서막식은 지루하기 짝 없고, 나무소싸움은 사람들이 또 다칠까봐 소수의 참가자가 싸움 대신 그야말로 쇠머리를 살짝 대는 쇠머리대기 시늉으로 순식간에, 싱겁게, 아쉽게, 허무하게 끝낸다. 전통문화의 대동성을 그나마 살리고 있는 줄땡기는 날엔 오고 싶어도 공휴일이 아니다. 설사 반실업자라해도 3월 1일에 오고 3월 3일에 또 오기는 정말 어려운 경쟁 세상이다. 그래서 영산문화제에 아무리 관심이 있어도 양자택일할 수밖에 없다. 따라서 소수의 참가자들조차 3월 1일과 3일로 양분될 수밖에 없지 않나? 이런데도 지금처럼 고정된 날짜를 또 하나의 전통이라고 고집할 것인가? 전통은 지키라고 있는 것이 아니고 많은 사람들과 함께 살리라고 있는 것이다. 그것을 고정하고 박제하면 그길로 죽는다.

버려야 할 관성과 공멸경쟁

영산문화제가 왜 이렇게 옹졸하게 쪼그라들고 있을까? 그 배경과 이유는 많지만 대충 다음에 있을 것이다. 가장 큰 이유는 지역 인구의 급감 때문이다. 그러나 이건 모든 지역의 보편적 현상이다. 영산의 문제는 다음에 있을 것이다. 영산면이란 좁은 지역에 쇠머리대기(25호)와 줄다리기(2호)라는 두 개의 무형문화재가 기적처럼 지정되어 있다. 타 지역에 유례가 없어 남 보기에는 부럽고 자랑스러운 일이지만 이게 문제가 될 줄이야. 이 두 문화재가 서로 긴밀한 협력관계를 이루기만 하면 이른바 시너지효과로 두 문화재의 보존, 육성에 큰 기여를 할 것이다. 옛날 내가 줄 전수 장학생일 때는 두 문화재 보유자와 전수생들이 함께 전수교육하고 함께 술 마시고 전수보고서도 함께 작성했었다. 따로 할 이유가 전혀 없었기 때문이다. 그런데 지금은 이 둘은 별개의 단체를 만들고 협력관계보다 경쟁관계로 심지어 이해갈등 관계로 비친다. 왜 이 지경이 되었을까?

첫째는 전수교육회관은 함께 쓰면서도 두 문화재의 전수교육은 배타적이게도 따로따로 한다. 두 개의 영산문화재를 따로 갈라서 전수해야 할 특별한 기예능은 없다.

두 번째는 무형문화재 중 민중문화재의 가치는 공동체의 자급자치와 대동정신의 보존, 계승, 개발, 함양에 있다. 그런데도 두 문화재의 전수교육은 자급자치의 대동공동체 사상과 철학 교육은 배제하고 고정된 전수교육자가 기능이랄 것도 없는 기능의 전수에만 맴돌고 있다. 특히 교육강사의 외부 개방 없이 이수생인 조교가 전수생교육을 배타적으로 독점하는 끼리끼리 교육은 일종의 자가수정 내지 근친상간이다. 자가수정과 근친결혼은 아시다시피 우성 대신 열성유전자만 생산한다.

세 번째는 전통 대동문화는 무엇보다 개인의 이해보다 공동체의 대동이익(지역과 타인의 이익)을 앞세워야 한다. 그런데 오늘날의 개인주의가 전통 민중의 대동문화 정신까지 철저하게 개인의 이해관계로 해체했다.

네 번째는 1961년 문화제 시작 이후 지금까지 좋은 게 좋다는 식으로 관습에 추종해 왔을 뿐 문화제를 발전시키기 위한 창의적 기획 집단이 거의 전무했다는 것도 그 중요 이유다. 이에 대한 진지한 고민과 작은 기득권에 대한 아낌없는 포기와 지역의 두 문화재 간의 대동조차 못한다면 영산의 전통대동문화제의 미래를 전망할 수 없다.

줄마당에서 앰프를 퇴출시키고, 줄의 모든 진행과 지휘권을 옛 두레 편제를 되살려 돌려주고, 줄댕길 때만이라도 본부석에 금줄로 출입을 막는 것과 두 문화재가 긴밀히 소통 협동하며 함께 공부하고 연구하는 이 세 가지 일에는 전혀 돈이 들어가지 않는다. 그런데도 "좋은 게 좋다. 하던 대로 그냥 하자"고 하면 그건 결코 좋은 게 아니라 관성만 추종하는 일종의 아집일 뿐이다. 그렇게 바꾸어서 불편한 사람들과의 갈등이 귀찮다면 동서부로 나누어 갈등을 조장하는 줄당기기 문화제는 뭣 때문에 하나? 좋은 게 좋은 것이 아니라 그런 말 많은 문화제도 아무것도 안 하는 것이 더 좋은 것이 아닌가? 거듭 말하지만 진정한 축제(문화제)는 일상의 전복을 위해 한다. 비정상적인 일상을 문화제 때만이라도 뒤집어엎고 정상으로 되돌리기 위해 한다. 갈등 없는 전복 없고 전복 없는 문화제 없다. 그런데도 돈 한 푼 안 드는 이 정도의 전복도 허용하지 않는 영산문화제라면 그건 스스로 문화제가 아니라는 자포자기 선언이다.

현대인은 강렬한 자극과 기상천외의 전복 없이는 한 발짝도 안 움직인다. 60년 가까이 지속해 온 영산문화제의 그 관행에 식상하지 않을 사람이 그 관행으로 덕 보는 소수 기득권자가 아니라면 어디 있겠나? 앞으로는 사람 모으기가 점점 더 어려워질 것이다. 청도의 소싸움판도 내부적으로는 참 문제가 많은데도 외지 사람들이 많이 모이는 이유는 소싸움 외에 다른 전복적 이벤트를 계속 만들어 가는 데 있다. 남의 교훈에 귀를 열지 않으면 자신의 퇴보와 퇴출이 기다릴 뿐이다.

2019년 6월

항시적 대동축제의 자치세상을 그리며

 돌이켜보면 벌써 40년 전인 1979년에 돌발한 10·26은 18년 간의 박정희 군사독재로 숨통 막혔던 민주주의의 열망을 분출시킨 분화구였다. 동시에 소수지만 전통적인 정치군인들에게는 그 야욕을 실현할 절호의 기회였다. 정치군인들은 천재일우로 주어진 계엄령의 엄호 아래 전국으로 번져가던 그 민주주의의 열망을 광주 학살의 피로 냉동하고, 정권 탈취를 실현했다. 그것이 전두환의 이른바 제5공화국임을 당사자들만 모를 뿐 세계가 주지하는 사실이다.

 그럼에도 광주의 학살자들은 5월 광주를 아무런 증거도 없이 북한에서 투입한 특수부대에 동조한 폭동으로 날조한다. 그리고 기획된 정권 탈취의 시나리오에 따른 그 학살이 폭도들의 선제공격에 대한 현지 계엄군 말단 지휘관들의 자위권 행사였고, 그 학살의 발포명령 책임자는 없다며 끝까지 강변한다. 이의 연장선에서 지금까지 광주의 5월 항쟁을 광주폭동 또는 광주사태라며 그 민주화 운동성을 부정한다. 그 학살의 책임을 오지도 않은 북한군에게 아니 광주항쟁의 억울한 희생자들에게 덤터기 씌우고 있다.

 정말로 북한군이 침투해 일으킨 폭동이라면 그 엄중한 사태가 발생하기 전에 미리 침투를 막는 그 막중한 국방의 의무는 왜 방기했나? 왜 광주까지 침투한 북한군을 현지 계엄군의 말단지휘자들의 자위권에게만 맡겨두고 사령관들 자신은 광주에 한번 가보지도 않고(그렇다고 주장한다) 어디서 무슨 일을 도모하고 있었나? 그들의 주장대로 발포명령도, 광주에 가보지도 않았는데 북한군이 조종한 폭도들의 선제공격에 현지 계엄군들이 알아서 자위권만 행사했다고 치자. 그렇다면 광주학살 뒤에 그 많은 희생자들 중에서 북한군 시체는 한 명도 없고 왜 모두 광주시민들과 남한국민들뿐이었나?

어쨌든 진압이 끝났다면 정치는 정치권에 그대로 맡겨두고 군인은 군 본연의 임무에 돌아가는 것이 정도 아닌가? 그런데 그 폭동을 구실로 모든 정치인을 구금하거나 활동을 정지시킨 채 스스로 정권을 찬탈하여 7년 간이나 갖은 공포와 폭력의 독재를 왜 자행했나? 그 정권 내내 국민적 저항은 왜 계속되었나? 이같은 국민적 저항으로 군사정권이 끝난 뒤에는 왜 북한 법정도, 유신 법정도, 계엄하의 군사법정도 아닌 보수적 문민 법정에서 국권 찬탈 내란죄로 단죄받았나? 그 사형판결을 자신들이 모범적으로 보여준 정치재판 결과라 하더라도 광주진압 뒤에 국방대신 초법적으로 정권을 찬탈한 사실만은 덮을 수 없지 않나? 그 죗값으로 사형판결을 받은 자를 사형 대신 감옥에서 풀어준 것은 당시 정권의 정치적 계산으로 죄가 아니라 그 형벌의 집행을 사면해준 것일 뿐이다. 누가 누구에게든 법적 도덕적으로 지은 죄에 대한 벌을 용서하고 형을 사면해줄 수도 받을 수도 있다. 하지만 그 어떤 정권도 개인도 이미 저지른 죄까지 없었던 것으로 사면해줄 수는 없는 법이다.

설사 광주학살이 발포 명령 없이 현지 계엄군들의 자위권 행사였고 형의 집행을 사면은 받았다 해도 그 많은 사람을 죽인 중죄인들의 당시 최고책임자에게는 참회록도 부끄럽다. 그런데 점입가경이라더니 치매로 하루에 열 번 이상 양치질만 한다는 그 노망네가 어찌 회고록이란 미명으로 아물지 못한 광주의 상처를 다시 할퀴어야 했던가? 부창부수도 정도를 지켜야지 하다못해 이제는 그 마누라까지 나섰다. 자기 남편 전두환이 '민주주의의 아버지'라는 기절초풍의 신괴언(新怪言)까지 날조해가는 지경이 되었다. 이에 묵시적으로 동조하는 극우정파까지 활개치고 있다.

입에 담기조차 황송한 말이 민주주의다. 오염도 웬만해야지 군부독재 반대하고 민주주의하자고 외치는 시민들을 희생제물 삼아 군사쿠데타로 정권을 찬탈한 것도 민주주의라면 갑자기 민주주의라는 말조차 역겨워진다. 농약오염, 식품오염, 수질오염, 공기오염, 탄산가스와 메탄가스 오염, 방사능 오염 최근에 더해진 미세먼지 오염과 기후위기 등으로 망쪼든 세상일지라도 민주주의까지 이지경으로 오염시키다니? 오공(五共)은 오공(汚恐)이었다. 오공은 끝나지 않았다. 오공뿐만 아니라 그 앞의 사공, 삼공, 이승만의 일공, 친일, 친미, 친북 등 그 모든 애국 분칠의 권력적폐는 끝나지 않았다. 아마 영원히 끝나지 않을 것이다.

그 끔직한 오공시절인 1983년에 당국이 불허하는 서울대 대동제에서 당길 큰줄 제작을 요청하러 영산을 다녀간 학생이 있었다. 이 학생에게 내가 당시의 대학대동제에 가장 대동적인 영산줄굿을 중심행사로 기획한 것은 매우 잘한 일이라고 했더니 그는 줄보다 더 큰 대동축제를 보여주겠다고 장담했던 적이 있다. 나는 그게 60년대 4·19 때부터 등장했던 학생 시위나 70년대부터의 일명 불꽃축제로 부른 대학의 화염병 시위를 뜻하는 줄 알았다. 사실 80년대 대학의 이른바 대동제는 그냥 대학축제가 아니라 전두환 정권에 대한 불꽃 튀는 대동 혁명축제였다.

줄굿의 대동성을 무한 확장했던 대학 줄

전통줄굿의 정체성은 뭐니뭐니 해도 대동성이다. 전통줄굿은 대동으로 시작하여 대동으로 끝난다. 우선 한 개의 짚줄도 3개의 가닥으로 드려야 한다. 드린 줄을 잡고 있다가 드리는 대로 계속 당겨주는 한 사람을 포함 최소 4인의 대동 없이는 불가능하다. 그러나 1개의 짚줄도 속도와 리듬 있게 제대로 드리자면 직접 드리는 3인 외에 이들에게 짚을 간추려 앚아주는 사람이 각기 1명씩으로 3명이 더 붙어야 한다. 그래서 3가닥 짚줄 1개를 꼬는 데도 도합 7명의 대동이 필요하다.

그러나 마을연합 대동굿으로서의 큰줄은 한 마을에서 줄을 다 드릴 수 없다. 영산큰줄굿의 경우 전해에 각 마을 '황시'(두레대표)들끼리 다음 해의 줄굿 개최를 합의하면 그해의 섣달이나 다음해 정월에 형편이 되는 고을 소속의 마을들은 자발적으로 한두 개의 낱줄을 분담하여 마을 대동으로 드린다. 각 마을의 낱줄이 완성되면 줄당기기 한 주일쯤 전부터 각 마을들은 인근 마을끼리 줄을 모아 소달구지에 싣거나 수십 명이 줄지어 줄을 매고 몸줄을 만들고 당길 '큰들'로 옮겨간다. 지금은 80m 30가닥 줄이지만 원래는 300동 내외의 짚으로 만든 160m 이상의 낱줄을 80가닥 이상 촘촘히 엮어 멍석말이해서 절반으로 곱쳐 묶는 몸줄이었다. 이를 만드는 데는 최소 1~2백 명이 호흡을 같이 하는 대동이 필수다. 하지만 이 같은 자급적이고 자발적인 대동성은 이제 사라지고 없다. 지금은 이 모든 과정이 줄보존회라는 관변단체에 의해 주도되고 무보수 동참 대신 많은 부분이 임금노동으로 진행되고 있다. 그러나 전통줄의 자급, 자발성이 사라짐으로서 참가 인원수는 크게 줄어들었지만 지금도 여러 사람이 함께 줄을 만드는 대동성까지 사라진 것은 아니다.

물론 줄굿 최대의 대동은 말할 것도 없이 지금은 몇 천, 예전에는 5만 내외가 동참하는 줄 옮기기와 당기기다. 그러나 줄의 대동성은 줄을 만들고 당기는 대동에만 그치지 않는다. 줄굿은 수많은 풍물꾼, 춤꾼, 깃발꾼, 각종 연행집단과 구경꾼 등과도 하나를 이룬다. 이들의 숫자는 줄을 매거나 당기는 사람 수보다 훨씬 더 많다. 하지만 줄을 둘러싼 이 모든 대동성은 줄 밖에서 추가된 외부적 부가물이 아니다. 줄굿의 내면에서 자생한 대동성의 다양한 자기표현이다.

줄의 대동성은 모두에게 개방적이지만 경쟁자와는 치열하게 대결하는 갈등적 대동성이다. 줄을 만들고 당기는 그 갈등적 대동성은 불변하는 줄의 정체성이지만 동시에 그 갈등성은 시대에 따라 변하는 대중의 모든 이념을 포용한다. 예컨대 줄굿에 참가한 풍물패가 내세우고 있는 〈農者天下之大本〉의 농기는 변하지 않는 전통 대동줄굿의 정체성이다. 그러나 이와 함께 90년대 초의 영산줄굿에 내걸었던 "심을수록 피본다 내 먹을 것만 심자"던 〈공생농두레〉의 깃발도 줄굿에 편승한 시위 구호가 아니라 갈등적 대동을 그 정체성으로 하는 줄굿의 자기표현 중 하나다. 80년대 대학 대동축제에서 줄굿이 반정부 구호를 적은 깃발들과 함께 반정부 시위화한 것도 갈등적 대동을 본질로 하는 줄굿의 시대적 정체성이다. 80년대의 대학 대동줄이야말로 갈등적 대동을 본질로 하는 줄의 정체성을 가장 상징적으로 드러내 준 줄굿다운 줄굿이었다. 그 구체적 사례

하나를 다음에 소개한다. 영산줄도 그 같은 대학줄에서 오히려 배워 이 시대가 요구하는 대동성을 되살려야 한다.

나는 1983년에 서울의 대학들에서 개최한 축제 때의 그 대동 풍물시위와 대동줄 시위를 잊을 수가 없다. 1983년은 전두환의 이른바 5공 정권 시절이다. 그 해는 79년 10·26 궁정동 박정희시해사변 이후 군대 안 사조직인 하나회의 중심인물이었던 전두환과 노태우의 주도로 일어난 79년 12·12쿠데타로부터 4년차였다. 물론 그때는 박정희의 두 번째 쿠데타인 1973년 10월 유신 쿠데타 체제로 술집에서 친구끼리 한 잔 하다 유신체제를 비난만 해도 긴급조치 위반으로 즉시 연행체포해 갔던 4공 시절은 아니다. 그러나 그때에도 유신시절보다 더 엄혹하고 악명 높은 이른바 삼청교육대로 시작한 전두환 군사독재가 자행되던 극심한 공포정치의 5공 치하였다. 통일주체국민회의라는 선거인단을 날조하여 장충체육관에 모아놓고 대통령을 선출했던 이른바 유신체제를 오히려 강화했던 체육관대통령 시절이었다. 그 5공 시절 역시 모든 대학에 모든 정보기관원을 상주시키고 대학생 두 명 이상이 모여 이야기만 해도 연행해 가던 유신 뺨치게 살벌한 칼바람이 불던 시절이다. 그런데도 표면적으로는 5공 수립의 정당화를 위한 유화국면의 일환으로 1983년부터 일부 대학에서 대동제란 이름의 축제가 허용되고 있었다.

그 덕택인지 그해 5월 고려대에 이어 10월에는 이화여대에서도 대동축제를 하게 되었는데 그 중심 행사의 하나가 영산줄당기기였다. 83년 10월 29일은 이화 대동제의 절정인 영산줄을 땡기는 날이었다. 무형문화재 줄다리기 발표용과 비슷한 규모의 짚줄을 대학에서 만드는 데는 넉넉잡아 한두 주일 정도의 기간이 필요하다. 그래서 우리 영산의 줄꾼들은

10월 15일에 미리 이대에 가서 21일까지 양편의 낱줄을 각기 40개씩 모두 80개쯤을 일단 만들어 두고 줄당기기 전날에 다시 올 요량으로 영산의 집에 돌아와 집안일을 하고 있었다.

짚준비도 못해놓고 줄대동제를 기획했던 서울대총학

그 기간 중 어느 날 당시 줄당기기 기능보유자 조성국 님으로부터 '자네 후배 학생이 서울대에서도 줄을 당기겠다고 내 집에 찾아왔으니 어서 나와서 같이 의논해 보자'는 전갈을 보내 왔다. 그래서 만나본 학생 이홍균은 사회대 인류학과 3년이라고 했던 것 같다. 그 학생은 대규모 학생시위의 위험 때문에 타대학(이대·고려대 등)에서는 허가한 대동제도 서울대만은 불허한다고 했다. 그래서 학교의 예산지원 없이 학생들이 여는 막걸리 주막 등의 자체 추렴으로 최소경비를 마련하여 대학당국이 불허하는 줄 대동축제를 강행한다는 것이다.

그러니 줄 만드는 지도비를 한 푼도 드릴 수 없다. 뿐만 아니라 혹시 줄을 만들고 당기는 과정에서 일어날 시위 등으로 학내에 상주하는 기관원들로부터 연행당할 수 있는 위험도 있다. 자신들도 사찰대상이기 때문에 기관원들로부터 우리들의 신변을 보호해줄 수가 전혀 없다는 것이다. 그런데도 좀 도와줄 수 있느냐고 듣기에 따라서는 매우 뻔뻔하고 건방진 부탁이었다. 이러니 국가지정 줄문화재 보유자인 동시에 당시 반정부 재야인사 중의 한 분이셨던 조성국 님마저 이에 대한 흔쾌한 대답을 못 내놓고 내 의견을 묻는 눈치였다. 왜냐하면 그때까지 돈이 없어 줄 만들

짚조차 구해 놓지 못하고 또 언제까지 딱 구한다는 기약도 없이 줄당기는 날은 이화여대와 같은 10월 29일로 잡혀 있었다. 부탁을 해온 그날로부터 줄을 만든다 해도 채 1주일을 못 남기고 있었다. 그러자면 조성국님 자신 외에 여러 사람들의 무보수 헌신이 필요하기 때문에 혼자 결정하기가 어려웠던 것이다.

그러나 나는 후배가 부탁하는 모교 대동축제의 줄당기기가 아니고 타대학에서 같은 부탁을 해왔어도 갈 사정만 된다면(긴급한 가정사가 없다면) 이를 수락하지 않을 수 없었을 것이다. 비록 말석에서지만 나는 3·15와 4·19와 6·3 등 학생시위와 그 이후에도 농민운동 등에 계속 동참해 왔다. 그 연장선상에 있는 후배들의 학생운동이나 사회민주화운동에 도움이 된다면 그 보수가 문제될 리 없다. 그때까지 그런 운동하며 당국의 연행 위협이 어디 한두 번만 있었나? 다른 사람이 아무도 안 가면 나 혼자라도 갈 참이었다. 당시의 대학 대동제는 개교 등 무엇을 기념하는 단순한 의례적 축제가 아니었다. 폭압적 군사정권에 저항하는 혁명적 열기를 표출하는 대동 혁명축제 자체였다. 신명보다 더한 혁명적 열기로 고조된 학생들에게 그 방법만 가르쳐주면 별다른 기술이 필요 없는 줄만들기 정도는 그들이 스스로 단시간에 끝낼 수 있을 것이라는 확신이 내게 있었다. 그 대표적 사례가 프랑스대혁명 기간 중에 치른 국민통합의 상징인 1790년 7월 14일 파리연맹축제의 제단건설이다.

구체제로부터 해방과 국민통합을 동시에 추구했던 프랑스대혁명 기간 중의 파리연맹축제는 기성의 인공적 공간으로부터 벗어난 자유롭고 창조적인 새로운 공간 구성을 요구했다. 그래서 물색한 곳이 파리 근교 센강 건너편의 샹 드 마르스였다. 하지만 당시 샹 드 마르스는 센 강변의 언덕에 위치한 허허벌판이었다. 이 허허벌판을 혁명적 연맹축제를 기념하는 제단공간으로 재구성하기 위한 토목공사에 인력이 처음 투입된 때는 7월 14일 연맹축제를 고작 24일 앞둔 1790년 6월 20일이었다. 상식적으로는 도저히 불가능한 기간이었다. 그래서 혁명 지도부는 샹 드 마르스 연맹제단의 빠른 완성을 위해 할 수 있는 모든 역량을 투입했다. 동원된 노동자들로부터 임금이 적다는 불평이 나오자마자 20수였던 임금을 30수로 대폭 인상시키는 조치를 취했다. 그래도 노동자들의 계속되는 불평으로 일이 지연되자 국민방위대를 상주시켜 이를 감시했다. 그래도 진전이 더디자 이제는 4,200명 규모의 군부대를 공사에 직접 투입했다. 군인들은 노동자들과 달리 매일 저녁 6시까지 보수 없이 일했다. 그럼에도 약속된 날짜까지의 완공은 가망 없는 일이었다.

이렇게 공사가 지지부진하여 예정된 날짜에 연맹제 개최가 불가능한 사실이 알려지자 이제는 일련의 혁명적 희생정신에 자극되고 고무된 파리시민(민중)들이 마침내 일어났다. 임금 없이 자발적으로 각자가 손수레 등의 작업도구까지 들고 샹 드 마르스로 모여들기 시작했다. 하루 참가 시민들의 수는 처음의 몇 만 명에서 연맹제 일주일 전인 7월 8일에는 30만 명 정도까지 폭발적으로 늘어났다. 이리하여 지지부진하던 제단공사는 혁명열기로 고무된 자발적 시민들의 헌신으로 단시간에 완성시킨다. 이렇게 혁명적으로 고양된 시민들에 의해 그 유명한 '손수레의 날'이라는 혁명축제의 전설을 탄생시킨 것이다.

바로 이래서 혁명은 그 많은 인명의 희생에도 불구하고 탁월한 의미에서, 진정한 의미에서의 축제가 되는 것이다. 나는 이 손수레 날의 축제전설이 서울대 대동제의 줄만들기에서도 재현되기를 바라고 있었다. 다만 줄을 만들 짚 구입이 가능할지, 가능해도 그 시기가 문제였다. 당시의 짚 구입 대금은 70만 원쯤이었는데 이 돈을 나라도 대주고 싶었지만 그것은 어려워도 함께 문제를 해결해가는 대동정신에 어긋난다. 그래서 나는 그 후배에게 아무튼 짚이나 한시라도 빨리 구해 놓으면 줄을 만드는 지도는 내가 책임진다고 공언했던 것이다.

'손수레 날'의 전설을 재현한 서울대 줄

서울대 총학생회는 줄당기는 날(10월 29일) 이틀 전인 10월 27일에야 겨우 짚을 구했다. 줄 만들기 지도는 나 말고도 다행히 남관이 님, 조성국 님, 김종곤 님 등 세 분이 무상으로 협력해 주었다. 27일 오후 학교에 짚과 거의 비슷한 시간에 도착한 우리는 저녁 늦게까지 줄드리기 준비를 갖추는 것으로 그날 일을 끝냈다. 그 다음날 하루만에 낱줄을 다 드려서 몸줄을 완성하고 29일 당일에 과연 줄을 당기기나 할 수 있을지 확신하기 어려웠다.

줄을 책임지고 담당하는 학생들이 따로 있는 것 같지도 않았다. 우리를 초청하러 영산에 왔던 이홍균 학생의 얼굴은 서울대에 가서는 도통 볼 수가 없었고 물어봐도 모두 모른다고 했다. 우리를 안내하고 상대하는 학생의 얼굴도 한 번 대면 뒤에는 번번이 바뀌었다. 줄을 드리는 일에 동원되는 학생들도 아마 동아리별인 듯 계속 교체되었다. 우리에게 밥 사주는 학생도 끼니마다 바뀌었고, 여관에 안내해 주는 학생도 같은 학생이 아니었다.(인건비는 안 주었지만 밥은 사주고 여관잠은 재워 주었다.)

사찰당국에 얼굴이 노출되는 것을 피하기 위해서라고 한다. 그럼에도 이런 방식은 소문으로만 듣던 간첩 접선 방식인 것만 같아 기분이 언짢았다.

내 땅에서 내 줄 드리고 당기는 일이 무슨 범죄행위라고 이런 식의 비밀 '접선'을 하며 광장 대신 캠퍼스의 외진 구석에 숨죽이고 숨어서 줄을 만들어야 하는가? 분노와 슬픔이 교차했다. 그럼에도 줄만들기에 동참하는 동아리 학생들의 열정은 예상보다 가히 폭발적이었다. 줄다리기 전날 이른 아침부터 시작한 줄드리기를 늦은 오후 해질 무렵에 거의 끝냈다. 저녁식사를 마친 뒤부터 시작한 몸줄만들기는 그날 밤 자정을 넘겨 줄당기는 당일 새벽에 모두 완성할 수 있었다. 이건 이전에 경험 못한 기적이다. 신명도 일의 능률을 배가 시키지만 두려움과 분노와 저항감, 그리고 혁명적 헌신과 열정의 빠른 전염성은 일의 능률을 폭발적으로 증가시킨다는 '손수레의 날'의 전설을 실지로 입증했던 것이다.

지금의 문화재 발표용 규모의 몸줄 2개를 만드는데 영산의 현지는 물론 비슷한 크기의 대학줄도 보통 1주일 정도 걸린다. 그런데 서울대 줄은 시작한지 이틀 만에 이를 완성한 것이다. 겉으로는 자신 있다고 큰 소리쳤었지만 내심으로는 크게 걱정했던 줄만들기가 기적적으로 완성되자 내 눈에서는 나도 모르게 눈물이 핑 돌았다. 비록 동아리별로 교체는 잦았지만 줄드리기에 많은 학생들이 열정적으로 동참해준 것이 대견하기도 해서 그랬지만, 내 땅에서 내 줄도 떳떳하게 내놓고 느긋하게 신명으로 드리지 못하고 쫓기듯 전쟁치르듯 만들지 않으면 안 되는 현실이 서글펐다.

그래서 자정이 이미 훨씬 넘은 새벽시간인데도 밤늦게까지 남아 줄을 완성한 학생들과 우리 일행은 그 회포와 희한을 풀고자 횃불 아래 막걸리

통을 놓고 우리(조성국 님과 나)가 부르는 서툰 '운동농민가' 등을 학생들이 낮게 따라 부르고 있었다. 선수들 중에서도 고수인 학생들이 우리 늙은이들이 부르는 운동권 노래에 왠지 소극적이었다. 그러나 곧 전개된 사건으로 보아 그들은 미리 이를 예견하고 주눅들어 있었고 겁을 먹고 있었다. 자정이 넘은 한밤의 캠퍼스에 우리 말고 다른 사람은 없다고 생각했었다. 그런데 느닷없이 우리 일행을 향해 젊고 건장한 어깨 대여섯이 뚜벅뚜벅 몰려왔다. 그리고 대뜸 "이 늦은 밤 늙은이들이 어린 학생들 데리고 이 무슨 선동질이냐"며 줄드려 주러 간 우리 일행을 다짜고짜 연행하려 했다.

그 때 이들 일행과 함께 왔던 사람들 중 한 사람이 나서며 "이분들은 학생들의 초청으로 줄을 만들어 주러온 줄기능 인간문화재 일행이다. 밤늦게까지 줄 다 만들고 기분이 좋아 한 잔하며 뒤풀이를 하는 것 같다. 내가 이 분들의 신원과 이후 사태를 책임지겠으니 연행은 말아 달라"고 부탁했다. 그때서야 그 기관원들은 우리 일행을 놓아주며 '즉시 캠퍼스를 떠나 집으로 돌아가라'며 겁박한 뒤 갈 길을 갔다. 뒤에 알고 보니 우리의 신원을 보장하고 연행을 만류해 준 그는 서울법대 교수로 당시는 대학본부의 학생처장이었고, 뒤에 서울대 총장을 거쳐 김영삼 문민정권의 국무총리를 역임한 이수성 바로 그 사람이었다.

대학에 상주했던 여러 기관원들 중 한 기관원들이 당국에서 불허하는 대동제에 대비해 자정을 넘은 그 시간에야 퇴근하던 중이었다. 아무도 없는 줄 알았던 한밤중의 캠퍼스 구석에서 횃불을 켜고 노래하던 우리 일행을 발견하여서 그 소동을 벌였던 것이다. 자정이 넘은 그 시간에 정보기관원들과 함께 퇴근하던 당시 이수성 학생처장이 없었다면 우리는 꼼짝 못하고 연행 당할 뻔 했었다.

〈하얀 목련〉 가요로 열린 대동겟날 아침

어제와 또 다른 얼굴의 학생이 서울대 정문 부근 신림동의 한 여관으로 우리 일행을 안내했다. 그리고 내일의 신변안전은 자신들이 보장해줄 수 없고 나머지 줄일은 자기들이 알아서 할 수 있으니 오늘밤 여기 주무시고 내일은 캠퍼스에 나오지 말고 집에 돌아가 달라고 다시 부탁했다. 몸줄만들기와 젓줄걸기까지 다 완성했지만 줄을 가지고 운반(시위)하자면 젓줄을 몸줄에 단단히 새끼로 묶어줘야 한다. 물론 이 일쯤은 우리가 떠나도 학생들 자신이 얼마든지 할 수 있을 것이다. 이 일은 핑계이고 사실은 학생들의 줄시위 광경을 보고 싶어 학생들의 만류에도 불구하고 우리 일행은 잠시 눈만 붙이고 아침에 대학을 다시 찾았다. 연구실이나 학생회관동의 동아리방에서 밤을 지샌 학생들 외에는 등교시간 이전이라 교정은 텅 비어 있었다. 우리들의 신변안전을 책임질 수 없다는 학생들이 계속하는 경고로 보아 과연 오늘 줄을 제대로 당길 수 있을까 하는 불안감이 교정을 무겁게 누르고 있었다. 그래서 폭풍 전야와 같은 정적 속의 불안감이 감도는 텅 빈 이른 아침의 쓸쓸한 교정에는 양희은의 〈하얀 목련〉만 청승맞게 울려 퍼지고 있었다.

하얀 목련 필 때면-다시 생각나는 사람- …(중략)… 그대 떠난 봄처럼-다시 목련은 피어나고-/ 아픈 가슴 빈-자리엔/ 하얀 목련이 진-다/ 아픈 가슴 빈-자리엔 하얀 목련이 진-다/아픈 가슴 빈-자리엔 하얀 목련이 진-다.

하얀 목련은 마로니에와 함께 내가 다닌 동숭동의 옛 대학본부와 함께 있던 문리대(文理大) 교정을 상징하는 꽃이었다. 어느 듯 반세기도 훌쩍 넘게 흘러가버린 그 봄날의 교정에는 그 시절에는 흔치 않았던 라일락도 흐드러지게 피었다. 코를 훅 찌르듯이 아침 등굣길을 취한 듯 맞아주던 그 짙디짙은 꽃향기로 나는 하루 종일 도서관 대신 교정의 벤치나 잔디밭의 낭만에 취해있었다. 하지만 이보다는 지금도 잘못된 협정으로 한일갈등의 불씨가 되고 있는 박정희 쿠데타 정권의 치욕적 한일회담과 군사독재에 대한 반대시위가 본격화되던 1964년의 봄 교정을 더 잊을 수가 없다. 학부 4년으로 대학과 서울을 떠나기로 했던 나로서는 그해의 봄은 서울과 대학시절 때 보내는 마지막 봄이었다. 3·24궐기 이후에 교정에 수시로 터졌던 최루탄으로 우리의 아침 등교를 맞아준 그해의 봄 교정은 라일락 향기가 아니었다. 강의실까지 온 캠퍼스를 뒤덮은 채 육감까지 고문하는 최루 독가스였고, 그 봄이 다갈 때(6·3계엄령)까지 매일매일 강요당하는 눈물이었다.

이처럼 낭만과 저항이 교차했던 그 동숭동 옛 교정의 분위기와는 사뭇 다르긴 해도 관악산 교정에도 목련나무는 있었다. 하지만 그때는 한가을, 이른 봄의 꽃인 목련꽃은 이미 지고 흔적도 없었다. 이미 낙엽 중인 이파리들만 몇개 남은 하얀 목련이 아니 그 노래가 이때처럼 내 가슴을 아리고 쓰리게 헤집고 파고든 적은 없었다. 그 시절, 그때, 그 장소 때문일 것이다. 양희은은 하얀 목련이 필 때면 그리운 사람, 가버린 사람이 생각난다고 했지만, 나는 그 이후 하얀 목련이 필 때면, 그리고 양희은의 〈하얀 목련〉을 들을 때마다 동숭동 옛 교정과 쓸쓸했던 그 이른 아침 관악의 교정과 그 해의 서울대 대동축제가 생각난다. 그런데도 나는 〈하얀 목련〉

이란 노래를 따라 부르지 못한다. 〈하얀 목련〉 뿐만 아니라 양희은의 노래는 가사도 길어 외우기 어렵고 음치인 내게는 그 곡도 흉내 내기가 여전히 어렵다. 그럼에도 양희은의 〈하얀 목련〉의 후렴과 그 해 서울대 대동축제의 정경이 내 아픈 가슴 빈자리를 채우며 나를 위로해준다.

  하얀 목련의 꿈속에서 고단한 잠을 깬 동아리 학생들과 함께 우리는 지난 새벽에 줄을 완성해 둔 곳으로 갔다. 젓줄을 걷어 단단히 몸줄에 묶어두고 다시 한번 줄을 점검한 뒤 본부광장(아크로폴리스광장이라고 했든가)으로 돌아왔다. 그제서야 학생들이 꾸역꾸역 등교하며 광장으로 모여들기 시작했다. 우리 일행이 광장 한켠에서 두려운 마음으로 학생들의 움직임을 지켜보고 있는데 영산에 와서 우리를 초청한 뒤 한 번도 얼굴을 보여준 적이 없는 이홍균이 처음으로 나타났다. 줄 다 만들었으면 왜 신변을 보장할 수 없는 위험한 이 학교에 남았느냐 지금이라도 빨리 떠나시라고 재촉했다. 하지만 나는 어떻게 만들어 낸 줄인데 그로부터 전개될 사태에 내가 왜 미리 겁먹고 떠나겠느냐? 끝까지 남아 줄구경 다할 것이고 내 신변은 내가 책임질 테니 걱정하지 말라고 했다. 그렇다면 알아서 하시라. 조금 있으면 이 학생회관 건물의 안팎에서 수많은 동아리 풍물패들이 연달아 등장하면서 군무와 줄시위가 전개될 것이다. 기왕 계실 거면 그 흐름을 유심히 관찰해 보시라는 말을 마지막으로 남기고 훌쩍 사라진 뒤 그를 지금까지 다시 보지 못했다.

종합예술로 거듭났던 대학 줄굿

  조금 지나자 이홍균의 말대로 학생회관 건물의 여러 출구와 계단 등을 통해 수많은 동아리 풍물패들이 대열을 지어 동시다발적으로 등장하기 시작했다. 그것은 정해진 순서에 따른 단순한 등장이 아니고 입체적으로 짜여지고 기획된 연출이었다. 어린 시절에 두레의 잔재로 남은 마을풍물패와 영산문화제 등에서 소규모 풍물패만 보아온 내게 우리가 재학 때는 하나도 없었던 수많은 동아리 연합풍물패의 대규모 연출은 일찍이 경험 못한 장엄미와 숭고미 자체였다. 풍물이 이렇게 열광적으로 사람을 압도하는 장엄미의 예술인 줄도 그때사 처음 경험했었다. 풍물 행렬이 차례로 등장하여 대학광장 주변을 행진하자 광장에 운집해 있던 학생들은 스스로 군무대열을 지으며 집단군무를 연출했다. 그 또한 그때 그 분위기가 낳은 자연발생적이면서도 뛰어난 하나의 연출이었다. 아니 규모가 너무 크다보니 연출이라기보다 자연발생적 시위였다. 군무를 위한 대열 때문이었는지 참가 학생들은 몇 천 명으로 보였고 그 동작은 춤이라기보다 온몸으로 표현하는 억압에 대한 저항이자 해방의 갈구로 분위기를 압도했다. 영산에 왔던 이흥균 학생이 내게 줄굿보다 더 큰 대동을 보여 주겠다고 장담했던 것이 바로 이것이었던가?

그렇다. 그것은 문화재의 한 종목으로, 지금은 지정 무형문화재의 정기발표로 연출되는 '줄다리기'와는 비교할 수 없는 자발적 대동 그 자체였다. 줄당기기 이상의 대동은 이 풍물시위와 집단군무에만 그치지 않았다. 내가 풍물연합시위와 집단군무에 넋을 잃고 있는 사이 어느새 일군의 학생들은 동서 양편의 두 줄을 차례로 매고 풍물패를 앞세운 채 그 광장에 등장했다. 그러자 군무를 추던 그 많은 학생들과 구경하던 모든 학생들이 단과대별로 편을 가른 두 줄 행렬에 나누어 합류했다.

줄굿의 본고장인 영산줄도 그렇지만 당시 대학대동제에서 당기던 한

쪽 줄은 총길이 60~80m의 낱줄 30개 정도를 엮어 꼬불친 30~40m의 작은 줄이다. 우리가 재학할 때 개교기념 행사의 하나로 마(麻) 등 천연섬유 원료나 화학섬유를 꼬아 만든 동아줄 한 가닥을 양편이 나누어 잡고 서로 당기는 시늉만 하는 외줄당기기에 비하면 이것도 엄청 큰 줄이다. 그러나 160m 이상의 낱줄 80개 이상을 꼬불친 160개의 한쪽 몸줄길이 80m 이상의 전통줄에 비하면 장난감 수준이다. 그런데도 정작 줄의 본고장인 영산에서도 지금 그 소규모 몸줄을 매고 옮길 사람이 일찍부터(60년대) 사라져 줄머리는 대형트럭에, 몸줄은 수레바퀴 여럿에 차례로 얹고 지역 고등학생을 동원하여 줄 당길 장소로 옮겨간다. 젊고 혈기왕성했던 80년대의 대학공동체에서는 영산 본고장과는 달리 트럭, 수레 따위에 싣지는 않고 어깨에 메고 가긴 하지만, 줄과 힘겨운 씨름을 거듭하며 몇 번이나 쉬어가며 줄 만든 장소에서 당길 장소로 옮겨간다.

  그런데 그날의 서울대 대동줄 시위에서는 너무 많은 학생들이 한꺼번에 몰려들자 일부 학생들만 줄을 메고 나머지 대부분 학생들은 자동적으로 그 주위를 호위하는 시위대가 될 수밖에 없었다. 줄을 잡은 학생들도 어깨에다 줄을 메는 것이 아니고 손으로 공중에 던졌다 놓았다 하며 그야말로 장난감 삼아 갖고 놀았다고 할까? 신화 속의 동물인 용의 상징이 큰줄이라고 한다. 실지로 움직이는 큰줄은 승천하는 용의 꿈틀거림을 떠올린다. 서편의 암줄과 동편의 숫줄머리를 걸어놓으면 영락없이 용용상박이다. 어깨에 메는 대신 손으로 던졌다 놓았다 하던 그날의 서울대 줄은 학생들의 어깨를 누르는 무거운 줄짐이 아니라 그들의 어깨와 머리 위에서 살아 춤추며 승천하는 영락없는 두 마리 용이었다.

대동시위굿이 된 서울대줄

그것은 줄을 당기기 위한 운반이 아니라 '전두환 정권 타도' 등 당시의 학생시위에 등장했던 온갖 구호들과 그 구호들을 적은 수많은 기치와 등교한 모든 학생들이 함께 한 거대한 학내 시위였다. 정부와 학교 당국은 원래 종로 동숭동과 이화동, 연건동에 걸쳐 있던 대학본부와 법대, 미대, 의대, 수의대와 함께 있던 서울대학 시위의 진원지였던 문리대를 인문, 사회, 자연대로 쪼갰다. 연건동의 의대를 제외하고 도심 깊숙이까지 흩어져 있던 모든 단과대까지 1975년에 관악산골로 한데 모아 유폐시켰다. 그 뒤부터는 개별 분산적으로, 시내의 특정장소에 집결하는 게릴라 시위를 하지 않는 한 전 대학은 고사하고 단과대별로도 정문을 통한 가두진출시위는 거의 불가능했다. 시내 주택이나 상가와는 달리 사방이 완전 차단된 관악산 기슭에 유폐당한 서울대는 정·후문 외에 다른 출구가 없기 때문에 경찰이 정·후문만 철통 봉쇄하면 가두진출이 불가능한 것이다.

그래서 더구나 쌓이고 쌓인 분노가 그날 줄 대동제를 빌미로 한꺼번에 학내 시위로 폭발했던 것 같다. 그 기세는 용호상박 이상으로 무시무시했다. 온몸에 소름이 돋고, 온몸이 전율할 만큼 무서웠다. 줄기능보유자 조성국 님은 5·16 뒤의 구 교원노조 군부위원장, 가톨릭농민회 등을 함께하며 고대, 이대 등의 대학축제에서 줄만들기를 지도하다 겪은 학생들의 시위 경험도 없지 않다. 원래부터 겁이 많지 않던 분이시다. 그런 분조차 시위 열기가 얼마나 뜨겁다 못해 무서웠던지 '나는 무서워 더 이상 못 보겠다'며 같은 날 오후 늦은 시간에 하는 이화여대 줄당기기에 함께 가자고 하셨다. 나는 줄시위가 끝날 때까지 그냥 남겠다고 하자 선생은 나머지 일행들과 함께 서울대 줄시위로부터 먼저 몸을 피하셨다. 물론 이런 무시무시한 대규모 시위에 겁먹어서는 아니겠지만 경찰도 학내까지 진입하여 시위를 진압하지는 않았다. 당시의 언론도 통제 속에 있었다. 경찰 저지선과 대규모 충돌 없는 학내 시위까지 보도할 만큼 자유로울 수 없었다. 경찰도 시민들과 차단된 학내에서 여론에 영향을 안 끼치는 평화 시위까지 강제진압하여 오히려 나쁜 여론을 만들 만큼 어리석을 리 없다.

줄을 빙자(?)한 그 뜨겁던 학내 시위 결과 하루 만에 급조하느라고 그리 단단한 줄은 아니었지만, 다른 대학줄에 비해 결코 작지 않던 그 줄은 누더기처럼 되어버렸다. 그래서 정작 줄당기기는 당기는 시늉만으로도 젓줄이 거의 끊어져 싱겁게 끝낼 수밖에 없었다. 하긴 줄은 지금 얘기 중인 서울대 대동줄에서 보듯이 만들고 옮기고 줄머리를 거는 과정에 본질적 의미가 있지 당김과 그 승패가 본질이 아니다.

그러나 얻은 것은 대의제 일당 독재뿐

대학으로부터 시작된 80년대의 혁명 열기는 박종철의 고문치사 조작 사건으로 전 국민적으로 가열되어 87년 6월의 민주대행진 대동축제로 이어졌다. 그러나 아쉽게도 이른바 87년 체제, 다시 말해 대통령 5년 단임직선제 체제의 쟁취 이후에는 이 시위와 혁명축제가 일거에 사그라들기 시작했다.

왕조시대의 국가 간의 전쟁이나 일제에 대한 의병 독립전쟁, 북한의 남침에 따른 남북전쟁 등 야만적인 흑역사가 강요한 집단적 민중희생들은 거의 기록이 없다. 그 희생자 수도 너무 많아 헤아릴 수조차 없다. 이 정도에서 민중희생이 끝날 리 없다. 외부침략에 따른 민중희생보다 동학농민전쟁처럼 내부수탈과 그에 따른 민중저항으로 인한 희생자 수가 오히려 더 많다. 그런데 당대 권력이 역사의 제전에 강요하는 이 희생제물은 연극적(축제적) 유사 제물이 아니다. 살아있는 인간 생명을 강요하는 실물의 인신공희(人身供犠)다.

정전 아닌 휴전과 냉전 상태였긴 해도 어쨌든 유엔의 이름으로 유혈과 총성이 멎은 평화 대한민주공화국의 수립 이후에도 예외 없이 권력은 민중의 희생을 계속 강요한다. 초법적 장기독재와 거듭되는 쿠데타집권에 대한 민중의 집단적 저항을 대량학살로 대응해 우리 모두에게 잘 알려진 인신공희 희생자 수만도 1960년의 4·19혁명제전에서 187명, 1980년 5·18광주민주화제전에서 195명 이상이다. 하지만 이 시대 역시 이렇게 기록 가능하고 공개된 희생자 수보다는 정치적 반대세력의 척결을 위한 비밀스런 암살, 고문, 사형(私刑), 사법살인, 집단학살 등 이른바 의문사 희생자는 이와 비교도 안 될 만큼 훨씬 더 많다. 그런데도 이 같은 의문사는 자칭 공권력에 의해 은밀하게 개별 분산적으로 실행하고 철저하게 은폐시킬 수 있었기 때문에 그 정확한 희생자를 당연히 알 길이 없다.

집권 초기의 전시까지(1948~1853년) 포함한 이승만 독재치하 12년간에 저지른 정적 암살과 6·25 전쟁 동안 그 전후에 자행된 저 악명 높은 양민학살자 수는 수만 단위를 넘어 정말 헤아리기조차 불가능하다. 이같이 자기국민을 희생 제물로 삼은 이승만 독재를 1960년 4·19로 무너

뜨리고 민주국가로 한발 내딛고자 하던 제2공화국을 채 1년이 안된 1961년에 5·16군사쿠데타로 뒤엎은 박정희가 결코 예외일 수 없다. 1961년 5·16쿠데타부터 시작된 군사독재는 박정희의 영구집권을 위한 1973년의 유신쿠데타와 이의 누적된 모순을 내부에서 저격한 1979년 10·26을 계기로 전두환, 노태우의 주도로 또 일으킨 연이은 군사쿠데타로 1992년까지 이어졌다. 일제 36년에 버금가는 31년 군사독재 동안 서울대법대 최종길 교수 간첩조작을 위한 고문치사와 군사독재의 종말을 재촉한 인문대 학생 박종철 고문치사사건으로 상징되는 고문, 납치, 암살, 사형(私刑) 등의 의문사로 희생된 사람만도 수 백 명에 이른다고 한다. 그러고도 이들 중 대부분은 집단 신원(身元)회복과 기념의 대상에서조차 제외되어 당대에 살아남은 우리들의 부끄러운 기억에서도 사라지고 있다. 어쩌다 남긴 희생자 가족들이나 관계 조력자들의 회고담이나 증언집을 읽으면 눈물이 앞을 가려 페이지가 잘 넘어가지 않는다. 그런데 그렇게 많은 인신공희의 희생제의 결과인 87년 체제는 너무나 초라하다.

  이른바 민주진영조차 그 수많은 피의 제전을 잊고 관이 주도하거나 의존하는 축제 곧 신종 읍치성황제에 너무 쉽게 투항, 편승했다. 오늘의 비정상적 일상을 구시대적 읍치성황제로는 결코 정상으로 바꿀 수 없다. 대통령 직선제나 단순 다수 득표자들의 대의제 의회정치 따위로도 결코 바꿀 수 없다. 선거인단에 의한 대통령 간선선출제와 군정을 종식하고 직선으로 대통령을 선거하면 곧 민주주의로 착각한 87년 체제는 실패다. 여기서 굳이 얻은 게 있다면 대통령 5년 단임 직선제 하나 건진 셈인데, 그나마 촛불정권이라는 문재인 정권에 의해 중임제로의 복귀 개헌이 다시 논의된 적이 있었다.

이 땅에는 대통령하고 싶은 대통령병 환자가 너무 많다. 단임제와 재임 기간은 짧을수록 이 대통령병 걸린 여러 사람들에게 대통령에 당선될 기회를 늘려 그만큼 그 병을 치유시키는 하나의 방법이고, 여러 사람들이 권력을 갈라 먹는 나름의 분권형 대통령제가 아닐까? 사람들은 단임제의 후반기 권력누수를 중임제 이유로 삼지만, 이 땅의 대통령제는 단임제로 누수 상태의 대통령 권력도 너무 막강하다. 박근혜 대통령도 임기 후반기에 접어들었고, 특히 20대 국회 총선에서는 자기당이 소수가 되는 여소야대가 되었는데도 국민의 생활 안보에 치명적 영향을 줄 사드(고고도미사일요격체계)를 배치했었다. 또 사드 공안정국으로 정권 안보를 과시할 만큼 그 막강한 권력에는 변함이 없었다. 그 뒤 이른바 비선실세인 최순실과 함께 헌법을 위반한 국정농단의 실체가 드러나지 않았다면 그 막강한 권력을 임기가 끝날 때까지 그대로 유지해 갔을 것이다.

　모든 통치 권력은 없거나 있어도 최소화되어야 한다. 그러기 위해서는 개헌 보다 정당별 득표수(율)에 따른 비례대표제의 선거제도와 숙의 직접민주주의를 위한 시민의회 등의 의사 결정 방법의 개혁이 먼저고 헌법개정은 그 다음이다. 그런데도 대통령의 레임덕이나 유예시켜주는 중임제 개헌으로 5년 보기에도 끔찍한 그 얼굴들을 중임으로 더 보여 주겠다니? 단순 다수 득표자의 승자독식 대의제 선거제도를 그대로 둔 채 하는 헌법개정은 차라리 안 하는 것이 낫다. 수없이 경험했듯이 그런 개헌 아무리 다시 해봐야 흘러간 옛 노래의 복창 내지 개작에 지나지 않을 것이다. 그런 단순 다수대의제 일당독재가 어떤 의미에서 박정희의 개발독재보다 자연에게는 더 공격적인 이명박의 토목마피아 독재를 탄생시켰다. 이에 그치지 않고 박정희의 딸로 박정희를 부활 또는 대리시키겠다는 반동정권도 불러왔다.

집권당 일당 독재가 불행한 전직 대통령 양산한다

박근혜는 수학여행 중인 고등학생이 대부분인 300명이 넘는 자기국가의 꽃다운 젊음이 여객선 침몰로 수장을 당하고 있는 참사 때도, 집무실 아닌 관저에 있었다. 메르스라는 괴질이 온 국민을 불안에 몰아넣고 있는데도, 독 가습기가 무차별 살인을 하고 있는데도 대통령은 부재였다. 모든 일에 일일이 대통령의 재가가 필요한 독점적 대통령 중심 권력제도로 그 막중하기 짝이 없는 대통령직 수행을 집무실 아닌 관저에서 했다. '전자통신 시대에 굳이 대면보고가 필요한가요?' 라며 대면 아닌 통신보고서로 모든 업무를 수행했다. 관저가 집무실이라고 우겼다. 다른 정파가 한 것은 모두 비정상의 적폐이고 제 아버지와 자기가 한 것만 정상이라고 강변했다.

역사는 집안 족보가 아니다. 그런데도 제 아버지의 친일과 친공행적과 5·16군사정변과 유신독재 등 수많은 과오와 그 아버지가 강제한 파괴적 근대화를 정당화하는 국사교과서를 기획했다. 역사적 평가와 국민 동의를 무시하고 독단적으로 국정화하면서 비정상의 정상화라고 우겼다. 오로지 대를 이은 사적 인연으로 얽힌 최순실 일가에게 이권을 몰아주기 위한 문화정책과 문화재단의 예산 편성과 재벌 성금 갹출을 문화부흥과 창조경제라고 우겼다. 박근혜 정권 4년 동안 그가 한 것은 '통일대박'과 '비정상의 정상화'와 '창조경제'라는 허사를 조어(造語)한 것뿐이다. 실제로 그가 한 것은 '정상의 비정상화'였고, 블랙리스트로 상징하듯 자유롭고 창조적인 문화의 파괴행위였고 개성공단 폐쇄였다. 남북통일은커녕 자신의 반대자에게는 종북으로 편가르는 내부 분열이었다. 그는 대표적 갈등 생산자였다.

일부 사람들은 박근혜는 그래도 그 아버지 박정희는 여전히 근대화를 성공시켜 대한민국을 이렇게 잘 사는 나라로 만들었다고 박정희를 기념하고 근대화를 신화화한다. 하지만 박정희가 시동한 근대주의 곧 산업화 물량주의는 공업화와 수출경쟁만이 살길이라고 닦달했다. 그 결과 너무 잘 살아서(?) 95%가 할 일을 잃고 따라서 자급과 자치를 잃은 세상, 5%가 조달해 주는 사료 상품을 먹고 사는 미래의 개·돼지 세상으로 나가고 있다. 근대화는 자급경제의 농촌공동체와 세계 민중의 식민화였고, 가축화였다. 이에만 그치지 않고 지속 불가능이었고, 온난화에 의한 기후위기, 미세먼지화 등의 환경적 대재앙을 촉발하는 진행형 생태계 식민화, 생명 종말화다. 그래서 박정희 시대는 마땅히 극복되어야 했다. 그렇다고 87체제도 아니었다. 87체제는 '직선제의 허구'였다. 환상적인 대동주의였다. 다수라는 이름의 폭력적인 대의 민주주의와 제왕적 대통령제를 그대로 온존시키고 있다. 무엇보다 근대와 물량성장이 곧 선이라는 미신에 대한 극복은 고사하고 성찰과 반성도 없다.

우리도 4·19 뒤 비록 정당명부식 비례대표 국회의원 선출제를 전제한 것은 아니었지만, 한때 내각제를 실험한 적이 있었다. 그때 처음으로 시작한 민주주의 실험이 혼란스럽다고 그 혼란으로부터 군대식 질서로 나라를 지킨다는 박정희의 쿠데타로 그 민주주의 실험은 시작과 동시에 막을 내렸다. 민주주의는 본래 혼란스럽고 시끄럽다. 그 민주주의의 혼란을 잠시도 못 봐주고 박정희가 쿠데타로 뒤집은 그 나라는 대체 누구의 나라였던가? 18년간의 박정희 나라, 그 아내와 자신을 비명에 보낸 나라, 이를 계승한 7년 동안 전두환 나라, 5년 동안 노태우 군사독재의 나라는 속속들이 조용한 나라였던가? 군사정변과 독재를 반대하고 민주주의를 외친 시민들을 감금하고 무차별적으로 살상하고, 정치자금을 강탈하다 임기 후에 감옥행을 자초한 나라가 아닌가?

기대가 컸던 민주화운동 경험의 정치인 출신인 김영삼, 김대중, 노무현의 나라도 보다 자유로운 문민통치라는 정치민주화의 공적은 있었지만 경제적 격차와 독점 등의 사회 전반의 민주화의 실현은 물론 근대주의(산업물량주의)로부터는 한치도 벗어나지 못한 실망으로 끝났다. 이 실망에 대한 반동과 개발독재 시대를 못 잊는 다수 보수세력의 지지로 박정희를 다시 이은 이명박의 나라 그리고 박근혜의 나라는 어땠는가? 산천을 파괴하고, 법을 파괴하던 일당독재의 제왕적 대통령으로 그들 역시 감옥행을 자초한 나라가 아니었던가? 다수당 일당 독재와 집중된 제왕적 대통령 권력 등의 갈등과 모순 자체인 국가가 있는 한 불행한 전직 대통령들을 계속 만들어갈 것이다.

적폐1호는 초법적 의회권력과 민의왜곡의 선거제도다

국가사회의 모순과 갈등의 해소는 국가 밖의 시민사회와 공동체의 몫이다. 그래서 촛불이 맡았다. 촛불은 1천만이 넘게 타올라 마침내 '비정상이 정상'인 '비정상을 일상화'시킨 박근혜를 파면했다. 촛불혁명은 장대했지만 그러나 확실히 바꾼 것은 아직은 착한 사람 문재인을 대통령으로 뽑은 것 하나뿐이다. 물론 문재인 대통령은 촛불혁명이 바라는 적폐청

산과 통합정치실현과 남북비핵화를 통해 남북평화도 이루겠다고 공약했다. 아쉽게도 근대화에 대한 지양(止揚)정책은 언급조차 없었다. 그나마 갈 길은 멀고 장애는 높기만 하다. 아무리 제왕적 한국 대통령이라 해도 제한된 임기와 그를 지지하지 않는 반대자들과 강대국들의 방해로 그 공약 실천은 쉽지 않을 것이다. 촛불의 상시 지원을 얻어내야 한다. 하지만 박근혜라는 촛불의 주적과 함께 당장에 절박한 모순이 사라지고 없는 지금에 촛불의 재점화와 그 지속은 아마 불가능할 것이다. 촛불혁명축제를 지원했던 여러 시민단체의 연합체도 문재인 정부 출범과 함께 일단 스스로 깃발을 내렸지 않았는가?

하지만 대통령 한 사람만 탄핵해서 바꿨다고 무엇이 달라졌는가? 60년대의 대학가로부터 시작된 80년대의 민주화 열망과 대행진의 결과는 김영삼, 김대중, 노무현의 15년 동안 문민정권 뒤에 이명박·박근혜의 반동정권으로의 회귀였다. 2016년에 시작된 촛불 또한 꺼지기가 무섭게 국회는 보수가 아니라 오늘의 저 애국(?)주의에 그치지 않고 사대주의에 목숨 건 극우정당에 의한 난장판 정치로의 회귀였다. 내 평생 동안 이 땅의 각급 의원들처럼 제 월급과 제 이권을 알뜰히도 챙기며 무소불위의 권력과 면책특권을 두고두고 누리는 타락한 기득권 집단을 다시 본 적 없었고 역사상에도 없었다. 제왕적 대통령 권력이 문제가 아니라 남북전쟁을 막으려고 남북정상회담을 하는 자국의 대통령까지 북한을 대변하는 빨갱이로 모는 국회의 무소불위의 면책특권이 더 문제다.

국회의원은 지역대표가 아니라 말 그대로 나라의 전체 국민을 대리해야 한다. 그런데 이 땅에는 똑같이 파국으로 가는 산업성장주의를 지향하면서도 지역연고에 따라 그 실행 방법에 약간의 차이를 둔 지역중심 양대 정당만 있다. 객관적으로 볼 때 하나는 중도보수고 다른 하나는 극우정당이다. 그런데도 스스로 진보와 보수로 편을 가르더니 이제는 군사독재에 붙어먹던 극우정당이 중도보수를 좌파독재로 비난하며 정권퇴진을 외치고 있다. 이처럼 산업성장주의를 함께 신봉한다는 점에서 이념적으로는 유사한 보수 양당이 이른바 출세한 지역 연고자나 토호들을 지역 소선구별로 공천하여 정당별 득표율과 무관하게 1위 득표자 한 사람만 국회의원 아닌 지역대표로 뽑는다. 그래서 한번 당선된 국회의원이 노리는 것은 국민 전체의 복리가 아니라 자기 당선에 유리한 거대 지역정당의 계속 공천을 위한 대통령이나 당권력자의 비위 맞추기다. 그리고 자기 지역구와 자기 패거리의 지지를 유지하기 위한 예산 나눠먹기다. 상위권력자에 대한 아부와 지역과 패거리의 민심을 매수하기 위한 지역의원으로 전락이 자기 살 길인 것이다. 이런 지역 소선거구에서 당선된 보수 양당 중 1당이 국회를 장악해서 거수기나 복심 노릇해 주는 나라의 대통령이 국민 전체의 장기적 복리나 다양한 계층의 이해관계에 귀 기울이고 관심을 가져줄 리가 있겠는가?

속전속결의 군사제도였던 다수결제는 폐기해야 한다

우리가 기를 쓰고 따라잡고 있는 근대 서구문명은 공업기술 중심의 산업주의다. 농사중심의 '봉건'은 무조건 버려야 할 악이고 그와 대척관계라는 공업중심의 '근대'와 산업주의는 무조건 최선으로 배웠다. 그러나 지나고 보니 근대산업주의란 농촌과 생태계의 끝없는 식민화였다.

무엇보다 지금 우리 코앞에 닥친 기후위기가 고변하듯 지속이 전혀 불가능한 죽임의 문명이다. 이 문명의 정치적 토대가 다름 아닌 서구식 대의제 의회민주주의다. 대의제 의회민주주의는 보통 비밀투표제, 대표(대의)제, 상대적 다수결제가 핵심 도구인데 우리는 이를 신성불가침의 민주주의 원칙으로 배웠다. 과연 그럴까?

고대 철학박사로 텍사스주립대 철학과 종신 교수인 폴 우드러프는 그의 책 『최초의 민주주의-오래된 이상과 도전』(이윤철 역, 돌베개, 2012년)에서 고대 아테네의 정치형태를 최초의 민주주의로 규정했다. 그에 의하면 아테네 최초의 민주주의가 사용했던 기본적인 도구는 다음과 같다.

① 누구나 추첨에 의해 재판관이 될 수 있는 법률제도

② 선착순으로 도착한 6천 명까지 누구나 직접 참여할 수 있는 민회제도

③ 법에 따른 입법의회나 노모테타이(입법가)를 통한 민회의 다수결제의 견제 제도

④ 공직자의 추첨제도

⑤ 군사지휘관(장군)이나 재무 등 경험과 전문지식이 필요한 공직자의 선출에 한해서만 적용하던 예외적이며 제한적인 투표제도

⑥ 공직 임무가 끝나도 재임기 중의 권력남용이나 중대 실수가 있으면 민회의 투표를 통해 10년 동안 국외 추방을 당하는 등의 임기 후 책무제도

등 여섯 가지다.

우드러프 교수는 위와 같은 아테네 민주주의와는 달리 투표제와 다수

결제를 도구로 하는 현재의 대의제 의회민주주의는 민주주의가 아니라고 한다. 그것은 대역(代役)민주주의이고 진정한 민주주의의 종말로 본다.

그런데 아나키스트 인류학자로 '직접행동네트워크' 등 사회활동 참여 때문에 예일대 재임용에서 탈락한 뒤 런던정치경제대 교수로 재임하며, 2011년 뉴욕월가 점거운동의 발기인 중 한 명으로 "우리는 99%이다"라는 유명한 경구를 만들어 냈던 데이비드 그레이버(1961~2020년)는 자신의 책 『아나키스트 인류학의 조각들』(나현영 역, 포도밭출판사, 2016년 참조)에서 이에 동의하지 않는다. 민주주의 핵심인 합의제가 빠진 아테네 정치형태는 진정한 민주주의가 아니고 당연히 최초의 민주주의도 아니다. 아테네 도시국가 훨씬 이전의 동서양의 원시적 평등공동체에서도 이미 합의제에 토대하는 진정한 민주주의가 있었다고 한다.

"오스트레일리아로부터 시베리아까지 전 세계의 평등주의 공동체는 조금씩 다른 형태이긴 해도 합의 과정을 통해 결정을 내리는 쪽을 더 선호했다. 그 이유는 무엇이었을까?

내가 제시하는 설명은 이렇다. 대면 공동체에서는 공동체 성원 다수가 바라는 바를 알아내기가 더 쉽다. 동의하지 않는 공동체 성원을 설득할 방법을 알아내는 것보다 말이다. '합의에 의한 의사결정'은 강제력을 독점하는 국가가 없거나 국가가 지역의 의사결정에 관여하지 않기 때문에 소수가 다수의 결정에 동의하도록 강요할 수 없는 사회의 전형적인 의사결정 방식이다. 다수의 결정을 싫어하는 사람에게 동의를 강요할 수 없다면 표결을 원하는 사람은 한 명도 없을 것이다. 표결이란 곧 지는 것처럼 보일 사람을 뽑는 공개 경연인 까닭이다. 표결은 굴욕과 분노, 증오 마침내 공동체의 붕괴로 이어질 가능성이 가장 큰 수단이다. 반대로 합의를 구하는 과정은 겉으로는 까다롭고 복잡해 보이나 실제로는 자신의 견해가 전적으로 무시 된다고 느끼고 떠나는 사람이 없게 하기 위한 기나긴 과정이다"(위와 같은 책, 157-158쪽)

그에 의하면 역사상 공동체간 갈등, 붕괴, 전쟁의 원인 중 대부분은 다수가 소수를, 강자가 약자를 패배자로 만드는 비민주적 다수표결주의에 있다. 2017년 6월 28일 밤 10시 JTBC의 〈차이나는 클라스〉에서 했던 문정인 연세대 명예 교수의 강의에는 이런 내용이 있었다. 대부분의 세계 전쟁의 원인은 표면적으로는 강대국이 약소국에 대한 제국주의적 침략 전쟁, 강대국끼리의 식민지 쟁탈에서 느끼는 공포, 불안, 오해에서 일어나는 것으로 알고 있다. 물론 이것도 원인이지만 그 이면에는 상대로부터 명예와 자존심을 무시당했다고 느끼는 심리적 패배감이 더 큰 원인이었다고 했다.

타자를 심리적이든 물리적이든 패배자로 만드는 것은 전쟁이다. 의견을 달리한다고 같은 공동체 구성원에게 굴욕과 분노와 증오의 패배감정을 일으켜 공동체를 분열, 붕괴시키는 다수표결은 폭력적인 군대의 전시작전에는 필요할지 몰라도 평등과 평화공존을 지향하는 공동체의 민주제도는 결코 아니다. 표결이 패배자를 만드는 전쟁인데 비해 합의제는 소수 약자도 함께 승자로 만드는 민주주의의 기본이자 평화의 기본이기도 하다는 것이다.

그런데 우드러프가 열거한 아테네 민주제의 6개 도구 중 가장 확실한 민주적 도구는 민중이 직접 참여하는 민회제도와 공직자의 추첨제뿐이다. 그러나 지금의 구미의 대의제 의회민주주의와 이것을 거의 그대로 모방 도입한 우리의 일당집권 대의제는 이 기본 도구를 철저히 배제했다. 그러므로 오늘의 구미식 대의민주주의는 혈통세습을 원칙으로 하지 않고 1인 지배 대신 자본가 대의원들의 집단지배라는 점에서 자본가의 과두적 공화제가 될 수 있다. 하지만 민중이 직접 통치하는 민중자치 민주주의는 결코 아니다. 왜 이렇게 되었을까? 수많은 이유가 있겠지만 세월이 지날수록 기득권이 불어나는 기득권 정치지도자들이 민중을 기득권에서 영구적으로 배제하고 자신들이 독점 세습하기 위해서였다. 선거는 다수의 표를 동원해야 하는데 이는 이미 돈이 있거나 관료경력 등을 통한 명망과 조직이 없이는 절대 당선되지 않기 때문이다. 그래서 그들은 진짜 민주주의 도구인 민회와 추첨제를 배제하는 대신 가장 비민주적인 투표제와 다수결제를 민주주의로 위장했다. 이 두 제도는 절대 민주주의 제도가 될 수 없다.

예컨대 100명 중에 49명이 반대하고 1명이 기권하고 50명이 찬성하면 반대보다 찬성이 1명 많은 다수다. 그 1명 많은 50명의 다수 결의로 다른 50명 의견을 묵살하고 승자 독식하는 민주주의라면 찬성한 50명만 민(民)이고, 나머지 기권자 1명과 반대자 49명은 비민(非民)으로 제척되어야 한다. 그래서 나는 상대적 다수 득표로 승자 독식하는 대의제와 다수결을 민주주의가 아니라 다수결 독점 폭력주의라고 말한다. 이건 나만의 생각이 아니다.

데이비드 그레이버는 위와 같은 책에서 아리스토텔레스『정치학』의 다음 내용을 소개하며 고대 희랍의 정치형태가 폭력적 군대조직의 무장 형태에 따라 좌우되었다고 했다. 아리스토텔레스에 의하면 말을 기르는 데 비용이 많이 드는 기병위주의 도시국가는 귀족정의 형태를 띠었다. 갑옷을 입고 훈련을 받아야 하는 중무장 보병은 기병보다는 비용이 적게 들지만 모든 병사가 다 그렇게 할 수는 없었다. 그래서 중무장 보병중심의 도시국가는 과두정의 형태를 띠었다. 노를 저어야 하는 당시의 해군과 돌팔매를 날리는 경장 보병은 수가 많을수록 좋고 누구나 할 수 있다.

그러므로 이들이 주력부대인 국가는 대체로 민주정의 형태를 예상할 수 있다고 했다. 그러나 이 보병 민주정마저 다수 참여라는 측면에서 민주적이긴 해도 그 토대는 역시 군사주의라는 것이다. 실지로 고대 희랍의 도시국가중 아테네만이 일정기간(BC 507년의 클레이스테네스의 개혁 이후 BC 338년 마케도니아 침입으로 몰락할 때까지)동안 민주제를 실험했다. 아테네 세력권에 있던 몇 개의 도시국가들도 아테네의 민주정의 영향을 받긴 했지만 귀족정, 참주정, 과두정이 뒤섞인 정치형태였다. 아테네 역시 일관된 민주정은 아니었고 참주정, 클리스테네스의 개혁에 의한 민주정, 400인회 과두정, 30인 참주정, 다시 민주정 등으로 정체가 바뀌기도 하고 서로 공존하기도 했다.

고대 희랍은 이른바 5대 문명(국가)의 발상지로부터는 한참 비켜나 있다. 그런데도 국가 외는 무엇이든 최초로 시작하거나 실행한 도시국가로 알려져 있다. 서양철학사도 고대 희랍으로부터 시작되고 문학예술사도, 비극과 석조 신전건축도 희랍으로부터 출발한다. 이 같은 희랍의 선구성은 아마 그 지리적 조건에 있을 것이다. 온대지방의 해양성 기후조건을 바탕으로 한 농어업의 발달과 무엇보다 섬과 반도라는 입지조건으로 당시의 고속도로인 해상교통로를 선구적으로 활용한 무역의 발달이 다른 지역에 비해 부의 축적을 앞당겼을 것이다. 이것이 선구적 희랍문화의 토대가 된 것이다.

그러나 데이비드 그레이버는 이것을 고대 희랍의 선구성이라기보다 하나의 문화적 특성으로 본다. 그는 이 문화적 특수성이 수많은 작은 도시국가들끼리의 내부경쟁과 외부적 전쟁에 있다고 했다. 치열한 경쟁과 끊임없는 전쟁사회였던 희랍은 운동경기부터 철학, 비극에 이르기까지 거의 모든 문화 활동을 '공연'(경쟁)으로 겨루는 사회를 만들었다. 그러다보니 이들은 정치적 의사결정까지 공개경연(표결)했다. 그가 더 주목을 요구한 것은 오늘날 투표제와 함께 위장 민주주의의 이대 대역(代役)인 다수표결주의의 기원도 속전속결이 생명을 좌우하는 전장에서 병사들에 의해 급조된 군사제도였다는 사실이다.

크세노폰의 『아나바시스』에는 이런 논리가 가장 냉혹히 드러나 있다. 크세노폰이 쓴 이 수기에는 갑자기 지휘관을 잃고 적국 페르시아 한복판에 고립된 그리스 용병들이 등장한다. 다시 장교(지휘관)를 선출한 이들은 그 다음 할 일을 표결에 부친다. 이런 경우 만일 결과가 60대 40이라도 누구나 힘의 차이와 정말로 무력충돌이 일어났을 때의 결과를 짐작할 수 있다. 모든 표결은 진정한 의미에서의 '경연'이었던 셈이다.(데이비드 그레이버의 위와 같은 책, 159-160쪽)

표결은 경쟁사회와 전쟁 등 시급한 결정이 필요한 위기상황의 임시적 산물이라는 것이다. 다수결제를 그리스 용병 기원으로 기록한 것은 소크라테스의 동료로 민주주의의 적대자이자 스파르타의 숭배자였던 크세노폰이 아테네 민주주의를 깎아내리고 스파르타식 군사주의의 신속성을 입증하기 위한 과장이거나 사실 왜곡일 수도 있다. 그렇다 해도 목숨이 경각에 걸린 전쟁을 수행하는 군대가, 목숨보다 더 귀한 이해가 걸린 경쟁시장이, 다양한 자치공동체의 모든 구성원이나 대표들이 모여 긴 시간을 요하는 합의제 의사결정보다 속전속결의 표결을 선호했을 개연성이 높다. 이런 관점에서 대부분의 서구 주류 학자들은 아시아나 아메리카 등의 지역에 국가 이전부터 이후까지 남아있던 씨족·종족적 전통공동체의 합의제 회의를 민주적이라고 보지 않는다고 한다. 그 이유는 이들의 회의가 신속한 표결을 하지 않는 데 있다.

아테네 정치형태에서 민주주의의 기본이자 최고 덕목인 합의제가 있었는지는 확실하지 않다. 그러므로 아테네 민주주의에서 배울 것은 민회와 공직자의 제비뽑기뿐이다. 민회에 의한 직접 민주제는 지금 우리의 경우 시군 행정단위라면 몰라도 3만 명 내외의 희랍 도시국가에 비해 국가 단위로는 인구가 너무 많아 그 복구가 불가능할 것이다. 그러나 공직자나 대표자의 제비뽑기는 제도적 지속도 가능했고 복구도 얼마든지 가능하다. 그럼에도 서구식 근대의회주의는 국가 이전 공동체의 합의제와 아테네의 추첨제는 철저히 배제했다. 그 대신 희랍의 정치제도에서 가장 반민주적인 군사 책임자(장군)와 전문가를 선출할 때 예외적으로 적용했던 투표제와 속전속결의 군사행동 중 하나인 폭력적 다수 표결주의만 되살렸다. 그러므로 합의제와 제비뽑기를 버리는 대신 투표제와 다수표결만을 의사결정의 원칙으로 되살려낸 서구식 대의민주주의는 아테네의 민주주의 이념과도 먼 가짜 민주주의, 민주주의의 종말이다.

지금의 서구식 대의제 의회민주주의는 반민주적 투표제로 선출한 의회집단과 역시 투표로 선출한 임기제의 왕, 그 왕이 임명한 공직자와 사법집단의 과두지배에 의한 산업과 자본의 식민주다. 민주주의의 탈을 쓴 산업자본주의 과두정은 민주주의의 종말로 끝내지 않고 마침내 생태계의 종말에까지 이르렀다. 산업자본의 과두지배를 위한 속전속결의 군대식 의회민주주의는 모든 생명의 속멸속망(速滅速亡)을 그 보상으로 받고 있다. 투표제와 다수표결에 의한 과두지배가 속멸속망의 반생명적 정치제도라면 지금이라도 당장 내버려야 한다. 제비뽑기와 함께 느리더라도 농본적 마을공동체연합의 숙의, 합의제로 되돌아가야 한다. 생태적 농본주의는 투표제로 구성하는 지금 대한민국 국회에서 철저히 배척된 소수 재야사상이지만, 이와 합의없이 산업과 자본의 이익만 대변하는 지금의 과두적 대의주의로는 기후위기로, 변종 바이러스로 인류는 물론 지구 전체를 망치고 말 것이다. 망할 길, 죽임의 길은 빨리 갈수록 빨리 망하고 빨리 죽는다. 죽임의 길은 천천히 갈수록, 아니 '공동체적 합의'로 되돌아가야 사는 길이 된다. 그래서 세월이 가도, 여전히『돌아갈 때가 되면 돌아가는 것이 진보다』(천규석, 실천문학사, 1999년).

투표제도 폐기하고 추첨제를 복구해야 한다

현재의 인구 여건상 직접 민주주의가 불가능해 대의제를 받아들인다 해도 그 대신 다수결제와 함께 투표제는 반드시 폐기해야 한다. 투표제는 처음부터 반민주적인 기득권 세습제다. 우리가 지금 경험하고 있듯이 대의원 투표제는 후보의 정당 공천부터 이미 많은 돈을 가졌거나 고위공직을 역임했거나 이른바 전문지식을 가졌거나 뭐든 가진 자가 아니면 절대 안 준다.

민주당이 검찰과 사법개혁 명분으로 검사와 판사 출신을 대거 영입하고, 새 인물로 혁신 공천한다며 고졸 출신 삼성그룹의 이사 출신을 국회의원에 공천, 영입한 것은 그 상징적 예다. 대한민국에서 판검사 경력이 어디 작은 기득권인가? 게다가 죽을 때까지 변호사란 기득권을 누리는 집단이 사법고시 합격자다. 이들 기득권자들이 지금의 비민주적 검찰과 사법제도를 정말 민주적으로 개혁할 수 있을까? 대졸 출신도 입사 자체가 어려운 삼성그룹에서 고졸 출신으로 이사까지 했다면 그 차체로 대단한 능력의 기득권 편입자다. 재벌 개혁하겠다는 정당이 삼성 출신 기득권자를 국회에 불러 도대체 무엇을 어쩌자는 것인가? 자기에게 큰 기득권을 준 재벌을 배반하고 개혁을 하란 것인가? 아니면 그 이익을 대변해주라는 것인가? 고졸이라도 능력만 있으면 얼마든지 출세할 수 있다는 출세 모델 전시용인가?

보수당은 자기가 근무하던 직장에서 비리로 잘리자 그 앙심으로 근무했던 직장 상사의 비리(?)라며 폭로한 사람을 공익제보자, 양심선언자로 영웅시하여 공천했다. 또 자기 당이 그렇게 적대시하고 있는 북한정권의 기득권자인 고위공직자가 단지 몇 년 전에 탈북했다고 반공영웅시하여 국회에 영입했다. 이건 어떤 정권이나 체제 아래서도 먹고 살기 위해 또는 국민만 보고 성실하게 근무하고 있는 수많은 보통 공직자들에 대한 모독이다. 그보다 더 엄중한 문제는 도덕적, 철학적 허무주의의 조장이다. 어떤 정권이나 무슨 체제 아래서든 출세부터 하고보자, 그리고 수틀리면 주저없이 배반하자. 그래야 더 큰 출세를 한다는 출세주의로 영혼이 없다던 공직사회를 반인륜적 난장판으로 만들 것이다.

이런 기득권 양대 정당을 싸잡아 비판하고 그 대안 세력으로 자처하는 진보정당도 오십보백보다. 진보정당의 대의원 후보도 돈과 공직 등의 체제적 기득권 대신 반체제적 기득권(?)을 요구한다. 노동운동, 민주화운동, 농민운동, 여성운동 등 이른바 현장운동 이력과 이 운동 이력에 따라 수업연한이 결정되는 무료 국립대학(교도소) 출신이라야 공천에 유리하다. 다시 말해 똑똑하고 잘나고 특별해야 공천을 주지 보통사람은 절대 안 주고 못한다.

그러나 민주주의는 보통사람들의 사론(私論)을 공개적인 토론을 통해 통합해서 공론화 해가는 기나긴 합의의 과정이다. 특별한 사람들끼리 벌이는 기득권 장기 경연장이 아니다. 많은 기득권이나 특별한 재주와 기질, 성정을 가진 특별인들만 선출되어 서로의 기득권 독점 경연(싸움)질이나 하는 대의원들이 보통사람들의 보편적 이익을 절대 대신해줄 수 없다. 한마디로 지금과 같은 정당 공천과 투표에 의한 대의제는 민주주의의 싹을 자르고 기득권자들이 대대로 그 기득권을 지키고 세습해 가기 위해 인간이 고안한 최대의 협잡, 사기다.

고대 희랍의 여러 정치형태 중에서 특정기간 아테네의 정치형태를 민주정으로 본 것은 다수결제와 투표제가 아니라 아테네의 민회와 추첨제 때문이다. 공직자 추첨제는 민주주의의 완성적 제도나 최고제도는 아닐지라도 이제까지 인간이 발견한 제도 중 가장 민주적이다. 첫째 그것은 재산이나 특별한 이력이 없는 보통사람들도 누구나 공직자나 대표가 될 수 있는 평등주의 자체다. 둘째 투개표에 따른 부정시비 자체를 추첨제는 원천적으로 차단한다. 셋째 가장 저렴한 비용의 공직자 선출방식이다. 넷째 과거제, 고시제 등에 따르는 시험부정이나 선민의식이 있을 수 없다. 다섯째 가장 중요한 강점은 투표제의 매표행위와 뇌물을 통한 특정 공직자 매수가 불가능한 유일한 선출방식이다.

예컨대 소크라테스의 재판의 경우에 아테네의 민주법정은 각 계층으로부터 추첨을 통해 501명 규모의 재판단을 구성했다. 그러나 실제 재판에 임하는 재판단은 재판 직전에 재판정에서 다시 추첨을 통해 몇 사람으로 구성하므로 누가 재판관이 될지 미리 알 수 없다. 501인 모두에게 미리 뇌물을 준다는 것은 액수가 너무 많을 뿐만 아니라 금방 소문이난다. 그래서 이런 제도는 재판관 매수를 원천적으로 불가능하게 했다.

최근 이 땅에 뜨거운 화두가 되고 있는 사법검찰개혁도 법학원 교수나 법원 판사출신 장관의 민주적 통제와 또 하나의 검찰기구인 '공수처'의 분리로 제도화한다는 검찰개혁은 기득권 재편이나 잘해야 그 분산에 불과할 것이다. '가재는 게편'이라는데 그들도 검찰과 구체적(단기적) 이해관계는 조금 달리할지라도 결국은 한통속 기득권 공동체다. 검사, 판사를 그만둬도 이 땅에서 죽을 때까지 변호사 신분으로, 이 땅 최고의 기득권 집단을 정당화(합법화)해주는 사법시험이나 법학대학원 같은 국가제도가 있는 한 검찰개혁도 사법개혁도 결코 성공할 수 없다.

우리에겐 의료인, 법조인 등 특히 사람생명이나 인권을 다루는 전문가 집단은 머리가 좋은 사람이 독점하게 두고 그래서 그들에게 특권을 보장해주는 것이 당연하다는 선입견이 심겨져 있다. 이런 선입견이 용인한 이 집단에 대한 사회적 특권 때문에 제도교육의 훈련된 시험선수들이 모두 이를 선호한다. 하지만 실천적 결단은 특히 공사(共私)구분은 머리 혼자하지 않고 전 인격이 관여한다. 다른 개인 재능도 마찬가지지만 수재(秀才)는 공동체의 소산일지라도, 현실에서 시험선수들은 오히려 자기 개인이익을 먼저 챙기는 데도 선수들이다. 공동체를 위해 이성적으로 머리 쓰기가 불가능하지는 않지만, 이 역시 '아생연후(我生然後)'이기 때문이다. 말이 좋아 선거로 선출된 권력이지 기득권 집단이 끼리끼리 나눠먹고 두고두고 세습하는 선거제도에 의한 선출권력이 하는 통제는 결코 민주적 통제가 아니다. 제도적 기득권 자체가 없는 자급 자치적 공동체의 합의통제가 진정한 민주적 통제다. 이것을 통해 제도적으로 보장된 개인의 아생연후를 공동체의 자급자치적 공생연후(共生然後)로 전복시키지 않고서 진짜 개혁은 불가능하다.

그렇다고 머리 나쁜 사람이 판검사 되고 의사가 되어야 한다는 얘기가 아니다. 문제는 당일의 신체적 조건이나 실용과 무관한 출제 문제에 따라 당락이 결정되는 단 한 번의 시험이나 자격제도 따위로 그것을 특정인에게 특권화, 기득권화, 영구화시키는 너무나 공평하지 않은 국가시험제도화에 있다. 원하는 자 모두에게 그 일에 관계있는 소양(素養)훈련과정을 거치게 한 뒤에 그 다중 가운데서 필요에 따라 필요한 수만큼 그때마다 부작위로 선발하여 써야 기득권과 부정부패를 최소화할 수 있다.

중지(衆智)라는 말대로 중생은 구원의 대상이 아니라 지혜의 주체다. 그러므로 소수 준재(俊才)들의 독단보다는 범재(凡才)들일지라도 많은 이들의 토론과 합의를 거친 공동체의 중지가 진실이나 진리에 더 가까운 법이다. 이를 위한 방법 중 가장 공평무사한 방법 중의 하나가 추첨제다.

이 같은 추첨제에 대해 금과옥조로 내세우는 반대논리가 전문가 논리다. 다시 말해 법률 비전문가가 재판관으로 뽑혀서는 안 된다는 논리다. 그래서 비전문가 우중의 민주법정이 소크라테스와 같은 현명한 철학자를 억울하게 사형시켰다는 논리다. 하지만 이건 소크라테스식의 변명이고 궤변이다. 전문 집단이 오히려 더 많은 과오를 범한다. 멀리 갈 것도 없이 내 당대의 독재정권 시절에 타국으로부터 국민을 지켜야 할 전쟁전문가 집단인 자국의 군대가 광주민주항쟁 때 민주주의를 외치는 자국의 선량한 정의의 시민들을 적으로 몰아 재판도 없이 현장에서 대량 살상했다. 그도 모자라 생존자 중에 그 배후조종자를 만들어 내기 위해 사법고시를 본 법률전문가라는 검사와 판사집단이 독재정권 편에서 얼마나 많이 이를 조작해서 이른바 사법살인을 자행했는가?

소크라테스의 재판만 해도 그렇다. 당시의 민중정서와 공동체적 척도에서는 그의 철학이 사회를 불안하게 하는 정치선동이었다. 실지로 그는 당시 아테네 귀족 그룹과 어울려 아테네 민주정을 하층민의 권력이라며 철저히 무시 부정했고, 대신 귀족정의 복고를 지지하는 반동철학자였다. 지금의 관점에서도 소크라테스 철학에서 배울 것은 없다. 그가 동원한 풍자, 산파술, 귀납, 정의 등의 철학적 방법론조차 아테네 민주정을 격파하고 자신들의 귀족정치에 봉사하기 위한 이데올로기적 수단에 불과했다. 그럼에도 아테네의 민주법정은 그를 사형 아닌 아테네에서의 추방령으로 끝내고자 했다. 그런데도 그는 이에 불복했다. 이에 그치지 않고 보통사람들이 납득할 수 없는 궤변과 기행으로 재판관과 법정을 모독해서 사형을 자초했다. 아테네 민회와 비전문가 재판단을 추첨제로 구성한 우중 민주주의 탓은 결코 아니었다.

역사적으로 현실적으로 우리가 경험하고 있듯이 이른바 무슨 전문가야말로 부정 그 자체였다. 생명과의 공존이 불가능한 핵발전을 경제적이고 안전한 청정 에너지로 속이는 핵 마피아처럼 소위 전문가 집단이야말로 특정분야의 전문지식의 독점과 그 비밀주의로 전문가 이데올로기를 생산하여 민중을 속여먹는 부정의 온상이 되어왔다. 전문가라고해서 온갖 방면의 전인격적 전문가는 있을 수 없다. 미세한 특정분야에 국한된 전문성의 소유자일 뿐이다. 전문가야말로 오히려 특정 전문 이데올로기에 빠져 객관적 현실을 총체적 관점에서 보기가 더 어렵다. 전문지식이 필요한 경우가 있다면 그 방면의 이른바 전문가로부터 두루 자문을 얻으면 된다. 중요한 것은 전문지식이 아니라 어떤 결정을 내리는 자의 정의로운 태도, 즉 공정성이다. 오히려 전문가 이데올로기로 부터 자유로운 비전문가야말로 특정 전문 이데올로기에 사로잡히지 않고 여러 전문가들의 자문을 객관적으로 종합하여 보통사람들의 공익이 되는 객관적 판단과 결정을 내리는 데 더 유리하다. 모르기 때문에 전문가들에게 공개적으로 자문해야 하고, 모르기 때문에 혼자 속여먹기가 불가능해서 비밀주의와 전문주의로부터 자유로울 수밖에 없다.

그래도 전문지식이 꼭 필요한 분야가 있다면 추첨 대상자의 자격을 그 방면 전문가로 제한하면 된다. 설사 추첨대상자의 자격을 예외적으로 정하는 한이 있어도 시험제와 투표제를 버리고 추첨제를 복구하지 않고 민주주의는 없다. 추첨제보다 더 공정한 민주적 공직자 선출제는 없다.

1인 소선거구제도 당연히 폐기해야 한다

현재의 지역구당 국회의원을 1인 선출하는 소선거구 투표제는 국민전체를 대표하는 국회의원 선거구제가 결코 못된다. 국가예산을 자기 지역구에 가능한 많이 가져올 능력있는(?) 기득권 지역주의자에게 의원직을 세습 독점시켜 지역주의를 심화 확대하는 제도일 뿐이다. 자기 지역개발을 위한 예산 따오기에 힘이 있다는 여당의원이나 야당이라도 중진이 유리하다며 지역 선거구민이 원한다고 당에서 계속 공천하면 정권교체는 물론 인물교체도 어려울 것이다. 설사 가능하다 해도 그야말로 기득권 가진 여야의 정권교체일 뿐, 비 기득권적 새 인물에 의한 새 정치로의 교체는 영원히 불가능할 것이다.

우리의 현실이 증명하고 있다. 이 선거제도는 오래전부터 호남과 영남, 강원도 등에 연고를 가진 토착 기득권자들에 의한 광역지역주의를 고착화시켜왔고, 지금은 다시 소지역에까지 확대재생산 중이다.

내가 사는 창녕군도 원래는 한 개 선거구였는데 지금은 농촌지역 인구 급감으로 인구등가주의 소선거구제에 따라 가야시대까지 별개의 소왕국이었던 밀양시와 창녕군 심지어 창원 마산 생활권인 낙동강 서쪽의 의령, 함안까지 4개의 광활한 시군지역을 묶어 하나의 소선거구로 하고 있다. 이렇게 된 뒤로부터 영호남의 대 지역주의에 의한 특정정당 공천자 그리고 소지역구 통합에 따른 4개 시군 중 인구가 10만 넘게 압도적으로 많은 밀양시 출신이 아닌 사람이 국회의원이 된 적이 없다. 이따위 인구등가기준, 소지역 통합광역 1인 선거구 투표제도가 있는 한 앞으로도 밀양시에 비해 인구가 2분의 1밖에 안 되는 창녕, 함안 출신이나 특히 3분의 1도 못되는 의령군 출신자는 국회의원 출마조차 어려울 것이다. 세상에 소지역 선거구 중에서도 특정 소지역 출신이 아니면 국회의원이 될 수 없는 소선거제도에서 투표로 기득권자들끼리 세습하는 국회의원이 무슨 국민을 대변하는 대의원이라 할 수 있을까?

홍준표는 국회 4선, 보수 1당의 원내대표, 경남도지사 2선에다 대선후보까지 역임한 보수 정치권의 중진, 거물(?)이다. 그가 2020년 총선에서는 미래통합당으로 당명을 바꾼 보수당에서 보수당의 이른바 험지인 서울 지역구 중에 출마를 종용받았으나 그는 이를 피해 보수당 당선이 보장된 고향 창녕군이 포함된 지역구 공천을 희망했다. 공천을 안 주면 고향 지역구에 무소속 출마라도 하겠다고 공언했었다. 그러나 막상 고향 지역구 공천이 어려울 것 같으니까 수도권 김포에서 양산 지역구에 전략공천을 받은 여당(민주당) 중진 김두관 의원과 맞장을 떠서 자기 이름값을 해보이겠다고 이 지역에 공천을 신청했다. 이마저 떨어졌지만 그는 고향 창녕 지역구 무소속 출마 대신 보수당 현역의원 공천자가 없는 보수의 텃밭 대구 수성 지역구로 옮겨 출마, 당선했다.

그가 왜 대구 수성구보다 더 보수적인 고향 지역구를 단념하고 대구로 갔을까? 자기와 같은 보수당의 공천자가 밀양 출신이었기 때문이다. 홍준표가 아무리 보수당의 대선 출마까지 한 중진이라 해도 인구 10만 6천여 명의 보수적 밀양 시민들이 이왕이면 자기지역 출신 보수당 공천자에 투표하지 타 지역 창녕군 출신으로 정치 거물일지는 몰라도 비공천에 비호감인 그에게 할 리 없다. 밀양시민의 절반 수준인 인구 6만 3천여 명의 창녕군민들이 설사 보수당 공천에 떨어져 무소속으로 나온 홍준표에게 몰표를 준다 해도 창녕군 표만으로 당선가능성이 전혀 없다는 것을 이 지역선거구 투표권자들은 누구나 다 알고 있다.

이처럼 1구 1인 지역 소선거구제는 국가와 국민은커녕 자신에게 몰표를 몰아주는 고향의 소지역구의 대표라면 몰라도 우리 지역구처럼 4개 시 군 지역을 골고루 대표하는 것도 사실상 어렵다. 사실 창녕이나 강 건너 함안, 의령군민들이 민주당이 아니고 늘 찍던 그 보수당 공천자니까 습관적으로 표나 찍어줬을 뿐, 타 지역인 밀양 출신 국회의원을 자기 지역 국회의원으로 여기지도 않는다. 그래서 1인 소지역구 투표선거제는 특정 지역출신 기득권자에게 국회의원 아닌 신 봉건영주를 세습하는 요식 절차에 다름 아니다. 대지역에서 소지역으로의 분할통치와 지역주의 감정만 심화, 확대, 고착하는 반국민적, 반민주적 선거제일 뿐이다. 반드시 소선거구 투표제는 폐기하고 각 정당들이 일정 자격기준을 갖춘 희망 당원들끼리 추첨으로 후보를 선출하여 정당별 득표율에 따라 국회의원을 배정받는 전국구 선출제로 바꿔야 한다.

정당별 득표수에 따른 전국구 비례대표제가 대안이다

똑같은 산업성장주의를 지향하는 극우 또는 보수정당들의 나누어먹기식 현재의 투표제 대의주의로는 기후위기와 미세먼지와 핵 발전 방사능의 대재앙으로부터 인류생명은 고사하고 제 지역주민이나 국민을 지켜낼 수 없다. 언제나 진리는 외로운 소수로부터 시작된다. 그런데 현행 선거제도는 사람이 지속적으로 함께 사는 진리를 정책으로 내세운 소수정당의 지지표를 사표화한다. 함께 죽는 길을 사는 정책인 양 내세우는 기득권 양대 정당들의 기만적인 선동정치가 소수정당의 정치세력화를 원천적으로 차단한다. 무조건 잘 살게 해주겠다는 선동주의 정치와 기득권 정당에 절대적으로 유리한 지금의 투표제도로는 시시각각 닥치고 있는 종말적이고 파멸적인 우주적 대재앙에 대처할 수 없다.

소지역구별로 다수득표자 1인을 국회의원으로 뽑는 지금의 소선거구 제도는 1등 득표한 당선자 외의 2등 이하의 여러 정당들과 출마자들에게 투표한 사람과 지지정당이 없어 기권한 절대 다수의 민의가 상대적 다수 득표자 1인에게 몰수되는 최악의 사기 선거제도다. 대의민주주의와 합법으로 가장한 이 소선거구제보다 더 최대 최악인 사기극은 이 세상에 다시 없을 것이다.

앞에서도 말했지만 현대 국가는 인구가 너무 많고 따라서 이해가 다른 계층과 계급도 너무 다양해서 주민들이 직접 의견을 모아 합의를 이루는 직접민주주의는 쉽지 않다. 기득권 세습 정치권의 대중조작 탓이겠지만, 정치 무관심층도 너무 많다. 이런 왜곡된 정치제도와 혼돈의 무정치로부터 정치와 자치를 어느 정도라도 살리는 길은 어디 있을까? 지금의 독일식 연동형 비례대표제가 그 대안이 될 수 있을까? 이보다도 훨씬 후퇴한 복잡한 절충식 한국형 비례대표제 도입을 놓고도 집권다수당과 야권다수당이 이전투구 중이다. 이 절충식 연동형 비례대표제조차 결사적으로 반대한 다수야당인 자유한국당은 하다못해 순전히 비례의원을 위한 비례위성정당을 만들어 그 나마의 이 제도의 원래 뜻(소수정파의 의회진출)을 기어이 막겠다고 위협하고 있다. 그래서 독일식 비례대표제도 그 흉내만 내는 절충식 한국형 비례대표제도 결코 대안이 될 수 없다.

가능하고도 가장 확실한 대안은 지금의 지역구별 소선거구제를 전면 폐지하고 전국을 하나의 선거구로 한다. 각 정당들은 자기당의 정강정책을 분명히 밝히고 당선가능한 수만큼의 후보를 전 당원 투표나 대의원끼리 제비뽑기로 공천한다. 유권자 국민들은 이를 보고 자기가 지지하는 정책과 인물이 있는 정당에 투표한다. 각 정당들은 자기당의 득표수율만큼의 의원수를 배정받는 100% 정당 명부식 전국구 비례대표제가 그 대안이다. 그래야 자기 이권이나 자기 지역을 위한 지역의원 아닌 국가 전체를 위한 지금보다는 나은 국회의원을 뽑을 수 있을 것이다. 그래야만 지지정당이 없어 기권하는 다수의 투표기권자도 줄일 수 있을 것이다.

각급 의원보수는 연봉 대신 의정활동 일당제로

이런 제도를 도입하자면 먼저 또는 동시에 반드시 바꾸어야 할 제도가 있다. 각급 의회의 의원 전부를 회의 참가 때만 일당 임금을 주는 일당제(日當制) 명예직으로 확 바꾸어야 한다. 동시에 정족수는 그 희소가치성으로 인한 특권성이 안 통할 정도로 신축적으로 늘여도 좋다. 그리고 면책특권과 불체포특권은 법 앞에 평등한 민주주의 원칙에 어긋나는 원천적 불법과 불의이기 때문에 당연히 폐지해야 한다. 그래야만 애국상인 대신 진정으로 자기 지역주민이나 시민을 위해 봉사하고 헌신하고 싶은 진짜 애민자(愛民者)를 의회에 모을 수 있다. 물론 이런 법제를 국회 스스로 제정, 개정할 리 절대 없다. 촛불이 필요한 곳은 그래서 광화문이 아니라 여의도 의사당이다.

거듭 말하지만 가속 중인 기후위기에 대처할 시한은 기상학자들의 계산에 의하면 2035년까지로 매우 절박하다. 이 기한 안에 지금의 화석에너지 문명을 혁명적으로 대전환하지 않으면 지구는 열탕이 되고 생명은 멸종한다.

그런데도 지금과 같이 수출, 경제, 성장만이 살 길이라고 복창하는 주류 정치인들이 지역 소선거구제를 열망한다면 다음과 같은 지역 자치단체별 의원제를 그 대안으로 제시한다. 먼저 지금의 시, 군, 구의 행정단위를 생태적 지속에 유리한 생태지역 단위로 조정, 일원화해야 한다. 그 다음에는 행정을 위한 행정 유지비만 크게 낭비하며 지역 삶을 중앙정부에 중층으로 예속화시키는 지금의 도와 직할시는 없애야 한다. 그리고 이 생태지역 자치단체의 의원 역시 전국구 의원선출처럼 정당별 득표율에 비례해서 선출한다. 이렇게 뽑은 지역대표들은 학습, 토론 등의 숙의 민주적 절차를 거쳐 다수결 아닌 합의제로 의사를 결정하게 한다.

현재의 소선구제에 따른 다수 득표자로 구성한 다수당의 일당독재는 소수의견을 원천적으로 배제하고 전체민의를 크게 왜곡한다. 이에 비해 직접민주주의를 실험하는 정당득표율에 따라 선출하는 소 지역별 자치 의회와 전국구 비례대표제 국회의원 선출제도가 소수 정파의 의회 진출을 가능하게 해서 전체 민의의 왜곡을 그나마 좀 더 완화시켜줄 것이다. 그래야만 다당제 합의 연합정부가 가능하고 1당 독재의 내각제 총리나 대통령의 권력 독식에 어느 정도 제동을 걸 수 있을 것이다. 그래야 퇴임 뒤에 줄줄이 감옥에 가는 불행한 전직 대통령을 우리가 더 이상 안 보게 될 것이다. 무엇보다 그러지 않고는 이 절체절명의 기후위기에 대처할 정강정책을 앞세운 미래를 진심으로 걱정하는 대안정당이 국회와 지방의회에 나갈 기회는 영원히 봉쇄당할 것이고 따라서 지구파멸은 현실화될 것이다.

민중끼리의 전선에서 민중자치 대 국가통치전선으로

정치는 특히 정당정치는 지배계급 모두에 대한 대중의 증오감을 자기와 다른 진영 정당 지도자와 그 정당 지지 대중들에게 돌려 서로 싸우게 하기 위해 무기 대신 거짓말로 하는 전쟁이라고 한다. 거짓말로 피치자들을 각 진영으로 편 갈라 피치자끼리 피투성이로 싸우게 해놓고 자기기득권을 확대해가는 통치자들의 기만술이 지금 이 땅의 우리 정당정치다. 이런 기만의 정치로부터 민중을 해방시키는 길은 피치자 스스로가 뭉쳐서 국가와 거짓말쟁이 정치(통치)꾼에 대한 거부를 제도화해야 한다. 이런 제도를 지금의 의회정치와 국가가 스스로 만들어줄 리 절대 없다.

이제는 시끄러워도 음모가 통하지 않는 투명한 민주주의로, 아무리 혼란스러워도 소수자의 독재 지배로부터 벗어난 생명민주주의 시대, 모든 생명이 평등했던 근원의 시대로 돌아가야 한다. 소수자들의 과두지배를 거부하기 위해서는 대의제 민주주의가 아니라 매일매일이 축제인 직접민주주의의 시대로 되돌아가야 한다. '천하에 공공(公共)의 대도(大道)가 행해진 대동(大同)'(『예기』 예운편)의 항시 축제시대로 되돌아 가야한다. 당국이 주는 돈으로 만드는 30가닥의 40m 무형문화재 발표용 줄 대신 80m 이상의 제한 없는 큰줄굿을 스스로 만들던 자치마을연합 대동의례(축제)정신으로부터 다시 시작해야 한다. 마을 공용의 땅과 서낭당 공동체까지 파괴한 박정희 시대도 아니지만 촛불을 위임하고 위임받은 문재인의 시대도 아니다. 모두 함께 든 촛불은 진정한 민중의 축굿이 되지만 누구에게 위임한 촛불은 소수기득권자들을 위한 제사 촛불이 되고 만다. 제사와 함께 촛불이 꺼지면 암흑의 밤이 된다. 진정한 축굿의 촛불을 대신해 줄 정부는 없다. 촛불은 우리 자신의 몫이다. 수고롭게도 촛불을 다시 켜야 한다. 아직 끌 때도 위임할 때도 아니다. 4·19와 80년 민주화의 봄과 87년 10월 혁명과 2017년의 촛불혁명이 좌절되었던 것도 촛불을 성급하게 내렸거나 기득권 보수 세력의 매수공작에 촛불을 성급히 위임해서 제사 촛불로 만들었기 때문이다.

　소수자들의 과두지배로부터 벗어나 100% 민중이 주인인 세상, 마음만 있다면 재미있는 할 일이 얼마든지 있는 대동축제 세상은 경쟁 아닌 협동, 세계화 아닌 마을연합, 100% 자급자치 세상이다. 그러나 줄굿의 대동노동이 그렇듯이 신명의 대동축제 세상은 모두가 신명으로 일하는 세상이지 먹고 노는 몸 편한 세상은 결코 아니다. 먹고 노는 세상은 개·돼지처럼 그 주인이 주는 사료를 먹는 가축 세상밖에 없다. 주인이 나그네 열 몫 한다는 옛 속담은 결코 빈말이 아니다. 그러나 대동축제 세상의 노동은 고통스러운 분업적 노동이 아니고 전통시대의 두레노동처럼 노동이 곧 놀이(축제)가 되는 전인적 놀이노동이다.

항시 증여의 대동축제 세상을 그리며

대동축제 세상은 호혜적 증여로 일상을 전복하는 항시적 축제 세상이다. 인류학자 피에르 크라스트르의 『국가에 대항하는 사회』에 의하면 원시공동체는 승자(경쟁) 없는 증여, 협동, 연합사회다. 원시사회의 유일한 승자라 할 족장(추장)은 다음의 조건을 갖추어야 한다. ①말을 잘해서 부족과 씨족안과 부·씨족간에 평화를 중재할 의무 ②관대할 의무 ③자기 재화를 증여할 의무가 있다. 권리는 오직 일부다처의 권리밖에 없다. 정치적 권리는 물론 공동기탁제인 원시사회에서 추장에게 돌아갈 경제적 특권이 있을 수 없다. 그러므로 추장은 구성원보다 더 많이 일해서 보다 많은 증여의 능력을 갖춘 자가 아니면 될 수가 없다. 이같은 증여의 의무화는 추장권력으로부터 국가사회적 정치권력이 나올 싹수를 애초부터 거세한다고 한다.

족장뿐만 아니라 원시공동사회에서는 모든 구성원들이 증여할 의무, 증여받을 의무, 답례할 의무가 있다. 그러므로 수렵, 채집한 것이든 농사를 지은 것이든 그날의 모든 수확물은 공동체에 모두 증여되고 공평하게 나누는 의례가 되풀이된다. 또 그래서 원시사회는 매일매일의 일상을 매일매일의 증여의례로 뒤집는 항시(恒時) 축제사회인 것이다.

그러나 이 같은 항시 증여 축제공동체가 약 5천 년 전부터 가부장적인 국가사회로 전복되면서 호수(互酬)적 증여공동체사회는 수탈·증여의 비정상 사회가 되었다. 호혜증여가 수탈증여로 전복된 비정상 사회를 줄굿같이 자기 소모적인 증여와 전통 세시의례화된 축제로서 호혜증여 축제사회로 다시 전복시키는 것은 불가능하다. 혁명적 전복을 위해서는 세시 의례화된 줄굿의 민중성, 대동성, 지역성 등을 항시 의례화시켜야 한다. 이에 그치지 않고 수탈증여로 잃어버린 호혜증여를 항시적 호혜증여로 일상화시켜야 진정한 전복혁명이 가능하다.

『증여의 수수께끼』(모리스 고들리에, 오창현 역, 문학동네, 2016년)에 의하면 본래의 증여는 물건만을 일시적으로 서로 주고받는 경제적 교환이나 물리적 강제에 의한 증여가 아니라고 했다. 공동체사회의 증여는 원래 소유자의 영적 존재와 물건에 고유한 정령이 속한 영적 존재의 동시 증여를 의미한다. 그래서 본래의 호혜증여는 일방적이고 일시적으로 끝내는 증여관계가 아니다. 그것은 증여된 물건을 따라간 정령과 원소유자의 영혼이 상대를 자발적으로 구속함으로써 이에서 벗어나기 위해 받은 증여가 주는 증여로 반복되게 한다. 이런 증여의 반복이 공동체 간의 갈등을 치유하고 평화관계를 지속시킨다.

이와 달리 국가사회의 수탈증여는 일방적이고 강제(법)적이다. 쉽게 말하면 수탈은 많고 증여는 적다. 수탈이 우선이고 증여는 다음이다. 강제는 원천적으로 공평하지도 정의롭지도 않다. 이것을 자발적이고 공평한 호혜증여로 다시 전복하는 혁명에는 너무 많은 사람들의 희생이 따른다. 그런데 최근에 와서 우리 시민들이 보여주었던 촛불축제는 폭력이 대세인 현대사회에 평화혁명의 가능성을 보여준 하나의 좋은 증여혁명의 사례다.

한 개인이 밝히는 한 개의 촛불은 세상을 밝히기보다 바람 앞에 깜빡이는 하나의 제사 촛불에 지나지 않는다. 그러나 이 하나의 촛불도 모이면 모인 만큼 우리가 경험했듯이 무소불위의 부정한 권력을 능히 평화적으로 이끌어내는 전복혁명이 될 수 있었다. 하지만 지금 우리 눈앞에서 벌어지고 있듯이 그 촛불을 모두 내리는 바로 그 순간부터 태극기와 성조기가 동시에 판치는 비정상으로 되돌아가고 만다. 그러므로 우리에게 이제나저제나 주어지는 과제는 또 하나의 세시 의례축제가 되고만 촛불을 어떻게 항시적, 지속적 민중굿화하고 지역두레화 할 수 있느냐다.

2020년 12월

후기

 이 책은 《녹색평론》 등의 잡지에 이미 게재했거나 이런저런 강의 요청 때 쓴 메모들의 일부를 정리한 글로 꾸몄다. 원래부터 내 글은 세련과 먼 문장이다. 거기에다 단행본을 위한 계획적이고 체계적인 집필이 아니었다. 그러다 보니 비슷한 내용의 중복 등으로 책으로서는 아쉬운 점이 많다.
 그래도 옛날(?) 같으면 돈 안 되는 이런 내 원고도 기꺼이 책으로 내겠다는 출판사들이 더러 있었다. 망쪼 든 세상 탓인가 아마 내가 너무 오래 산 주책 때문이겠지만 내 책을 내줬던 출판사들조차 이제는 이를 외면한다. 그럼에도 이 글들은 한사코 망할 길로만 내달리는 이 세상을 내 나름대로 구할 방책을 내 자식들에게 남길 유언장처럼 진정성을 담아 쓴 글이기에 가능한 책으로 남기고 싶었다.
 이런 사정을 시전문계간지 《신생》 발행인 서정원 시인에게 전화로 겨우 운만 떼었는데도 두말 하지 않고 원고를 보내라고 했다. 그래서 이제까지 몇 권의 책을 내면서도 한 번도 안 쓴 감사의 글(후기)을 처음으로 써 보았다.
 시작이 반이라더니, 그러고 보니 감사해야 할 사람들이 많다. 먼저 떠오르는 사람들은 10여 년 이상 잘못하는 내 이야기도 좋다고 계속 들어준 〈스스로 공부하고 밥 먹는 모임〉 식구들이다. 그리고 이 글의 초고와 수정 때 타자를 도맡아준 김귀옥 씨와 박여진 씨의 노고에도 감사한다. 빼놓을 수 없는 또 한 사람으로는 김종명이 있다. 김종명은 요즘 세상에 보기 드물게 대학 졸업 뒤 고향에 돌아와 지역 전통문화 살림에 열정을 쏟고 있는 문화운동가다. 「제3부 재생하는 전통—지키는 것 아닌 살리는 농본문화다」 원고는 거의가 김종명이 관계하는 지역 전통문화 살림모임에서 요청한 강의 자료를 정리한 것이다. 이밖에도 여기서 일일이 모두 거명할 수는 없지만 감사할 사람들은 많다.

사회와 공동체로부터 완전히 동떨어진 개인의 영위는 아무것도 없다. 이 책의 원고를 내가 기록했다고 그게 모두 내 글과 내 책이 되는 것은 아니다. 나와 관계된 모든 사람들의 도움과 덕택으로 나오는 이 책은 그러므로 나와 관계된 모든 사람들에게 드리는 작은 감사가 되기를 바란다.

2021년 4월

신생인문총서 4
망쪼 든 세상 그래도 기리버서
—농부 할배 천규석의 편지

지은이·천규석
펴낸이·원양희
기획위원·황선열, 이시성
펴낸곳·도서출판 신생

등록·제2003-000011호
주소·48932 부산광역시 중구 대청로 135번길 5(401호)
　　　w441@chol.com　　www.sinsaeng.org
전화·051-466-2006
팩스·051-441-4445

제1판 제1쇄·2021년 6월 21일

공급처·도서출판 전망

값 20,000원
ISBN 978-89-90944-70-2

* 저자와의 협의에 의해 인지를 생략합니다.